Hans Raimund Aurer — Bildung des Wandels

Immanuel Kant

Kinder sollen nicht dem gegenwärtigen, sondern dem zukünftig möglich besseren Zustande des menschlichen Geschlechts, das ist: der Idee der Menschheit, und deren ganzer Bestimmung angemessen, erzogen werden. Dieses Prinzip ist von großer Wichtigkeit. Eltern erziehen gemeiniglich ihre Kinder nur so, dass sie in die gegenwärtige Welt, sei sie auch verderbt, passen. Sie sollten sie aber besser erziehen, damit ein zukünftiger besserer Zustand dadurch hervorgebracht werde.

Schriften zur Anthropologie

Dorothee Sölle

Wir leben seit 1989 in einer vereinheitlicht globalisierten Wirtschaftsordnung, die eine absolute Verfügung über Raum, Zeit und Schöpfung beansprucht und herstellt. Die Maschine, getrieben von dem Zwang, mehr zu produzieren, läuft, von technologischen Erfolgen unvorstellbaren Ausmaßes bestätigt. Sie ist auf ein „Mehr" an Schnelligkeit, Produktivität, Verbrauch und Gewinn für etwa zwanzig Prozent der Menschheit hin programmiert. Dieses Programm ist effektiver und gewalttätiger als alle historisch vergleichbaren Großreiche mit ihren babylonischen Türmen. Innerhalb der Großmaschine sind Menschen nicht nur, wie Marx es gesehen hat, „entfremdet" von dem, was sie werden könnten, sondern zugleich süchtig und abhängig wie nie zuvor.

Mystik und Widerstand

Geseko von Lüpke

Wenn die Unsicherheit in den Vordergrund gerät, dann legen wir viel größeren Wert auf Beziehungen, können Dankbarkeit für unser Leben in dieser Welt entwickeln und die Chance begrüßen, an dem „großen Wandel", der vor uns liegt, teilzunehmen, und die mit Angst und Verzweiflung gebundene Energie freisetzen, die Welt mit neuen Augen zu sehen.

Die Welt als Geliebte

Hans Raimund Aurer

Bildung des Wandels

Bezüge und Ebenen
sympoietischen Lehrens und Lernens

Bibliografische Information der Deutschen Nationalbibliothek

Die Deutsche Nationalbibliothek verzeichnet diese Publikation in der
Deutschen Nationalbibliografie; detaillierte bibliografische Daten sind
im Internet über http://dnb.d-nb.de abrufbar.

ISBN 978-3-8325-3351-9

Logos Verlag Berlin GmbH
Comeniushof, Gubener Str. 47,
10243 Berlin
Tel.: +49 (0)30 42 85 10 90
Fax: +49 (0)30 42 85 10 92
INTERNET: http://www.logos-verlag.de

Inhalt

Für Hartmut von Hentig

Vorrede: Es geht ums Ganze

Die hier dargelegten „Bezüge und Ebenen sympoietischen Lehrens und Lernens" gehen auf mein Buch „Lernen ist intensives Leben" (Logos Verlag Berlin, Oktober 2011) zurück. In ihm kritisiere ich das bestehende ökonomisch-politische System und den ihm gehorchenden „Regelvollzug schulischen Lehrens und Lernens", umreiße meinen Bildungsansatz und belege seine Praxis an Beispielen eigener sympoietisch-pädagogischer Werkstätten.

Sympoietisches Lehren und Lernen geht von den Menschen aus und befähigt sie für ein Dasein, das Zukunft hat. Staatliche Schulen und Hochschulen gehen vom Lehrstoff aus und haben eine andere Aufgabe. Ihre hauptsächliche Systemfunktion besteht darin, junge Menschen auszubilden und verwertbares, weil profitabel einsetzbares „Humankapital" aus ihnen zu machen. Für die ganzheitliche Bildung ihrer Persönlichkeit und die Befähigung zur Übernahme von Verantwortung für die Gestaltung ihres persönlichen und des allgemeinen sozialen Daseins als Demokratie, sind dort weder Raum noch Zeit vorhanden.

Würden sie gebildet, das heißt: lernten sie, sich in ihren Selbst- und Weltbezügen wahrzunehmen, sich aus ihnen heraus zu verstehen und sich in ihnen bewusst und verantwortungsvoll zu verhalten, dann wären sie fähig, den menschen- und lebensfeindlichen Charakter des bestehenden ökonomisch-politischen Systems – das unser soziales Dasein total bestimmt – zu erkennen und es bewusst zu wandeln: in Richtung Humanität, Gerechtigkeit, Frieden und einer nachhaltigen Nutzung der biosphärischen Grundlagen. Darum geht es der „Bildung des Wandels".

In „Lernen ist intensives Leben" zeige ich auch die Sichten oder Paradigmata auf, in denen der bildungsferne Umgang der Systemschule mit den Menschen und ihrem Leben gründet. Sichten, die unseren Blick auf uns selbst, unser Leben und unser soziales Dasein prägen. Und dies auf eine sehr sublime manipulatorische Weise, welche die Vorstellung einer Alternative absurd erscheinen lässt.

Doch beginnen mehr und mehr Menschen zu begreifen, dass das Wesentliche auf den Kopf gestellt ist und auf Selbst- und Weltzerstörung hinausläuft. Zu ihnen gehören jene Zuhörerinnen und Zuhörer meiner Lesungen aus „Lernen ist intensives Leben" im vergangenen Jahr, die sich darin einig waren, dass wir unsere Lebensweise von Grund auf ändern müssen, wenn wir uns nicht selbst vernichten wollen. Der Geist der Menschenrechte und der Grundrechte unseres Grundgesetzes fordere uns heraus, gegen die schleichende Selbstzerstörung vorzugehen. Etwas zu unternehmen, das in die rettende Richtung gehe. Und dies schon jetzt. Denn: „Es geht ums Ganze!".

Einige meinten, man könne ja „Attac" oder „Greenpeace" unterstützen. Andere erwiderten, mit Recht, dass dies nur dann sinnvoll ist, wenn man selbst begonnen habe, demokratie- und ökologiebewusst zu leben. Und dass damit jeder von uns bei sich selbst und dort beginnen müsse, wo sein Platz ist. Wo er lebt und tätig ist. Also auch als Lehrender in Schulen und Hochschulen.

Solche Erlebnisse mit Menschen, die sich der Notwendigkeit eines radikalen Wandels unserer Daseinsweise zwar bewusst geworden sind, aber sich damit eher alleine fühlen, veranlassten mich spontan, dieses Buch zu schreiben. Ich habe es frei fließend und bewusst ohne belegende oder vertiefende Zitate formuliert. Auch, weil es vor allem eine emphatische, Mut machende Reflexions- und Argumentationshilfe sein soll.

In Kapitel I geht es mir um den heutigen Menschen und seine unbewusst angenommenen bzw. unreflektiert erlernten „Sichten" auf sich selbst und die Welt; dabei wird auch die „sympoietische Sicht" erläutert, die für die Entfaltung der „Bildung des Wandels" von zentraler Bedeutung ist. Danach lege ich in den Kapiteln II und III die Bezüge meines Bildungsansatzes dar: die demokratische und die biosphärische Substanz unseres sozialen Daseins, wobei ich auf aktuelle Problemsituationen eingehe. Dabei werden diese beiden Bezüge mit den Ebenen sympoietischen Lehrens und Lernens verknüpft: mit dem „Menschen" als sich selbst bestimmende Person, dem sozialen „Dasein" und dem biosphärischen „Sein".

Bevor ich in Kapitel V auf Unterschiede eingehe, die zwischen dualistischem Lehren und Lernen in Schule und Hochschule und ganzheitlichem sympoietischem Lehren und Lernen bestehen und das pädagogische Konzept und Maßstäbe der „Bildung des Wandels" skizziere, erläutere ich in Kapitel V die Dialektik, die zwischen dem kapitalistischen Profitmotiv und dem notwendig gewordenen Daseinswandel besteht. Diese Dialektik zu erkennen, ist der erste Schritt, uns selbst und unser soziales Dasein zu wandeln. Ganz im Sinne des folgenden Gedankens Mahatma Gandhis:

„Wir müssen der Wandel sein, den wir in der Welt
zu sehen wünschen."

In einer Nachrede gebe ich Novalis das Wort, in dessen „Lehrlingen zu Sais" der Geist sympoietischen Selbst- und Weltumgangs bereits aufscheint. Im Anhang habe ich die Literatur aufgelistet, auf die ich mich in diesem Buch beziehe.

Möge seine Lektüre zu vertiefendem Studium der in "Lernen ist intensives Leben" dargelegten Grundlagen sympoietischen Lehrens und Lernens einladen und zu produktiven Auseinandersetzungen führen. Vor allem zu solchen, in denen es um die Überwindung der Menschen-, Lebens- und Bildungsferne unserer Schulen und Hochschulen geht – und damit auch um ihre Bedeutungslosigkeit für die Entfaltung eines Daseins, das eine demokratische und ökologische Zukunft hat.

Mit dieser Einschätzung stehe ich nicht alleine. Man nehme nur die pädagogischen Konzepte und Resolutionen der UNESCO für Frieden und Ökologie der letzten zwanzig Jahre zur Kenntnis. Vor allem „Die Erklärung von Venedig" (1986), in der bereits eine Neuorientierung von Wissenschaft, Politik und Bildung gefordert wird. Weg vom dualistischen, fragmentarisch-mechanistischen Bewusstsein, hin zu einer ganzheitlichen, das heißt: transpersonalen wie transdisziplinären Geisteshaltung.

Oder die „Erklärung von Costa Rica" (1989), aus der die Zitate stammen, die ich den Kapiteln dieses Buches vorangestellt habe.

Oder Hartmut von Hentigs „Bildungsplan 2004" für die Schulen des Landes Baden-Württemberg. Dieser – so der Autor – gehe weit über eine Antwort auf PISA hinaus. So sei den Schulen heute die „Wahrung der Kontinuität und Identität humanen bzw. demokratischen Bewusstseins" und die „Ermöglichung von geordnetem und ersprießlichem Wandel" aufgetragen.

Oder Peter Sloterdijks Schulreformkritik in „Du musst Dein Leben ändern" (2011), die Hentigs mutigem Bildungsplan entgegenhalten würde, dass Schulreformen – nähme man den „ungetarnten Staatswillen" hinter ihnen wahr – der Sicherung der „Kommandohöhen der kognitiven Menschenproduktion im Dienst der Arbeitswelt und der Machtpolitik" dienen. Aber gerade und vor allem deshalb besteht für Hartmut von Hentig der Anspruch der Bildung darin, „junge Menschen als ganze Personen in ihrer Selbstentfaltung zu unterstützen und zu fördern, so, dass sie am Ende Subjekt des Vorgangs sind". Und indem sie auf diese Weise Subjekte ihrer Selbstbildung werden, lernen sie, ihre Daseinserfahrungen kritisch zu reflektieren und ihre Erkenntnisse für sich und die gesamte Mitwelt produktiv zu machen. Ganz im Sinne des ersten der drei zitierten Gedanken, die ich diesem Buch vorangestellt habe. Er stammt von Immanuel Kant und besagt, dass junge Menschen so zu bilden seien, dass sie über das bestehende Dasein hinaus zu denken und zu handeln vermögen. Und somit, sich etwas wünschen zu können, was „in der Welt" ganz anders sein möge, anders, als wir es jetzt sehen und für schlecht befinden.

Doch bedarf dies einer geschärften Wahrnehmung. Sowohl nach der Seite der Welt unseres Daseins wie der Seite unseres Bewusstseins hin, das wir von ihr haben. Sich etwas wünschen zu können, das „in der Welt" unseres Daseins das Schlechte an ihm überwinden oder aufheben könnte, bedarf also eines entsprechenden Bewusstseins: eines Bewusstseins seines Wandels.

Doch würde auch ein solches Bewusstsein alleine nicht ausreichen, um diesen Daseinswandel verkörpern zu können, wie Mahatma Gandhi fordert. Was hinzutreten muss, ist das ihn bewirkende, weil ihm gemäße andere Verhalten und Handeln: eine grundlegende Veränderung unserer bisher gelebten Beziehung zu uns selbst und zur Welt unseres gegenwärtigen Daseins. Was hinzutreten muss, ist eine Bildung, die befähigt, der Wandel zu sein, den viel mehr junge Menschen weltweit zu sehen wünschen, als den meisten von uns bewusst ist. Für sie habe ich die folgenden fünf Kapitel geschrieben, in denen ich eine solche Bildung begründe und vom „Regelvollzug schulischen Lehrens und Lernens" unterscheide. Für alle, die für Bildung verantwortlich sind: Eltern, Lehrende, Pädagogen und, nicht zuletzt, für kritikfähig gebliebene Schulpolitiker. H.R.A.

Korakiana auf Kreta, März 2013

I Von den Menschen ausgehen

Alle Menschen gehören
untrennbar zur menschlichen Familie und sind
voneinander abhängig hinsichtlich ihrer Existenz, ihrem
Wohlergehen und ihrer Entwicklung.

Jedes menschliche Wesen
ist ein einmaliger Ausdruck und Manifestation des Lebens und hat
seinen Teil zum Leben auf der Erde beizutragen.

Jedes menschliche Wesen
hat fundamentale und unveräußerliche Rechte und Freiheiten,
ohne Unterscheidung nach Rasse, Hautfarbe, Geschlecht,
Muttersprache, Religion, politischer oder sonstiger Überzeugung,
nationaler oder sozialer Herkunft, wirtschaftlichem Status
oder einer anderen sozialen Situation.

Erklärung zur menschlichen Verantwortlichkeit für Frieden
und langfristig tragfähige Entwicklung

Friedensuniversität der Vereinten Nationen
Costa Rica
1989

2. Kapitel
Die Einheit der menschlichen Familie
Artikel 4

Von den Menschen ausgehen? Welchen oder welchem Menschen? Gibt es nicht die unterschiedlichsten Vorstellungen davon, was „der Mensch" ist? Der Mensch als Krone der Schöpfung, der durch seine immense Gedächtnisleistung von seinen Erfahrungen im Umgang mit der Welt schöpferischen Gebrauch zu machen versteht? Der Mensch als homo faber, der in der Lage ist, sein Leben und Überleben zu planen und zu gestalten? Der Mensch als verstandes- und vernunftbegabtes Wesen, das als zoon politikon Gemeinschaft und Kultur hervorbringt?

Diese und andere Sichten auf „den Menschen" und die Welt seines Daseins und der Natur erkennen und voneinander unterscheiden zu können, ist ein zentraler Inhalt der hier vorgestellten Bildung. Denn solche Sichten folgen entweder unbewusst übernommenen, unreflektiert erlernten oder konditionierten ideologischen Denk- und Verhaltensschemata.

Der heutige Mensch – Systemobjekt oder Subjekt des Wandels

Die folgende Betrachtung geht davon aus, dass jeder Mensch eine Ganzheit aus Körper, Seele und Geist ist. Ein ganzheitlicher, biosphärisch bedingter wie sozial und kulturell geprägter Gesamtorganismus. Unabhängig davon, ob er das wahrnimmt oder nicht.

Unter dieser Voraussetzung haben wir den Menschen anzuschauen: in seinen Lebenszusammenhängen von denen er bestimmt wird und auf die er handelnd Einfluss nimmt. Aus diesem wechselseitigen bzw. dialektischen Verhältnis von Mensch und Dasein hervorgehend, definierte Karl Marx den konkreten einzelnen Menschen als ein Ensemble seiner sozialen Verhältnisse. Und in der Tat verkörpern wir unterschiedliche innere Haltungen gegenüber der sich auch zu uns verhaltenden Welt. Haltungen, die auf persönlichen Interessen beruhen und die wir zu verwirklichen suchen, indem wir unsere Absichten und Ziele verfolgen.

Aber sind diese Interessen tatsächlich auch unsere, also echte Interessen? Haben wir nicht gelernt, Erwartungen von außen in persönliche Absichten und Interessen so zu übersetzen, dass wir glauben, es seien unsere eigenen? Ja, wir haben das gelernt. Aber nicht, diese beiden Wirklichkeitsebenen voneinander zu unterscheiden und auseinander zu halten: die äu-

13

ßere und die innere Wirklichkeit. Doch ist dies notwendig. Vor allem dann, wenn wir persönlich wichtige Entscheidungen zu treffen haben. Dann müssen wir beide Ebenen in ihrem wechselseitigen Einanderbedingen und Aufeinanderwirken wahrnehmen und erkennen können.

Die äußere Wirklichkeit ist die Welt unseres biosphärisch gegründeten sozialen Daseins; dabei ist das ökonomisch-politische System, das sich in ihm verkörpert, stets mitgedacht.

Die innere Wirklichkeit ist (1.) unser Bewusstsein dessen, was geschieht, wenn die äußere Wirklichkeit auf die persönlichen Lebensinteressen und Lebensabsichten Einfluss nimmt; (2.) unser Bewusstsein der ethischen Qualität dieses Geschehens. Von diesem Bewusstsein des inneren Geschehens hängt der Grad unserer Entfremdung von uns selbst und dem uns prägenden sozialen Dasein ab: je dürftiger die Reflexion unserer Daseinserfahrungen, desto ausgeprägter unsere Entfremdung von ihnen, und damit auch von uns selbst.

Von klein auf lernen wir, uns an Vorgaben zu halten, uns anzupassen, zu gehorchen, den Erwartungen von außen zu entsprechen. Das wird dann gewöhnlich belohnt. Andernfalls folgen Sanktionen. Mehr und mehr erkennen Kinder, Jugendliche und Heranwachsende diese Abläufe und entwickeln Strategien, auf Fremdbestimmung zu reagieren. Im besten Fall reagieren sie bewusst und sich selbst bestimmend, im schlechtesten Fall verleugnen sie ihre Person und passen sich an. Oder ihr Reagieren ist eine Mischung beider Motivationen, die zu inneren Spannungen führt und krank macht. Der Normalfall ist der Konflikt zwischen echten oder vermeintlichen Absichten und Interessen und ihnen widersprechenden Erwartungen von außen. Erwartungen, in denen sich verinnerlichte System- oder Daseinsinteressen artikulieren.

Mit Konflikten, inneren wie äußeren, produktiv umgehen zu lernen, war noch nie ein herausragendes Thema der Schule. Gelernt wird allenfalls, ihnen auf negative Weise zu begegnen. Sie dualistisch von sich abzuspalten, ihre gegeneinander gerichteten Inhalte zu versachlichen und in gegeneinander isolierte Einzelsachverhalte aufzuteilen bzw. zu fragmentieren. Dabei auftretende Verluste an Selbstachtung oder Widersprüche, die unsere Integrität in Frage stellen, werden dabei meist verdrängt oder wegrationalisiert: „Wo gehobelt wird, fallen Späne!"

Gelernt wird, auf den Zwang der Verhältnisse, auf den Druck von oben, auf die Räson gegenüber höheren Ideen, Zielen, Aufträgen, Befehlen usw. zu verweisen, sich herauszureden. Damit aber ist keine Demokratie zu machen. Der Psychotherapeut und Psychiater Arno Gruen sieht in dem hieraus hervorgehenden „Verlust des Selbst" und „Mangel an Identität" beim einzelnen den Hauptgrund für das unbewusste Bedürfnis vieler Menschen nach fest gefügten äußeren Strukturen und autoritären Verhaltensformen sowie den Nährboden für Rechtsextremismus und Terrorismus. Humaner, wahrhaft demokratischer Umgang mit uns selbst und anderen aber erfordert ein waches Selbst- und Weltbewusstsein, das Außen- und Inneninteressen zu differenzieren und echte oder authentische Entscheidungen herbeizuführen und von unechten, weil fremdbestimmten zu unterscheiden vermag.

Der Mensch als „Subjekt des Wandels" ist daher auch selbst- und demokratiebewusst, weil auf kritische und selbstaufklärerische Weise daseins- und systembewusst. Er ist in der Lage, zwischen äußeren und inneren Interessen zu unterscheiden und ihre system- und daseinsideologischen Bedingtheiten und Anteile zu erkennen. Und somit auch fähig, Konflikte zwischen äußeren Erwartungen, in denen sich System- und Daseinsinteressen ausdrücken, und echten eigenen Interessen, die in seinen Überzeugungen gründen, anzunehmen und auszutragen. Weil er gelernt hat, Konflikte bearbeiten und einer Lösung zuführen zu können sowie sich für deren Konsequenzen als verantwortlich zu erweisen.

Von entscheidender Bedeutung für das Gelingen dieser Bewusstsein wandelnden Selbstbildungsarbeit ist es, die hierfür zuträgliche „Sicht" auf sich selbst, auf die Dinge, auf das Leben erkannt und eingeübt zu haben. Gemeint ist hier die „sympoietische Sicht", die uns ermöglicht, sowohl die bisher angesprochenen Abläufe des „realitätsbezogenen Wachbewusstseins" (Roberto Assagioli) wahrzunehmen, als auch die tieferen Schichten des Un- und Unterbewussten. Auf deren Bedeutung für das Entstehen unserer Interessen haben uns Schopenhauer, Nietzsche und Freud aufmerksam gemacht.

Das Sichbewusstmachen unbewusst angenommener und unreflektiert erlernter Sichten ist eine der wesentlichen Bedingungen für das Sichentfalten des Menschen als Subjekt des Wandels: des sympoietischen Wandels

(1.) seines daseinsverhafteten Selbst, (2.) seines gewohnten, unreflektiert erlebten sozialen Daseins und (3.) der Beziehungen zwischen diesem und dem biosphärischen Sein der Erde. Damit sind einmal mehr die drei wesentlichen Ebenen sympoietischen Lehrens und Lernens genannt.

Sichten des heutigen Menschen von Selbst und Welt

Sichten oder Sichtweisen sind wie Brillen, deren Gläser verfremden, was vor ihnen liegt. Das Verfremdende an ihnen wird gewöhnlich unbewusst angenommen, unreflektiert übernommen oder absichtsvoll konstruiert und auf innere oder äußere Wirklichkeit projiziert. Sympoietisches Wahrnehmen von Wirklichkeit lässt uns die reflektierende Distanz zu unserem Umgang mit uns selbst und mit der Welt, sowohl auf der Ebene des sozialen Daseins als auch auf der Ebene der Biosphäre, einnehmen und die Sichten gewahren, die ihn bestimmen.

Dieses selbstbildende Wahrnehmen, auf das ich im Kapitel V näher eingehe, führt seinerseits zu einer Sicht, die sich ihres Zustandekommens völlig bewusst ist und unseren geistig-seelischen Austausch mit uns selbst und der Welt unseres Daseins gestalten hilft: zur sympoietischen Sicht.

Die erste Sicht, der wir uns zuwenden, ist die bereits erwähnte „dualistische"; sie trennt uns von uns selbst, unserem Dasein und dem ihm zugrunde liegenden biosphärischen Sein. Die zweite Sicht ist die „fragmentarische"; sie beruht auf der dualistischen und trennt uns nicht nur von unserem Innen und dieses von unserem Außen ab, sondern zerteilt zudem beide Wirklichkeiten in ihre kleinsten Teile, die dann als gegeneinander isolierte fungieren. Wir fühlen uns dann nicht mit uns selbst und der Welt verbunden. Selbst und Welt werden uns zu Gegenständen, die erlernten Zwecken unterworfen sind. Fragmentierend zerspalten wir unser eigenes Selbst und die Welt mit schlimmen Konsequenzen für unsere geistig-seelische Gesundheit und die Qualität unseres sozialen Daseins.

So führt beispielsweise bei Mann und Frau die Abspaltung des jeweils gegengeschlechtlichen Aspekts des Selbst, das Männliche der Frau und das Weibliche des Mannes, zur Deformation des Menschlichen bei beiden. Männer, die ihren weiblichen Aspekt abgespalten haben, leiden am Zulassen ihrer Emotionalität und sind dadurch bereit, ihr Mitgefühl der zweck-rationalen Ausrichtung ihres sach- und erfolgsorientierten Handelns zu opfern. Frauen, die ihren männlichen Aspekt abgespalten haben, machen sich klein und neigen zu Selbstaufopferung. Einseitige Orientierung an materiellem Erfolg, an egoistischem Profitstreben und Machtgewinn oder an persönlicher Anerkennung durch kritiklose Anpassung oder Unterwerfung haben in der dualistischen Distanzierung des Selbst von sich selbst und im dadurch erst möglichen fragmentierenden Selbst- und Weltumgang ihre Wurzeln. Blinde materielle Erfolgsorientierung wie sich selbst verleugnende Prostitution des Selbst sind Verhaltensmuster des allgemeinen sozialen Daseins. Sie beruhen auf dem ökonomisch-politischen System profitabler Ausbeutung und Verwertung unserer inneren und äußeren Natur. Nichts anderes bedeutet Kapitalismus. Auf seiner Grundlage ist daher auch kein wirklich menschen- und naturgemäßes Dasein möglich. Deshalb betrachtet der Theologe und Kulturkritiker Carl Amery die Aufhebung des Kapitalismus auf einer höheren Daseinsebene als die „mittlere Reife der Menschheit". Denn das profitable Verwüsten des Planeten ist so wenig eine Tat reifer Menschen, wie ein Krieg um Öl oder Wasser.

Dualistisches Abspalten des eigenen Selbst von sich selbst, vom sozialen Dasein wie vom biosphärischen Sein bestimmen das Allgemeinbewusstsein in hohem wie höchst bedenklichem Maße. Denn es begründet unseren fragmentarischen Selbst- und Weltumgang und richtet ihn perspektivisch aus. Wie angedeutet, stehen diesen gewohnten Sichten die „ganzheitliche" und die „sympoietische" Sicht gegenüber. Sichten, welche die ersten beiden zu reflektieren und zu übersteigen oder transzendieren vermögen. Umgekehrt ist dies nicht möglich.

Die folgenden knappen Erläuterungen der vier Sichten habe ich im Sinne des biogenetischen Grundgesetzes Ernst Haeckels geordnet, das heißt: der Entsprechung von Phylogenese (Stufen der Geschichte des Menschenstammes) und Ontogenese (Entwicklung des einzelnen Menschen) folgend. Obwohl diese Betrachtungsweise nicht unumstritten ist, so provoziert sie doch die berechtigte Frage, ob die Sichten, nach denen wir heute mit uns selbst und der Welt umzugehen gewohnt sind, als reife, wirklich erwachsene gelten können bzw. wie unser Bewusstsein beschaffen sein müsste, um „die mittlere Reife der Menschheit" (Amery) zu erlangen.

Die dualistische Sicht

In ihrer unbewusst übernommenen Ausprägung entspricht die dualistische Sicht dem animistischen magischen Bewusstseinszustand des prähistorischen Menschen bzw. des Kleinkindes, das noch auf unbewusste natürliche Weise dualistisch mit sich und der Welt umgeht. Beispielsweise, wenn es entdeckt, dass sein Außen, etwa der Ball, mit dem es spielt, nicht sein Innen ist.

Wenn es sagt: „Mein Ball!", dann macht es unbewusst einen Unterschied zwischen sich und seinem Spielzeug. Und wenn es in einer bestimmten Situation äußert: „Das ist mein Ball!", dann ist das ein sicheres Zeichen, dass sich die unbewusste Erfahrung dieser lebendigen Subjekt-Objekt-Beziehung auf der sprachlichen Ebene als die erste und grundlegende grammatische Struktur eines jeden seiner später hinzukommenden Sätze ausgebildet hat: Ich bin hier (in mir), und der Ball ist dort (da draußen); und: er ist mein Ball.

Für den sich und die Welt unbewusst dualistisch aneignenden und betrachtenden Menschen existieren gleichzeitig zwei einander entgegengesetzte Welten: die Welt der Natur oder der Materie, auch natürliche Umwelt genannt, sowie die Welt seines sozialen Daseins, auch soziale Umwelt genannt; innerhalb seines Körpers hingegen existiert die Welt seiner Sinneseindrücke, welche die ihm erscheinende Außenwelt adaptieren, aber auch die durch sie ausgelösten Empfindungen, Gedanken und Gefühle, sein Bewusstsein, sein Unbewusstes und Unterbewusstes, seine inneren Konstruktionen der äußeren Welt und seine sie interpretierenden Blicke.

In ihrer unreflektiert erlernten Ausprägung entspricht die dualistische Sicht dem prä-personalen mythischen Bewusstseinszustand des Menschen in seiner Entwicklung von der Archaik zur Antike bzw. des vorpubertären Kindes, das auf unreflektierte Weise dualistisch mit sich und der Welt umgeht. Auf eine Weise, die das Wahrnehmen der einheitlichen Wirklichkeit von Mensch und Welt ausschließt.

Dies erweist sich jedoch als äußerst praktisch, weil dualistischer Selbst- und Weltumgang ermöglicht, sich in der erscheinenden Außenwelt recht unkompliziert zu orientieren. Dem dualistischen Bewusstsein genügt es nämlich völlig, wenn Dinge, Zustände, Tatsachen und Sachverhalte einen

Namen haben und wenn diese Namen durch das Inerscheinungtreten der Dinge, Zustände, Tatsachen und Sachverhalte bestätigt werden – erkenntnisphilosophisch gewendet: wenn ihr Wahrgenommenwerden sich auf das sinnliche Erfassen seines gewohnten Erscheinungsbildes beschränkt, das gewöhnlich mit einem allgemein verbreiteten Erklärungswissen verbunden ist. Wer möglichst viele Erscheinungsbilder der äußeren Welt mit dem richtigen Erklärungswissen in Verbindung zu bringen vermag, kann es im Fernsehen zum Millionär bringen.

So verführt die unreflektiert erlernte dualistische Sicht dazu, Dinge mit den sie bezeichnenden Namen zu identifizieren: Man fährt nicht ein Auto, sondern: „einen BMW", oder „seinen BMW". Erste Täuschung.

In der Folge verschwinden hinter dem Bild, das jemand sich von seinem Auto gemacht hat, die materiale, gebrauchswertige technische Realität des realen Automobils und der gesellschaftlich organisierte Aufwand seiner Herstellung und Vermarktung. Zweite Täuschung.

Und indem die Marke des Autos status-symbolisch aufgeladen wird, wie dies mit tausenderlei anderen käuflichen Dingen auch geschieht, bringt das derart konditionierte tauschwertorientierte Bewusstsein eine Scheinwirklichkeit hervor, die den Blick auf die „wirkliche Wirklichkeit" verstellt. Dritte Täuschung.

Ich spreche bewusst von „wirklicher Wirklichkeit", weil die unreflektiert abgeleitete „Scheinwirklichkeit", etwa die der Warenwelt, der symbolisch aufgeladenen Statussymbole, für die meisten Menschen Sinn und Ziel ihres persönlichen wie des allgemeinen sozialen Daseins ausmacht. Aus ihrer unreflektiert erlernten Abgetrenntheit von der „wirklichen Wirklichkeit" ihres Selbst, ihres sozialen Daseins und ihres biosphärischen Seins heraus, leben sie permanent im „Modus des Habens" der Dinge, die ihnen Welt und Leben bedeuten – so Erich Fromm.

Zur Gewohnheit geworden, verhindert die dualistische Sicht, dass wir die ganzheitliche Ordnung allen Seins wirklichkeitsgemäß wahrnehmen und erkennen lernen. Und dies, obwohl doch alle aus ihr hervorgehende, sinnlich konkret wahrnehmbare Vielfalt an Wesen, Gestalten, Formen, Farben und Stofflichkeiten gerade nicht Folge dualistischer, sondern ganzheitlicher Prinzipien sind. Des Prinzips der evolutionären Genese der Biosphäre und des Prinzips ihres ökologischen Vernetztseins.

Die fragmentarische Sicht

In ihrer unbewussten Ausprägung entspricht die fragmentarische Sicht dem personalen religiös-mythischen Bewusstseinszustand des Menschen in seiner Entwicklung vom Mittelalter zur Neuzeit bzw. des pubertierenden Jugendlichen, der auf unbewusste Weise fragmentierend mit sich und der Welt umgeht.

Dieser nachmittelalterlichen Sicht liegt die beschriebene dualistische zugrunde. Ein zunächst noch unbewusst fragmentierender Selbst- und Weltumgang aber konnte sich erst entwickeln, nachdem die dualistische Sicht nicht mehr den Prinzipien des statischen mittelalterlichen Weltbildes und Lebensverständnisses, sondern den Prinzipien der nachkopernikanischen bzw. neuzeitlichen mechanisch-dynamischen Ordnung von Natur und sozialem Dasein gehorchte. Den Prinzipien einer Ordnung, derfolge alle Wirklichkeit aus voneinander unterschiedenen Einzelteilen besteht, die so aufeinander bezogen sind, dass ihr Zusammenwirken einen Mechanismus ergibt. Einen Apparat, eine Maschine. Umgekehrt war die Wirklichkeit, das Universum, die Natur, der Mensch als mechanisch funktionierende Apparaturen gedacht und die Ordnung des absolutistischen Fürstenstaates als eine Maschinerie, die machtpolitischen Mechanismen gehorcht.

Trotz der Aufhebung der dualistischen wie fragmentarischen mechanistischen Sicht in den sich weiter entwickelnden ganzheitlichen Vorstellungen der Naturwissenschaften von der sich ereignenden Wirklichkeit des Universums während des vergangenen Jahrhunderts ist das heutige Allgemeinbewusstsein immer noch von chronisch sich am Leben haltenden überkommenen Vorstellungen eines mechanisch ablaufenden Daseins durchdrungen. Der Grund hierfür kann Angst vor Unübersichtlichkeit und Chaos sein, die ein neurotisches Sicherheitsbedürfnis zu erzeugen vermag. Ein Bedürfnis nach übersichtlichen und funktionierenden Strukturen, eindeutigen Symbolen und eingängigen Ritualen. Ein aus ihm hervorgehendes, durchaus notwendiges Streben nach Übersichtlichkeit und Ordnung aber kann sich sehr leicht in sein Extrem verkehren: in eine dualistisch aufgefasste kontrollierende Beherrschung aller Abläufe eines mechanistisch funktionierenden und fragmentarisch strukturierten sozialen Daseins. Dies gilt stets noch für jeden kapitalistisch organisierten Arbeitsbetrieb, jeden

Bundesligaverein wie für den heutigen Staat und seine Politik, insbesondere dann, wenn es beiden hauptsächlich um die Sicherung des ökonomisch-politischen Systems geht. Hierauf komme ich im nächsten Kapitel zu sprechen.

In ihrer unreflektiert erlernten Ausprägung entspricht die fragmentarische Sicht dem personalen Bewusstseinszustand des modernen Menschen bzw. des adoleszenten Heranwachsenden, der auf bewusste Weise fragmentierend mit sich selbst und der Welt umgeht.

Auf Descartes und Newton zurückgehend, bewirkte das neuzeitliche mechanistische Weltbild eine totale Fragmentierung der wirklichen Wirklichkeit, des Ganzen und seiner Ebenen: Mensch, Dasein und Sein. Dadurch kam es zur Aufspaltung, ja Aufsplitterung des gesamten Welt- und Lebenswissens und eine so weit reichende Spezialisierung der wissenschaftlichen Disziplinen, dass uns mit dem Überblick auch der Kontakt zum Wesen der „wirklichen Wirklichkeit" und ihrer ganzheitlichen Struktur und Ereignisweise verlorengegangen ist. Zwar hat die bewusste fragmentierende Sicht zu beachtlichen wissenschaftlichen Entdeckungen geführt und ihre technische Anwendung uns einen hohen materiellen Lebensstandard beschert; aber gleichzeitig auch die ökonomischen, sozialen, politischen, kulturellen und ökologischen Problemlagen, die alles Leben auf der Erde wahrnehmbar bedrohen.

Denn, so der Physiker David Bohm, „die Teilbarkeit liegt nicht im Wesen der Wirklichkeit": „das fragmentierende Selbst- und Weltbild verleitet die Menschen zu Handlungen, die darauf hinauslaufen, dass er sich selbst und die Welt fragmentiert, damit alles, seiner entsprechenden Denkweise entspricht. Der Mensch verschafft sich so einen scheinbaren Beweis für die Richtigkeit seines fragmentarischen Selbst- und Weltbildes, wobei er die Tatsache übersieht, dass mit dem Handeln, das auf sein Denken folgt, er selbst es ist, der die Fragmentierung herbeiführt".

Die ganzheitliche Sicht

In ihrer bewussten Ausprägung entspricht die ganzheitliche Sicht dem selbstreflexiven wie transpersonalen Bewusstseinszustand des nachmodernen Menschen bzw. des jungen Erwachsenen, der bewusst ganzheitlich mit sich selbst und der Welt umgeht. Dieser Bewusstseinszustand ist eine Bedingung der Möglichkeit des Wandels.

Die ganzheitliche Sicht vom Menschen entwickelte sich im Zuge des Paradigmenwandels in den Wissenschaften während der vergangenen einhundert Jahre. – Paradigma, griechisch παράδειγμα, bedeutet ursprünglich „Beispiel" und wird im wissenschaftlichen Sprachgebrauch im Sinne von „Gedankenmuster", „Sicht", „Sichtweise" oder „Axiom" (d.i. ein ohne Beweis einleuchtender Lehrsatz) gebraucht. Die bis dahin gültige dualistische und mechanistische Sicht geht seither mehr und mehr in einer „ganzheitlichen wie integralen Theorie des Universums" (Ken Wilber) auf, die auch als Holismus bezeichnet wird (griech.: ολον oder holon, das heißt: Teil; καθολικος oder kath-holikos, das heißt: dasjenige, welches auf das Ganze, das All-Eine, das Universum bezogen ist). Die heutige ganzheitliche Sicht ist Resultat analoger Einsichten der Quantenphysik (Bohm, Born, Eddington, Einstein, Heisenberg, Planck, Schrödinger, von Weizsäcker, u.a.), der transpersonalen Psychologie und der Philosophie (Bateson, Gebser, Grof, Kuhn, Laszlo, Maturana, Varela, Wilber u.a.) sowie spiritueller Traditionen (Hermes Trismegistos, Laotse, Plotin, Mittelalterliche Mystik, die Lehren der Naturvölker).

Diese neue Sicht erfordert selbstverständlich auch eine andere, eine ganzheitliche Wahrnehmungsweise: eine, die einmal mehr auf ein Außen, dann wieder mehr auf ein ihm korrespondierendes Innen gerichtet ist, um schließlich, mehr und mehr, auf das Erleben unseres Verbundenseins mit diesem Außen gerichtet zu werden:

Außen und Innen unterscheiden sich voneinander wie der Sang eines Vogels von meinen Gefühlen, die dieser bei mir auslöst, und bilden dennoch ein einheitliches Geschehen. Im Erleben dieses Geschehens werden mir meine äußere Natur und meine innere Natur als zwei voneinander verschiedene wie einander einende Wirklichkeiten bewusst. Aber auch, dass ich, als dieser Mensch in diesem einmaligen Moment aktiven Hörens, mit meinem Gehör und meinem Gemüt ein lebendiger Teil des lebendigen Außen bin, das sich aus Licht, Luft, Baum, Vogel, Vogelsang zusammensetzt, der von meinem Ohr vernommen, und dessen Melodie von meinem Innern oder Selbst erlebt werden will. In Kapitel V gehe ich auf einen sympoietischen Bildungsgang ein, der in vergleichbarer Weise vom Wahrnehmen eines Apfels ausgeht.

Beide Beispiele sollen auf plastische Weise nahe bringen, dass wir Menschen dem biosphärischen Ganzen eingehören, das dem Ganzen der Erde eingehört, das dem Ganzen des Sonnensystem eingehört und so weiter ... Hier ist nicht der Ort, die Geschichte des Universums, seiner Galaxien, der sie bildenden Sonnensysteme, ihrer Planeten und die Geschichte der Erde, ihrer Biosphäre und des aus ihrer Evolution hervorgegangenen Menschen darzustellen. Wer sich hierüber ein Bild verschaffen möchte, ist eingeladen, die im Anhang aufgeführte diesbezügliche Literatur zu studieren.

Für das Verständnis der hier nur in knapper Form darstellbaren ganzheitlichen Sicht vom Menschen genügt es zu wissen, dass nach den heute über ihn in den Naturwissenschaften bestehenden Erkenntnissen, sein evolutionäres Entstehen und Sichentfalten, seine Geschichte, seine Gegenwart und seine weitere Entwicklung denselben Gesetzen unterlag bzw. unterliegen wie das Entstehen und Sichentfalten des gesamten Universums.

Eine grundlegende Einsicht besteht darin, dass alle Systeme des Universums von ein und derselben Energie gebildet werden. Der Physiker Erich Jantsch spricht hierbei von der „Selbstorganisationsdynamik des Universums", die reiner Geist sei: Gott, Tao, das All-Eine Platons. Quantenphysikalisch kommt diese Energie aus einem „Raum", von dem man weiß, dass er nicht „leer" ist. Der aber zugleich ein „potenzielles Vakuum" darstellt, das von der Energie nicht getrennt werden kann, die es erzeugt hat.

Alles ist ein und dasselbe, eben diese Energie. Martin Heidegger hat sie als das „Sein des Seins" oder das „Wesen des Seins" beschrieben. Als dieses Wesen nimmt sie alle jene Gestalten und Zustände der Natur an, deren sinnlich vernommene Schönheit wir bewundern. Dieses Wesen des Seins zu erkennen, bedarf der Übung kontemplativen geistigen Wahrnehmens. Einer existenziell bedeutsamen wie notwendigen Fähigkeit, die übend erlernt werden kann – nein: erlernt werden muss. Denn sie ist ein Grundzug des Bewusstseins des notwendigen Wandels. Hierbei ist es hilfreich, die dualistische und fragmentarische Sicht bewusst zu üben und sie als Methoden ganzheitlichen Selbst- und Weltumgangs produktiv zu machen.

Um das Zusammenwirken der Organe des menschlichen Körpers besser verstehen zu können, ist es sinnvoll, das einzelne Organ und seine Auf-

23

gabe kennen und verstehen zu lernen, um dadurch ein umfassenderes Verständnis der dynamischen Ganzheit des menschlichen Gesamtorganismus zu erlangen. Man muss sich dabei dualistisch verhalten, indem man sich den eigenen Körper zum Objekt des Betrachtens macht; und man muss fragmentierend vorgehen, um seine Teile als einzelne in ihrer Funktionsweise zu verstehen; schließlich gilt es das synergetische Prinzip des Körperganzen zu begreifen. Letzteres vor allem deshalb, weil man dann einzusehen lernt, welche Folgen es für den ganzen Körper haben kann, wenn die Funktionsweise eines einzigen Organs beeinträchtigt ist.

Dieser bewusste Umgang mit den beschriebenen Sichten lässt sich auf alle Ganzheiten anwenden. Beispielsweise auf solche der Ökologie der Biosphäre; ebenso auf solche der Soziosphäre des Planeten, der Menschheit. Etwa, wenn es um Fragen der sozialen Gerechtigkeit im Hinblick auf das Gefälle der Lebensqualität zwischen den Industriestaaten der nördlichen und den Ländern südlichen Halbkugel der Erde geht. Man könnte dadurch erkennen, dass hier nicht ganzheitlich gedacht und deshalb auch nicht ganzheitlich gehandelt wird. So kann ein ganzheitlich motiviertes dualistisches oder fragmentierendes Betrachten der Welt zwar die Aufmerksamkeit auf Strukturen einzelner Ganzheiten und ihrer Zusammenhänge richten, um diese genauer untersuchen zu können. Das Wahrnehmen ihrer Entstehungs- und Entfaltungprozesse aber bedraf einer erweiterten Sicht. Einer Sicht, die mehr Zustand als Ereignis ist: der Sicht der Sympoiese, des wechselwirksamen Einanderhervorbringens von Ganzheiten: des Menschen und seiner Person; des Menschen und seines persönlichen wie allgemeinen sozialen Daseins; des Menschen und des natürlichen biosphärischen Seins.

Die sympoietische Sicht

In ihrer bewussten Ausprägung entspricht die sympoietische Sicht dem transpersonalen wie integralen Bewusstseinszustand des künftigen Menschen bzw. des reifen Erwachsenen, der bewusst sympoietisch mit sich selbst und der Welt umgeht.

Wie die ganzheitliche Sicht, bedarf auch die sympoietische selbstbildenden Übens. Dass solches pädagogisch geleitete Üben möglich ist, lässt mich den notwendigen Wandel herbeihoffen (im Praxisteil von „Lernen ist intensives Leben" gebe ich Beispiele solchen Übens im Rahmen eigener pädagogischer Werkstätten). Während die ganzheitliche Sicht auf Strukturen und Funktionszusammenhänge von Ganzheiten gerichtet ist, erweitert die sympoietische Sicht die ganzheitliche um das Wahrnehmen und Reflektieren der Entfaltungsprozesse aller Ganzheiten bzw. ihrer positiven und negativen Entfaltungsrichtungen; und um das Wahrnehmen der Dimension des Möglichen oder auch Utopischen, die aus dem Konflikt beider Entfaltungsrichtungen hervorgehen.

Diese Sicht fördert das Wahrnehmen der Energie, die allen Ganzheiten innewohnt. Der Energie der permanenten Selbsthervorbringung des Universums, die für uns Menschen und die ganze Menschheit drei wesentliche Formen annimmt: Materie, Leben und Information oder Bewusstsein oder Geist. Diese drei Formen der einen universalen Energie können als Momente des Sichentfaltens der heutigen Menschheit angesehen werden.

Ganzheitlich gewendet, entsprechen sie den Wissensgebieten der Physik, der Biologie und der Neurophysiologie. Als Teilganzheiten der Ganzheit des vorhandenen Weltwissens darf man die genannten Wissensgebiete so wenig voneinander trennen wie Körper, Geist und Seele; oder die sich auf diese drei integralen Teilganzheiten der Ganzheit des Menschen sich beziehenden Wissenschaften der Medizin, Philosophie und Psychologie; oder die sich auf das soziale Dasein beziehenden Handlungsfelder der Ökonomie, Politik und Ökologie.

Sympoietisch gewendet, stellt sich die Frage, wie sich die Entfaltungsprozesse dieser Energieformen als Entfaltungsmomente der heutigen Menschheit zueinander verhalten. Etwa die Entfaltungsprozesse der weltweiten kapitalistischen Ökonomie zu denen der ganzheitlichen Ökologie unseres Planeten.

Der heutige Mensch bedarf daher einer Sicht, die ihn an sich selbst und an der Welt wahrnehmen lässt, was der Physiker David Bohm in seiner Theorie der „Impliziten Ordnung des Universums" über uns Menschen sagt: dass wir als einzelne Lebewesen, als „sub-wholes", Teil-Ganze seiner Ganzheit sind und es, als uns selbst entfaltende Teil-Ganze, mitentfalten. Wenn aber unsere persönliche Selbstentfaltung zugleich das universale Sein mitentfaltet, dann hat dies Konsequenzen für unsere Sicht der Welt und für unseren Umgang mit ihr. Vor allem für unseren Umgang mit der Biosphäre der Erde. Dies, zumal wir sie mitverkörpern, indem wir beispielsweise „ihren" Sauerstoff in uns aufnehmen und „unseren" Stickstoff an sie abgeben. Und weil unser Umgang mit ihr bereits zu irreversiblen Schädigungen ihrer gesamten Ökologie geführt hat. Zu Schädigungen, deren Folgen uns zwingen, unsere Daseinsweise drastisch zu ändern. Dies aber werden wir nur können, wenn wir gelernt haben, uns der Biosphäre gegenüber sympoietisch zu verhalten. Was aber bedeutet „sympoietisch", was „Sympoiese"?

Zur Erläuterung benutze ich den Wortlaut, den ich bei meinen Lesungen verwende: Der griechische Begriff ποίηση (poiesi oder poiesis, gesprochen: p*ij*esi oder p*ij*esis) bedeutet Hervorbringung; der Begriff αυτοποίηση (avtopoiesi oder avtopoiesis, gesprochen: avtop*ij*esi oder avtop*ij*esis) steht für den naturgesetzlichen, wechselwirksamen Austauschprozess zwischen allen lebenden Systemen der Biosphäre und deren jeweiliger, ihr Leben ermöglichender Mitwelt. Wobei diese, das heißt ihr Leben, von den Lebensaktivitäten der von ihr lebenden Systeme abhängt. Jede einzelne Zelle, jeder Zellverband bzw. jedes Organ bis hin zu komplexen Organismen wie der menschliche Körper, verhalten sich nach Humberto Maturana autopoietisch.

Biologisch ereignet sich die Autopoiese unseres Körpers als ein wechselseitig aufeinander bezogenes Austauschgeschehen mit der Biosphäre. So, wie gesagt, beim Ein- und Ausatmen. Beim Menschen tritt zu seiner biologischen Autopoiese etwas Entscheidendes hinzu: nämlich sein Geist oder Bewusstsein. Insbesondere in seiner fortgeschrittenen Ausprägung als selbstreflexives Bewusstsein – und heute als transpersonales Bewusstsein.

Anders gesagt:

Als Menschen sind wir in der Lage, unsere Autopoiese oder Selbsthervorbringung bewusst zu vollziehen. Nicht nur unseren Austausch mit der natürlichen, sondern auch mit unserer soziokulturellen Mitwelt. Und indem wir diesen Austausch bewusst vollziehen und ihm menschliche Gestalt verleihen, nehmen wir uns selbst bewusst wahr, reflektieren wir uns selbst und geben uns selbst als Person und unserem Leben Gestalt. Wir verhalten uns also nicht mehr nur auto-poietisch, sondern entschieden sympoietisch.

Der griechische Begriff συμποίηση (sympoiesi oder sympoiesis, gesprochen: simp*ij*esi oder simp*ij*esis) bedeutet somit, dass wir, indem wir uns als Personen selbst hervorbringen und uns und unserem persönlichen sozialen Dasein Gestalt geben, immer zugleich auch unser mitmenschliches Umfeld mit hervorbringen und gestalten. Und dass wir, wenn wir unserem Lebensumfeld Gestalt geben, stets die Bedingungen und die Qualität unserer Selbsthervorbringung mitbewirken.

Sympoiese ist ein sozialphilosophisches Paradigma für bewusstes ganzheitliches menschliches Dasein. Angefangen bei der Beziehung zwischen dem Einzelnen zu sich selbst sowie seinen Beziehungen zu anderen in den verschiedensten sozialen Feldern, bis hinein in das soziale Daseinsganze und in das System, das es bis ins Verborgenste hinein bestimmt.

Zwei notwendige Ergänzungen

Erstens:

Gibt man „Sympoiese" bei Google ein, so erfährt man, dass ein Kreis von Literaten um den Dichter Stefan George während der Dreißiger Jahre mit diesem Wort sein „gemeinschaftliches Hervorbringen" von Literatur bezeichnete. Zureichend dafür wäre bereits der ebenfalls griechische Begriff der „Synerga" oder „Synergia" oder „Synergie", der für Zusammenarbeit steht. Sympoiese aber ist umfassender und hebt Synergie in sich auf, indem sie diese voraussetzt.

Zweitens:

Die chronologische Darstellung der beschriebenen Sichten erweckt den Anschein, als wäre jede Sicht von einer auf sie folgenden höheren abgelöst worden, vergleichbar dem allgemeinen Geschichtsbild einer kontinuierlichen Folge von Epochen. Das wäre jedoch insofern irreführend, als Platon oder Plotin, die mittelalterlichen Mystiker oder Novalis bereits eine eigene ganzheitliche oder einheitliche Vorstellung des Zusammenhangs von Mensch, Natur und Universum erkannt und beschrieben hatten. Ebenso gab und gibt es eine solche naturmystisch-intuitive Vorstellung bei den meisten Naturvölkern. Ganzheit im quantenphysikalischen oder holistischen Sinn erscheint wie eine wissenschaftliche Wiedererinnerung ihres weit in die Anfänge der Entwicklungsgeschichte des menschlichen Bewusstseins zurückreichenden archetypischen Inbildes der Beziehung zwischen dem Vielen oder Einzelnen und dem es umfassenden Einen oder Ganzen.

Richtig ist auch, dass uns die beschriebenen Sichten, evolutionsbedingt, potenziell zur Verfügung stehen; jedoch nur dann, wenn wir gelernt haben, sie zu üben. Dies bezieht sich vor allem auf die sympoietische Sicht. Wobei – wie erwähnt – das Besondere des ganzheitlichen, vor allem des sympoietischen Bewusstseins in der Fähigkeit besteht, die dualistische und die fragmentarische Sicht für das Lehren und Lernen des Wandels produktiv zu machen. Diese Fähigkeit ermöglicht zugleich, Entfremdung wahrnehmen, erkennen und durch einen selbstbestimmten wie selbstbewussten Umgang mit sich selbst und der Welt auflösen zu können. Orientiert an Maßstäben eines humanen Selbst- und Weltumgangs bzw. menschen- und naturgemäßen gedeihlichen Miteinanderlebens.

Dies, indem wir die Triebkräfte und Widersprüche wahrnehmen, die aus der negativen Entfaltungsrichtung der Menschheit hervorgehen, und indem wir uns ihnen stellen: den Triebkräften uneingeschränkt wie rücksichtslos sich realisierender, global vagabundierender Kapitalinteressen, die den Lebensinteressen der Menschen substanziell widersprechen und deren machtpolitische Durchsetzung nicht nur antidemokratische, sondern faschistoide Züge trägt. Gefragt ist daher eine Mehrheit gebildeter Menschen, der es um die Entfaltung einer menschen- und naturgemäßen demokratischen wie ökologischen Daseinsform geht.

Worin beide Entfaltungsrichtungen sich unterscheiden, sind die ihnen zugrunde liegenden Bewusstseinsformen und Sichten. Kapitalistische Ausbeutung bedarf ausschließlich der dualistischen und fragmentarischen Sicht, die zulassen, dass Mensch und Natur einem Umgang zugeführt werden, der sie zweckrational fragmentiert und ihrer profitablen Verwertung aussetzt. Diese Entfaltungsrichtung stoppen zu können, „Dankbarkeit für unser Leben in dieser Welt zu entwickeln und die Chance zu begrüßen", so Geseko von Lüpke, „an dem „großen Wandel", der vor uns liegt, teilzunehmen und die Welt mit neuen Augen zu sehen", ist eine Bildungsaufgabe und somit ein politisches Problem von höchster Priorität.

II Demokratie entfalten

Wenn der einzelne Mensch erkennt,
dass alle Formen des Lebens einmalig und
bedetungsvoll sind, dass alle Menschen Nutznießer
des Rechtes auf Entfaltung ihrer Persönlichkeit sind, und dass
sowohl Frieden als auch Gewalt
ihre Ursprünge im Bewusstsein von Personen haben,
wird sich ein Gefühl von Verantwortung
für friedvolles Denken und Handeln entwickeln.

Durch solch friedvolles Bewusstsein wird der einzelne Mensch die
Natur jener Bedingungen verstehen,
die für sein Wohlergehen und für seine Entwicklung
erforderlich sind.

Erklärung zur menschlichen Verantwortlichkeit für Frieden
und langfristig tragfähige Entwicklung

Friedensuniversität der Vereinten Nationen
Costa Rica
1989

4. Kapitel
Neuorientierung für Frieden
und langfristig tragfähige Entwicklung
Artikel 9

„Demokratie" ist griechisch und setzt sich aus δῆμος (dimos oder demos, die Gemeinde, die Menschen, aus denen sie besteht) und κράτος (kratos, das heißt: Staat, die Ordnung, die sich der demos gibt) zusammen. Demokratie zu leben und zu entfalten ist Menschen dann möglich, wenn sie gelernt haben, ihren Umgang mit sich selbst und der Welt selbst zu bestimmen, im ganzheitlichen Sinne kritisch zu reflektieren und ethisch zu relativieren. Wenn sie fähig sind, sich gemeinsam mit anderen eine Ordnung zu geben, nach der sie leben wollen, deren Bewahrung und Entfaltung sie gleichermaßen gemeinsam zu verantworten vermögen.

Nichts anderes meint im Grunde die Inschrift über dem Portal des Bundestages: „Dem deutschen Volke". Sie will sagen, dass dieses „Hohe Haus" „dem Souverän" gewidmet ist bzw. gehört. Konkret: jedem souveränen, sich selbst bestimmenden einzelnen Menschen als Demokratiebürger oder Citoyen. Souveränität bedeutet subjektive Vollmacht. Auf ihr und ihrem selbstbestimmten Einsatz gründet Demokratie. Worauf sonst!? Und so sollte es auch sein: zuerst Demokratie als soziale Daseinsform freier Persönlichkeitsentfaltung, dann die staatliche Ordnung, die Demokratie garantiert. Erst dann und dadurch alles andere.

Zum Beispiel: eine demokratische und ökologische Wirtschaftsordnung; und ein Recht, das eine solche ermöglicht und sicherstellt; und eine Bildung, die erfahrbar macht, wie beides geht. Darin sehe ich Sinn und Ziel aller demokratischen Politik.

Demokratie als Systemfunktion

Demokratie in diesem Sinne aber gibt es nicht. Weder bei uns, noch in den anderen Staaten der EU oder in den USA. Hier wie dort wird die allmächtig gewordene Herrschaft des Ökonomischen – genauer: des Kapitals – zu Sozialpolitik heruntertransformiert. Zum Stoff eines nur noch rituellen Parteienstreits und Wahlkampftheaters. Und damit zum Stoff einer massenmedialen Präsentation von Scheindemokratie, die jede Bundestagsdebatte zur Systempropaganda geraten lässt. Vor allem dann, wenn Demokratie und Wirtschaft explizit oder implizit als synonyme Begriffe verwendet werden.

So in einer Äußerung der Bundeskanzlerin auf dem Deutschen Histo-rikertag 2011 in Berlin, in der sie darauf hingewiesen hatte, dass die „Soziale Marktwirtschaft" als „Wirtschafts- und Gesellschaftsordnung der Bundesrepublik Deutschland im Staatsvertrag zwischen den alten und neuen Bundesländern festgeschrieben" sei. Als ich diese Äußerung der Kanzlerin anderntags in der „Süddeutschen Zeitung" gelesen hatte, fragte ich mich, worin das „Soziale" dieser Marktwirtschaft besteht und worin das Demokratische einer „Wirtschafts- und Gesellschaftsordnung", die als eine „festgeschriebene" gelten und akzeptiert werden soll.

Staatlich geregelter Kapitalismus als Soziale Marktwirtschaft

Das „Soziale" als Merkmal der „Sozialen Marktwirtschaft" ist kein Geschenk des Kapitals an die Bevölkerungsmehrheit. Diese muss ihre Lebensinteressen stets noch gegen seine Übermacht streitend und streikend zur Geltung bringen. Das „Soziale" der Markwirtschaft bezieht sich also auf die politischen Kämpfe und Durchsetzungsanstrengungen der arbeitenden Bevölkerung für menschliche Arbeitsbedingungen, gerechten Lohn, Krankheits- und Kündigungsschutz, das Recht auf Arbeitsniederlegung oder betriebliche Mitbestimmung. Damit impliziert dieses „Soziale" zugleich das „Demokratische" dieser „festgeschriebenen Wirtschafts- und Gesellschaftsordnung": dass der kapitalabhängigen Bevölkerungsmehrheit rechtlich zugestanden wird, systemimmanent berechtigte Ansprüche erheben und ihre rechtliche Durchsetzung gegen die ökonomisch mächtigere Minderheit erkämpfen zu dürfen. Der grundlegende Inhalt des „Demokratischen" unseres gegenwärtigen sozialen Daseins besteht demnach in diesem Zugeständnis des Kapitals gegenüber der Mehrheit der Menschen. Das „Demokratische" ist somit ein implizites Merkmal des „Sozialen" der „Sozialen Marktwirtschaft" – mit Jürgen Habermas: der „formal-demokratischen Ordnung eines staatlich geregelten Kapitalismus". Genauer lässt sich das System der fortbestehenden, ökonomisch begründeten politischen Herrschaftsverhältnisse nicht bestimmen.

Wie sich die Zugeständnisdemokratie der „Sozialen Marktwirtschaft" bzw. des Kapitalismus herrschaftspolitisch auswirkt, ist allein schon an den beiden folgenden Tatsachen abzulesen: (1.) dass laut Armuts- und Reichtumsbericht der Bundesrepublik Deutschland (2012) nur 10% der 80 Millionen Deutschen mehr als 50% des gesamten privaten Vermögens besitzen (in: DIE ZEIT v. 6.12.2012, S. 46.); (2.) dass die Vermögen der Reichen in Deutschland zwischen 1998 und 2010 von 3,1 Billionen auf 4,9 Billionen Euro gestiegen sind, so der Ökonom Max Otte in seiner Streitschrift „Stoppt das Euro-Desaster" (2011).

Kapital als Staatsgewalt

Dass das „Demokratische", so wie es dem „Sozialen" der „Sozialen Marktwirtschaft" innewohnt, mit echter Demokratie nichts zu tun hat, liegt auf der Hand: nicht „das Volk", der viel beschworene demokratische Souverän, bestimmt, wie wirtschaftlich gehandelt werden soll, sondern die kapitalistische Wirtschaft diktiert, wie insgesamt politisch zu verfahren ist, und das immer unverblümter. Beispiele gibt es wie Sand am Meer. Ob in der Energiepolitik, Gesundheitspolitik, Rüstungspolitik, Arbeitsmarktpolitik, wohin man auch schaut: alles, was politisch läuft – vor allem: wie es läuft – wirft ein entlarvendes Licht auf die wahren Machtverhältnisse zwischen Kapital und offizieller Politik. Diese erweist sich als primäre Transmissionsapparatur der Kapitalinteressen. Ein soziales Dasein anzustreben, das die Menschen zur Demokratie befähigt, sie ihrer Selbstbestimmung zuführt und sie bevollmächtigt, „das Volk" zu werden, „von dem alle Macht ausgeht", ist nachweislich nicht ihre Sache. Ich kenne keine gewöhnliche öffentliche Schule, die demokratisch organisiert wäre.

Was das Kapital von der offiziellen Politik erwartet, ungeachtet, welche Partei gerade die Exekutive stellt, ist die Sicherung seiner Existenz – und zwar vor jeder anderen. Auch der Existenz der demokratischen Substanz des sozialen Daseins. Existenzsicherungen des Kapitals via Politik bestehen in einer ausgeprägten personalen Verflechtung ihrer Interessen (Parteispendenpraxis des Kapitals) und einem aggressiven Lobbyismus (Beeinflussung der Gesetzgebung durch Kapital und Verbände). Beide Existenzsicherungen des Kapitals desavouieren jede demokratische Wahl, und dies in einträchtiger Zusammenarbeit mit der Politik.

Deshalb ist es überfällig, das Prinzip der Teilung der Staatsgewalten nach Charles de Montesquieu auch auf die des Kapitals anzuwenden, das dabei ist, sich Legislative und Exekutive, und damit die Organisation des sozialen Daseins, gefügig zu machen. Denn nur eine Politik unterhalb der Machtebene des Kapitals konnte sich in der Pflicht sehen, die selbst verschuldeten Liquiditätsprobleme privater und halbstaatlicher Banken zu lösen und dafür den Staatshaushalt mit Milliardenkrediten zu belasten, mit Schulden also, die durch das normale Steueraufkommen über Generationen hinaus nicht zu decken sein werden. Die Schulden von Bund, Ländern und Gemeinden betragen über zweieinhalbtausend Milliarden Euro.

Ungeachtet dieser zusätzlichen indirekten Ausbeutung der Bevölkerung durch das Kapital als staatliche bzw. den Staat als kapitalistische Gewalt besteht der formal-demokratische Mechanismus der Bestätigung dieser „festgeschriebenen Wirtschafts- und Gesellschaftsordnung" durch Wahlen fort. Die Wahlbeteiligung beträgt immer noch über 50%. Wahrscheinlich aus dem Pflichtgefühl vieler Bürger, gepaart mit einem Mangel an Systembewusstsein. Möglicherweise aber auch aus der zählebigen sozialdemokratischen Hoffnung heraus, dass es doch noch zu einer Politik kommen könnte, die sich mehr an den Lebensinteressen der Menschen als am Exekutieren des Profit- und Ausbeutungsinteresses des Kapitals orientiert. Oder sogar zu einer Politik, der es um eine Weiterentwicklung der sozialen Daseinsform in Richtung Demokratie und Ökologie geht.

Das Regime des kapitalistisch geregelten Staates

Damit ist das dialektische Verhältnis von gesellschaftlichem Sein und Bewusstsein angesprochen, das Karl Marx untersucht hat. Und damit auch die Entfremdung des Menschen von der wirklichen Wirklichkeit des kapitalistischen Systems und seiner totalitären Prinzipien – Profitmaximierung durch Ausbeutung. Diesen gehorchend, dienen die dualistische und die fragmentarische Sicht der Erforschung, Beherrschung und Kontrolle der äußeren und inneren Natur des Menschen. Ganze Wissenschaftszweige tun sich damit hervor. So lernen wir – den sozial und kulturell vermittelten Kapitalprinzipien unterworfen – nicht nur unser Außen, sondern, in gleicher Weise, auch uns selbst aufzuspalten. Unseren Körper, unsere Seele, unsere Person. Und so üben wir uns tagtäglich darin, uns dualistisch zu verhalten und fragmentierend mit uns und der Welt umzugehen. Mit der Welt eines sozialen Daseins, das alles Lebendige fragmentiert – wie unbewusst auch immer. Politiker machen da keine Ausnahme. Hierzu drei aktuelle Beispiele aus dem Alltag der offiziellen Politik:

Integration von Einwanderern

Um Menschen aus anderen Ländern das Erlernen der deutschen Sprache zu ermöglichen, richteten Gemeinden und Städte in entsprechendem Umfang Kurse ein. Die erfolgreiche Arbeit der sie leitenden, fachlich qualifizierten und hoch engagierten Lehrenden wurde bisher von der Politik hoch gepriesen. Doch waren die meisten von ihnen unterbezahlt, konnten also von ihrer Lehrtätigkeit alleine nicht leben und waren gezwungen, zusätzlichen Nebenjobs nachzugehen.

Im Dezember 2012 gab die Bundesregierung bekannt, dass die Anzahl der Anträge auf Einbürgerung stagniere. Dies nahm das zuständige Ministerium zum Anlass, den Bundeszuschuss von eineinhalb Millionen Euro zu streichen. Stagnation aber bedeutet nicht Rückgang, sondern, dass die Zahl der Einwanderer weder zu- noch abnimmt, also durchschnittlich gleich bleibt. Somit, dass auch weiterhin Deutschkurse und Prüfungen in entsprechendem Umfang angeboten werden müssen. Doch sehen sich Gemeinden und Städte als Träger gezwungen, Lehrende zu entlassen und die anfallende Lehrtätigkeit auf die übrig bleibenden Lehrkräfte zu verteilen.

Politisch notwendig und menschlich integer wäre es gewesen, den Zuschuss für die Erhöhung der viel zu niedrigen Lehrergehälter und die Schaffung von Vollzeitarbeitsplätzen zu verwenden. Dies aber können Politiker, deren Umgang mit sich selbst und der Welt dualistisch geprägt ist, so nicht sehen. Für sie ist das Problem der Integration von Einwanderern zunächst ein juristisches und dann ein haushaltstechnisch zu lösendes. Ihre Sicht verhindert, sich mit der sehr konkreten Problemlage der betroffenen Menschen zu verbinden, sich menschlich und demokratisch zu verhalten: den Menschen Gerechtigkeit widerfahren zu lassen.

Solchem entfremdeten Umgang der offiziellen Politik mit Menschen entspricht auch ihr Umgang mit Sachen und Sachverhalten. Beispielsweise ihr Umgang mit dem Geld der Bürgerinnen und Bürger. So verwandelt sich dieses als Steuern bezeichnete Geld, das stündlich, täglich, monatlich, arbeitslebenslänglich von den Menschen erarbeitet wird, in ihren wie in den Köpfen der Politiker in ein von ihnen abgetrenntes abstraktes Gegenüber: den Staatshaushalt. Die so eintretende Entfremdung der Menschen von ihrer eigenen Arbeit und ihren eigenen, aus ihr permanent sprudelnden Steuermilliarden lässt es zu, dass sie zu „Steuerzahlern" und ihr Geld – in das nicht nur ihre körperlichen, geistigen und seelischen Energien, sondern auch ein Großteil ihrer Lebenszeit eingehen – zum „Fiskus", also zu „Staatsbesitz" mutieren.

Wer sich jedoch bewusst macht, dass mit den anonyma „Bürger" oder „Steuerzahler" oder „Politiker" die konkreten, lebendigen ganzen Menschen gemeint sind, die – jeder auf andere Weise – Verantwortung für das bestehende soziale Dasein tragen oder zu tragen hätten, dem mag der fortgeschrittene Notstand der Demokratie deutlich vor Augen treten. Günter Grass hatte sich diesen Notstand im Sommer 2011 in einem Vortrag vor dem Deutschen Journalistenverband zum Thema gemacht. Er belegte ihn darin mit den folgenden Fakten:

Auseinandertriften in eine Klassengesellschaft mit verarmender Mehrheit und sich absondernder reicher Oberschicht;

ein Schuldenberg, dessen Gipfel mittlerweile von einer Wolke aus Nullen verhüllt ist;

die Unfähigkeit und Ohnmacht des Parlaments gegenüber der geballten Macht der Interessenverbände;

der Würgegriff der Banken.

Diese und weitere brisante Ursachen des eingetretenen Notstands der Demokratie durch eine zunehmende Kapitalisierung der offiziellen Politik veranlassten den Nobelpreisträger für Literatur, die Systemfrage zu stellen. Zu fragen, ob „ein der Demokratie vorgeschriebenes kapitalistisches System, in dem sich die Finanzwirtschaft weitgehend von der Realwirtschaft abgelöst" habe, „diese aber wiederholt durch selbstverschuldete Krisen gefährde", „noch zumutbar" sei? Das kapitalistische System, so Grass weiter, sei „zu einer Kapitalvernichtungsmaschinerie verkommen und genüge nur noch sich selbst"; es sei „ein Moloch, asozial und von keinem Gesetz wirksam gezügelt"; ein „möglicher Zerfall der Demokratie" ließe ein „politisches Vakuum entstehen, von dem Kräfte Besitz ergreifen könnten, die zu beschreiben unsere Vorstellungskraft" überfordere.

Folgt man Günter Grass, so scheint es, als sei der „formal-demokratische, staatlich geregelte Kapitalismus" (Habermas) gerade dabei, zum System eines – noch nicht einmal mehr formal-demokratischen, sondern nur noch „kapitalistisch geregelten Staates" zu mutieren.

Diesen Eindruck muss jeder gewinnen, der die Entwicklungen in den industrieschwachen südeuropäischen Ländern während der vergangenen drei Jahre beobachtet hat. Gemeint ist damit weniger die Rigorosität, in der dort die Staatsausgaben gekürzt werden, sondern der Verlust an Souveränität dieser Staaten und ihrer Bevölkerungen durch eine sie entmündigende Kommandopolitik des Kapitals der reicheren Euro-Staaten.

Am folgenden dritten Beispiel wird deutlich, wie dualistische und fragmentarisch vorgehende Politik im Interesse des Kapitals ihren Verfassungsauftrag, das Wohl der Menschen zu fördern und zu mehren – man könnte auch sagen: ihr soziales Dasein zu demokratisieren bzw. zu humanisieren – pervertieren kann. Pervertieren bedeutet, etwas auf den Kopf zu stellen. Hier also den Verfassungsauftrag.

Bürgermilliarden für die Gläubiger des griechischen Staates

Seit 2008 erleben wir weltweit, wie die offizielle Politik mit dem Mittel der Hochverschuldung der Steuerhaushalte versucht, eine Kette von Systemkrisen zu lösen, die sie während der vergangenen zwanzig Jahre durch weitgehende Deregulierung der Finanzmärkte selbst mit hervorgerufen hat. Diese zusätzliche, finanzmarktpolitisch begründete Verschuldung der bereits verschuldet gewesenen Haushalte traf die ökonomisch schwächeren Südstaaten der EU wesentlich härter als die des kapitalgesättigten Nordens, allen voran Deutschland und Frankreich. Beide sind gemeinsam mit der Europäischen Zentralbank und dem Internationalen Währungsfond seit der Bankenkrise von 2007 dabei, den Regierungen der südeuropäischen Staaten zu helfen, ihre Staatsschulden möglichst rasch abzubauen, um dadurch den Verfall des Euro zu verhindern.

In diesem Zusammenhang erhielt Griechenland seit 2010 mehrere so genannte „Rettungspakete" in Höhe mehrerer Milliarden Euro, um seine Außenstände bei privaten und öffentlichen Gläubigern abtragen zu können. Die Bereitstellung dieser Pakete aber wurde jedes Mal – vor allem durch die deutsche Kanzlerin und ihren Finanzminister – von Einschnitten in das gesamte Staats-, Wirtschafts- und Gesellschaftsgefüge Griechenlands abhängig gemacht.

Als Naturwissenschaftlerin alten Schlages und kapitalpolitisch denkende Krisenmanagerin, konnte Angela Merkel offensichtlich nur fragmentarisch vorgehen. Konsequent trennte sie Währungs- bzw. Fiskalpolitik von Sozial- bzw. Humanpolitik ab. Und damit das substanziell Politische von seinem naturgemäßen Bezug: von den Menschen und ihren konkreten Lebensverhältnissen.

Nicht anders verhielten sich die drei, kurzfristig aufeinander folgenden griechischen Krisenregierungen, die bis heute das ihnen auferlegte Diktat einer rigorosen Sparpolitik gegen das eigene Volk durchsetzten. Sie besteuerten und besteuern auch weiterhin die Bevölkerung in einem marktwirtschaftlich tödlichen Ausmaß. Die anhaltend stereotyp von Deutschland geforderten Minderungen der Einkommen der griechischen Staatsbediensteten wie der Renten, der Sozialhilfe und der Arbeitslosenunterstützung sowie Streichungen staatlicher Leistungen in vielen sozialen und kulturellen Bereichen, ließen die Kaufkraft binnen kürzester Zeit so sehr schwinden, dass der dadurch zwangsläufig eingetretene Konsumrückgang inzwischen den gesamten Mittelstand wegbrechen lässt.

Unzählige Geschäfte und Handwerksbetriebe mussten Konkurs anmelden. Viele Familien konnten ihre Häuser oder die Miete für ihre Wohnung nicht mehr bezahlen sowie die Schule oder das Studium ihrer Kinder finanzieren. Die Streichungen des Staates betrafen alle öffentlichen Einrichtungen: Kindergärten, Schulen, Krankenhäuser, Unfalldienste, Infrastruktureinrichtungen und Verwaltung. Die Folge war, dass ein anfangs kurzzeitig gestiegenes Steueraufkommen erneut einbrach. Arbeitslos gewordene Menschen und geschlossene Betriebe zahlen keine Steuern.

Der griechische Staat, der die Milliardenpakete zur Tilgung seiner Kredite bei europäischen Banken und für den Rückkauf ausgegebener Staatsanleihen benötigt, kann heute weder die steigende Arbeitslosigkeit, noch die daraus resultierende soziale Not hunderttausender Menschen finanziell abfedern.

Damit auch die gegen Ende 2012 zugesagten Milliarden aus Europa via Athen zu den Gläubigern des griechischen Staates fließen konnten, ging die gegenwärtige dritte Krisenregierung mit weiteren Steuern und Steuererhöhungen sowie weiteren Streichungen staatlicher Leistungen daran, nun auch noch den übrig gebliebenen Rest arbeitender Menschen auszupressen. Und so wird die gesamte, überwiegend agrarische und mittelständische Volkswirtschaft Griechenlands, samt ihrer ebenfalls vom Zusammenbruch bedrohten Infrastruktur, noch tiefer in ihren nun nicht mehr aufzuhaltenden Ruin getrieben. Das gesamte Sozialgefüge steht vor dem Kollaps.

Kurz vor ihrem Besuch in Athen, im Oktober 2012, konnte man in deutschen Tageszeitungen lesen, dass der deutschen Kanzlerin „das Herz blute", angesichts der eingetretenen Not des griechischen Volkes. Wie ist das möglich? Wie zu verstehen? Konnte sie wirklich nicht sehen, dass sie, mit aller Macht und ohne Rücksicht auf die sozialen Auswirkungen ihrer Entscheidungen und Vetos dabei war, das Soziale und Demokratische (das auch in Griechenland vom Volk erkämpft worden ist!) den Interessen der internationalen und europäischen Finanzoligarchie zu opfern? Der sich etablierenden neuen Weltordnung: „in der die Reichen herrschen und die Armen keine Macht haben", so Sokrates in Platons „Staat".

Man muss sich wirklich fragen, an welcher Verfassung die Kanzlerin ihre Systemrettung orientiert? Die internationalen Menschenrechte, deutsche, griechische oder europäische Verfassungsgrundsätze können es nicht gewesen sein.

Und man muss sich auch fragen, wie man einen ausschließlich währungs- und fiskalpolitischen Kurs gegen die unveräußerlichen Lebensrechte eines ganzen Volkes durchsetzen und dabei die katastrophalen sozialen und politischen Folgen seines Tuns ausblenden kann?

So etwas geht nur, wenn die währungs- und fiskalpolitische Hand zu verdrängen gelernt hat, was die sozialpolitische und demokratische gleichzeitig hätte tun müssen.

An diesen drei aktuellen Beispielen des dualistischen wie fragmentierenden Umgangs der Politik mit dem sozialen Dasein der Menschen, mit ihrem
konkreten Leben und Arbeiten, ihrer auf Entfremdung hin angelegten
Existenz, wollte ich zu Bewusstsein bringen, dass Demokratie ohne ihre
Substanz nicht entfaltet werden kann. Diese besteht darin, Humanität, soziale Gerechtigkeit und Frieden bewusst zu leben. Dies erlernen und prak-
tizieren zu können, wäre eine hoheitliche Aufgabe der öffentlichen Schule.
Vor jeder fachlichen Ausbildung.

Und genau darum geht es mir in „Lernen ist intensives Leben". Dort
beschreibe ich eine Bildung, die von den Menschen ausgeht, und die sie
für ein Dasein befähigt, das Zukunft hat. Für ein demokratisches Dasein,
das bestimmt, wie zu wirtschaften ist, wenn es ein sozial gerechtes und
ökologisches Dasein sein soll.

Unser Grundgesetz, vor allem seine Grundrechtsartikel wollen, dass
wir diese Substanz des Demokratischen zum Maßstab nehmen, wenn wir
den Allgemeinzustand des sozialen Daseins kritisch ins Auge fassen. Denn
er gibt vor, was wir (gemessen an den Allgemeinen Menschenrechten und
am Geist des Grundgesetzes) zu tun haben, wenn es darum geht, Demokratie zu entfalten: in den Familien und in den Klassenräumen beginnend.

Denn, so fragt Hartmut von Hentig in einem Aufsatz über Widerstand
(1989): „Wo sollen die jungen Menschen sonst erfahren, dass Demokratie
– der institutionell geschützte Austrag von Überzeugungsprozessen – tatsächlich funktioniert, Freude macht, Veränderungen ermöglicht?"

Demokratie entfalten? In einer solchen Zeit? Unter den Bedingungen
einer allgemeinen Akzeptanz des Kapitals und seiner tendenziell antiso-
zialen wie antidemokratischen Herrschaft? Gerade deshalb und gerade
jetzt, in der Krise seines Systems, sollten alle, für die Demokratie mehr ist
als der ritualisierte soziale Ausgleich zwischen Kapital und Arbeit, ihre Souveränität an den politischen Tag legen und daran mitarbeiten, verloren ge-
gangene demokratische Substanz zurück zu gewinnen: um sie nach vorn
gehend, das heißt: provolutionär zu entfalten. Denn von der offiziellen Politik und den sie tragenden systemkonformen Parteien ist eine solche Per-
spektive gegenwärtig kaum zu erwarten.

III Biosphäre entschädigen

In dieser kritischen Zeit unserer Geschichte
sind Entscheidungen, die der Mensch trifft, von grundlegender
Bedeutung. Indem sie all ihr Handeln darauf ausrichteten,
einen Fortschritt innerhalb der Gesellschaft zu erreichen, haben die
Menschen immer wieder vergessen,
dass sie einer natürlichen Welt und einer unteilbaren
menschlichen Familie angehören, und haben ihre
Grundbedürfnisse für ein gesundes Leben übersehen.

Übermäßiger Konsum,
Misshandlung der Umwelt und Aggression zwischen den
Völkern haben die natürlichen Prozesse der Erde
in einen kritischen Zustand versetzt, wodurch ihr Überleben
bedroht ist. Indem die Menschen sich diese Tatsachen
vor Augen führen, können sie ihre Verantwortlichkeit erkennen und
auf dieser Grundlage ihr Verhalten in Richtung
auf Frieden und einer langfristig tragfähigen
Entwicklung neu orientieren.

Erklärung zur menschlichen Verantwortlichkeit für Frieden
und langfristig tragfähige Entwicklung

Friedensuniversität der Vereinten Nationen
Costa Rica
1989

3. Kapitel
Die Alternativen der Menschheit und universelle Verantwortlichkeit
Artikel 7

„Biosphäre" ist griechisch und setzt sich aus βιός oder bios, das natürliche Leben, und σφαίρα oder sphära, kugelförmiger Raum, zusammen. Biosphäre ist der ganzheitliche Begriff für den planetaren Lebensraum, aus dessen Entfaltungsgeschichte die Menschheit hervorgegangen ist. Allgemein wird die Biosphäre als „Umwelt" bezeichnet. Dieser Begriff ist aber nicht zutreffend. Denn die Biosphäre ist für uns Menschen so wenig „Um"welt, wie wir für sie. Vielmehr sind wir einander „Mit"welt, haben Menschheit und Biosphäre aneinander teil. Das können wir heute, in der Folge der Erkenntnisse der neueren Physik und Biologie sowie der aus ihnen hervorgegangenen Systemtheorie, glücklicherweise so sehen. Naturvölker wussten dies auf intuitive Weise schon immer.

Vielleicht stellen Sie sich die Frage, warum ich Ihren Blick zuerst auf das soziale Dasein und das problematische Verhältnis gerichtet habe, das zwischen dem ökonomisch-politischen System, das es beherrscht, und seiner demokratischen Substanz besteht. Wäre es nicht richtig gewesen, mit der Beziehung zwischen unserem Dasein und der Biosphäre zu beginnen? Schließlich liegt ihr Entstehen dem des homo sapiens und der Geschichte seiner historischen Daseinsformen voraus und zugrunde. Meine Antwort lautet: Weil heute die Hauptbedingung der Bewahrung unserer biosphärischen Lebensgrundlagen vom Gelingen der Entfaltung eines entschieden demokratischen Daseins der ganzen Menschheit abhängt. Eines Daseins, das nicht mehr den Prinzipien des Kapitals, sondern denen der vollen Entfaltung des Menschen gehorcht – und zwar aus der Entfaltung sympoietischer ökologischer Beziehungen heraus, die er zwischen seinem Dasein und der Biosphäre bewusst herstellt und unterhält.

Der Teil der Biosphäre, der nicht weiß, dass er ein Teil der Biosphäre ist

Bis zum Beginn der Industrialisierung vor etwas über 200 Jahren, als man begann, Stein- und Braunkohle für den wachsenden Bedarf physikalischer Energie für mechanisierte Produktionsabläufe zu fördern und zu verbrennen, haben die Menschen in Europa und der so genannten Neuen Welt die ihnen begegnende Natur noch nicht als Biosphäre sehen und begreifen können. Wohl als eine übermenschlich große Welt, einen Teil des Universums oder als göttliche Schöpfung. Ihre Schönheit, die in der Romantik als Mittlerin zwischen der menschlichen Seele und dem Göttlichen oder Transzendenten gefeiert wurde, mag vielen Menschen damals wenigstens Respekt vor ihrer sie übersteigenden Größe eingeflößt haben.

Eine solche, auf Evidenz beruhende Einsicht in die Einheit von Mensch, Natur und Gott hatten in den Jahren vor und während der Konsolidierung des imperialistischen wie kolonialistischen Industriekapitalismus im Europa des 19. Jahrhunderts nur wenige. Zu ihnen gehörten u.a. Caspar David Friedrich, Johann Wolfgang von Goethe oder Novalis. Wenn auch ihre natur-mystische Selbst- und Welteinsicht damals vor allem ästhetisch, phänomenologisch und intuitiv zu erfassen vermochte, was durch die Quantenphysik später wissenschaftlich belegt worden ist, so ermöglicht sie uns bis heute, den Zusammenhang von menschlichem Dasein und biosphärischem Sein auf unmittelbare wie erkennende Weise wahrzunehmen: ein Denken und Handeln einzuüben, das ihrer ganzheitlichen Wirklichkeit entgegen kommt.

Die hier vorgeschlagene „Bildung des Wandels" wird auf solche sensitiven wie sensiblen, ästhetisch-intelligiblen Wahrnehmungs- und Umgangsweisen mit dem biosphärischen Sein nicht verzichten können, will sie die Sicht zu Bewusstsein bringen, die dem gewohnten dualistischen Umgang mit ihm zugrunde liegt. Denn diese Mensch und Welt voneinander abkoppelnde Sicht ist mit der ganzheitlichen Wahrnehmung und Reflektion der biosphärischen Wirklichkeit schlicht überfordert. Vor allem, weil der größte Teil der Biosphäre uns nicht „umweltet", ihr submariner Raum bis 11 000 Meter unterhalb des Meeresspiegels und ihr oberhalb von 2000 bis 3000 Metern darüber liegender von uns gewöhnlich nicht erfahren werden kann. Erfahrbar umgibt uns tatsächlich nur eine recht niedrige Lebenssphäre von ein bis eineinhalb Kilometern Höhe über Meeresniveau.

Die Biosphäre aber ist mehr als die uns umgebende Natur. So entscheidet der Zustand dessen, was von der Biosphäre in den Weltraum reicht und die Tiefen der Meere einschließt wesentlich darüber, wie der ökologische Befund unserer räumlich vergleichsweise doch recht bescheidenen Lebenssphäre auf der Erdoberfläche ausfällt. Aber wer lebt schon oberhalb der Baumgrenze der Alpen? Oder in einem Unterseeboot, das elf Kilometer Tiefe aushält?

Die meisten Menschen leben heute nachweislich in Großstädten. Ihr Kontakt zu sich selbst als biosphärische Wesen und somit zur Biosphäre ist, aufgrund ihres zwangsläufig naturfernen Lebensstils, nur mangelhaft ausgeprägt. Das sich aufstauende Restbedürfnis nach Naturerfahrung führt jedoch nur in Fällen geübter ganzheitlicher Lebenspraxis zu echten Begegnungen von Mensch und Natur; und vielleicht dadurch dann auch zur Begründung einer persönlichen Daseinsweise, die dann auch sympoietische Züge tragen mag. Gewöhnlich wird das Bedürfnis nach Naturerleben als Ausgleich routinierter urbaner Alltagsbewältigung durch den Ferntourismusmarkt mit seinen, sich ständig selbst übertreffenden Massenangeboten zu befriedigen gesucht, die mehr und mehr mit Wellness-Aktivitäten oder Extremsport-Angeboten kombiniert werden.

Der Teil der Biosphäre, der ihr gegenüber auf Kredit lebt

So sind es vor allem wahrnehmungs- und kontaktschwache Menschen, die sich vom durchsichtigen Blau eines wolkenlosen Sommerhimmels über die wirklichen Dimensionen unseres planetaren Lebensraums hinwegtäuschen lassen. Ihr dualistisch konditionierter Blick in den Himmel suggeriert ihnen eine unendlich weite und tiefe, unerschöpflich scheinende Lufthülle. In Wirklichkeit beginnt sich die Atemluft in der Troposphäre, der untersten Schicht der Atmosphäre, bereits in fünftausend Metern Höhe (!) stark zu verdünnen und oberhalb achttausend, dort, wo die Troposphäre in die Stratosphäre übergeht, zu verflüchtigen. Doch was sind fünf bis acht Kilometer Höhe im Verhältnis zur gesamten Erdoberfläche?

Als biosphärische Wesen sind wir an den Sauerstoffhaushalt der Troposphäre unmittelbar angeschlossen. Wir verbrauchen Sauerstoff auf eine uns nicht bewusste, weil unwillkürliche Weise unseres Ein- und Ausatmens, die mit der ununterbrochenen, ebenso unwillkürlichen Tätigkeit unseres Herzens koordiniert ist. Ein Auto – genauer: sein Herz, der Luft und fossilen Kraftstoff verbrennende Motor unter der Haube – verbraucht auf 100 Kilometern durchschnittlich mehr Sauerstoff, als ein einziger Mensch in seinem ganzen Leben. Und gleichzeitig sind wir drauf und dran, die chemische Zusammensetzung dieser primären biosphärischen Lebensgrundlage molekular so rapide zu verändern, dass die Anpassung unseres Körpers an die zunehmende Vergiftung der atembaren Luft mit der Geschwindigkeit dieser Veränderung kaum Schritt zu halten vermag.

Der einstige Nobelpreisträger für Literatur, Heinrich Böll, sagte einmal, dass wir der Biosphäre gegenüber schon immer auf Kredit gelebt hätten und unser Konto bei ihr längst in den roten Zahlen sei. Denn wir Menschen sind Doppelwesen: in erster Instanz sind wir biosphärische Wesen; und erst in zweiter Instanz sind wir Exemplare der Kulturen der Spezies Mensch. Aus der Selbstentfaltung der Biosphäre hervorgegangen, sind wir heute dabei, deren weitere Entfaltung massiv zu beeinflussen. Wie am Gegenstand der Atmosphäre zu sehen ist, nicht gerade zu unserem Vorteil. Daraus folgt, dass unsere menschheitliche Daseinsform in erster Linie biosphärisch begründet und ökologisch organisiert sein müsste.

Wir hätten also nicht nur zu lernen, unser Dasein als Demokratie zu entfalten, sondern, gleichzeitig und gleichermaßen grundsätzlich, seine Entfaltung an den ökologischen Gesetzmäßigkeiten der Biosphäre auszurichten – was die Menschheit bis heute nicht wirklich tut. Denn das hieße: die Biosphäre zum obersten Souverän unseres Menschseins zu erheben, und damit auch zum obersten Souverän der Entfaltung eines demokratischen Daseins. Mit anderen Worten: Wir müssen die Bewahrung der biosphärischen Substanz zum Kern der Entfaltung der demokratischen machen. Wir müssen gesunde Luft atmen, sauberes Wasser und gesunde Nahrung in uns aufnehmen, wenn wir gesund leben können wollen.

Der Teil der Biosphäre, dem sie Grenzen setzt

Aber das auf Totalverwertung der Biosphäre ausgerichtete ökonomisch-politische System und seine Vertreter wollen uns vergessen und blind dafür machen, dass wir integrale Bestandteile eines ganzheitlichen In- und Zueinanders von Wasser, Boden, Vegetation, Fauna und Atmosphäre sind. Und dass wir als biosphärische Wesen auf eine spezifische Konstellation dieser Lebensgrundlagen angewiesen sind.

Wir müssen einsehen, dass wir weniger von vollen Warenregalen in Supermärkten abhängen, als von dieser bestimmten Konstellation unserer

Lebensgrundlagen. Und dass die uns bekömmliche Konstellation – wie die eines jeden Biotops – umkippen kann, sobald sie aus ihrem inneren Gleichgewicht (griechisch: ομοιόσταση oder Homöostase) gebracht worden ist. Sind erst einmal alle Böden vergiftet, ist alles Wasser verseucht, sind Vegetation und Fauna durch ungebremste UV-Strahlung, sauren Regen und anhaltendes Abholzen der Regenwälder noch stärker zurückgedrängt und die bereits von Emissionen verpestete Atmosphäre noch ozonhaltiger geworden, als sie bereits ist, könnte der Punkt einer möglichen Rückverwandlung der Schädigungen der ökologischen Systeme – also ihrer noch möglichen „Ent-schädigung" – überschritten sein (was ich unter „entschädigen" verstehe, bespreche ich am Ende dieses Kapitels).

Nach einem solchen Umkippen der ökologischen Konstellation unserer Lebensgrundlagen, ist menschliches Leben auf der Erde schlichtweg nicht mehr möglich. Carl Amery hat in seinem Buch „Global Exit" zur Erläuterung dieses Umkippens den Vorgang des Bierbrauens herangezogen: Von einem bestimmten Moment des Gärens an, beginnt der Bierhefepils an seinen eigenen Exkrementen zu ersticken.

Alle Menschen, die ihr Leben wie das Leben alles Lebendigen lieben, sollten deshalb leidenschaftlich daran interessiert sein, was unsere (von der Mehrzahl der Bevölkerung akzeptierte) allgemeine soziale Daseinsform und Lebensweise für den Bestand unserer biosphärischen Lebensgrundlagen bedeutet. Und sie sollten sich zugleich darüber im Klaren sein, dass es sich bei ihr nicht um eine „festgeschriebene", sondern eine veränderbare und dringend zu verändernde Daseinsform handelt. Aktuell vor allem deshalb, weil die offizielle Politik, vor dem Hintergrund der Staatsschuldenkrise, die Tourenzahl von Naturausbeutung, Produktion, Verteilung und Konsum erhöhen und nicht herunterfahren will. Erkenntnisse über den bereits eingetretenen Grad der Schädigung der gesamten Biosphäre entlarven diesen, klimapolitisch kontraproduktiven Wachstumskurs als ökologische Geisterfahrerei systemhöriger Politiker und wirklichkeitsblinder Wirtschaftsmächtiger.

Es liegt daher an uns, an jeder und jedem von uns, das Blatt zu wenden, den Wandel zu wollen und einzuleiten. Engagement aber erfordert Wissen, Verstehen und Können, also Bildung: dass jeder Mensch ein kosmopolitischer Citoyen oder Weltbürger wird, der in der Lage ist, sich den

Komplex der folgenden nekropoietischen Kausalitätenkette zu Bewusstsein zu bringen und Vorstellungen zu entwickeln, wie man ihrer tödlichen Logik entgegentreten kann:

- Kapitalistische Produktion, Verteilung und Konsumtion
- Energieverbrauch
- Kohlendioxidemission
- Treibhauseffekt bzw. Erderwärmung
- Abschmelzen der Polkappen
- Klimakatastrophe mit allen noch nicht völlig absehbaren Folgen
  für die Menschheit und alles anderen Lebens.

Der Teil der Biosphäre, der sich weigert, von ihr zu lernen

Um diesen „Komplex der Folgen" ging es auf dem letzten „Weltklimagipfel" in Doha, der Hauptstadt des Emirats Katar. Jedoch nicht um den „Komplex der Ursachen" bzw. der „Kapitalinteressen". Diese nehmen auf solchen Gipfeltreffen gewöhnlich die Gestalt „nationaler Interessen" an, deren Durchsetzung Aufgabe der offiziellen Politik des jeweiligen Teilnehmerstaates ist. Auf eine der Ursachen der fortschreitenden Veränderungen des Weltklimas möchte ich hier, beispielhaft für fast alle so genannten Umweltprobleme, kurz eingehen. Ich habe sie einem Bericht der Wochenzeitung DIE ZEIT vom 6. Dezember 2012 entnommen und kann sie Lehrenden der Gebiete Wirtschaft und Politik oder Biologie bzw. Ökologie, als Einstieg in eine, dieses Thema aufgreifende Einheit sympoietischen Lehrens und Lernens, nur empfehlen.

Zur Sache selbst:

Aufgeschreckt durch wissenschaftliche Erkenntnisse zur Problematik des Treibhauseffekts und seiner Folgeproblematik, des Klimawandels, sind Politiker aus 36 Industriestaaten mittlerweile ein Vierteljahrhundert dabei, über Maßnahmen zur Emissionsminderung zu verhandeln. In der ersten Phase ging es zunächst darum, Zweifel einiger mächtiger Mitgliedsstaaten des „Weltklimagipfels" daran auszuräumen, dass „der Mensch" Urheber der drastischen Veränderungen des Weltklimas ist.

In den Jahren darauf fand man heraus, was getan werden müsste, wenn man die eingetretene Erderwärmung auf ein Plus von zwei Grad Celsius begrenzen wollte. So kam es 1997 im japanischen Kyoto zu Vereinbarungen und Verpflichtungen unter den Mitgliedsstaaten des Weltklimagipfels, den Ausstoß von Kohlendioxid zu mindern. Diese Übereinkünfte sind unter der Bezeichnung „Protokoll von Kyoto" veröffentlicht worden. Am 31. Dezember 2012 endete die Laufzeit und damit die Wirksamkeit dieser Handlungsgrundlage, die bis auf weiteres als Absichtserklärung seiner Unterzeichner fortbestehen soll, jedoch ohne bindende Wirkung.

Bedenkt man, dass der Kohlendioxidausstoß weltweit von 1990 bis heute um die Hälfte gestiegen ist, dann muss man sich nach dem wirklichen Sinn dieser Einrichtung des „Weltklimagipfels" fragen. Soll sie nur beruhigen, während die Kluft zwischen Wissen und Handeln immer größer wird und die Emissionen weiter kräftig ansteigen? Den Grund des Verschleppens biosphärisch relativierter Lösungen sieht Fritz Vorholz in seinem ZEIT-Artikel vom 6. Dezember 2012 in einem „fundamentalen Problem" der von Kapitalinteressen durchsetzten Klimapolitik – es gehe bei ihr „um nichts Geringeres als die Frage, wer wen enteignet". Wie ist das zu verstehen?

Nach den Vorgaben der „Internationalen Energie Agentur" (IEA) dürfen zwei Drittel der nachgewiesenen Reserven von Kohle, Erdöl und Erdgas nicht gefördert bzw. „zu Geld gemacht" werden. Dies führe dazu, so Vorholz, dass die USA, Russland und China ihre immensen Vorräte fossiler Energieträger dadurch als „entwertet" ansehen. Man könnte auch sagen, dass sich ihre Energiekonzerne und Energieträger verarbeitenden Industrien (Benzin, Diesel und Motoröle produzierende Industrie, Plastikindustrie, Pharmazeutische Industrie, Autoreifenhersteller) durch ökologische Vorgaben der IEA als „enteignet" betrachten.

Würde man, so heißt es in dem Artikel weiter, auf Klimapolitik verzichten, käme dies wiederum einer Enteignung der Menschen gleich, die den Folgen weiterer Erderwärmung ausgesetzt sind. Dies, indem ihr Lebensraum durch „steigende Meeresspiegel, sterbende Wälder und Wassermangel zerstört würde – verursacht durch das Verbrennen fossiler Energien". Es sei der Kampf zwischen „Geld und Leben", der in Doha lediglich zu der Vereinbarung führte, bis 2015 einen neuen Vertrag zustande zu bringen, der aber erst 2020 in Kraft treten soll. Käme ein neuer Vertrag nicht zustande, wäre der Klimaschutz gänzlich gescheitert.

Dieses Leben verachtende Umgehen von Energiekonzernen und Energieträger verarbeitenden Großunternehmen mit der Biosphäre ist dem sozial blinden Regiment des Euro-Krisenmanagements vergleichbar. Ihrer dualistischen Sicht entsprechend, betrachten sie den biosphärischen Mantel der Erde als ihr Rohstofflager. Als Besitz an Grund und Boden, der mit dem Recht auf Ausbeutung verbunden ist, ohne Verantwortung für die Folgen der Verwertung von Erdöl und Erdgas übernehmen zu müssen.

Menschheit und Biosphäre sind noch keine juristischen Personen, die vor dem Internationalen Gerichtshof eine Güterabwägung zwischen privatkapitalistischen Profitinteressen und „kollektiven Lebensinteressen höchster Priorität" (Sloterdijk) erwirken könnten: eine Norm menschheitlichen Rechts. Sie wäre Ausdruck eines gelebten vernunftgeleiteten Weltbürgertums bzw. kosmopolitischer Citoyenität. Deren Entfaltung und Praxis bedürfte eines menschheitlichen und biosphärischen Bewusstseins, wie dieses einer es hervorbringenden Bildung bedarf.

Der Teil der Biosphäre, der Lebensqualität mit Lebensstandard verwechselt

Doch verführt uns die unreflektiert erlernte dualistische Betrachtungsweise der Welt allzu leicht, das Recht auf Besitz und Ausbeutung der Biosphäre gegen die Verpflichtung zum Schutz des Lebens zu wenden. Einfach deshalb, weil das zerstörerische Funktionieren des Systems durch den permanenten Ausstoß eines hohen materiellen Lebensstandards bestätigt wird, auf den die meisten nicht verzichten wollen. Eines Lebensstandards allerdings, der für nur ein Fünftel der gesamten Weltbevölkerung produziert wird. Wollte man ihn auf die anderen vier Fünftel der Menschheit ausdehnen, käme dies dem Infarkt der ökologischen Systeme gleich.

Dies bedeutet zweierlei: (1.) dass wir gezwungen sind, unseren Lebensstandard herunterzufahren, was nicht bedeuten muss, dass dadurch die Qualität unseres Lebens gemindert würde; (2.) dass wir gezwungen sind, den ökonomisch und infrastrukturell vernachlässigten Ländern dabei helfen, ihre eigene Lebensqualität zu entwickeln.

Dies aber nicht im Sinne einer Entwicklungshilfe als Importeur des „westlichen" Lebensstandards, eines verkappten Kulturkolonialismus, der die originären Kulturen Afrikas, Südamerikas oder Südostasiens langfristig zerstört und den weltweiten Energiedurchsatz drastisch erhöht.

Und wir in den so genannten reichen Ländern werden lernen müssen, eingeübten Konsumismus in bewusste Askese zu verwandeln. Es geht dabei um ein Lernen, eine andere geistig-seelische Haltung, andere Verhaltensweisen gegenüber uns selbst und der Biosphäre einzunehmen und einzuüben. Denn unsere gewohnte dualistische Sicht bewirkt, dass wir in die Ökologie des biosphärischen Ganzen, in eine komplexe Ordnung wechselseitig aufeinander einwirkender Lebenssysteme, blind eingreifen, als wäre sie ein von uns abgetrenntes Außen. Doch zeichnet sich längst ab, dass wir mit der Biosphäre auch das Lebenssystem Menschheit hoch gefährden.

Deshalb wird unser Überleben von einem bewusst organisierten Zu- und Ineinander von Menschheit und Biosphäre abhängen: von ihrer Sympoiese. Davon, dass nicht mehr grenzenlose Ausbeutung, sondern nachhaltige, weil vernunftgeleitete Nutzung der Natur gewollt und praktiziert wird. Aber noch sind, mit den Energiekonzernen gleichziehend, viele andere weltweit agierende Großkapitale dabei, das Gegenteil von Wohlstand für die Menschen als Steigerung ihrer Lebensqualität zu verkaufen.

Eines zahlreicher aktueller Beispiele für die Verwechslung von „Lebensqualität" und „Lebensstandard", ist das Vermarkten von Grundwasser in Afrika durch Nestlé. Wasser, das die Bauern für die Landwirtschaft benötigen. In Einweg-Plastikflaschen abgefüllt, begegnet es ihnen in den Städten und touristischen Gebieten, wo Nestlé dieses Gemeingut in privatwirtschaftlichen Profit umsetzt. Wasser sei erst wertvoll, wenn man einen Preis dafür bezahlen müsse, so der Konzernchef in dem Film „We Feed The World". Während Felder verdorren, Bauern ihr Land verlassen müssen und in die Städte ziehen, die Vegetation eingeht, blüht das Geschäft mit „Life", wie der Konzern „sein Wasser" nennt. Dabei gibt er sich humanitär: er sorge dafür, dass die Menschen problemlos zu trinkbarem Wasser gelangen – gegen bares, versteht sich.

Auch hieran wird die destruktive Tendenz fragmentierenden Denkens und Handelns deutlich. Unter dem Vorzeichen der Profitmaximierung werden lediglich das empor zu pumpende Grundwasser, seine anschließende

Abfüllung, Verteilung und Vermarktung gesehen. Was das Kapitalinteressen folgende dualistische Bewusstsein hier nicht wahrzunehmen vermag, ist das massenhafte Ausbluten agrarischer Existenzen in den Abpumpgebieten und die Auswirkungen auf das regionale Klima, infolge der Vertrocknung des Bodens, die sich dort bereits auszubreiten beginnt.

Diese dualistische Wahrnehmungseinschränkung bestimmt auch das derzeitige waghalsige Erdgasprojekt des griechischen Staates vor der Südküste Kretas, das ihn sicher nicht nur sanieren helfen soll. Denn seine Investoren verstehen sich nicht als Wohltäter. Es ist absehbar, dass das Leben in diesem Bereich des Mittelmeeres und an der kretischen Südküste Schaden nehmen wird. Von Schädigungen der Biosphäre in Folge technischer Defekte der Förderanlagen, ausgelöst durch See- oder Erdbeben, die dort in unregelmäßigen Abständen auftreten, ganz zu schweigen.

Der Teil der Biosphäre, der mit ihr leben lernen muss

„Die Biosphäre entschädigen" – Was heißt das konkret? Wie kann das gehen? Ohne vorwegzunehmen, was Kapitel V vorbehalten ist, möchte ich – wie angekündigt – kurz erläutern, was hier unter „entschädigen" zu verstehen ist.

Dem Wort Entschädigung kommen gewöhnlich zwei Bedeutungen zu. Die erste bezieht sich auf das, was auch das Wort Wiedergutmachung meint: ein angerichteter Schaden wird vom Schädiger durch etwas anderes ausgeglichen. Etwas, das in seinem Wert dem entspricht, was er beschädigt hat. Sei es eine naturgegebene Wesenheit, ein Mensch oder eine hergestellte Sache.

Die zweite Bedeutung bezieht sich auf das, was auch das Wort Wiederherstellung meint: etwas wird wieder in seine ursprüngliche, ihm eigene Verfassung gebracht. Wir kennen dieses Vorgehen aus den Bereichen der Technik, der Botanik und der Medizin. Es meint in den genannten Zusammenhängen Reparieren, Rekultivieren oder Therapieren.

Was die Schädigungen der Biosphäre durch unsere, auf unseren Konsumleib zugeschnitte Daseinsweise anbelangt, gibt es jedoch solche, die weder gut zu machen noch zu reparieren sind. Diese waren und sind so gravierend, dass man dabei von Vernichtung sprechen muss oder von „Exterminismus" (Edward Thompson). Das englische „exterminate" bedeutet die massenhafte Vernichtung von Leben, das als unwert befunden bzw. als seiner Erhaltung nicht wert angesehen wird. Letzteres ist der Fall, wenn für profitable landwirtschaftliche Nutzung riesiger Bodenflächen Tropenwald abgeholzt wird. Beispiele: Amazonas und Sumatra. Oder wenn durch solche massiven Eingriffe in die ökologischen Systeme der Biosphäre ganze Populationen von Pflanzen und Tieren ausgerottet werden.

Dabei ist das Artensterben, das in Wirklichkeit Artenmord ist, so wenig eine vom Himmel gefallene Gegenwartsproblematik wie der Klimawandel. Vielmehr ist die Geschichte unserer Daseinsform seit dem ausgehenden Mittelalter, in gesteigerter Form seit der ersten industriellen Revolution, zugleich eine Geschichte ihres Exterminismus.

Nach Hoimar von Ditfurth ist das Exterminieren von Arten durch unsere Daseinsweise vor 100 Jahren bereits in seinen exponentiellen Verlauf übergegangen. 1989 verschwand täglich eine Art und seit 2000 ist dies stündlich der Fall. Hier kann entschädigen nur bedeuten, dass wir aufhören, Schaden anzurichten. Dass wir Wirtschaftsmächtige daran hindern, sich an der Biosphäre zu vergehen.

Weil wir darin – ganz im Sinne der Argumentation von Charles de Montesquieu – ein Verbrechen sehen: alles, was dem Leben abträglich ist, sei Verbrechen!

Das Exterministische unserer Daseinsweise hat einen Grad erreicht, der uns längst dazu hätte zwingen müssen, über den Missbrauch der Biosphäre ein Tabu zu verhängen, das dem des Inzests vergleichbar ist. Und, dass an die Stelle ihrer Ausbeutung eine wissenschaftlich und technologisch verantwortete ökologische Nutzung tritt, bei der jeweils nachzuweisen ist, dass das homöostatische Gleichgewicht betroffener Ökosysteme erhalten bleibt. Eine solche Politik der Tabuisierung ökologieblinder privatkapitalistischer Ausbeutung der Biosphäre sähe sich zugleich beauftragt, ihre Entschädigung aktiv voranzutreiben, wo und wann immer möglich.

Wie das Demokratische als ganzheitliche humane Substanz aus dem bestehenden Dasein zu entfalten sein wird, so werden wir auch das Biosphärische als ganzheitliche ökologische Substanz aus der Beziehung zwischen unserem Dasein und der Biosphäre heraus zu entfalten haben.

Der Künstler Joseph Beuys hatte schon vor einem halben Jahrhundert erklärt, dass die heutige Menschheit die Verantwortung habe, „die Evolution fortzusetzen" – in meine Sprache übersetzt, bedeutet dies: die Sympoiese von Dasein und Biosphäre zu ermöglichen und ihr eine nachhaltige Gestalt zu verleihen.

Der hier vertretenen „Bildung des Wandels" geht es daher um die Befähigung der nachwachsenden Generationen, darin eine Selbstverständlichkeit und die Richtung zu sehen, in die sie selbst und das von ihnen zu verantwortende Dasein sich zu entfalten hätten. Denn die bisherige „Sympoiese" von Dasein und Biosphäre ist eine durch und durch negative: eine Nekropoiese (vom griechischen νεκρός oder nekros, das heißt: abgestorben, leblos, tot). Gemeint ist damit, im Gegensatz zur Sympoiese, dem wechselseitigen Einandererhalten von Dasein und Biosphäre, ihr wechselseitiges Einandervernichten. Angetrieben durch die extensive kapitalistische Verwertung alles Lebendigen, letztlich des ganzen Planeten.

IV Profitmotiv mit der Rettung verbinden

Verantwortlichkeit ist ein Aspekt,
welcher einer jeden Beziehung, die Menschen eingehen, innewohnt.
Diese Fähigkeit, verantwortlich in einer bewussten, unabhängigen,
einmaligen und persönlichen Weise zu handeln, ist eine
unveräußerliche schöpferische Qualität
eines jeden menschlichen Wesens.

Es gibt keine Begrenzung hinsichtlich des Ausmaßes oder der Tiefe
dieser Verantwortlichkeit, außer der, die sich jeder einzelne
selbst auferlegt hat.

Je mehr an ihr gearbeitet und in die Tat umgesetzt wird, desto mehr
wird sie wachsen und an Stärke gewinnen.

Erklärung zur menschlichen Verantwortlichkeit für Frieden
und langfristig tragfähige Entwicklung

Friedensuniversität der Vereinten Nationen
Costa Rica
1989

3. Kapitel
Die Alternativen der Menschheit und universelle Verantwortlichkeit
Artikel 6

Das nekropoietische Leben der heutigen Menschheit trägt die Züge eines Trauerspiels, in dem die Akteure nicht wissen, oder nicht wissen wollen, dass sie selbst seine Dramaturgen und Regisseure sind. Schlafwandlerische Adepten eines mephistophelischen Weltgeistes, der sich, von kindischer Blindheit und neurotischen Expansionszwängen getrieben, alles und jedes zu unterwerfen, auszubeuten und zu vernichten trachtet – einzig, weil es für kurze Zeit Reichtum und Macht einträgt. Die anhaltende Nekropoiese von Dasein und Biosphäre ist ein teuflisches Projekt der Entseelung alles Lebendigen, der Selbstentgeistung und Selbstentwürdigung des heutigen Menschen.

Dem Wahn des „immer schneller", „immer mehr", „immer höher hinaus" verfallen, sind immer noch viel zu viele bereit, den Lebensorganismus Erde der Aufrechterhaltung ihres exterministischen Daseins zu opfern. Es liegt deshalb an jedem einzelnen, der dies erkannt hat, der Nekropoiese von Dasein und Biosphäre entgegen zu treten und – aus dem gegenwärtigen Dasein heraus – ihr das Wasser abzugraben: widerständig zu werden und auf sympoietisch gebildete Weise in den tödlichen Lauf der Dinge einzugreifen.

Denn das Gelingen der Sympoiese von Dasein und Biosphäre wird auf mittlere Sicht niemals Absicht des herrschenden Systems sein können. Soviel steht fest. Sie zu wollen und dieses Wollen öffentlich zu machen, kommt heute dem Stellen der Machtfrage gleich; oder, wie Günter Grass sagt, der Systemfrage; oder der Daseinsfrage. Und konsequenterweise dann auch dem Stellen der vorrangigen Frage danach, wie wir leben wollen – nein: wie wir eigentlich gelebt haben sollten und künftig leben müssten. Eigentlich heißt hier: auf eine Weise, die uns Menschen zukäme, weil sie uns eigen ist. Eigen ist unserem Menschsein, dass wir uns als Personen zu ihm hin entfalten wollen. Selbstentfaltung unserer Person ist Sinn und Ziel unseres Menschseins. Selbstentfaltung aber kann nicht außerhalb der Kontexte oder Ebenen unserer planetaren und kulturellen Existenz stattfinden. Denn diese ist a priori ein wechselwirksames Zu- und Ineinander von Biosphäre, Daseinsform und Daseinsweise, ausgehend vom Menschen, von jedem und jeder einzelnen von uns. Es gilt also die anhaltende Nekropoiese in Sympoiese zu wandeln: die Demokratie zu entfalten und die Biosphäre zu entschädigen.

Wie durch das bisher Gesagte einsichtig geworden sein sollte, unterscheiden sich beide Entfaltungsrichtungen in grundlegender Weise durch die ihnen zugrunde liegenden Bewusstseinsformen und Sichtweisen. Denn: kapitalistischer Ausbeutung innerer und äußerer Natur, des Menschen und der Biosphäre, liegt eine sie abspaltende dualistische Sicht zugrunde. Nur sie lässt es zu, dass Mensch und Natur einem Umgang mit ihnen zugeführt werden, der sie zweckrational fragmentiert und ihrer profitablen Verwertung zuführt. Diese negative Entfaltungsrichtung wandeln zu können, ist daher in erster Linie eine Bildungsfrage.

Der Horizont, in den diese Frage nach der heute notwendigen Bildung gestellt ist, heißt: Rettung. Mit Rudolf Bahro: „die Logik der Vernichtung allen Lebens in eine Logik seiner Rettung zu transformieren". Mit Carl Amery: „noch rechtzeitig die Abfahrt von der vierspurigen Bahn des Verderbens gewahren, sie entschlossen benutzen", um dahinter "neue Kulturen zu schaffen; Kulturen der wirklichen Emanzipation, der Herrschaft über unsere Bedürfnisse, des synergetischen Zusammenlebens mit den Bedingungen der Schöpfung". Und dies aus unseren humanen, kulturellen Lebensgrundlagen heraus: aus der Entfaltung der demokratischen Substanz des gegenwärtigen sozialen Daseins.

Die gegenwärtige offizielle Politik agiert nicht erst seit heute unterhalb der Herrschaftsebene des Kapitals. Sie hat keine Konzepte für die Zukunft der heranwachsenden Generationen. Ihr fragmentierender Umgang mit den Problemen des sozialen Daseins, die sich aus den Widersprüchen zwischen den Interessen des Kapitals und den Lebensinteressen der Menschen ergeben, ist Flickschusterei. Wie bei der so genannten „Griechenland-Hilfe" weiß bei ihr die eine Hand nicht, was die andere tut oder zu tun hätte. Keine Problemlage wird umfassend analysiert. Stattdessen werden ihre Symptome gegeneinander isoliert, als Einzelprobleme betrachtet und diese für sich zu lösen versucht. Die Tageszeitungen sind voll davon.

Retten, was gerettet werden muss

Wenn wir erkannt haben, dass unsere persönliche ganzheitliche Selbstentfaltung unsere eigene und die allgemeine biosphärische Existenz sowie die

Existenz unseres persönlichen wie sozialen Daseins mitentfaltet – und nichts anderes meint: Sympoiese –, dann müsste sich uns die Frage danach aufdrängen, ob unsere gegenwärtige, vor sich selbst blinde Daseinsform und -weise noch zu retten ist. Ich glaube das nicht. Und ich kenne viele, die das auch nicht glauben. Sie haben die Menschheit und die Welt längst aufgegeben. Aber genau solche Vorstellungen fortbestehender Negativität sollten zum Innehalten, zur Reflexion unseres je eigenen Beitrags zur globalen Nekropoiese führen. Und damit zur Überprüfung eigener Möglichkeiten, zu retten, was zu retten ist – nein: was gerettet werden muss, wenn wir die „nächstmögliche Ausfahrt aus der vierspurigen Bahn des Verderbens" (Carl Amery) nehmen können sollen.

Gerettet werden muss nicht unsere gegenwärtige Daseinsweise, sondern das, was uns ermöglicht, sie zu wandeln. Gerettet werden muss nicht die Welt, und schon gar nicht die Umwelt, sondern unsere Innenwelt: unsere geistig-seelischen Vermögen bewussten Wahrnehmen-, Erkennen- und Gestaltenkönnens als Bedingungen der Möglichkeit, uns selbst und die Ebenen unserer Existenz sympoietisch zu entfalten.

Gerettet werden muss nicht das Bestehende, sondern die in ihm enthaltenen Selbstwandlungs- und Selbstheilungskräfte.

Gerettet werden muss das humanum: unsere Menschlichkeit, um des Erreichens unseres vollen Menschseins willen, das im Einssein mit dem Ganzen des lebendigen Organismus unserer einzigen und einzigartigen Erde besteht. Worin sonst?

Gerettet werden muss zuerst unsere Seele, die zwischen Systemerwartungen und originären Lebensinteressen zerrissen wird. Es ist eben nicht damit getan, sich biologisch zu ernähren und fairen Handel zu unterstützen oder Grün zu wählen. Es kommt darauf an, der Wandel zu sein.

Und dann ist es völlig gleichgültig, ob man den Herzschlag des Universums als den einer weiblichen oder männlichen oder androgynen Gottheit zu spüren glaubt oder eine solche mystische Anmutung als Spinnerei abtut; ob man einer der großen Religionen angehört oder irgendeiner der mehr oder weniger bequemen Weltanschauungen nacheifert oder einer ihrer Instantausgaben, also einer politischen Partei, oder nicht. Wesentlich ist einzig: ob es uns gelingt, einen Zipfel unseres Menschseins in uns selbst zu fassen und halten zu können und damit „einen Zipfel der besseren Welt"

(Hartmut von Hentig); ob man sich für das Leben, das eigene und das aller anderen, für das Leben alles Lebendigen auf der Erde entscheidet oder nicht.

Entscheidet man sich für das Leben, dann hat man sich zugleich für den Wandel des bestehenden Daseins entschieden bzw. für die Rettung aller geistig-seelischen Potenziale sowie aller Einstellungen, Fähigkeiten und Kenntnisse, die diesen Wandel mitbewirken können. Somit auch für eine Bildung, die ihn ermöglicht. Denn: wenn wir unser gegenwärtiges Dasein wirklich wandeln wollen, dann müssen wir das System kennen, das es bestimmt und nach dem es sich ausrichtet:

(1.) die objektiven ökonomischen Herrschaftsverhältnisse zwischen Kapital und Politik sowie (2.) die objektiven politischen Machtverhältnisse zwischen Politik und Bevölkerung. Verhältnisse, die das politische und soziale Dasein in Struktur und Prozess in hohem Maße bestimmen. In einem Maße, das den stets gefährdeten Bestand der demokratischen Substanz korrumpiert.

Dies zu erkennen, bedarf nicht nur einer kritischen, Fragen an das vorgängige Dasein herantragenden Sicht, sondern einer ihr entsprechenden Wahrnehmung der humanen und ökologischen Wirklichkeit. Eine solche Wahrnehmung kann heute nur sympoietischer Natur sein.

Sie geht aus dem geistigen Grundbedürfnis hervor, das eigene Selbst und das allgemeine Dasein verstehen zu können. Was aber ist der zentrale Gegenstand dieses Verstehenkönnens? Nach dem bisher über das soziale Dasein und das System des Kapitals Gesagten kann dies nur der Widerspruch zwischen den kapitalistischen Profitinteressen und den demokratischen und ökologischen Lebensinteressen der Menschen sein. Die Zeit ist reif, diesen Widerspruch aufzuheben.

Denn das 21. Jahrhundert bietet die Chance der Globalisierung eines demokratischen Daseins durch die weltweiten elektronischen Kommunikations- und Kooperationsmöglichkeiten und, daraus hervorgehend, eine Rückführung des materiellen Wachstums auf das ökologisch Vertretbare. Und ich bin mir sicher, dass es das Jahrhundert wird, in dem die Lebensinteressen der Menschheit die Interessen des Kapitals aufheben werden. Und dies auf dem uns von ihm zugestandenen formal-demokratischen Weg. Weil uns bewusst wird, dass seine Zukunft das Ende bedeutet.

Profit des privaten Kapitals

Die Genese des Kapitals als politische Gewalt und gesellschaftliches Herr-schaftsprinzip reicht weit in die Geschichte zurück und kann hier von mir nicht weiter verfolgt werden. Ich möchte lediglich auf drei rechtlich abge-sicherte Grundbedingungen des Kapitals hinweisen, die bis heute höchs-ten machtpolitischen Rang für sich beanspruchen: (1.) das Recht auf Grund und Boden, (2.) das Recht auf Zins und Zinseszins und (3.) das Recht auf qualitativ (Wissenschaft, Technologie) und quantitativ (Raum, Ressourcen) uneingeschränktes Wirtschaften, das heißt: Ausbeuten und Verwerten aller dafür geeigneten Materie und allen dafür geeigneten Lebens.

Das Verfolgen seines Profitmotivs bestimmt Wahrnehmen, Denken und Verhalten jedes Kapitaleigners. Und dies in jeder Kostenhinsicht: Mensch, Dasein und Biosphäre betreffend. Abhängig vom krisenförmigen Schicksal des Kapitals, in welches sie hineinverwickelt sind, reagieren Mensch, Dasein und Biosphäre auf die zwanghafte Durchsetzung des Pro-fitmotivs des privaten Kapitals. Des Motivs, Profit um jeden Preis zu ma-chen und zu steigern – nein: steigern zu müssen. Denn kein Kapitaleigner ist darin frei, sondern, systembedingt, dazu gezwungen. Was seine Per-sönlichkeit formt und leitet, ist die Verinnerlichung des Glaubens, dass pri-vatwirtschaftlicher Profit und daraus resultierender Reichtum Sinn und Ziel des Lebens seien. Dieser Glaube gewinnt sozial-ethischen Charakter durch die systemideologische Wendung, dass ohne privaten unternehmerischen Erfolg allgemeiner Wohlstand nicht möglich sei.

Nun zeigt sich aber, dass rücksichtsloses globales Exekutieren des Pro-fitmotivs den materiellen Wohlstand der kapitalabhängigen Mehrheit der Menschen in den USA und ganz Europa seit 1990 um durchschnittlich ein Viertel hat schwinden lassen, dass es weltweit systematisch Armut produ-ziert. Also nicht nur in den ohnehin in Armut gehaltenen, sondern auch in den so genannten reichen Ländern. Das rücksichtslose Exekutieren des Profitmotivs zeigt sich gegenwärtig auch daran, dass in der offiziellen Po-litik erneut ökonomisches Wachstum vor ökologischer Vernunft rangiert; dass der nach Fukushima angepeilte langfristige Totalausstieg aus der Atomstromerzeugung, die so genannte „Energiewende", nach kurzer Zeit ähnlich gefährdet ist, wie zuvor der Ausstiegsbeschluss der früheren rotgrünen Bundesregierung – beide Male ausschließlich aus Profitgründen; dass das privatkapitalistische Profitmotiv alle gemeinschaftlichen demokratischen und ökologischen Motive der Bevölkerung dominiert.

„Nur wenn es gelänge, das Profitmotiv mit der Rettung zu verbinden, bliebe Hoffnung." Zu dieser Ansicht gelangt der Philosoph Heinz Dieter Kittsteiner, nachdem er die Geschichts- und Gesellschaftsanalysen zweier Denker im wechselseitigen Aufeinanderbezug untersucht hatte. Zweier Philosophen, die in ihren Grundpositionen einander zwar widersprechen, in ihren Zukunftseinschätzungen aber nahe beieinander liegen. Die Rede ist von Karl Marx und Martin Heidegger. Hier kann diesen Untersuchungen nicht weiter nachgegangen werden. Ich möchte daher aber wenigstens darauf hingewiesen haben, dass sowohl Marx als auch Heidegger die Beziehungen zwischen Kapital und Demokratie bzw. Kapital und Biosphäre als die größten Herausforderungen des menschlichen Geistes betrachteten: vor allem mit Blick auf die Bewährung und Bewahrung seiner fortgeschrittensten Ideen eines menschengemäßen und naturwürdigen Daseins. Insbesondere der Vorstellung einer globalen demokratischen wie ökologischen Zivilgesellschaft.

Aus diesen und vielen anderen Gründen gilt es erneut, die inneren Strukturen und Abläufe des Zustandekommens und Sicherhaltens der Herrschaft des Kapitals (z.B. des Finanzmarktkapitals und seiner vielfältigen Verflechtungen mit nationalen Realwirtschaften und Staatshaushalten) zu untersuchen, zu erkennen und zu wandeln. Das heißt: ihre privatwirtschaftliche Form auf parlamentarisch-demokratischem Weg der Mehrheitsentscheidung in die Form einer ökologischen gemeinwirtschaftlichen Ökonomie umzugestalten. Seit der weltweiten Finanzmarktkrise von 2007 sind solche systemkritischen Überlegungen nicht mehr genierlich, wie dies unmittelbar nach der Wende der Fall zu sein schien. Sie sind notwendig.

Profit des gemeinschaftlichen Kapitals

Ein solcher System- und Daseinswandel bedarf umfassend gebildeter Menschen. Menschen, die nicht nur fachlich hoch qualifiziert sind, sondern die in gleichem Maße über ökonomisch-politische wie ökonomisch-ökologische Phantasie und sozial-psychologische bzw. ethische Kompetenzen verfügen. Denn was zu diesem Gemeinschaftsprojekt gehört, ist eine geistige Gegenmacht, deren Praxis jeden Defätismus, Nihilismus, Zynismus und die mentale Tyrannei von Kapital und Markt überflüssig werden lässt. Insbesondere die Tyrannei der psychotechnologisch aufgerüsteten Bewusstseinsindustrie der Gegenwart, welche die Propaganda der Nazis in den Schatten stellt.

Getragen ist diese Gegenmacht von einer kosmopolitischen wie biophilen Ethik des Einhaltens aller, den Wandel des gegenwärtigen sozialen Daseins fördernden Vereinbarungen:

Verfügten wir über eine „Ethik des Entfaltens der Demokratie", die in den Familien und allen öffentlichen Bildungseinrichtungen bewusst gelebt würde, dann hätte dies profitable Auswirkungen auf die Qualität des Umgangs der Menschen mit sich selbst, anderen und Anderem.

Verfügten wir über eine „Ethik der Entschädigung der Biosphäre", die von allen Menschen und ökonomischen Einrichtungen bzw. politischen Organisationen unseres Daseins bewusst gelebt würde, dann hätte dies profitable Auswirkungen auf die Qualität des Umgangs der Menschen und ihrer Daseinsform mit der Biosphäre.

Eine „Bildung des Wandels" hätte sich solchen geistigen Herausforderungen zu stellen. Wandel bedeutet, dass ein solcher Umkehrprozess der gewohnten Daseinsweise gleichzeitig ein Hervorbringungs- und Entfaltungsprozess einer Daseinsweise ist, die das kapitalistische Wirtschaftshandeln in sich produktiv aufhebt: und damit auch sein Profitmotiv. Denn Wandel folgt immer einer Dialektik zwischen einem als Mangel erfahrbaren negativen und einem in ihm begründeten möglichen besseren Zustand. Einer Dialektik, die wir selbst verkörpern, ohne dass uns dies bewusst ist. Diese tritt beispielsweise bereits in Kraft, sobald wir uns Gedanken über die Zu- oder Abträglichkeit massenhaft hergestellter Lebensmittel für unsere Gesundheit machen:

Wir wissen, dass schädigende Stoffe, die in den meisten dieser Lebensmittel enthalten sind, oft knapp unterhalb erlaubter Grenzwerte liegen und dass Quantität und Mix ihrer Aufnahme darüber entscheiden, ob wir langfristig an ihnen erkranken oder nicht (These). Diese Unsicherheit, verstärkt durch Lebensmittelskandale, hat die Menschen sensibilisiert und die Nachfrage nach gesunden Lebensmitteln ansteigen lassen (Antithese). Wir können nun beides haben: Bio oder Junkfood oder Dazwischenliegendes. Würden sich, markttheoretisch gesehen, alle Menschen für den Konsum bedarfsgerecht produzierter, biologisch einwandfreier Nahrungsmittel entscheiden (Synthese), würden bald nur noch solche hergestellt und verzehrt werden.

Schon an diesem alltäglichen Beispiel zeigt sich, dass das Profitmotiv zum Transmissionsmedium der Sympoiese werden kann. Der Sympoiese des Menschen mit sich selbst, mit seinem sozialen Dasein und dieses mit dem biosphärischen Seinsganzen. Anders gesagt:

Die „These des privatkapitalistischen Profits auf Kosten der Lebensqualität" evoziert ihre „Antithese des Produzierens ausschließlich gesunder Ernährung" und antizipiert deren politische Umsetzung (Änderung des Konsumverhaltens) zur „Synthese einer höheren Lebensqualität".

Wie am Beispiel der Lebensmittel zu sehen ist, setzt die politische Dimension des Wandels unserer Daseinsweise ein entsprechendes demokratisches und ökologisches Bewusstsein voraus. Und dies in einem Umfang, der einer „kritischen Masse" entspricht, die den gewünschten Wandel voranzubringen vermag. Auf diese Weise würde langfristig der bisherige rein „privatkapitalistische Profitbegriff" in einem zweifachen, nämlich „gemeinwirtschaftlich-demokratischen Profitbegriff" wie „ökologisch-ökonomischen Profitbegriff" aufgehen.

Von „gemeinwirtschaftlich-demokratischem Profit" wäre dann zu sprechen, wenn beispielsweise der durchschnittliche gesellschaftliche Arbeitszeitaufwand zugunsten der Zeit ausfällt, die Eltern für ein gedeihliches Aufwachsen ihrer Kinder und eine an geistig-seelischem Wachstum ihrer Person orientierte Partnerschaft brauchen. Das ist zwar individuell verschieden, aber durchaus sozialwissenschaftlich-empirisch zu erheben und in einem flexiblen Mittel auszudrücken.

Von „ökologisch-ökonomischem Profit" wäre dann zu sprechen, wenn beispielsweise die gemeinschaftlich organisierte Vermeidung von Plastikmüll durch ein entsprechend gezieltes Konsumverhalten der Bevölkerung dazu führt, dass die Verpackungsindustrie nur noch ökologisch abbaubare Stoffe verwendet. Notwendige Umstellungen in der Produktion müssen nicht automatisch zu Arbeitsplatzverlusten führen. Im Gegenteil: die Bereitstellung recyclebarer Stoffe für diesen Produktionsbereich kann zusätzliche Arbeitsplätze entstehen lassen. Vor allem solche, die eine wissenschaftliche Qualifikation erfordern. Dies hätte auch Konsequenzen für die Erdölbranche, die sich der schwindenden Vorkommen wegen ohnehin Gedanken über ihre Zukunft macht. Sie käme von der Nachfrageseite her unter Druck und müsste die Förderungsquote absenken. Der Biosphäre und unserer Gesundheit würde es gut tun, wenn die Produktion von Plastik zugunsten abbaubarer Stoffe umgekehrt werden könnte.

Es gäbe unendlich viele Beispiele dieser Art zu nennen, etwa aus den Bereichen der Kriegsindustrie, der Unterhaltungsindustrie, der Energieproduktion und des Energieverbrauchs, der Gesundheitsindustrie, der Freizeitindustrie, des Tourismus, aber auch aus den Bereichen Kultur, Soziale Dienste, Abfallbeseitigung und -verwertung.

Das heißt: Schon wenn wir unsere handgreiflichen ökologischen und ökonomischen Nöte in ihrem inneren Zusammenhang zu begreifen und mit dem kapitalistischen Profitmotiv zu verbinden beginnen, verwandelt sich unsere Hoffnung auf Rettung in praktische Veränderung des bestehenden Dasein in ein menschengemäßes und naturwürdiges.

Hoffen bedeutet, den nächsten Schritt zu tun. Und wenn wir erkennen, dass das aufzubringende und einzusetzende Kapital für die Verwirklichung eines menschen- und naturgemäßen Daseins wir selbst sind, gemeinsam mit unseren Lebensgrundlagen – also der Mensch, seine Demokratie und seine Biosphäre –, dann werden wir Profit folgerichtig neu definieren: als „Gewinn an Humanität" in unserem bewussten demokratischen Umgang mit- und untereinander und als „Gewinn an Lebensqualität" in unserem bewussten ökologischen Umgang mit der Biosphäre.

Ich bin davon überzeugt, dass es weltweit sehr viele Menschen gibt, mehr als uns bewusst ist, die spüren, dass ihr Leben und ihre Daseinsform in Richtung Demokratisierung und Ökologisierung des Kapitals gewandelt werden muss. Und die dies sich wünschen, unabhängig von ihren historisch, kulturell oder religiös bedingten verschiedenen Weltsichten. Doch fehlen ihnen Einheit, Stimme und Macht. Diese zu befördern, bedarf es einer „Bildung des Wandels". Eine Bestätigung dieser Ansicht fand ich in einem Beitrag von Michael Jäger in der Wochenzeitung „Freitag" vom 9. Januar 2009.

In einem Artikel, der eine Reihe von Beiträgen zum Thema „Welche Zukunft hat der Kapitalismus?" zusammenfasst, geht der Autor davon aus, dass ein politisches Programm, das der „politischen Macht des Kapitals" ökologisch definierte „Akkumulationsgrenzen" aufzeigen würde, durchaus mit „Massenunterstützung" rechnen könnte. Ein solches Programm sähe vor, dass die Produktion nur dann ausgedehnt würde, wenn die Menschen das aus guten Gründen wollten.

Hätte man den Akkumulationszwang, den Zwang zu ständiger Steigerung des Profits, erst gebrochen, so hätten wir zwar immer noch einen Markt und ein freies Unternehmertum, aber eines, das einer gemeinschaftlichen Politik diene, die von den Lebensinteressen der Menschen ausgeht. An anderer Stelle seines Beitrags nimmt Michael Jäger Bezug auf eine Autorin, Sabine Kebir, die einen sehr wichtigen Gedanken in diese Debatte eingebracht hatte. Wichtig, weil er das soziale Dasein in seiner menschengemäßen Komplexität aufnimmt und nicht, wie die meisten dieser Beiträge, einem linearen ökonomischen Denken aufsitzt: „Auch das beste soziale Programm", so Sabine Kebir, „erreicht nur die wenigsten Herzen und Hirne, wenn die anderen Lebensbereiche unberücksichtigt bleiben." Wirkungsmächtig könnten Programme aber nur sein, so Michael Jäger ergänzend, „wenn es auch eine Kultur gibt, die sie trägt".

Ich ergänze: Und eine Bildung, die die geistig-seelischen Voraussetzungen einer solchen demokratischen und ökologischen Kultur hervorzubringen vermag.

V Bildung des Wandels

Die Menschen haben eine immerwährende
Verantwortlichkeit, wenn sie soziale Verbände, Firmen
und Institutionen gründen, daran teilhaben oder sie vertreten – sei es
im privaten oder im öffentlichen Bereich.
Darüber hinaus haben alle solche Einrichtungen eine
Verantwortung, den Frieden und die langfristig tragfähige
Entwicklung zu fördern sowie die hierzu erforderlichen
bildenden Ziele in die Praxis umzusetzen.

Diese schließen die Förderung des Bewusstseins
der Interdependenz aller menschlichen Wesen untereinander und mit
der Natur ein, sowie die generelle Verantwortlichkeit
eines jeden einzelnen dafür, die Probleme zu lösen,
die er durch sein Verhalten oder seine Handlungen verursacht hat –
auf eine Art und Weise,
die mit dem Schutz der Menschenrechte und der fundamentalen
Freiheiten zu vereinbaren ist. Lasst uns treu bleiben
dem Privileg unserer Verantwortlichkeit.

Erklärung zur menschlichen Verantwortlichkeit für Frieden
und langfristig tragfähige Entwicklung

Friedensuniversität der Vereinten Nationen
Costa Rica
1989

4. Kapitel
Neuorientierung für Frieden und langfristig tragfähige Entwicklung
Artikel 1

Wer sich, angeregt durch die vorausgegangenen Beschreibungen der Bezüge und Ebenen sympoietischen Lehrens und Lernens, in die entsprechende Pädagogik vertiefen möchte, dem empfehle ich die Lektüre von „Lernen ist intensives Leben". Dort sind (a) die pädagogischen, didaktischen und methodischen Prinzipien dargestellt, (b) die Fragen nach der Lehrerpersönlichkeit, den pädagogisch-praktischen und schulisch-organisatorischen Rahmenbedingungen sympoietischen Lehrens und Lernens beantwortet und (c) Beispiele pädagogischer Praxis dokumentiert, anhand derer ich zeige, wie sympoietische Bildung erfolgreich praktiziert werden kann. Hier soll es genügen, die folgenden drei Fragen zu beantworten:

(a) Worin unterscheidet sich „sympoietisches Lehren und Lernen" vom „Regelvollzug schulischen Lehrens und Lernens"?

(b) Wie ist „sympoietisches Lehren und Lernen" pädagogisch konzipiert?

(c) An welchen Maßstäben müsste sich „sympoietisches Lehren und Lernen" messen lassen?

Worin unterscheidet sich „sympoietisches Lehren und Lernen" vom „Regelvollzug schulischen Lehrens und Lernens"?

Was mir bereits während meiner Schulzeit, meines Studiums und gleich zu Beginn meiner Tätigkeit als Lehrer aufgefallen war, ist ein chronisches Desinteresse von Schule und Hochschule an dem, was bei Lernenden und Studierenden abläuft, wenn sie lernen. Von Interesse ist einzig das Resultat, nicht das innere Geschehen, aus dem es hervorgegangen ist: der Lernprozess als Persönlichkeit bildender Vorgang. Die gesamte Leistung, auch das, was sich bei den Lernenden durch ihr Arbeiten an einer Sache verändert hat, war zu keinem Zeitpunkt im Blick der Lehrenden. Und so glaubt man allgemein bis heute, dass die Qualität der inneren Arbeit am äußeren, überprüfbaren und messbaren Resultat abgelesen und bewertet werden kann. Das Zauberwort heißt: Objektivierung. Nimmt man nun noch hinzu, dass Noten nachgewiesenermaßen nicht objektiv sind, dann stellt sich die Frage, ob der „Regelvollzug schulischen Lehrens und Lernens" jungen Menschen und ihrer Bildung nicht mehr schadet als nützt. Zwölf Jahre lang trainiert, bildet er bei Lernenden einen Sozialcharakter aus, der sie befähigt, sich von sich selbst und dem, was sie tun, innerlich abzusondern, im Extremfall: abzuschneiden. Anders, so ein ehemaliger Schüler, ließe sich Schule gar nicht aushalten. Sie gewöhne einen daran, von sich und seinem eigenen Lerninteresse abzusehen. Sich selbst abzustellen, sich neben sich zu stellen, bis der Schultag endlich vorüber ist.

Solches dualistische Abspalten des eigenen Selbst vom schulischen Anforderungszusammenhang beginnt bei der Beziehung zum eigenen Körper, zu den eigenen Empfindungen, Gefühlen und Gedanken, Träumen, Wünschen und Bedürfnissen. Anstatt jungen Menschen zu ermöglichen, autonome, das heißt: sich selbst bestimmende Personen zu werden, lernen sie, ihr Selbst zu „verraten" – so der Psychiater und Psychotherapeut Arno Gruen. Die Folge solcher Selbstentfremdung ist eine ausgeprägte Empfänglichkeit für Ersatzidentitäten, die ihnen von den Massenmedien und der Konsumgesellschaft ununterbrochen angeboten werden. Sie durchschauen zu können, wäre ein Bildungsanlass. Doch bildet die Schule nicht. Sie bildet allenfalls aus: sie macht aus ganzheitlichen jungen Menschen ausbeutungstaugliche Arbeitskräfte. Sie fragmentiert die Ganzheit ihrer Persönlichkeit, indem sie meint, die vielfältigen individuellen Fähigkeiten, die Kinder und Heranwachsende mitbringen, daran ablesen zu können, wie gut oder schlecht sie einen ihnen vorgegebenen Stoff bewältigt haben. Anstatt ihnen zu ermöglichen, ihre Fähigkeiten lernend zu entfalten, werden sie einem Qualifizierungsprogramm unterworfen, das sie zu verwertbaren, weil bedarfsgerechten Qualifikationsprofilen konfiguriert.

Damit dies an Gymnasien effektiv geschehen kann, gibt es neuerdings so genannte „Profiloberstufen". Sie machen nicht nur profilkompetent, sondern bewirken auch, dass man sich mit einer „profilierten" Qualifikationsstruktur identifiziert. Beispielsweise mit einer sprachlichen, mathematischen oder sozialen. So wird man, einem Fächerprofil entsprechend, stoffspezifisch zugerichtet, nach Fachleistungen sortiert bzw. aussortiert und dadurch sozial kanalisiert. Negativ übersetzt: man erhält nicht die Möglichkeit, sich auf ganzheitliche Weise fächerintegrierend und seinem Lerntyp entsprechend mit Problemen auseinanderzusetzen, also: zu lernen.

Der dualistisch angelegte, Menschen, Stoff, Arbeit und Resultat fragmentierende Regelvollzug schulischen Lehrens und Lernens wurde durch die Reformen, die auf PISA folgten, noch nicht in Richtung Bildung umgestaltet. Im Gegenteil: selbst dort, wo Bildungspläne in diese Richtung weisen, besteht in der Praxis nach wie vor die Tendenz, ihre Umsetzung strukturellen Veränderungen (Stundentafel, Klassenfrequenz, Stoffverteilung und Evaluationserfordernissen usw.) unterzuordnen. Man evaluiert seither einen verbesserungsbedürftig bleibenden status quo, ohne pädagogische Konsequenzen – zum Nachteil der lehrenden und lernenden Menschen. So konterkariert eine administeriell vorgeschriebene Praxis, was ihrer Bildung bzw. Weiterbildung gut täte. Diesen Eindruck vermittelten mir Gespräche mit Kolleginnen und Kollegen sowie Eltern des Bundeslandes Baden-Württemberg, mit denen ich in Kontakt stehe.

Für die Schulen dieses Landes erstellte Hartmut von Hentig den „Bildungsplan 2004". In ihm geht es grundsätzlich um Bildung der ganzen Persönlichkeit der Lernenden, in der die Bedingung des Gelingens eines humanen, sozial gerechten, friedlichen und ökologischen Daseins gesehen wird. Er ist in meinen Augen das erste ganzheitliche Bildungskonzept für öffentliche Schulen, wenn ich ihn mit den mir bisher zur Kenntnis gelangten Rahmenrichtlinien und Lehrplänen anderer Länder vergleiche. In diesen sind Mensch und Natur, Geist und Materie, Subjekt und Objekt dualistisch als einander entgegengesetzte Wirklichkeitsgrößen gedacht.

Hinzu tritt der fragmentierende Umgang mit ihnen: Die Ebenen „Mensch" und „Dasein" werden – horizontal – in eine Vielzahl gegeneinander abgegrenzter Fächerinhalte zerteilt und diese dann noch einmal – vertikal, einem getakteten Zeitpfeil folgend – in Stoffpensen unterteilt. Die Ebene des „Seins" ist entweder ganz ausgeblendet oder wird, im besten Fall, in Philosophie erörtert. Dies formt bei Lernenden unbewusst eine entsprechend fragmentierende Sicht auf sich selbst und die Welt aus. Was und wie sie lernen, ist und bleibt ohne inneren Zusammenhang. Und das unablässig aufeinander folgende Verabreichen unterschiedlicher Stoff-Fragmente aus den verschiedensten Stoffgebieten lähmt zudem jedes Bedürfnis nach Verstehen von Zusammenhängen.

Auf diese Weise entsteht Zusammenhangsblindheit. Gelerntes bleibt so vereinzelt, gegeneinander isoliert und deshalb so gut wie unverstanden.

Tatsächliche Zusammenhänge der alltäglichen Wirklichkeit des sozialen und ökologischen Daseins werden dadurch nicht wahrgenommen, und deshalb auch nicht erkannt. Und damit auch nicht die ihnen korrespondierenden inneren bildenden Zusammenhänge: Erfahrungen, Eindrücke, Empfindungen, Gefühle, Gedanken, Vorstellungen oder Antizipationen möglicher Wirklichkeit.

Allein dieser wenigen, pädagogisch jedoch höchst fragwürdigen Symptome wegen behaupte ich, dass unsere öffentlichen Schulen und Hochschulen nicht bilden. Das ist ja auch kein Wunder, denn es gab bisher keine Reform der Schule, die ganzheitliches Wahrnehmen und ganzheitliches geistiges Durchdringen der Wirklichkeit zur Voraussetzung und zum Inhalt schulischen Lehrens und Lernens erhoben hätte. Dafür haben alle bisherigen Reformen vor allem anderen dazu beigetragen, dass Persönlichkeit und Leben der Lernenden immer früher ihrer Kapitalisierung zugeführt worden sind.

So ist beispielsweise das Üben der Fertigkeit, Dateien aus dem Internet herunterzuladen, um sie für das Erarbeiten und Präsentieren aufgegebener Themen zu benutzen, schon seit längerer Zeit Bestandteil des Kompetenzerwerbs im sprachlichen Bereich der Grundschulen. Dagegen wäre grundsätzlich nichts einzuwenden, wenn Kinder dabei lernten, worin sich ein heruntergeladener Text von einem selbstverfertigten, handgeschriebenen unterscheidet: dass der erste die Kopie des Originaltextes eines anderen Menschen und instrumenteller Natur ist, der zweite hingegen eine eigene geistige Hervorbringung, ein Original und produktiver Natur; dass ein instrumenteller Text zuerst eigenmotiviert erlesen worden, der Sinn erschlossen sein und persönliche Bedeutsamkeit erlangt haben muss, ehe er als gedankliches Material für das eigene Schreiben zur Verfügung stehen kann. Solche bildenden Prozesse bei Kindern und Jugendlichen setzen die Wahrnehmung ihrer ganzen Person als Körper-Geist-Seele-Einheit voraus und bedürfen der Zeit und der Muße. Beides lässt die öffentliche Schule nicht zu, obwohl sie per definitionem der Ort dafür sein sollte. Grund ist der viel zu eng gestrickte Netzplan aus Klassenarbeits-Terminen und Stoffpensen und der ausschließlich stofforientierte Regelvollzug der heutigen, kapitalistisch durchökonomisierten Schule. Ihre betriebswirtschaftlichen Prinzipien, Strukturen und Verfahren halten jeden Vergleich mit denen eines kapitalistischen Großbetriebes aus: eine bestimmte Stoffmenge in allen zu erteilenden Fächern, parallel verabreicht und das von den Lernenden davon Behaltene kontrolliert und bewertet zu haben – das Ganze in möglichst kurzer Zeit.

Was dabei mit den Lernenden geschieht und welche fatalen Bildungsdefizite dieses, ganzheitliche Wirklichkeitsbezüge mehrfach fragmentierende Verfahren bei ihnen im Laufe der Schuljahre aufbaut, und was der damit verbundene hohe Entfremdungsgrad überwiegend stofforientierten Lehrens mit den Lehrenden macht, lässt sich nur erahnen. Es entzieht sich dem kritischen öffentlichen Bewusstsein, weshalb hierüber weder in den Medien, noch im Bundestag oder auf Schulkongressen geredet wird.

Das pädagogische Elend der Systemschule war bisher immer nur ein Thema, wenn es um Schulen in so genannten sozialen Brennpunkten ging oder wenn es aus dem Blickwinkel der Reformpädagogik, der Anthroposophen, der Montessori-Pädagogik oder anderer alternativer Pädagogiken betrachtet wurde. Aber niemals war es der öffentlichen Schule selbst und den für sie politisch Verantwortlichen ein ernsthaftes Thema. Es bleibt deshalb sehr zu hoffen, dass der „Bildungsplan 2004" von Hartmut von Hentig in dieser Hinsicht entsprechende Reaktionen provoziert.

Denn immer noch belegen Statistiken über Schulabbrecher oder den steigenden Verbrauch von Psychopharmaka wie Ritalin bei Lernenden und zunehmend auch bei Studierenden oder über Lehrende, die, vom schulischen Normalbetrieb und seiner Sinnlosigkeit gestresst, ihren Dienst vorzeitig quittieren, dass der Regelvollzug schulischen Lehrens und Lernens eine Veranstaltung ist, deren inhumane Praxis den Geist der Grundrechte konterkariert. Der Philosoph Peter Sloterdijk bezeichnet ihn aus denselben Gründen als maligne: bösartig in Substanz und Wirkung.

Wenn unsere Schulen und Hochschulen aber bilden, das heißt: die nachwachsenden Generationen zu einem sozial und ökologisch reflektierten Selbst- und Weltumgang befähigen können sollen, dann müssen sie pädagogisch werden, und dies im sympoietischen Sinn. Dann müssen sie der Ort werden, an dem der selbstbildende Umgang mit sich selbst und der Welt – der Demokratie und der Biosphäre – erlernt und erübt wird. Dass dies auch jetzt schon partiell möglich ist, möchte ich am folgenden Beispiel aus meinem früheren Schulalltag belegen:

Meine Erste Staatsexamensarbeit als Lehrer habe ich der Erarbeitung einer Bild-Didaktik gewidmet, einer kunstpädagogischen Vorgehensweise, die den Lernenden zu einem wechselwirksamen Dialog mit einem Kunstwerk veranlasst: zu einem zweifachen Dialog, (a) einem mit dem Werk und (b) einem mit sich selbst, mit der eigenen sinnlichen und geistigen Wahrnehmung des Werkes. Die spätere Anwendung dieser Vorgehensweise, gleich zu Beginn meiner pädagogischen Arbeit an Gymnasien, förderte zutage, dass die Lernenden erleichtert waren, sich nicht mehr fragen zu müssen, ob das, was sie sahen und erlebten, auch „richtig" sei. Das, was der Lehrende hören wollte und wofür er dann auch die bessere Zensur erteilen würde. Auch waren die Lernenden erstaunt, was in ihnen währenddessen an Empfindungen, Gefühlen und Gedanken kursierte, das nach sprachlichem Ausdruck verlangte. Sie fühlten sich mit dem jeweiligen Werk stärker verbunden als früher, weil es nun gleichermaßen auf sie ankam. Sie fühlten sich auch mit sich selbst mehr verbunden, weil das, was das Werk zeigte, eigene frühere Erlebnisse und mit diesen verbundene Erinnerungen hervorrief. Dadurch wurde jedes Kunstwerk für sie persönlich bedeutsam. Umgekehrt wurde ihr Wahrnehmungserleben und ihre Auseinandersetzung mit dem Werk für seine Aussagen oder sein „Sprechen" bedeutsam. Vor allem dadurch, dass sie ihre Wahrnehmungen in eigene, authentische Auslegungen übersetzen konnten. Auf diese Weise entstand ihr Interesse an der Genese des Kunstwerks, der Biographie seines Autors, an dessen Leben und Zeit.

Was bei mir geschehen ist, kann ich als Aufbrechen einer damals noch wirksam gewesenen, unbewusst erlernten und selbstverständlich gewordenen dualistischen Sicht bezeichnen: (a) auf mich selbst als Lehrender, (b) auf die Lernenden, (c) die ihnen von mir gestellte Aufgabe, (d) auf ihr Tätigsein. Einer Sicht, die der Wahrnehmung des ganzen lebendigen Zusammenhangs, der hier besteht, im Wege ist: Ich hier, die Lernenden dort. Ich hier, die am Stoff orientierte Aufgabe zwischen uns. Ich hier, ihr stoffgeleitetes Tätigsein meine Arbeitsumgebung. Alles klar und übersichtlich. So wie es der „Regelvollzug schulischen Lehrens und Lernens" erfordert, den ich in „Lernen ist intensives Leben" beschreibe und kritisiere.

Dies zu ändern, forderte mich heraus, andere, von den Menschen ausgehende Formen und Weisen eines ganzheitlichen und wahrnehmungsgeleiteten Lehrens und Lernens zu entwickeln und in meinen Arbeitsalltag zu integrieren. Und es forderte von mir, meine Ansichten und meine Praxis sowie ihre Resultate Kolleginnen und Kollegen sowie Lernenden und auch Eltern gegenüber zur Diskussion zu stellen, mich zu rechtfertigen. Denn alleine schon von den Lernenden üben zu lassen, durch bewusstes Atmen zur Ruhe, zu sich selbst und mit sich selbst in Kontakt zu kommen, provozierte die Frage, ob das nicht zuviel vertane Zeit in Anspruch nähme. Über meine diesbezüglichen Erfahrungen könnte ich ein weiteres Buch schreiben. Sein eigentliches Thema wäre die uns umgebende massenhafte Angst vor dem Leben. Das Risiko, ein lebendiger Mensch zu sein.

Wenn wir der Wandel sein sollen, den wir in der Welt zu sehen wünschen – so Gandhis Appell an die Menschheit – dann müssen wir also, jede und jeder von uns, bei uns selbst beginnen. Dann müssen wir unsere komfortable Opferrolle gegenüber den unübersehbar und unabänderlich erscheinenden Realitäten unseres Daseins aufgeben; dann müssen wir unsere allzu rasch aufkommenden Frustrationen hinter uns lassen, die seine destruktiven Qualitäten auslösen und die wir geneigt sind, als Entschuldigungen heranziehen, wenn wir wieder einmal alles beim Alten gelassen haben oder – schlimmer noch, und deshalb um so wichtiger: wenn wir zum x-ten Mal feststellen mussten, dass wir uns mehr mit dem „Wahnsinn der Normalität unseres Daseins" (Arno Gruen) abgefunden haben, als uns das recht sein darf und gut tut.

Raus aus der Opferrolle aber heißt: sich für das eigene Leben und seine Entfaltung zu entscheiden. Für die Entfaltung des eigenen Selbst, das sich bewusst in das selbstzerstörerische Dasein hineinentfaltet. Auf eine Weise, die dazu beiträgt, dass sich alles wandelt, was in die falsche Richtung geht: indem es Inhumanität, Ungerechtigkeit und in der Folge erfahrungsgemäß Gewalt und Kriege hervorruft; indem es langfristig die Biosphäre vernichtet und uns bald die Luft zum Atmen rauben wird. Sich für den Wandel zu entscheiden bedeutet nicht, auf ein zufriedenstellendes und befriedigendes Leben verzichten zu müssen und seine vielfältigen positiven Seiten nicht wahrnehmen und leben zu dürfen. Im Gegenteil: Entfalten der Demokratie und Entschädigen der Biosphäre bewusst zu leben, jetzt und dort, wo man steht, setzt den ganzen Menschen voraus und fordert den ganzen Menschen: einen Menschen, der in Kontakt mit sich selbst und seinem Leben im gegenwärtigen sozialen Dasein ist. Denn es handelt sich hierbei nicht um eine altruistische ehrenamtliche Großtat während der arbeitsfreien Zeit, sondern um jede Art und Form engagierter Arbeit an sich selbst und der Welt. Diese beiden Bezüge der „Bildung des Wandels" schließen weder einander, noch einen persönlichen Erfolgsweg aus, in welchem Beruf und auf welcher Etage des sozialen Daseins auch immer man tätig ist oder werden sollte.

Denn die Zeit ist reif, dass persönliches berufliches Fortkommen und soziale, politische, ökonomische und ökologische Intelligenz und Phantasie einander die Hand reichen. Nein, sogar müssen. Und dass die an Mensch, Natur und Leben parasitär profitierende Elite der herrschenden Oligarchie mit einer Elite kritischer wie empathischer Intelligenz konfrontiert wird. Mit einer Elite umfassend gebildeter wie fachlich kompetenter Menschen. Menschen, die ihr Fachgebiet beherrschen und zudem gelernt haben, selbstbewusst und weltbewusst in einem zu sein.

Selbstbewusst bedeutet: sich der unbewusst angenommenen wie erlernten Sichten von Dasein und Leben bewusst zu sein.

Weltbewusst bedeutet: systembewusst und daseinsbewusst zu sein, zwischen dem ökonomisch-politischen System und dem allgemeinen sozialen Dasein unterscheiden und ihre inneren Zusammenhänge durchschauen zu können. Sich dessen bewusst zu sein, dass menschliches Dasein sich allein nach humanen bzw. demokratischen Prinzipien entfalten lässt.

Selbst- und weltbewusst zu leben bedeutet – konsequent weitergedacht: sich aktiv für die Entfaltung der Demokratie und die Bewahrung der Biosphäre einzusetzen. Mit Carl Amery gesprochen: die Anstrengung des bewussten Wandels der Resignation vor dem anrollenden Ende vorzuziehen und „rechtzeitig die Abfahrt von der vierspurigen Bahn des Verderbens" zu nehmen.

Deshalb muss die „Bildung des Wandels" von den Menschen ausgehen – gleichermaßen von den Lernenden wie den Lehrenden. Denn der ureigenste Anspruch von Bildung besteht mit Hartmut von Hentig darin: (a) junge Menschen als ganze wie ganzheitlich verfasste Personen in ihrer Selbstentfaltung zu unterstützen und so zu fördern, dass sie Subjekt ihrer Selbstbildung werden; (b) sie zu befähigen, ihre Daseinserfahrungen kritisch zu reflektieren und ihre Erkenntnisse für sich und die soziale und natürliche Mitwelt produktiv zu machen; das heißt – im Sinne Immanuel Kants: über das bestehende Dasein hinaus denken und handeln zu können. Die so verstandene „Bildung des Wandels" führt auf diese Weise zu einer geistigen Grundhaltung und Lebenspraxis, die mit dem „Wandel des bestehenden Daseins" identisch ist.

Wie ist sympoietisches Lehren und Lernen pädagogisch konzipiert?

Die beschriebene sympoietische Sicht von Mensch und Welt vorausgesetzt, gründet volles Entfalten der Demokratie in den sympoietischen Entfaltungsprozessen jedes einzelnen Menschen, wie sich gleichzeitig – umgekehrt – die demokratische Substanz des zu entfaltenden Daseins in das Werden seiner Person hineinentfaltet. Entfalten der Demokratie bedeutet dann nichts anderes, als das bewusste Ausgestalten eines von Grund auf humanen Daseins: durch den an sich selbst gereiften, weil selbstbildend erwachsen gewordenen Menschen.

Sympoietischem Lehren und Lernen, als die pädagogische Praxis der „Bildung des Wandels" verstanden, geht es daher darum, (1.) das humanum in uns wahrnehmen, (2.) geistig-seelisch durchdringen, (3.) es an unseren Selbst- und es an unseren Daseins- und Seinserfahrungen bewähren und bewahrheiten zu lernen sowie (4.) die dabei auftretenden äußeren und inneren Widerstände, die seiner Entfaltung im Wege stehen, übend zu wandeln. Sympoietisches Lehren und Lernen ist Einüben humanen Umgangs mit sich selbst und anderen. Darin erweist es sich als „intensives Leben" und ermöglicht die anhaltende Erfahrung, dass wir selbst – mit Mahatma Gandhi gesprochen – tatsächlich der aktive, weil bewusste Wandel sein können, „den wir in der Welt zu sehen wünschen".

Sympoietisches Lehren und Lernen geschieht in zwei aufeinander folgenden wie wechselseitig aufeinander bezogenen Arbeitsphasen:

Erste Arbeitsphase: „Menschen stärkendes Wahrnehmen"
Zweite Arbeitsphase: „Sachen klärendes Lernen"

Die Bezeichnungen der beiden Arbeitsphasen gründen auf einem Topos Hartmut von Hentigs, mit dem er den Bildungsauftrag von Schule und Hochschule auf die kürzeste Form bringt: „Die Menschen stärken, die Sachen klären".

Während die erste Arbeitsphase durch eine wahrnehmungsgeleitete Übung den Lernenden mit sich selbst und einem Wirklichkeitsbezug in Kontakt bringt und ihn für die weiteren sinnlichen und geistigen Prozesse sensibilisiert, geht es in der zweiten Arbeitsphase um die erkenntnisgeleitete Durchdringung der sachbezogenen Probleme oder Lerngegenstände, die aus dem vorangegangenen Wahrnehmungsgeschehen hervorgetreten sind. Dadurch wird das natürliche Entstehen einer Motivation für forschendes oder entdeckendes Lernen ermöglicht, die in der bewusst gewordenen persönlichen Bedeutsamkeit der zu klärenden Sache gründet. In der Pädagogik spricht man hierbei von „intrinsischer Motivation" gegenüber „extrinsischer Motivation", die den Regelvollzug schulischen Lehrens und Lernens auszeichnet.

Nur starke Persönlichkeiten, Menschen, die sich selbst mit sich in Kontakt zu bringen vermögen bzw. wahrnehmungsfähig sind, nehmen auch einen ebenso intensiven Kontakt mit ihrem Dasein auf. Und nur solche Menschen, die ihre persönlichen Lebensinteressen wahrzunehmen, zu formulieren und zu kommunizieren vermögen, sind auch in der Lage, die allgemeinen Lebensinteressen nachdrücklich wie einfühlsam wahrzunehmen, sie als ihre Lebensinhalte zu erkennen und, an ihnen orientiert, ihr soziales Handeln für die Gestaltung des sozialen Daseins produktiv werden zu lassen – mit anderen Worten: Verantwortung für die bzw. in der „polis" zu übernehmen, wie Hartmut von Hentig dies gerne ausdrückt. Das heißt: Verantwortung für die eigene Sympoiese, und dies auf den mehrfach genannten Ebenen des eigenen personalen Selbst, des eigenen und allgemeinen sozialen Daseins sowie der ökologischen Zusammenhänge, aus denen heraus wir existieren. Kurz: für Demokratie und Biosphäre.

Im Grunde gibt es kein Thema schulischen Lehrens und Lernens, das nicht auf diese beiden Lebensgrundlagen des Menschen zurückgeführt werden kann. Denn Mensch, Dasein und Biosphäre sind auf vielfältige Weise wechselwirksam miteinander verbunden, ja ineinander verwoben. Sie stehen ihrer Natur nach in autopoietischen Beziehungen zueinander. Dass sich dies so verhält, lässt sich an der Dialektik von Bildungsqualität und Daseinsqualität beispielhaft aufzeigen: Je gebildeter die Menschen, desto demokratischer das Dasein und desto ökologischer seine Beziehung zur Biosphäre. Je herrschaftsförmiger das Dasein, desto unterwürfiger und angepasster die Menschen und desto rigider, regressiver und aggressiver ihr Umgang mit allem Leben. Je bewusster wahrnehmend die Menschen, desto weniger Herrschaft des durchkapitalisierten Daseins über sie und desto widerständiger und verantwortungsvoller die Gestaltung ihres persönlichen Daseins innerhalb des allgemeinen, dann mehr und mehr in Richtung Demokratie und Ökologie sich wandelnden Daseins.

Werden diese autopoietischen Beziehungen von Mensch, Dasein und biosphärischem Sein wahrgenommen und geistig-seelisch durchdrungen und die Lernenden dadurch befähigt, sich in diesen Beziehungszusammenhängen bewusst zu bewegen und diese politisch zu gestalten, dann geht unsere unbewusste biosphärisch-naturgemäße Autopoiese in bewusste demokratische wie ökologische Sympoiese über (siehe Kapitel I, Sympoietische Sicht). In „Lernen ist intensives Leben" zeige ich, wie sympoietisches Lehren und Lernen in Gang gebracht, begleitet und zu einem bildenden Lernen werden kann, dessen Ziel darin besteht, die Lernenden zu befähigen – wie Hartmut von Hentig sagt: Subjekte dieses Vorgangs zu werden. Anders gesagt: sich selbst zu bilden.

Hier nur ein kleines Beispiel aus meiner Arbeit als Lehrender:

Anlass des sympoietischen Bildungsganges, den ich hier nachskizziere, war ein Teil des Frühstücks einiger Lernender: ein Apfel. Kein gewöhnlicher Apfel für Menschen aus dem obstreichen Hamburger Umland. Denn der Apfel hatte eine weite Reise hinter sich. Er kam aus Chile. Aber er wollte einem der betroffenen Lernenden nicht schmecken. So warf dieser ihn schon nach dem ersten Biss zum Fenster hinaus. „Meiner schmeckt auch fad und die Schale nach Chemie!", rief ein anderer. „Hat deine Mutter bestimmt auch bei „Famila" gekauft, oder?". „Ja, sicher! Äpfel aus Chile und Birnen aus Südafrika!"

Dies geschah kurz vor Ferienbeginn in einer großen Pause vor meiner letzten Doppelstunde mit Lernenden einer 10. Klasse. Alle befanden sich im Raum, weil es regnete. Ich hatte die Apfelszene wahrgenommen und eine Viertelstunde Zeit, um in einen nahe gelegenen Bioladen zu gehen und dort 22 frische, duftende Äpfel aus dem Alten Land zu kaufen.

Als ich zurück war, bat ich die Klasse auf den Flur. Mit drei Lernenden bereitete ich den Raum auf die beginnende Stunde vor: frische Luft, Tische an die Wände, Stuhlkreis in der Mitte des Raumes. Eine große Fläche aus grünem Tonpapier als Zentrum. Darauf ordnete ich die rotorangefarbenen Äpfel im Kreis so an, dass jedem ein Apfel gegenüber lag. In der Mitte hatte ich eine mit Wasser befüllte Glasschüssel abgestellt und neben ihr einen Klumpen frischen Keramiktons abgelegt. Um das Raumlicht der gewohnten Helligkeit des Klassenzimmers zu entrücken und dadurch das Interesse an dem, was da nun passieren sollte, zu steigern, hatte ich die Sonnenvorhänge vor die großen Fensterflächen gezogen.

Die Lernenden nahmen Platz. Verwunderung und Spannung stand in ihren Gesichtern. Ich bat sie, entspannt zu sitzen, die Augen zu schließen und ihren Atem zu regulieren (wie das vor sich geht, wussten sie aus früheren Stunden) und nach einer Weile ihren Blick auf das Arrangement in der Mitte zu richten: Äpfel, Wasser, Keramiktonklumpen – Rotorange, Grün, Erdbraun. Anschließend ging es darum, den gegenüber liegenden Apfel zu betrachten; sich danach den Baum vorzustellen, von dem er gepflückt worden war: den Boden, aus dem er emporgewachsen ist, sein Wurzelwerk in der Erde, seinen Stamm, seine Krone, Ast und Zweig, an dem er hing, und schließlich den Weg vom Abpflücken bis hierher in den Klassenraum. Danach wurden die Lernenden aufgefordert, ihren Apfel in die Hände zu nehmen und ihn mit allen Sinnen zu erkunden, um ihn dann bis auf das Kerngehäuse langsam und aufmerksam aufzuessen. Die Kerne sollten danach auf die Stelle gelegt werden, wo zuvor der Apfel gelegen hatte.

Eine darauf folgende Besinnungsphase, die von leise abgespielter, langsamer klassischer Musik unterlegt war, diente dazu, das vorausgegangene innere Geschehen nachzuerleben und sich dabei auf die in den Vordergrund tretenden Empfindungen, Gefühle und Gedanken sowie die sie begleitenden inneren Bilder zu achten.

Danach bildeten die im Kreis einander gegenüber sitzenden Lernenden Paare, die sich im Raum so platzierten, dass sie einander beim Sprechen nicht stören konnten. Die Methode des Paargesprächs war ihnen geläufig. Nach etwa zwanzig Minuten kamen alle wieder wie zuvor im Kreis zusammen. Es folgte eine weitere kurze Besinnung auf die wichtigsten Empfindungen, Gefühle, Gedanken und Bilder während des vorangegangenen Austauschs, dabei teilten die Lernenden einander ihre Erfahrungen mit, die sie durch die Wahrnehmung des Apfels und ihrer Reaktionen darauf mit sich selbst gemacht hatten und was daran für sie von besonderer Bedeutung gewesen ist. Damit war der erste Teil der Doppelstunde zuende.

In der Pause besorgten sich die Lernenden Papier und Stift, um sich danach für eine Viertelstunde irgendwo in den Flurbereichen des Schulgebäudes alleine auf das für sie bedeutend Gewordene zu besinnen, einzulassen und herauszufinden, was sie im Hinblick auf ihr Wissen über die Beziehungszusammenhänge: Apfel/Natur – Apfel/Nahrung – Apfel/Ware ganz besonders interessiert. Es ging darum, bei sich selbst (intrinsisch motivierte) mögliche Forschungsmotive auszumachen, die aus dem Apfelerleben hervorgegangen sind und nachzuschauen, welche Lerninteressen bzw. Interessen an Sachinhalten sich hierbei abzeichneten. Die gemachten Notizen wurden anschließend der Reihe nach im Stuhlkreis vorgestellt. Hier nur einige Beispiele:

Der Apfelbaum als biologisches Forschungsobjekt;
Der Apfel als Nahrungsmittel und seine Bedeutung für gesunde Ernährung („One apple a day, keeps the doctor away?");
Der Apfel als Plantagengewächs – landwirtschaftlicher Umgang mit einem Naturprodukt;
Die Ware „Apfel" zwischen „Öko" und „Gen";
Der globalisierte Apfel und seine ökologischen Folgen;
Energieaufwand und Energiedurchsatz bei der Massenproduktion eines Markenapfels.

Das Arrangement aus Apfelkernen, Wasserschale und Tonerde im Zentrum des Kreises sollte die biosphärischen Zusammenhänge von Wasser, Luft, Licht und Erde als Bedingungen natürlichen Wachstums symbolisch verdichten und zu ihrer Erörterung am Beispiel des Apfels anregen. Diese verlief hochempathisch und schloss diese ästhetisch-pädagogische Eröffnung eines sympoietischen Bildungsganges würdig ab, noch bevor die Stunde abgeläutet wurde. Hierzu nur eine der Rückmeldungen aus meinem sympoietisch-pädagogischen Arbeitstagebuch:

„Während des Verzehrens des Apfels, beim Wahrnehmen seines Duftes und seines köstlichen Geschmacks erlebte ich, wie ich mit ihm eins wurde, stellvertretend für alles, was an seinem Entstehen beteiligt war: Sonne, Luft, Regen, Erde und Baum. Wie das ist, hatte ich als Kind immer wieder erlebt. Aber ich habe es gänzlich vergessen. Ich werde mein Eßverhalten ändern. Und darauf achten, was ich zu mir nehme. Nicht nur meiner eigenen Gesundheit, auch vieler ökologischer Aspekte wegen. "

In den letzten zehn Minuten dieser Doppelstunde wurde die Hausaufgabe bis zur Folgestunde, der letzten vor den Ferien, besprochen und beschlossen. Sie bestand im Entwickeln und Formulieren von Ideen für ein transdisziplinäres Forschungsprojekt, das den vorläufigen Arbeitstitel „Vom Apfelbaum der Erkenntnis – exemplarische Untersuchungen von Zusammenhängen zwischen Natur, Gesundheit und Konsum" erhalten hatte. Die Projektklärungsphase sollte unmittelbar nach den Ferien beginnen und betraf die folgenden Fächer:

Biologie/Ökologie
Wirtschaft/Politik
Philosophie/Ethik
Ernährungslehre/Kochen
Kunst/Präsentation/Film (Dokumentation des Projekts).

Vorgesehen waren Interviews mit Apfelplantagenbesitzern, Biobauern, Handelsketten, Cargo-Flug-Unternehmen sowie eine Woche landwirtschaftlicher Praxis auf Obstbauernhöfen im Alten Land, dem größten Obstanbaugebiet Norddeutschlands.

Wir sehen: Bildung zur Selbstbildung kennt kein Phänomen, kein Faktum, kein Geschehen, keinen noch so simplen oder noch so komplexen Zusammenhang unseres Daseins oder des es umfassenden kosmischen Seins, nichts, das nicht geeignet wäre, das menschliche Wahrnehmungs-, Erkenntnis- bzw. Bildungsinteresse zu wecken. Die ganze Welt ist ein Buch, dessen Texte wir uns lesbar machen können und auch müssen. Wenn wir der Wahrheit ihres Wesens gewahr werden und unserem persönlichen wie allgemeinen Dasein, unserer spezifisch menschlichen Welt, wahre, weil wahrheitsgemäße Gestalt geben wollen.

Hierzu nur soviel:

In seinem Vortrag „Wahrheiten oder Wahrheit?", anlässlich der Verabschiedung der Absolventen der Philosophischen Fakultät der Berliner Humboldt-Universität im Juni 2001, nimmt Hartmut von Hentig an einer Stelle Bezug auf den ehemaligen Präsidenten der University of Chicago, Robert Maynard Hutchinson, indem er diesen mit folgendem Satz zitiert: „Education is a conversation aimed at truth." – Bildung ist ein auf Wahrheit gerichtetes Gespräch. Ein Gespräch, so Hentig, „mit Personen, mit Texten, mit fremden Sprachen und Kulturen, mit anderen Zeiten, mit den verschiedenen Erkenntnisweisen oder -systemen", geführt und geübt: „unter Beachtung der Wichtigkeit des Gegenstandes, der Verständigung und der Ökonomie (des Sichverständigens; H.R.A.), also: nicht endlose Kommunikation, sondern Konzentration".

Aus eben diesem Anspruch heraus weckt sympoietisches Lehren ästhetisches und intellektuelles Erkenntnisinteresse und begleitet sympoietisches Lernen. Und sympoietisches Lernen wird auf diese Weise zu Wahrheit förderndem und Wissen schaffendem Ent-decken oder Ent-bergen, Beschreiben und Darstellen von Wahrem – im Sinne des griechischen Wortes für Wahrheit: αλήθεια oder aletheia. Es bezieht sich auf alles, was durch die Anstrengung denkenden Entbergens aus seinem natürlichen Verborgensein herausgehoben, ins Licht des Erkennens geholt und so der λέθε oder lethe, dem Fluss des Vergessens, entzogen worden ist.

Sympoietisches Lehren und Lernen ist also nicht auf *die* oder *eine bestimmte* Wahrheit gerichtet oder gar ausgerichtet, sondern befähigt zur selbstständigen Erkenntnistätigkeit und zur Unterscheidung von Wahrem und Falschem, von Sein und Schein bzw. vermeintlich Seiendem.

Sympoietisches Lehren und Lernen ereignet sich im Wechsel von wahrnehmungsgeleiteter wie erkenntnisgeleiteter Tätigkeit jedes einzelnen für sich alleine mit kooperativer wie kommunikativer Tätigkeit mehrerer Lernender in themenzentriert arbeitenden Gruppen. Einzel- und Gruppenaktivitäten folgen dabei so aufeinander, dass sich daraus das Kontinuum eines sympoietischen Bildungsganges ergibt. Die hierbei wichtigsten methodischen Verfahren bzw. Prinzipien sind hier nur zu benennen:

„Der dreiheitliche Wahrnehmungsvollzug" (nach H.R. Aurer):
(a) Sinnliches Wahrnehmen,
(b) Geistiges Wahrnehmen und
(c) Selbstwahrnehmen
im wechselseitigen Aufeinanderbezug;
wahrnehmungsgeleitete Übungen, den Kontakt zu sich selbst
und einem Gegenstand, Thema, Problem sympoietischen Lernens
herzustellen;
unterstützt durch Meditation, Atem- und Entspannungstechniken
sowie Besinnungsübungen und Erinnerungsarbeit –
wie am Apfel-Beispiel verdeutlicht.

„Sokratische Mäeutik" (nach Friedrich Copei):
Ermöglichung des fruchtbaren Moments im Bildungsprozess –
Kenntnisse befragendes, von Frage zu Frage fortschreitendes, sich
selbst erzeugendes Erkennen im Sinne der Heuristik.

„Drei Lernschritte" (nach Ken Wilber):
(a) Injunktion des Problems, Themas oder Lerngegenstands;
(b) Sammlung und Recherche auf Basis einer Arbeitshypothese;
(c) Bestätigung (Verifikation) bzw. Verwerfung (Falsifikation);
Wissen schaffendes Erkennen durch Analyse und Vergleich im Sinne
des Kritischen Rationalismus R. Poppers.

„Themenzentrierte Interaktion (TZI)" (nach Ruth Cohn):
Kooperativ-kommunikative Gruppenarbeit auf den Ebenen
„Ich", „Wir", „Welt" bzw. Mensch, Dasein, Sein;
nach Regeln humanen Umgangs mit sich selbst und anderen.

Weitere methodische Prinzipien bestehen
(a) im Entwickeln der Themen aus den Erfahrungen
bzw. Erkenntnissen der Lernenden heraus, die sie in laufenden
Lehr-/Lerneinheiten oder Projekten machen;
(b) in der Arbeit vor Ort, das heißt: den zu erarbeitenden
Weltgegenständen so nahe wie möglich zu sein;

(c) im bewussten Ausschluss wie bewussten vielfältigen Einbezug elektronischer Medien;
(d) in entwicklungspsychologisch fundierter Mitverantwortung der Lernenden an der Entfaltung ihrer Person, ihrer Gruppe, ihrer Schule – verstanden als „polis" und „Lebensraum" (Hentig), verstanden als Übungsfeld des Mitgestaltens eines demokratischen Daseins.

Den theoretischen Hintergrund meiner sympoietischen pädagogischen Praxis bilden nicht nur philosophische und sozialphilosophische Studien und pädagogische Ansätze wie Hartmut von Hentigs „Schule als Erfahrungs- und Lebensraum", die „Integrative Pädagogik" Heinrich Daubers, die „Gestaltpädagogik" Axel Olaf Burows oder die „Subjektkunstpädagogik" Gert Selles, sondern auch psychotherapeutische Methoden, die das Lehren und das Lernen intensivieren und vertiefen helfen:

Gestalttherapie (Perls)
Archetypenlehre (Jung)
Psychodrama (Moreno)
Bioenergetik (Lowen)
Psychosynthese (Assagioli)
Personenzentrierte Therapie (Carl Rogers)

Die didaktischen und methodischen Prinzipien sympoietischen Lehrens und Lernens lassen sich auf jeder Alters- und Schulstufe sowie innerhalb jedes Zeitrahmens (von der Einzelstunde über mehrstündige Lehr-/Lern-Einheiten bis hin zu mehrmonatigen Projekten) anwenden bzw. verwirklichen. Eine außerordentliche Hilfe für die didaktische Planung über mehrere Schuljahre hinweg ist das „lernbiographische Modell" von Hartmut von Hentig, bekannter unter der Bezeichnung „Spiralcurriculum", das er u.a. in seinem Essay „Bildung" beschreibt.
Mit ihm lässt sich überschauen, welche vereinbarten „Funktionsziele" eines Lernbereichs im Laufe eines Bildungsganges bzw. mehrerer aufeinander folgender Bildungsgänge in welchem Umfang und auf welchem qualitativen Niveau erreicht worden sind: Ein Funktionsziel verbinde, so

Hentig, ein beabsichtigtes Ziel mit dem Prozess, als welcher sich sein Verfolgen entfaltet. Es komme nämlich nicht nur darauf an, dass man am Ende an einem gewünschten Ziel ankommt, „sondern dass man auf dem Weg dorthin eine Erfahrung gemacht, eine Einstellung oder Gewohnheit angenommen (oder auch: verlernt oder überwunden; H.R.A.), eine Aufgabe erfüllt hat"; dadurch würde man „die Verstofflichung der Ziele" vermeiden. Ein Beispiel:

Für das Erlernen der deutschen Sprache und den produktiven Umgang mit Literatur verweist Hentig in seinem Essay „Bildung" auf vier Funktionsziele: (1) „verstehen", (2) „sich ausdrücken und etwas mitteilen", (3) „Teilnahme an den wichtigsten Mitteilungsformen unserer Kultur", (4) „Begegnung mit den wichtigsten Objektivationen unserer Kultur". Solche Funktionsziele sind sowohl als ganzheitliche gedacht und anwendbar, als auch als einzelne in ihrem wechselseitigen In- und Zueinander zu verstehen. Sie sensibilisieren Lehrende und Lernende für ihre jeweils beteiligten Einstellngen, Fähigkeiten und Kenntnisse. Vergleichbare Funktionsziele lassen sich für jeden Lernbereich jedes Faches formulieren.

So seien unter dem Funktionsziel „verstehen" auch „erkennen können, einordnen können, einschätzen können, genießen können" mitgedacht und unter „sich ausdrücken und etwas mitteilen" „sich vorstellen können, erfinden können, gestalten können, jeweils den Mut haben, dies zu tun oder die angemessene Zurückhaltung dabei zu zeigen"; unter „Teilnahme an den wichtigsten Mitteilungsformen unserer Kultur" seien mitzudenken: „das Lesen (Zeitungen, Gedichte, Plakate, Tabellen, lange Romane, aber auch Piktogramme und Graphiken), das Schreiben (von Briefen, Protokollen, Erzählungen, Pamphleten, Gedichten), das Diskutieren, das Philosophieren, das Dokumentieren und so fort – und dies alles, wenn nötig und plausibel, in einem Verhältnis zu den Kommunikationsformen anderer Kulturen und anderer Bereiche (der Kunst etwa, der Zahlenwelt, der Pantomime); und unter „Begegnung mit den wichtigsten Objektivationen unserer Kultur" seien so unterschiedliche Gegenstände möglich wie der Barockroman, Les Fleurs du Mal, das ABC, das Vaterunser, die Tragödie und so fort".

Ein Bildungsplan „Sympoietisches Lehren und Lernen" würde solche Funktionsziele aller zu eröffnenden Lerngebiete (diese können mit den konventionellen Schulfächern übereinstimmen, müssen es aber nicht) und ihre Konkretisierungen in die Frage nach ihrer jeweiligen Bedeutung stellen, die sie für die Entfaltung des einzelnen Menschen und eines humanen Daseins haben, das zur Sympoiese mit der Biosphäre fähig ist. Um diese Frage beantworten zu können, muss man entsprechende Kriterien formulieren, anhand derer dies zu ermessen ist.

Hartmut von Hentig nennt sie „Bildungsmaßstäbe". Sie sind Gegenstand des letzten Teilabschnitts dieses Abschlusskapitels. Doch zuvor möchte ich meine Darlegungen zur pädagogischen Konzeption „sympoietischen Lehrens und Lernens" mit einem Auszug aus Hartmut von Hentigs "Bildungsplan 2004" für Baden-Württemberg beschließen, denen ich von Herzen zustimme: „Jeden Bildungsplan wird man künftig daran messen", so Hartmut von Hentig, „ob die ihm zugrunde liegenden Vorstellungen und die von ihm veranlassten Maßnahmen geeignet sind, in der gegenwärtigen Welt:

die Zuversicht junger Menschen, ihr Selbstbewusstsein und
ihre Verständigungsbereitschaft zu erhöhen;

sie zur Wahrnehmung ihrer Aufgaben, Pflichten und Rechte als
Bürgerinnen und Bürger anzuleiten;

sie in der Urteilsfähigkeit zu üben, die die veränderlichen, komplexen
und abstrakten Sachverhalte unseres Lebens fordern;

ihnen die Kenntnisse zu erschließen, die zum Verstehen der Welt
notwendig sind;

sie Freude am Lernen und an guter Leistung empfinden zu lassen;

ihnen Unterschiede verständlich zu machen
und die Notwendigkeit, diese unterschiedlich zu behandeln:
die einen zu bejahen, die anderen auszugleichen.

Dies alles sollte in Formen geschehen, die auch den Lehrerinnen und
Lehrern, Erziehern und Erzieherinnen bekömmlich sind."

An welchen Maßstäben
müsste sich sympoietisches Lehren und Lernen messen lassen?

In seinem Essay „Bildung" schlägt Hartmut von Hentig sechs Maßstäbe vor. Würde man sie an den „Regelvollzug schulischen Lehrens und Lernens" anlegen, erhielte er sicher keine ausreichende Zensur. Auf die Bezüge und Ebenen „sympoietischen Lehrens und Lernens" hin bedacht, gehen sie vom Lernenden als ganzem Menschen aus und beziehen sich auf die ganzheitlichen Zusammenhänge zwischen Mensch und Dasein, Dasein und biosphärischem Sein – insbesondere dort, wo Hentig von „Verantwortung in der res publica" oder der „Wachheit für letzte Fragen" spricht.

Ich konnte seine Maßstäbe uneingeschränkt annehmen dem hier vorgestellten Bildungsansatz entsprechend modifizieren bzw. auf solche Anforderungen beziehen, die Bezüge „Demokratie entfalten", „Biosphäre entschädigen", „Profitmotiv mit dem Wandel verbinden" implizieren. Aus ihren Formulierungen lassen sich Einstellungen, Fähigkeiten und Kenntnisse der Lernenden ableiten. Kompetenzen, sich selbst als Personen entfalten sowie ein demokratisches Dasein und, aus diesem heraus, den planetaren biosphärischen Seinszusammenhang mitenfalten zu können.

Die folgenden sechs Bildungsmaßstäbe ermöglichen, die Praxis der von mir vorgeschlagenen Bildung zu orientieren und ihre Ergebnisse an ihnen zu messen:

Abscheu und Abwehr von Verletzungen der Würde des Menschen.
Abscheu und Abwehr von Verletzungen der Würde der Biosphäre.

Die Wahrnehmung von Glück im Erleben der Ganzheit
des eigenen humanen (demokratischen) Selbst.
Die Wahrnehmung von Glück im Erleben der Ganzheit
des eigenen biosphärischen (ökologischen) Selbst.

Die Fähigkeit und den Willen, sich über Alternativen der
zu wandelnden Daseinsform und -weise in Richtung des Entfaltens
der Demokratie zu verständigen.

Die Fähigkeit und den Willen, sich über Alternativen der
zu wandelnden Daseinsform und -weise in Richtung des
Entschädigens der Biosphäre zu verständigen.

Ein Bewusstsein von der Geschichtlichkeit der eigenen Existenz,
wie der des allgemeinen sozialen Daseins.
Ein Bewusstsein von der Geschichtlichkeit der eigenen Existenz,
die aus der Geschichte des biosphärischen Seins hervorgegangen ist
und seinen Gesetzen unterliegt.

Wachheit für letzte Fragen zur Einheit unseres humanen Selbst
mit unserem sozialen Dasein.
Wachheit für letzte Fragen zur Einheit unseres biosphärischen Selbst
mit unserem biosphärischen Sein.

Bereitschaft zu demokratischer Selbstverantwortung und
Verantwortung für die demokratische Qualität der *res publica*.
Bereitschaft zu biosphärischer Selbstverantwortung und
Verantwortung für die ökologische Qualität der *res publica*.

„Was auch immer den Menschen bilde, verändere, forme, stärke, auf-
kläre, bewege" – so Hentig –, „ich werde es daran messen, ob es eintritt".
„Dies" mag nur weniges sein, „aber es darf nicht fehlen". Zum Beispiel: ob
wir nach einem sympoietischen Bildungsgang in der einen oder anderen
Hinsicht schon etwas gewandelter und wandlungsfähiger geworden sind.
Dabei legen die aufgeführten Maßstäbe nichts fest und sind auch nicht als
Kriterien für die Überprüfung der Qualität irgendeines Abschlusses gedacht – von der Klassenarbeit bis zum Abitur. Denn unsere Frage lautet
nicht – so Hentig:

„Wozu soll ein junger Mensch heute ausgebildet werden?", sondern:
„Was für eine Bildung wollen wir den jungen Menschen geben?"

Meine Antwort auf diese Frage ist das vorliegende Buch.

Nachrede: Lehrlinge des Ganzen

An dem Praxisbeispiel „Vom Apfelbaum der Erkenntnis – exemplarische Untersuchungen von Zusammenhängen zwischen Natur, Gesundheit und Konsum" mag deutlich geworden sein, worum es bei meinem Bildungsansatz geht: um ein Lehren und Lernen, das „intensives Leben" ist und zu einem solchen, bewussten wachen und engagierten Leben hingeleiten will: es ist ein solches, wenn es den lernenden Menschen mit sich selbst, seinem Dasein und dem es umgreifenden Sein in Kontakt bringt und von seinen Erfahrungen ausgeht, die er auf diesen drei Ebenen seiner Existenz macht.

Solches Lernen ist Persönlichkeit bildend wie Wissen schaffend, weil es für ihn von persönlicher Bedeutung ist und deshalb von ihm eigenmotiviert erarbeitet wird; es ist ästhetisch bildend, weil es wahrnehmungsgeleitet ist; ethisch bildend, indem es den ganzen Menschen erfasst und fordert; gesellschaftlich-politisch wie ökologisch-ökonomisch bildend, insofern die Wahrnehmungs-, Denk- und Verhaltensweisen, zu denen es befähigt, auf Selbstbewusstwerdung, Eigenverantwortung und Mitverantwortung für den Erhalt der sozialen und natürlichen Lebensgrundlagen, der Demokratie und der Biosphäre, zielen.

Diese programmatische Formulierung gilt einem Lehren und Lernen, das ich deshalb als „Bildung des Wandels" verstehe, weil sie den heutigen jungen Menschen ermöglicht, Teil des Wandels zu werden, den mehr von ihnen in der Welt zu sehen wünschen, als uns dies bisher bewusst und öffentlich geworden ist; dies, indem es sie befähigt, sich zu selbstbestimmten Personen und kosmopolitischen Citoyens zu entfalten, die in der Lage sind, die Herrschaft des privatwirtschaftlichen Kapitalismus auf parlamentarisch-demokratischem Weg in eine wirkliche Demokratie zu überführen.

In eine demokratische Daseinsform, die eine freiheitliche wie staatlich geregelte gemeinwirtschaftliche „Ökologische Ökonomie" hervorzubringen vermag. Nicht zuletzt als Ergebnis der Lehre aus gravierenden Verletzungen der Würde zahlloser Menschen und der Würde des biosphärischen Seins durch ungezügelten Raubbau an unseren humanen und planetaren Lebensgrundlagen – Hungerlöhne für Massen und massenhafter Hungertod, Ölpest im Mexikanischen Golf und Fukushima sind nur einige der unzähligen mahnenden und belehrenden Wirklichkeitsbefunde.

Im Sinne dieser gemeinschaftlichen Zielperspektive möchte ich Sie, verehrte Leserinnen und Leser, ermutigen, die hier vorgestellte „Bildung des Wandels" aufzugreifen und an ihrem Lehren und Lernen für ein menschen- und naturgemäßes Dasein weiter zu arbeiten, es weiter zu entfalten und in die Schulen hinein zu tragen. Ein Lehren und Lernen, das den notwendigen radikalen Wandel der gegenwärtigen Daseinsweise wesentlich mitzubewirken vermag und Lernende wie Lehrende zu „Lehrlingen des Ganzen" werden lässt: zu menschlichen Menschen, deren sympoietische Selbstentfaltung sich als integraler Bestandteil der Entfaltung des Ganzen unserer planetaren Existenz erweist.

Ich vermute, dass das Gewahren seiner sympoietischen Beziehung zu diesem Ganzen – zu dem, woher wir kommen, woraus wir sind und wohin wir gehen – bei Novalis jene Gedanken ausgelöst haben mag, die er in seinem Fragment „Die Lehrlinge zu Sais" verdichtet hat. Mit einem Zitat aus diesem hoch spirituellen natur-mystischen Gedankengang und einigen wenigen, ihn auslegenden Bemerkungen beschließe ich meine Hinführung zu den Bezügen und Ebenen sympoietischen Lehrens und Lernens:

„Um die Natur zu begreifen, muss man die Natur innerlich in ihrer ganzen Folge entstehen lassen. Bei dieser Unternehmung muss man sich bloß von der göttlichen Sehnsucht nach Wesen, die uns gleich sind, und den notwendigen Bedingungen, dieselben zu vernehmen, bestimmen lassen; denn wahrhaftig die ganze Natur ist nur als Werkzeug und Medium des Einverständnisses vernünftiger Wesen begreiflich. Der denkende Mensch kehrt zu seiner ursprünglichen Funktion seines Daseins, zur schaffenden Betrachtung, zu jenem Punkte zurück, wo Hervorbringen und Wissen in der wundervollsten Wechselverbindung standen, zu jenem schöpferischen Moment des eigentlichen Genusses, des innern Selbstempfängnisses. Wenn er nur ganz in die Beschauung dieser Urerscheinung versinkt, so entfaltet sich vor ihm in neu entstehenden Zeiten und Räumen, wie ein unermessliches Schauspiel, die Erzeugungsgeschichte der Natur, und jeder feste Punkt, der sich in der unendlichen Flüssigkeit ansetzt, wird ihm eine neue Offenbarung des Genius der Liebe, ein neues Band des Du und des Ich. Die sorgfältige Beschreibung dieser innern Weltgeschichte ist die wahre Theorie der Natur; durch den Zusammenhang seiner Gedankenwelt in sich, und ihre Harmonie mit dem Universum, bildet sich von selbst ein Gedankensystem zur getreuen Abbildung und Formel des Universums."

Wenn wir nur erlernten, unsere eigene innere Weltgeschichte und ihre Harmonie mit dem Universum wahrnehmend zu erfassen. Wenn wir nur erlernten, uns aus dem sich uns offenbarenden Genius der Liebe heraus zu verhalten. Der Liebe zu uns selbst, zu unserem Leben und zu unserem Leben mit anderen. Zu dem, woraus wir sind und was wir sind: alles mit allem verbundener und mit allem sich austauschender Geist. In ihm sieht Martin Buber den allgegenwärtigen Gott selbst, der in seiner Schöpfung, dem Universum und der planetaren Biosphäre sinnlich wahrnehmbare Gestalt annimmt. Den Geist der Selbstorganisation des Universum, als welchen die Quantenphysik ihn betrachtet. Den Geist der All-Einheit Plotins, der mit dem Geist des All-Lebens bei Max Scheler identisch ist. Der sich durch alle Arten und Gattungen des Biosphärisch-Organischen hindurch zu erkennen gibt; also auch durch uns, jeden einzelnen von uns.

Wenn wir nur erlernten, uns selbst und jeden anderen Menschen, alles Lebendige und alles Leben, auch das der Mineralien, der Pflanzen, der Tiere als Manifestation Gottes, des Genius der Liebe zu allem, was ist, sinnlich und geistig wahrzunehmen. Und wenn wir dadurch zu geistigen Grundhaltungen oder Einstellungen fänden, die nicht mehr vom Modus des Haben-Wollens, sondern, wie Erich Fromm uns aufgibt, dem des Sein-Wollens bestimmt sind: dann lebten wir die Entfaltung unseres personalen Selbst als Sympoiese mit unserem Dasein und Sein; dann lebten wir in Gemeinsamkeit, Gemeinschaftlichkeit und in Harmonie mit dem Ganzen: alle Widersprüche annehmend, die jeder ganzheitliche Austausch mit der Welt in sich trägt. Sie, wo und wann immer sie zu Tage treten, produktiv oder auch schöpferisch austragen und auf einer höheren Ebene aufheben zu können, verweist auf Bildung. Bildung, die uns wandelt und befähigt, den Wandel zu leben, „den wir in der Welt zu sehen wünschen".

Zum Schluss möchte ich Sie auffordern, an der Fortentwicklung der Konzeption dieser intensiven lebenspraktischen Bildung des Wandels unserer Daseins- und Lebensweise mitzuwirken. Kritik und Anregung zu dem hier Vorgetragenen sind willkommen. Falls Sie auf einem vergleichbaren Weg sind und die Zusammenarbeit suchen, dann schreiben Sie mir. Gerne unterstütze ich Vorhaben, die in dieselbe Richtung gehen, mit Vorträgen und Seminaren oder pädagogischen Werkstätten, wie sie in „Lernen ist intensives Leben" dokumentiert sind. H.R.A.

Anhang

Die nachfolgend aufgeführten Werke sind wichtige Bezugsquellen des hier vorgestellten Bildungsansatzes

Allgemeine Grundlagen:

Platon: Der Staat – Timaios – Parmenides (Leipzig 1978)
Novalis: Die Lehrlinge zu Sais; in: Novalis: Schriften Bd. I
(hrsg. v. P. Kluckhohn 1928)
Hermann Glockner: Die europäische Philosophie (Stuttgart 1958)
Gebser: Ursprung und Gegenwart (Gesamtausgabe, Schaffhausen 1978)
Jiddu Krishnamurti: Erziehung zur Kunst des Lebens (Heidelberg 1988)
Ken Wilber: Eros, Kosmos, Logos (Frankfurt 1996)
Ken Wilber: Das Wahre, Schöne, Gute (Frankfurt 2005)
David Bohm: Die implizite Ordnung (München 1986)
Hans-Peter Dürr (Hrsg.): Physik und Transzendenz (München 1986)
Karl Marx: Das Kapital, Bd. I (Berlin 1957)
Theodor W. Adorno: Negative Dialektik (Frankfurt 1972)
Lewis Mumford: Mythos der Maschine (Frankfurt 1977)
Heinz Dieter Kittsteiner: Mit Marx für Heidegger. Mit Heidegger für
Marx (München 2004)
Rudolf Bahro: Logik der Rettung (Stuttgart 1989)
Herbert Marcuse: Der eindimensionale Mensch (München 1972)
Erich Fromm: Haben oder Sein (München 1979)
Jürgen Habermas: Technik und Wissenschaft als Ideologie (FfM. 1973)
Wilhelm Schmid: Philosophie der Lebenskunst (Frankfurt 1999)
Dorothee Sölle: Mystik und Widerstand (München 1999)
James Lovelock: Gaias Rache. Warum die Erde sich wehrt (Berlin 2008)

Pädagogik / Bildung:

Humberto R. Maturana et.al.: Der Baum der Erkenntnis (Bern 1987)
Hartmut von Hentig: Systemzwang und Selbstbestimmung (Stuttgart
1968)

Hartmut von Hentig: Bildung. Ein Essay (Weinheim 2009)
Hartmut von Hentig: Bildungsplan 2004 für Baden-Württemberg
Hartmut von Hentig: Die Schule neu denken (Weinheim 1993)
Heinrich Dauber: Grundlagen Humanistischer Pädagogik (Bad
Heilbrunn 1997)
Volker Buddrus: Zum systematischen Zusammenhang der Ansätze in
der Humanistischen Pädagogik; in: Volker Buddrus (Hrsg.)
Humanistische Pädagogik (Bad Heilbrunn 1995)
Reinhard Fuhr / M. Gremmler-Fuhr: Faszination Lernen (Köln 1988)
Pierre Weil: Die Kunst, in Frieden zu leben (Bern 1995)
Hans Raimund Aurer: Ästhetische Bildung – ein integrativer Ansatz für
den schöpferischen Umgang mit der Wahrnehmung; in: Volker Buddrus
(Hrsg.) Humanistische Pädagogik (Bad Heilbrunn 1995)
Hans Raimund Aurer: Sympoiese. Joseph Beuys – Leitfigur ästhetischer
Selbstbildung? (Universität Oldenburg 2004)
Hans Raimund Aurer: Lernen ist intensives Leben –
Umrisse einer Bildung, die von den Menschen ausgeht und für ein
Dasein befähigt, das Zukunft hat (Berlin 2011)

Psychologie / Psychotherapie:

Luc Ciompi: Affektlogik. Über die Struktur der Psyche und ihre
Entwicklung (Stuttgart 1982)
Roberto Assagioli: Psychosynthese (Paderborn 1990)
Roberto Assagioli: Die Schulung des Willens (Paderborn 1991)
Arno Gruen: Der Wahnsinn der Normalität (München 1989)
Arno Gruen: Verlust des Mitgefühls (München 2002)
Erich Fromm: Die Kunst des Lebens (hrsg. v. R. Funk, Freiburg 2010)
Erich Fromm: Haben oder Sein (München 1981)
Ken Wilber: Spektrum des Bewusstseins (München 1980)
Volker Buddrus: Die verborgenen Gefühle in der Pädagogik (Bad
Heilbrunn 1993)
Geseko von Lüpke: Die Welt als Geliebte; in: Geseko von Lüpke im
Gespräch mit Joanna Macy (Petersberg 2010)

Hans Raimund Aurer

Lernen ist intensives Leben

Umrisse einer Bildung, die von den Menschen ausgeht
und für ein Dasein befähigt, das Zukunft hat

Logos Verlag Berlin, September 2011
340 Seiten - ISBN 978-3-8325-2918-5

Lernen ist intensives Leben, wenn es den lernenden Menschen (1.) mit sich selbst, (2.) mit seinem Dasein und (3.) dem es umgreifenden Sein in Kontakt bringt und von seinen Erfahrungen ausgeht, die er auf diesen drei Ebenen seiner Existenz macht. Solches Lernen ist persönlichkeitsbildend wie Wissen schaffend, weil es für den Lernenden von persönlicher Bedeutung ist und deshalb von ihm eigenmotiviert erarbeitet wird; es ist ästhetisch bildend, weil es wahrnehmungsgeleitet ist; ethisch bildend, indem es den ganzen Menschen erfasst, durchdringt und fordert; gesellschaftlich-politisch wie ökologisch-ökonomisch bildend, insofern die Wahrnehmungs-, Denk- und Verhaltensweisen, zu denen es befähigt, auf Selbstbewusstwerdung, Eigenverantwortung und Mitverantwortung für den Erhalt der sozialen und natürlichen Lebensgrundlagen, der Demokratie und der Biosphäre, zielen. H.R.A.

Damit reagiert der Autor auf den immer deutlicher sich abzeichnenden Widerspruch zwischen den anhaltenden Krisen der Gegenwart und einer Schulbildung, deren entfremdender Charakter einem unzureichenden "eindimensionalen Denken" Vorschub leistet.

Sein gesellschafts-philosophischer Standpunkt besteht darin, dass die globale kapitalistische Daseinsform nur die Zukunft hat, die längst über die Menschen hereinzubrechen beginnt; die dabei ist, ihnen jede Gegenwart zu verwehren. Es sei denn, sie beginnen zu lernen, Subjekte der Hervorbringung einer anderen Gegenwart, eines selbst gewählten Daseins, zu werden. Eines Daseins, das in dem Maße Zukunft hat, wie es ihnen gelingt, die "Demokratie des Kapitals" und die "Biosphäre des Kapitals" in gemeinschaftliche Kapitalien einer radikal-demokratischen wie radikal-ökologischen Weltgesellschaft umzuwandeln.

Personalia

Hans Raimund Aurer, geb. 1945 in Mannheim;
Schriftsetzerlehre; danach Studium der Visuellen Kommunikation,
der Kunstpädagogik, Kunstgeschichte, Politischen Ökonomie
und Philosophie;

Promotion bei Prof. Gert Selle und Prof. Rudolf zur Lippe;
Arbeitsgebiete: Sympoietische Bildung, Integrative Pädagogik
und Psychologie.

Bis 2009 Lehrtätigkeit an Gymnasien in Kunst, Arbeitslehre
und Philosophie sowie in der Lehrerausbildung und Lehrerfortbildung
an den Universitäten Flensburg und Bremen;
außerschulische Ästhetische und Politische Bildung an Bildungsstätten
im In- und Ausland. Lebt und arbeitet
in Bad Zwischenahn und in Korakiana auf Kreta
als freier Autor und Maler.

Kontakt:
Pirschweg 18a D 26106 Bad Zwischenahn
Korakiana 96 GR 73400 Vlatos Kreta
hraurer@gmx.de

Dank

Für Zuspruch, Ermutigung
und sachkundigen Rat danke ich meiner Frau, Ines Henning,
von ganzem Herzen.

Meiner ehemaligen Schülerin Jovana Wieg danke ich für das Foto,
das sie für die Gestaltung der Rückseite des Bucheinbandes
zur Verfügung gestellt hat.

Meinem Neffen, Nils Köpke, und Fritz Nertinger gilt mein Dank für
computertechnische Unterstützung bei der Satzbearbeitung.

Herrn Volkhard Buchholtz
und seinen Mitarbeiterinnen und Mitabeitern vom Logos Verlag Berlin
danke ich für die stets entgegenkommende Betreuung
der Drucklegung und die freundliche Zusammenarbeit bis zur
Herausgabe des Buches.

CLASSIQUES JAUNES

Littératures francophones

Le Cabinet des Antiques

Honoré de Balzac

Le Cabinet
des Antiques

Édition critique par Pierre-Georges Castex

PARIS
CLASSIQUES GARNIER

Pierre-Georges Castex, éminent spécialiste de la littérature du
XIXe siècle, est l'auteur d'importantes études sur le romantisme
français. Il a établi et dirigé plusieurs éditions scientifiques qui font
date, parmi lesquelles *La Comédie humaine* d'Honoré de Balzac dans
La Pléiade et les *Œuvres complètes* de Villiers de l'Isle-Adam.

Couverture : M. Blondet (Juge), LE CABINET DES ANTIQUES Furne,
1844, t. VII, p. 213. Signatures : Bertall ; F. Leblanc

Réimpression de l'édition de Paris, 1985.

ISBN 978-2-8124-1217-2
ISSN 2417-6400

INTRODUCTION

I

L E *2 novembre 1833, Balzac écrivait à Mme Hanska :*
« Aujourd'hui, inventé péniblement *Le Cabinet
des Antiques* : tu liras cela quelque jour. J'en ai écrit
dix-sept feuillets de suite. Je suis très fatigué[1] ».
*Quelques semaines plus tard, il lui montrait, à Genève,
ce début de l'œuvre nouvelle[2], qu'il destinait alors à la*
Revue de Paris[3] : Le Cabinet des Antiques *devait
paraître* « entre le deuxième article de *Séraphita* et
le dernier ».

Or la publication de Séraphita *fut interrompue,
l'auteur donnant pour excuse la nécessité où il se trouvait
de lire, afin de pouvoir achever l'ouvrage, un certain
nombre de* « traités mystiques[4] ». *A titre d'* « indem-

---

1. *Lettres à l'Étrangère*, I, 72.
2. *Ibid.* I, 175 : « *Le Cabinet des Antiques*, dont tu connais
le commencement » (30 juillet 1834) et surtout I, 177 :
« Vous connaissez le commencement du *Cabinet des Antiques*.
Ce fut une de nos bonnes soirées de Genève » (1er août).
3. *Ibid.*
4. *Revue de Paris*, tome XII, p. 73, note de la Rédaction.

nité », *les lecteurs de la* Revue *reçurent* Le Père Goriot.
Quant au Cabinet des Antiques, Balzac *y songeait
toujours, puisque, le 23 janvier 1835, il notait ce titre
sur un* « bulletin de travail » *inédit*[1] *et puisque son
porte-parole Félix Davin l'annonçait dans son introduction aux* Études de mœurs[2], *datée du 27 avril
suivant. Mais il se brouilla avec la* Revue *et ce fut,
en fin de compte,* La Chronique de Paris *qui, un an
plus tard, le 6 mars 1836, publia le* « préambule »
de l'ouvrage.

*Ce préambule peut fort bien correspondre, pour l'éten-
due, aux feuillets de 1833, qui n'ont pas été conservés.
Balzac y décrit non l'hôtel d'Esgrignon, mais* « l'hôtel
d'Esgrigny ». *Le futur* « sieur du Croisier » *s'y
nomme le baron Boutron-Boisset*[3]. *Rien ne permet d'assurer que la suite de l'histoire soit présente à l'esprit du
romancier sous la forme où nous la connaissons aujourd'hui. Les lecteurs de* La Chronique de Paris, *en
tout cas, ne devaient pas en connaître davantage. Le*

---

1. Manuscrit du *Père Goriot* (Collection Lovenjoul A 183),
feuillet 173 : « 23 janvier (1835). Bulletin de travail. 1.
Finir *La Fille aux yeux d'or.* 2. Finir *Melmoth réconcilié.* 3. Faire
Sœur Marie des Anges. 4. *Ecce homo.* 5. *L'Enfant maudit.*
6. *Séraphita.* 7. *La Fleur des Pois.* 8. *La Torpille.* 9. *Mémoires
d'une Jeune Mariée.* 10. *César Birotteau.* 11. *Le Cabinet des
Antiques.* 12. *Troisième dixain.* 13. *Sixième livraison des Études
de mœurs* ».

2. Scènes de la vie privée, éd. Béchet, premier vol., 1835,
p. 26 : « Les *Scènes de la vie de province* sont terminées par
Le Cabinet des Antiques, Fragment d'histoire générale et *Illusions perdues* ».

3. Les variantes des éditions successives sont relevées
p. 265 sq.

17 mars paraissait l'avertissement suivant, destiné à justifier une interruption : « Le Cabinet des Antiques attaquant, à l'insu de l'auteur, quelques intérêts vivants, il a cru devoir changer les dispositions de cette nouvelle, dont il pourra néanmoins donner très incessamment la suite. » *On ne voit guère quels* « intérêts vivants » *pouvaient se trouver lésés dans ces pages inoffensives sur le présent et le passé d'une vieille famille provinciale. Plus vraisemblablement, Balzac ne trouvait pas le temps de mener son récit à bonne fin.*

Après le naufrage de La Chronique, *Balzac rédigea, notamment,* La Vieille Fille, *qui parut en octobre et novembre 1836 dans* La Presse *de Girardin. En février suivant, songeant de nouveau au* Cabinet des Antiques, *il décide que cette histoire* « servira de clôture à La Vieille Fille comme Un Grand Homme de province à Paris à Illusions perdues[1] ». *Dix-huit mois s'écoulent encore, cependant, avant que le romancier ne soit en mesure d'accomplir son dessein : achevée en septembre 1838[2], l'œuvre paraît, du 22 septembre au 8 octobre, dans* Le Constitutionnel, *sous le titre* Les Rivalités en province[3].

1. *Lettres à l'Étrangère,* I, 380 (10-12 février 1837). On sait que, dans l'édition Béchet-Werdet (*Scènes de la vie de province,* quatrième volume), *Illusions perdues* renferme essentiellement la matière de la première partie du roman, intitulée depuis *Les Deux Poètes,* et que quelques pages seulement sont consacrées aux premières déceptions parisiennes de Lucien.
2. *Ibid.,* I, 488 (17 septembre 1838) : « Je viens d'écrire, pour *Le Constitutionnel,* la fin du *Cabinet des Antiques...* »
3. Cette publication est annoncée à Mme Hanska le 15 octobre (*Ibid.,* I, 495).

Dans cette version préoriginale, où le préambule publié par La Chronique de Paris *n'est pas repris, le marquis d'Esgrignon reçoit son nom définitif[1], ainsi que du Croisier. Nous faisons connaissance, en outre, avec le jeune comte Victurnien d'Esgrignon, dont l'aventure personnelle est conduite jusqu'à son terme : nous apprenons comment il fut sauvé* in extremis *du déshonneur par l'intervention conjuguée du notaire Chesnel et de la duchesse de Maufrigneuse, qui avait failli consommer sa perte.*

Pourtant, le roman n'a pas encore pris toute son extension : le récit des poursuites engagées contre ce fils de famille imprudent, des intrigues nouées pour le perdre ou pour le sauver autour des magistrats de la ville, tient en quelques pages. La partie proprement judiciaire a été ajoutée par le romancier lorsque Véron, gérant du Constitutionnel, *lui eut rendu la propriété de son œuvre[2]. Balzac traita alors avec l'éditeur Souverain, qui accepta de publier* Le Cabinet des Antiques, *avec* Gambara, *en deux volumes in-octavo[3]. A cette occasion, il allongea*

---

1. En mars 1838, Balzac fit la connaissance, à Ajaccio, d'un ancien lieutenant du 13e de ligne nommé Jouenne d'Esgrigny (voir la *Vie de Balzac,* I, 325 par André Billy, qui cite les *Souvenirs de garnison* publiés par cet officier). Il est possible que cette rencontre ait déterminé le romancier à modifier le nom de son personnage.

2. Bouvier et Maynial, *Les Comptes dramatiques de Balzac,* p. 275.

3. Traité du 13 novembre 1838 : « M. de Balzac, propriétaire demeurant à Sèvres, aux Jardies, cède à M. Souverain... le droit de publier... *Gambara, Massimilla Donni* et *Le Cabinet des Antiques*... De ces trois ouvrages, *Gambara* et *Massimilla Donni* se trouvent dans la dernière livraison des *Études philosophiques*... le troisième est une réimpression

son œuvre : aux épreuves corrigées du récit revu sur le texte du Constitutionnel, *il ajouta en plusieurs fois un certain nombre de feuillets manuscrits destinés à servir d'appoint*[1]. *Ainsi apparaissent les portraits de magistrats ; les développements pittoresques sur les demeures du président du Ronceret ou du juge d'instruction Camusot, sur la passion botanique du juge Blondet ; enfin les épisodes des négociations relatives au procès.*

La correspondance avec Souverain[2] *révèle combien furent tendues, pendant cette période, les relations entre romancier et éditeur. Balzac se plaint avec âpreté, à plusieurs reprises, que les protes lui livrent, contre tous les usages, des placards imprimés sur les deux côtés de chaque feuille*[3], *ou encore qu'ils tardent à lui renvoyer*

---

d'un article paru dans *Le Constitutionnel* ». Le 16 décembre, on convient que, « l'étendue du *Cabinet des Antiques* permettant, avec *Gambara* et une nouvelle intitulée *La Fille (sic) du Pelletier,* de compléter les deux volumes », *Massimilla Donni* sera rejeté dans une autre publication et joint à *Une Fille d'Ève.* Le 24 décembre enfin, Balzac stipule « que les développements nécessaires pour le parfait achèvement du *Cabinet des Antiques* amèneront cet ouvrage à former avec *Gambara* seulement les deux volumes que doit publier M. Souverain ». Ces documents, dont un exemplaire figure à la Collection Lovenjoul, ont été publiés dans le catalogue de la Vente Souverain du 20 juin 1957.

1. Voir l'inventaire des parties manuscrites, p. 303 sq.

2. Voir W. S. Hastings, *Balzac and Souverain.* Les lettres de Balzac à Souverain ont été reproduites par M. Ducourneau dans l'édition des *Œuvres* de Balzac publiée par le Club Français du Livre (tome XVI). Celles qui concernent *Le Cabinet des Antiques* sont désignées sous les numéros 177, 183, 186 et 187.

3. Aux protestations qui figurent à ce sujet dans les lettres ci-dessus mentionnées s'ajoute celle-ci, relevée sur une épreuve

pour un nouveau contrôle les parties de la composition déjà corrigées. Souverain, de son côté, s'impatiente de ne pas recevoir au jour dit les corrections annoncées, somme son correspondant de faire constater la maladie qu'il a invoquée pour justifier un retard et menace de donner le bon à tirer, pour certaines feuilles, sans attendre l'agrément de l'auteur. L'édition paraît enfin, avec une importante préface, le 13 mars 1839[1] : plus de cinq ans se sont donc écoulés depuis la rédaction des premiers feuillets, mais l'essentiel a été écrit en quelques semaines. Le texte sera réimprimé dans l'édition Furne de La Comédie humaine, *avec des corrections de détail, en 1844, à la suite de* La Vieille Fille *et sous le titre collectif* Les Rivalités.

II

Lorsque Balzac a mis au point son récit en vue de l'édition originale, il semble s'être appliqué, pour plaire sans doute à Souverain en lui présentant une œuvre indépendante et non la suite d'une œuvre déjà publiée, à détendre le lien entre Le Cabinet des Antiques *et* La

---

conservée à la Collection Lovenjoul (A 8, feuillet 62) : « La plus sotte chose qu'il y ait au monde sont *(sic)* des épreuves en placards faites des 2 côtés. C'est la première fois que je vois ce phénomène. »

1. Date confirmée par une annonce du *Siècle* que nous signale M. Wayne Conner : « Le nouveau roman de M. de Balzac, *Le Cabinet des Antiques*, paraît aujourd'hui chez Hippolyte Souverain. »

Vieille Fille. *Plusieurs points de repère sont supprimés : le chevalier de Valois, qui était mainte fois désigné sous son nom dans* Le Constitutionnel, *devient, dans l'édition, « le Chevalier » tout court, sauf en un endroit où cet anonymat est trahi par inadvertance[1] ; la même censure frappe la princesse Goritza[2], l'abbé de Sponde et la dynastie des Cormon[3]. Pour M. et Mme du Croisier, nous n'avons jamais pu les surprendre, même dans* Le Constitutionnel, *sous l'identité qui était la leur dans* La Vieille Fille : *le nom de du Bousquier n'apparaît nulle part[4].*

Dès l'édition originale, cependant, il ne semble pas que l'auteur du Cabinet des Antiques *ait sérieusement voulu donner le change à ses lecteurs, malgré les précautions apparentes, car de nombreux détails concernant les lieux, les événements ou les personnages sont empruntés presque textuellement à* La Vieille Fille[5]. *Si la ville où se déroule l'aventure n'est désignée nulle part, plusieurs noms de rues nous rappellent sans équivoque Alençon.*

---

1. Voir p. 92 et la note. En outre, p. 59, le marquis d'Esgrignon, en présence du Chevalier, dit à son fils : « Le Roi ne vous demande pas si vous descendez des Valois [...] il vous demande si vous payez mille francs de tailles. »

2. Voir p. 108 et la note. Pourtant ce nom, comme celui du chevalier de Valois, échappe une fois à sa plume, p. 234.

3. P. 172. Voir les variantes.

4. Pour forger ce nom, quand il rédigea *La Vieille Fille,* Balzac a-t-il délibérément repris la première syllabe du nom de Boutron, dans le préambule du *Cabinet des Antiques* publié par *La Chronique de Paris ?* Ce qui est certain, c'est que le même personnage s'appelle successivement Boutron-Boisset, du Bousquier et du Croisier.

5. Voir notes de détail, *passim.*

Le Chevalier, l'ancien fournisseur et sa femme repa-
raissent avec les caractères et les habitudes que nous leur
connaissions.

· *En tout cas, lorsque Balzac prépare l'édition Furne,*
où seront associés sous la même rubrique, pour La Comédie humaine, La Vieille Fille *et* Le Cabinet des
Antiques, *il se préoccupe de souligner la continuité entre*
les deux œuvres et non plus comme autrefois de la masquer.
Cette préoccupation s'accentue lorsqu'il revoit une fois
de plus son texte en vue d'une nouvelle édition : elle est
d'ailleurs surtout visible dans les derniers remaniements
de La Vieille Fille[1]. *Donc,* Les Rivalités, *dans* La
Comédie humaine, *réunissent deux œuvres beaucoup*
plus étroitement associées l'une à l'autre que pourront
l'être, par exemple, La Cousine Bette *et* Le Cousin
Pons *sous le titre commun* Les Parents pauvres. *En*
un sens, Le Cabinet des Antiques *est bien la suite de*
La Vieille Fille.

---

1. Dans les marges du « Furne corrigé », pour *La Vieille*
Fille, Balzac substitue systématiquement le nom d'Esgrignon
au nom de Gordes (éd. Garnier, variantes, pages 323-366) et
précise qu'avant de s'intéresser à Mlle Cormon, du Bousquier
s'est vu refuser par Mlle Armande d'Esgrignon (*La Vieille*
Fille, éd. cit. p. 41) ; or cet échec, dont du Bousquier tient
le notaire Chesnel pour responsable, sera rappelé, dans *Le*
Cabinet des Antiques (p. 13), comme l'un des mobiles déter-
minants de sa conduite haineuse à l'égard du marquis
d'Esgrignon et aussi du fidèle Chesnel. C'est, en outre,
dans le texte définitif de *La Vieille Fille* que se trouve le
plus nettement annoncé le sujet du *Cabinet des Antiques* :
nous y lisons que du Bousquier préparait sa vengeance
« contre les gens à châteaux, et surtout contre les d'Esgrignon,
au sein desquels un jour il fut sur le point d'enfoncer un
poignard envenimé » (*La Vieille Fille,* éd. cit. p. 211).

Le lien n'était pas assez fort, cependant, pour ap-
paraître indissoluble au romancier, qui songea, en vue
d'une autre édition, à séparer les deux romans[1] *: on*
ne peut donc pas non plus les considérer exactement
comme deux parties solidaires d'une œuvre unique et, à
cet égard, le rapprochement esquissé par Balzac avec la
*suite désignée aujourd'hui sous le nom d'*Illusions perdues
n'est pas tout à fait exact. A La Vieille Fille, *récit*
complet, dont le dénouement satisfaisait sans réserves
l'esprit du lecteur, succède, avec Le Cabinet des Antiques, *un autre récit complet ou, comme on le lit dans*
l'édition Furne, une « deuxième histoire », *assez drama-*
tiquement organisée et assez riche en aspects nouveaux
pour posséder, malgré tant de rapports avec l'histoire
précédente, une véritable autonomie romanesque.

III

Balzac écrivit les premières pages du Cabinet des
Antiques *vers le même temps où il achevait* Ne touchez
pas la hache, *qui devait s'intituler finalement* La Duchesse de Langeais[2]. *On voit bien se manifester, dans*
les deux textes, une communauté de préoccupations. Dans

---

1. Selon le tableau dressé par Balzac en 1845 et qui figure
dans son exemplaire personnel de *La Comédie humaine,*
Le Cabinet des Antiques devait être associé à *Jacques de Metz*
(récit qui ne fut jamais écrit) sous le titre *Les Provinciaux à*
Paris.

2. Voir notre édition de l'*Histoire des Treize,* introduction
à *La Duchesse de Langeais,* p. 175 sq.

Ne touchez pas la hache, *il reprenait, plus nettement,
les griefs déjà énoncés dans ses écrits politiques de 1832
à l'encontre de l'aristocratie du faubourg Saint-Germain,
coupable de vivre séparée de la nation, faute d'avoir su
s'adapter aux exigences et aux formes de pensée d'une
époque nouvelle. Dans* Le Cabinet des Antiques, *il
étend sa critique à la vieille noblesse de province et peint
un* « petit faubourg Saint-Germain[1] » *où s'entre-
tiennent les mêmes préjugés.*

« Là où une révolution a successivement passé
dans les intérêts et dans les idées, elle est inatta-
quable ; il faut l'accepter comme un fait. » *Tel est
le principe qu'il formulait dans son* Essai sur la situation
du parti royaliste[2]. *Telle est la vérité que n'ont pas
su comprendre les familiers de la duchesse de Langeais,
ces* « antiques[3] » *de la société parisienne, plongés dans
leurs souvenirs de l'Ancien Régime. Le marquis d'Esgrignon vit dans la même erreur ; il prend* « les Grands
Collèges électoraux pour les assemblées de son
Ordre », *parle, non d'impôts, mais de* « tailles » *et
s'imagine qu'il existe encore des* « lettres de cachet[4] ».
*Vieil homme retranché dans un rêve orgueilleux, il se
condamne, lui aussi, à ne rien comprendre aux événements
qui entraînent le pays dans une direction nouvelle :* « N'est-

---

1. P. 22. La même expression revient dans *Béatrix* à
propos du salon du baron du Guénic, qui est d'ailleurs
comme un double du marquis d'Esgrignon.

2. Balzac, *Œuvres diverses,* éd. Conard, t. II, p. 529.

3. Une « antique » : ainsi se trouve déjà désignée, dans
La Duchesse de Langeais, la princesse de Blamont-Chauvry.
Voir notre édition de l'*Histoire des Treize,* p. 318.

4. P. 59 et 61.

ce pas le plus grand malheur qui puisse affliger un parti, que d'être représenté par des vieillards, quand déjà ses idées sont taxées de vieillesse[1] ? » *Cette remarque rejoint celles que Balzac vient de faire dans* Ne touchez pas la hache *et aussi dans* Ferragus : *la jeunesse, la* « Jeune France », *s'est trouvée fâcheusement* « exclue des affaires » ; *la monarchie légitime a été la victime des* « vieillards jaloux de garder les rênes de l'État dans leurs mains débiles », *alors qu'elle pouvait être* « sauvée par leur retraite[2] ». *De même, le marquis d'Esgrignon, chef vénéré du parti légitimiste à Alençon, fourvoie ses troupes qui, trop aveuglément fidèles à sa personne et à ses idées, s'enlisent avec lui dans un passé révolu : à l'échelon de la province, ses responsabilités sont analogues à celles des vieux nobles qui hantent les Tuileries et les salons du Faubourg.*

A cet homme d'autrefois, Balzac prête une théorie qui tend à justifier en droit les privilèges de la plus vieille aristocratie française par les structures de l'époque féodale. Le marquis Carol *d'Esgrignon porte* « le nom glorieux d'un des plus puissants chefs venus jadis du Nord pour conquérir et féodaliser les Gaules » ; *ses ancêtres,* « chargés autrefois de défendre une marche française », *ont considéré leur titre comme* « un devoir, un honneur » ; *fidèle à leur idéal, il pense tenir son marquisat* « aux mêmes conditions que le Roi tient l'État de France[3] ».

---

1. P. 29.
2. Voir, dans notre édition de l'*Histoire des Treize*, *La Duchesse de Langeais*, p. 225 et *Ferragus*, p. 49.
3. P. 6 et 7.

*Bien avant de connaître les chefs du parti légitimiste ou
même d'entrevoir les vieux Chouans de Fougères, qui ont
pu fournir quelques traits au personnage du marquis,
Balzac a médité sur l'idée féodale. Il en expose déjà les
principaux aspects dans sa brochure* Du Droit d'Aînesse, *publiée sous l'anonymat en 1824* : « La noble
et généreuse institution qui inféodait la victoire
aux mains qui avaient conquis le sol a été la condition première de l'établissement de la monarchie
en France [...] Pharamond ne fut que *primus inter
pares*[1]. » *Dans cette même brochure se trouve mentionné
le nom de l'historien et juriste du* XVIe *siècle Dumoulin,
auteur d'un* Traité des Fiefs. *Balzac n'a probablement
pas lu directement ce savant ouvrage, rédigé en latin ;
mais une analyse détaillée en a été publiée en 1773 par
un avocat au Parlement, Henrion de Pensey, et si l'on
s'y reporte, on découvre des considérations analogues à
celles qui sont développées dans l'essai* Du Droit d'Aînesse :

   « On a cru, pendant longtemps, voir l'origine du
gouvernement féodal dans les usages des Romains (...)
Les idées sont aujourd'hui fixées sur ce point; et tout
le monde est d'accord que ce système singulier nous
vient des anciens peuples du Nord; de ces nations qui,
échappées de leurs forêts vers le commencement de
l'ère chrétienne, se répandirent sur toutes les parties
de l'Europe, brisèrent le joug sous lequel Rome les
tenait asservies et s'établirent enfin sur les débris de
ce vaste Empire [2]. »

---

1. *Œuvres diverses*, tome I, p. 1.
2. *Traité des Fiefs de Dumoulin, analysé et conféré avec les
autres feudistes* (Paris, 1773, 520 p. in-4º), introduction.

Cette théorie a d'ailleurs été défendue sous une forme délibérément agressive au XVIIIe *siècle par le comte de Boulainvilliers, qui en fit une machine de guerre contre les ambitions du tiers état. Selon ce personnage, les* « Gaulois devinrent réellement les sujets des Français, tant par le droit de conquête que par la nécessité de l'obéissance toujours due au plus fort. » *Les Francs furent ainsi* « les seuls reconnus pour *Nobles*, c'est-à-dire pour maîtres et seigneurs » ; « les noms de saliques et de nobles étaient synonymes » *et* « dénotaient proprement les conquérants de la Gaule, leur postérité ou ce qui était en rapport essentiel avec eux. » *Mais l'élément gaulois, voué en principe par ses origines à une sujétion permanente,* « est entré sous la protection des Rois » *et s'est ainsi assuré des avantages* « contre le droit évident des propriétaires des terres, et contre la loi fondamentale du gouvernement[1] ».

Une telle interprétation de l'histoire, qui est celle du marquis d'Esgrignon et qui, au temps de Balzac encore, correspond aux idées des royalistes les plus attardés, a été battue en brèche par Sieyès dans sa fameuse brochure Qu'est-ce que le Tiers État[2] *et plus tard par Au-*

---

1. Comte de Boulainvilliers, *Histoire de l'ancien gouvernement de la France* (La Haye-Amsterdam, 1727, trois vol.), I, p. 33, 34, 36.

2. « Pourquoi [le tiers état] ne renverrait-il pas dans les forêts de la Franconie toutes ces familles qui conservent la folle prétention d'être issues de la race des conquérants, et d'avoir succédé à leurs droits? (*Qu'est-ce que le Tiers État*, p. 10).

gustin Thierry (cité avec son frère Amédée dans Le
Cabinet des Antiques), *qui justifient l'affranchissement
et les conquêtes du tiers état par le rôle économique
grandissant de ce corps nouveau dans la nation et voient
dans son avènement inéluctable à la direction des affaires
une revanche tardive de la race gauloise sur ses anciens
oppresseurs.*

*Sur ce problème, Balzac, néo-légitimiste indépendant,
quoique affilié au parti, a adopté une position nuancée,
qui tient compte de l'évolution historique.* « L'hommage
lige » *qui assura longtemps l'unité et la solidité du système féodal est sans doute* « une des plus belles idées
modernes », *note-t-il encore dans l'*Essai sur la situation du parti royaliste ; *mais ainsi s'opposèrent*
« deux intérêts : l'un comprimé, celui des vaincus ;
l'autre oppresseur, celui des Français ». *Une telle
situation aurait entraîné bien des injustices, si* « par un
bienfait dû à l'Évangile, la religion des vaincus »
n'avait tendu à « rétablir l'égalité, autant qu'il était
possible » *et à* « diminuer le poids écrasant de la
victoire par des principes qui devaient un jour
changer cette société de fer ». *D'ailleurs, la politique
royale, pour mieux assurer son pouvoir, favorisa ce
retour à l'équilibre :* « le trône voulut s'appuyer
sur les communes et, pour ne pas périr, il pensa
au peuple. » *Dès lors, les communes, les villes, les
provinces acquirent peu à peu des droits qui s'opposaient
aux anciens privilèges. Ainsi naquit le tiers état, dont
la puissance* « devint bientôt formidable en opposant
le commerce et tous ses liens sociaux à la féodalité ».
Il serait absurde de ne pas compter avec cette réalité nouvelle.

De même s'est développée une nouvelle aristocratie, qui ne peut se prévaloir, sans doute, du prestige acquis aux descendants des anciens seigneurs féodaux, mais qui trouve elle aussi dans l'histoire la justification de sa dignité. C'est à cette aristocratie que Balzac prétend appartenir. Dans la préface du Lys dans la Vallée, *il proclame :*

« Je ne suis point gentilhomme dans l'acception historique et nobiliaire du mot, si profondément significatif pour les familles de la race conquérante. Je le dis, en opposant orgueil contre orgueil ; car mon père se glorifiait d'être de la race conquise, d'une famille qui avait résisté en Auvergne à l'invasion, et d'où sont sortis les d'Entragues [1]. »

Ainsi se trouve éclairée la pensée politique et sociale qui s'exprime dans Le Cabinet des Antiques. *Balzac ne reproche pas à M. d'Esgrignon d'entretenir en lui la fierté de ses origines, mais de méconnaître la situation de fait qui ruine l'exclusivité des privilèges autrefois réservés aux familles de souche féodale. Dans la France nouvelle, l'ancienneté du nom ne suffit plus.* « Le Roi ne vous demande pas si vous descendez des Valois, ou si vous êtes un des conquérants de la Gaule [2] », *constate avec amertume le vieux marquis dans un moment de lucidité. C'est en vain que ses ancêtres n'ont plié* « ni devant les Communes, ni devant la Royauté, ni devant l'Église, ni devant la Finance [3] ». *Sous le règne de Louis XVIII, il manque aux d'Esgrignon,*

---

1. Balzac, *Œuvres*, éd. Formes et Reflets, tome XV, p. 207.
2. P. 59.
3. P. 6.

pour s'imposer, « le fond de la langue politique actuelle, l'argent, ce grand relief de l'aristocratie moderne » *et aussi* « la continuation de *l'historique,* cette renommée qui se prend à la Cour aussi bien que sur les champs de bataille, dans les salons de la diplomatie comme à la Tribune...[1] »

Nous touchons ici à un autre problème, celui que pose la survivance, dans une France moderne fortement centralisée, d'une noblesse de province, éloignée des luttes où se jouent les intérêts vitaux de la nation. Personne ne pense à la grandeur de la Maison d'Esgrignon, « ni à la Cour, ni dans l'État[2] ». *Le Roi donne tout son crédit à des hommes nobles sans doute, mais à des hommes nouveaux,* « les Rivière, les Blacas, les d'Avaray, les Dambray, les Vaublanc, Vitrolles, d'Autichamp, Larochejaquelein, Pasquier, Decazes, Laîné, de Villèle, La Bourdonnaye, etc.[3] », *dont les ancêtres étaient presque étrangers à la cour de Louis XV, pour ne pas remonter plus haut, mais dont la force est d'avoir su s'installer, à Paris, aux leviers de commande libérés par la Restauration. Trop vieux, trop usé, trop éprouvé aussi dans son patrimoine pour tenter d'aller faire sa fortune politique dans la capitale en 1815, le marquis d'Esgrignon subit, par la force des choses, une sorte d'exil à l'intérieur.*

Ce drame de la noblesse provinciale, Balzac l'a pénétré avec profondeur. Déjà dans Ne touchez pas la hache, *il la jugeait* « trop souvent froissée » *par la noblesse*

---

1. P. 38.
2. P. 37.
3. P. 85.

de Cour, quoique « souvent plus pure de race[1] ». *Cette observation est renouvelée dans la première partie d'*Illusions perdues[2]. *Elle est plus systématiquement commentée dans* Le Cabinet des Antiques, *à travers cet hommage à la* « véritable et loyale aristocratie, celle des gentilshommes de province, alors si négligés, comme la plupart de ceux qui avaient saisi leur épée et résisté pendant l'orage[3] ». *La grandeur du marquis d'Esgrignon est d'avoir conservé intacte sa* « fidélité à l'ancien ordre de choses[4] », *sans en tirer le moindre profit personnel. Aussi lui est dévolue, malgré ses faiblesses, toute l'estime de son créateur.*

Il est frappant de comparer le portrait de ce personnage avec ceux des vieux aristocrates parisiens qui entourent la duchesse de Langeais. Le duc de Navarreins et le duc de Grandlieu sont tous deux « gros et courts, bien nourris, le teint un peu rouge, les yeux fatigués, les lèvres inférieures déjà pendantes » ; *si leur langage est exquis, leur conversation est parfaitement vaine et l'échantillon qui nous en est donné est franchement caricatural*[5]. *Le marquis d'Esgrignon a une tout autre allure, avec ses cheveux* « blancs soyeux », *son* « beau

---

1. *La Duchesse de Langeais,* dans notre édition de l'*Histoire des Treize*, p. 227.

2. *Illusions perdues,* Pl. IV, 492 : « La morgue de la noblesse de Cour désaffectionna du Trône la noblesse de province, autant que celle-ci désaffectionnait la bourgeoisie, en en froissant toutes les vanités. »

3. P. 65.

4. P. 49.

5. *La Duchesse de Langeais,* dans notre édition de l'*Histoire des Treize*, p. 318 sq.

front plein de noblesse », *ses yeux « brillants »,
pleins de « courage » et de « feu*[1] *».* Dans son incons-
cience, dans son humiliation même, il demeure digne et
comme héroïque. Fiers et respectables comme lui sont ceux
qui l'entourent et qui se sacrifient pour lui : sa sœur
Mlle Armande d'Esgrignon qui, en pratiquant la religion
du dévouement, rappelle Pauline de Villenoix : son notaire,
Chesnel, un notaire à la mode d'autrefois, comme maître
Mathias dans* Le Contrat de Mariage, *et qui, n'oubliant
pas ses anciennes fonctions d'intendant, conçoit son nouveau
rôle auprès de la famille d'Esgrignon comme une autre
forme de domesticité.*

*Cette Maison a trop de vertus pour que Balzac se
résigne à la laisser piétiner par un parvenu comme du
Croisier. Lucide ainsi que Chesnel, il sait bien que son
immobilisme, dans un monde en perpétuelle transfor-
mation, la voue à la déchéance sociale : l'une des plus
amères leçons de* La Comédie humaine *est bien de nous
faire assister à la victoire de la volonté sans scrupule sur
l'idéalisme sans ressort. Du moins peut-elle être sauvée
du déshonneur dont la menacent les graves étourderies
d'un jeune imprudent. Une étroite justice voudrait que
le comte Victurnien d'Esgrignon fût condamné par le
tribunal ; mais une justice plus haute l'épargnera, imposée
par l'intervention royale.* « Croyez-vous », demande
Chesnel au juge d'instruction Camusot, « que le Roi,
que la Cour, que le Ministère fussent flattés de voir
un nom comme celui des d'Esgrignon traîné à la Cour
d'Assises ? L'égalité, aujourd'hui le grand mot de

---

1. P. 63.

l'Opposition, ne trouve-t-elle pas une garantie dans l'existence d'une haute aristocratie consacrée par le temps[1] ? » *Telle est bien aussi la pensée de Balzac, qui garde sa foi dans l'idéal de l'Ancien Régime tout en conservant l'esprit assez libre pour assister en témoin clairvoyant à l'avènement des temps nouveaux. La Maison d'Esgrignon ne recouvrera jamais son ancien lustre : telle est l'inexorable loi de l'Histoire. Elle demeurera du moins sans tache et respectée : ainsi le veut l'ordre public, qui s'accommoderait mal d'un inutile scandale. Tout s'achève ainsi sans dégâts trop graves : l'agissante sympathie du romancier pour quelques-uns de ses personnages les plus purs sauve* Le Cabinet des Antiques *d'un pessimisme trop amer.*

IV

Si attachante que soit cette Maison d'Esgrignon, *Balzac n'a pas voulu se borner, dans* Le Cabinet des Antiques, *à décrire la crise qu'elle traverse et qu'elle surmonte. Après les trente premières pages, le vieux marquis passe au second plan : l'attention du lecteur se fixe sur l'aventure du jeune comte Victurnien.*

A la date où Balzac imagine les épisodes de cette aventure, il a également mis en chantier Un Grand Homme de province à Paris, *suite d'*Illusions perdues, *qui paraîtra chez Souverain quelques mois après* Le Cabinet des Antiques *: il n'est donc pas étonnant que les deux histoires, conçues dans le même élan, présentent certaines*

---

1. P. 212.

*analogies. Ces analogies, le romancier les laisse pres-
sentir dans la préface du* Cabinet des Antiques. *Si le
comte d'Esgrignon* « est la contrepartie de Rastignac,
autre type de jeune homme de province, mais adroit,
hardi, qui réussit là où le premier succombe », *il
est aussi le double de Rubempré. L'un est l'image de*
« ces jeunes gens pauvres, chargés d'un grand nom,
et venus à Paris pour s'y perdre, qui par le jeu, qui
par l'envie de briller, qui par l'entraînement de la vie
parisienne, qui par une tentative d'augmenter sa
fortune, qui par un amour heureux ou malheureux ».
L'autre évoque « ces jeunes gens d'esprit qui vont et
viennent de la province à Paris, ayant quelques-
unes des conditions du talent sans avoir celles du
succès [1] ». *Tous deux sont victimes d'un caractère faible,
qui les précipite sur la pente d'une redoutable facilité.*

*Comme Rubempré, en effet, Victurnien d'Esgrignon,
heureusement doué par la nature, a été gâté, d'emblée,
par une éducation trop indulgente ; comme lui, il suc-
combera aux tentations de la vie parisienne. Tous deux
vont se mêler à la société des jeunes gens à la mode, qui
s'amusent à les corrompre ; tous deux auront pour
maîtresse la duchesse de Maufrigneuse [2] ; tous deux se
rendront coupables de faux et seront mis en prison ;
tous deux enfin, au bord du suicide, seront sauvés par une
intervention quasi miraculeuse. Mais la rencontre de
Carlos Herrera, à longue échéance, entraînera la perte*

---

1. Voir p. 244.
2. Cette liaison est évoquée dans *Splendeurs et Misères
des Courtisanes.*

définitive de Lucien, alors que l'heureuse issue de l'en-
quête judiciaire dans Le Cabinet des Antiques *marque,*
pour d'Esgrignon, la fin de ses égarements juvéniles et
prélude à son installation dans la sécurité d'un confor-
table mariage bourgeois. Devenu marquis après la mort
de son père, Victurnien pourra de nouveau mener joyeuse
vie : son destin n'aura donc pas été tragique comme celui
de Lucien. Mais si les deux personnages ne font pas la
même fin, ils sont bien sortis du même moule.

Lorsqu'il conta les aventures de Rubempré, Balzac a
pu s'inspirer d'exemples que lui fournissait la réalité.
*M. Antoine Adam a rappelé, dans son édition d'*Illusions
perdues[1]*, les noms de plusieurs jeunes écrivains pro-*
vinciaux qui, venus à Paris pleins d'espoir et d'ambition,
se sont heurtés, en voulant faire leur chemin, à de fatales
traverses. L'histoire du comte d'Esgrignon doit-elle aussi
quelques détails à des faits contemporains? Le romancier
nous en donne l'assurance. Il serait parti d'une histoire
vécue dont le dénouement a été cruel : « le jeune homme
a paru en cour d'assises, a été condamné, a été
marqué. » *Il ajoute cependant qu'* « il s'est présenté,
dans une autre circonstance à peu près semblable,
des détails moins dramatiques, peut-être, mais qui
peignaient mieux la vie de province » *et qu'ainsi*
« le commencement d'un fait et la fin d'un autre
ont composé ce tout[2] ».

Certes les déclarations de Balzac ne doivent pas être
toujours prises à la lettre. On le soupçonne volontiers

---

1. Introduction, p. XIII.
2. Voir p. 247.

*d'avoir voulu, parfois, lancer ses lecteurs sur de fausses
pistes, pour préserver le secret de sa création. Pourtant,
nous pouvons croire à sa sincérité lorsqu'il affirme qu'il
a décidé, comme Molière, de* « prendre son bien où il
est [1] ». *Il professe que* « la plupart des livres dont le
sujet est entièrement fictif, qui ne se rattachent de
loin ou de près à aucune réalité, sont mort-nés ;
tandis que ceux qui reposent sur des faits observés,
étendus, pris à la vie réelle, obtiennent les honneurs
de la longévité [2]. » *Ces précieuses déclarations nous
renseignent sur sa méthode et justifient notre effort pour
retrouver, dans la mesure du possible, les sources de ses
intrigues romanesques. Celle du* Cabinet des Antiques
*semble bien avoir eu pour point de départ une affaire
judiciaire qui a connu, à l'époque, un certain retentis-
sement [3].*

*En 1820, un jeune homme nommé Delassaigne s'était
assuré la collaboration du sieur Dussablon, d'Angoulême,
en vue de publier, à Paris, un ouvrage intitulé* Le Conservateur nobiliaire *et destiné à recueillir les titres de
gloire et d'illustration de la noblesse française. Il obtint,
par surprise, la signature de Dussablon au bas du verso
d'une feuille de papier timbré dont une partie avait été
laissée en blanc. Au moyen de ce blanc-seing, il fabriqua
un acte de société qui astreignait Dussablon à acquitter
tous les emprunts et tous les effets qu'il pourrait souscrire.*

---

1. Voir p. 249.
2. Voir p. 250
3. Nous devons les indications qui concernent cette
affaire à M. Savey-Casard, professeur de droit pénal à la
faculté catholique de droit de Lyon.

Cinq lettres de change furent ainsi tirées par Delassaigne au profit d'un tiers qui se retourna vers Dussablon pour en obtenir le paiement. Ces lettres de change furent naturellement protestées par Dussablon qui, poursuivi, fut déclaré en faillite et qui se retourna alors contre son associé. Dussablon fut mis hors de cause et Delassaigne, convaincu de faux, fut condamné par contumace, le 8 septembre 1823, à dix ans de travaux forcés[1].

Or c'est à la fin de 1823, précisément, qu'éclate le scandale d'Esgrignon[2]. *Le jeune Victurnien, comme Delassaigne, s'est servi d'une signature authentique pour obtenir frauduleusement, à Paris, une somme portée au compte d'une de ses relations provinciales. Du Croisier habite Alençon et non, comme Dussablon, Angoulême. Mais on sait avec quel soin Balzac s'est renseigné sur Angoulême, lorsqu'il a conçu* Illusions perdues. *Une telle circonstance rend plus probable qu'il ait connu l'affaire Delassaigne ; et ainsi se trouve soulignée d'une autre manière la parenté du* Cabinet des Antiques *avec* Illusions perdues.

Quant à l'autre affaire, nécessairement plus obscure, qui aurait fourni à Balzac des détails « moins dramatiques », nous n'en avons pas trouvé trace. Mais il est visible que le romancier utilise sans en faire l'aveu, pour décrire la vie du comte d'Esgrignon à Paris et notamment son idylle avec la duchesse de Maufrigneuse, des souvenirs d'une autre sorte.

---

1. *Recueil Sirey*, 1825, deuxième partie, p. 196 sq.
2. P. 120 : « Au commencement de l'hiver, entre les années 1823 et 1824, Victurnien avait chez les Keller un débet de deux cent mille francs... »

On a souvent noté le lien évident entre le roman de Montriveau avec la duchesse de Langeais et celui que vécut Balzac lui-même avec la marquise et future duchesse de Castries. Or la duchesse de Maufrigneuse ressemble beaucoup à la duchesse de Langeais et, par là même, à Mme de Castries. Les deux héroïnes de La Comédie humaine *ont le même charme vaporeux et ensorcelant. Toutes deux sont de grandes coquettes et des comédiennes accomplies, qui jouent l'innocence avec un naturel plein d'artifice. La duchesse de Langeais, pour se dérober aux exigences de Montriveau, invoque la fidélité conjugale, puis des scrupules religieux ; Montriveau s'y laisse longtemps prendre et dit naïvement à Ronquerolles :* « la duchesse est un ange de candeur [1]. » *De Marsay, de même, est le témoin des illusions de Victurnien [2]. La duchesse de Maufrigneuse se donne, elle aussi, des apparences angéliques :* « Elle avait inventé de se faire immaculée [3] » ; *le mot* « ange » *revient même comme un leitmotiv pour la désigner ironiquement au fil du roman. Les deux personnages incarnent donc le même type féminin. A certains égards, d'ailleurs, la destinée de la duchesse de Maufrigneuse ressemble plus que celle de la duchesse de Langeais à celle de Mme de Castries [4]. Manifestement,*

---

1. Voir *La Duchesse de Langeais*, dans notre édition de l'*Histoire des Treize*, p. 283.

2. P. 115.

3. P. 101.

4. Dans une introduction aux *Secrets de la Princesse de Cadignan* (*La Comédie humaine*, éd. Hazan, t. XIII), M. Prioult dresse un curieux parallèle, dont voici l'essentiel : la duchesse de Maufrigneuse, princesse de Cadignan en 1830, est née en 1797 ; mariée en 1814 à 17 ans, elle a 26 ans

Balzac demeure hanté par le souvenir de ses relations sentimentales avec la grande dame du faubourg Saint-Germain.

Il se garde pourtant de souligner trop fortement les ressemblances. Mᵐᵉ de Castries, qui demeure son amie, ne pouvait se reconnaître expressément dans le personnage d'une héroïne dissolue comme la duchesse de Maufrigneuse : sa vie, quoique assez romanesque, n'a certes pas été aussi agitée ni aussi libre. En tout cas, ce n'est plus à elle que songe Balzac lorsque, vers la fin du récit, la duchesse de Maufrigneuse reparaît déguisée en un charmant jeune homme : d'autres souvenirs sollicitent alors le romancier.

Une variante nous révèle que ce « cavalier », dans Le Constitutionnel, était un « groom¹ ». Or c'est sous l'apparence d'un groom, d'un « page », que se cachait Caroline Marbouty lorsqu'elle accompagna Balzac, en 1836, dans son voyage en Italie². Comme la duchesse de Maufrigneuse, elle portait, avec son travesti, une cravache...³. On peut supposer aussi que Balzac songe à

lorsqu'en 1823 elle fait la connaissance du comte d'Esgrignon, 36 ans en 1833 lorsqu'elle vient d'entrer en relations avec d'Arthez; - la marquise, puis duchesse de Castries est née le 8 décembre 1796; mariée en 1816 à 20 ans, elle a 22 ans lorsqu'elle rencontre le prince Victor de Metternich, 36 ans lorsqu'en 1833 (disons plutôt 1832) elle vient d'entrer en relations avec Balzac.

1. P. 232.

2. Voir notamment la brochure d'Arsène Arüss *Le Joli Page de Balzac*, Paris, 1924.

3. P. 208 : « en rehaussant les faces de sa perruque à la Titus et agitant sa cravache ». Balzac écrira au comte Sclopis : « Il faut que *Marcel* reprenne son diadème de femme et quitte

son équipée avec elle lorsqu'en un autre endroit du roman[1]
*il évoque la promenade sentimentale de la duchesse et du
jeune comte à travers les villes italiennes.*

*Ainsi se vérifie une fois de plus la grande loi de la
création romanesque chez Balzac. Il n'invente rien, mais il
rassemble, pour faire vivre ses intrigues et ses personnages, des éléments d'origines diverses.* « La littérature »,
écrit-il encore dans la préface du Cabinet des Antiques,
« se sert du procédé qu'emploie la peinture, qui,
pour faire une belle figure, prend les mains de tel
modèle, le pied de tel autre, la poitrine de celui-ci,
les épaules de celui-là. L'affaire du peintre est de
donner la vie à ces membres choisis et de la rendre
probable[2]. » *L'affaire du peintre? Il est permis d'en
douter. Mais celle du romancier, lorsque ce romancier
est Balzac.*

V

*Pas plus que les éléments de l'intrigue, Balzac n'a
inventé ceux du décor. Dans ce domaine aussi, toutefois,
il accommode librement la réalité dont il s'inspire.*

*Les demeures des principaux personnages sont décrites
avec beaucoup de précision, mais on ne peut assurer que
Balzac ait toujours pris pour modèles des immeubles*

---

sa cravache d'étudiant » (9 août 1836. Correspondance publiée
par Ducourneau, Balzac, *Œuvres,* éd. Formes et Reflets,
tome XVI, p. 205).

1. P. 124.

2. Préface du *Cabinet des Antiques,* voir la présente édition,
p. 248.

*d'Alençon. Il est vrai qu'à un siècle de distance on éprouve
beaucoup de difficulté, sans repères explicites, à rechercher
des lieux qui ont pu changer profondément d'aspect.
Aucun contemporain de Balzac, cependant, n'avait pu
désigner, dans le quartier de la Préfecture, la maison du
juge Blondet, ni, rue du Bercail, celle du notaire Chesnel ;
et sur ces points, l'enquête méthodique menée par le
marquis de Contades devait demeurer sans résultat. Ce
vieil alençonnais crut du moins pouvoir identifier, rue du
Cygne,* « la maison remarquablement laide du juge
d'instruction Camusot » *et reconnut avec certitude
l'hôtel d'Esgrignon*[1].

*Il est bien établi aujourd'hui que Balzac a choisi, pour
y réunir les hôtes du vieux marquis, la salle d'audience
du Tribunal de Commerce, avec son immense cheminée
et ses dorures. Comme l'hôtel d'Esgrignon, le Palais
du Tribunal*[2] *porte pignon, tourelle et girouette. Balzac
a pris seulement la liberté de l'avancer jusque sur la Grande
Rue et de le situer à l'angle de deux autres rues*[3], « les
plus passantes de la ville », *qu'il doit, pour l'occasion,
rapprocher l'une de l'autre. Ainsi, derrière les fenêtres à
larges baies du « Cabinet des Antiques », les personnages
du roman, comme des bêtes curieuses, semblent les pri-
sonniers d'une cage de verre exposée à tous les regards.*

*Ce n'est pas à Alençon, en revanche, que ces originaux
ont pu être observés par Balzac. Lorsqu'il visita cette*

---

1. Marquis de Contades, *Balzac alençonnais* (Bulletin de
la Société historique et archéologique de l'Orne, 1888,
quatrième livraison, p. 357 sq.)

2. 6, rue du Bercail.

3. Évidemment la rue du Jeudi et la rue du Bercail.

ville, en 1825, il y resta trop peu de temps pour entrer en rapports avec ses habitants ; de toute façon, il était trop jeune et trop obscur pour pénétrer dans les milieux aristocratiques. Il a mieux connu d'autres cités provinciales comme Bayeux ou Fougères, qui avaient, elles aussi, leur « faubourg Saint-Germain ». *D'une ville de l'ouest à l'autre, les transpositions ont dû lui paraître naturelles et même souhaitables. Son propos n'était pas, en effet, de se faire l'historiographe d'une province déterminée, mais le romancier de la province en général. S'il a fait occasionnellement des emprunts à la chronique locale[1], il a eu l'ambition de dégager des lois valables pour un certain type de société que l'on retrouve partout.* « Transportez les vieux nobles du *Cabinet des Antiques* à Bayeux, ils ne seraient pas dépaysés », *écrit très justement M. Jean-Jacques Launay ;* « dans le salon de Mme de Bargeton, ils ne le seraient pas encore, ni même dans celui de Dinah de la Baudraye[2]. »

C'est en évitant, justement, d'être un écrivain régionaliste que Balzac a pu donner à son œuvre une valeur largement historique. La vérité de ses peintures de mœurs éclate lorsqu'on les compare à tel ou tel témoignage contemporain, relevé en dehors du cercle étroit où il lui a plu de situer ses intrigues. Ces nobles d'un autre âge et ces douairières, nous les retrouvons, par exemple, dans les souvenirs de George Sand[3] ou dans ceux de la comtesse Dash : « C'étaient les restes vénérés de la vieille

---

1. Voir notre introduction à *La Vieille Fille*, p. XXVI.
2. Jean-Jacques Launay, *Balzac père du tourisme* (Cahiers des Amitiés, Alençon), p. 34.
3. *Histoire de ma vie*, tome premier.

cour, les pères conscrits de l'émigration. Tout cela portait la culotte courte, les bas de soie, l'habit carré, le chapeau à tricorne, la poudre et les ailes de pigeon, voire même la queue ou la bourse. Les femmes conservaient le bonnet ou la mante noire[1]. » *Voilà, pris sur le vif, un Cabinet des Antiques : ses assises se tenaient non à Alençon, mais à Poitiers.*

La même vérité générale ressort du tableau des querelles et des oppositions dont la petite ville est le théâtre. « Dans une capitale, toutes les nuances se fondent et dans une ville peu considérable de province les plus petits traits tranchent : tout est à jour ; et pour cette raison les haines y sont plus vives [...] on ne hait que ce que l'on connaît. » *Lorsqu'il écrivait ces lignes dans* Sténie[2], *vers 1820, Balzac, en dehors de l'internat de Vendôme, ne connaissait guère que Paris et Tours. Dans* Le Cabinet des Antiques, *il observe :* « En province, il est difficile de ne pas se prendre corps à corps à propos des questions ou des intérêts qui, dans la capitale, apparaissent sous leurs formes générales, théoriques [...] A Paris, les hommes sont des systèmes ; en Province, les systèmes deviennent des hommes, et des hommes à passions incessantes, toujours en présence, s'épiant dans leur intérieur [...] occupés à leur haine comme

---

1. Comtesse Dash, *Mémoires des autres,* tome I, chap. IV, p. 40. M. Pradalié a déjà cité ce texte dans son *Balzac historien* (P. U. F., 1955), p. 258.
2. *Sténie,* éd. Prioult (Courville, 1936), p. 21.

des joueurs sans pitié[1]. » *L'expérience du romancier,
en s'élargissant, n'a fait que vérifier l'intuition de sa
première jeunesse. Comme* La Vieille Fille *et* Le Cabinet des Antiques, Le Curé de Tours, Eugénie
Grandet *pourraient prendre place dans un cycle des
« Rivalités en province ». Balzac, d'un roman à un
autre, a recommencé la description des luttes où s'affrontent
la vieille aristocratie et la bourgeoisie montante, les
royalistes et les libéraux : le schéma de ces luttes est
toujours le même, parce qu'il correspond à une réalité
historique. Sur ce point encore, le romancier trouve une
caution chez les témoins de son temps : lorsque Paul-
Louis Courier décrit les scènes qui se déroulent dans un
collège électoral de province[2], ses observations rejoignent
souvent celles de Balzac.*

*Un autre grand romancier a d'ailleurs précédé dans
cette voie l'auteur de* La Comédie humaine : *Stendhal.
Balzac a profondément subi son influence[3]. Plus tard,
il commentera avec enthousiasme et pénétration* La Char-
treuse de Parme[4]. *Mais il n'a ignoré ni* De l'Amour,
ni Armance, *ni les premières nouvelles italiennes,
ni surtout* Le Rouge et le Noir[5]. *On a observé qu'il*

---

1. P. 31-32.

2. P.-L. Courier, *deuxième lettre particulière* du 28 nov. 1820.

3. Sur cette influence, dont l'étude systématique reste
à écrire, voir notamment Maurice Bardèche, *Balzac romancier*
(Plon, 1940) et surtout Bernard Guyon, *La Pensée politique
et sociale de Balzac* (Armand Colin, 1947), *passim.*

4. *Œuvres diverses,* éd. Conard, tome III, p. 371 sq.

5. Balzac cite avec éloge *Le Rouge et le Noir* dans sa *Lettre
sur Paris* du 9 janvier 1831. Ce qui le frappe surtout dans ce
roman, c'est le pessimisme : « M. de Stendhal nous arrache

*s'était souvenu de Julien Sorel en peignant Rastignac et
le parallèle entre ces deux héros est devenu classique. Il
s'est souvenu aussi, croyons-nous, de la vie politique à
Verrières, en peignant la vie politique à Alençon. Comme
Stendhal, Balzac a souligné, notamment, la prudence
des libéraux sous un régime où les grands corps sociaux
demeurent inféodés au trône et où le clergé a conquis les
emplois les plus importants. Les méthodes d'un du
Bousquier ou d'un du Croisier sont aussi tortueuses que
celles d'un Valenod. Comme M. Valenod, le personnage
de Balzac a eu l'habileté de s'appuyer « sur le sacerdoce » et même de soutenir la Congrégation du Sacré-
Cœur [1]; évitant de se dire «homme de la Gauche pur»,
il adopte l'attitude d'un royaliste constitutionnel et ménage
les autorités officielles [2], en attendant l'heure du triomphe,
où il pourra jeter le masque. Ces jeux subtils ont été
analysés par deux romanciers qui, sous couleur d'écrire
la chronique d'une petite ville, ont mis au jour les principales structures de la société française sous la Restauration.*

Dans toute une partie du Cabinet des Antiques,
*cependant, l'enquête sociale s'oriente dans une direction
plus particulière. Le romancier, utilisant des connaissances qu'il doit à sa formation juridique et à ses anciennes*

---

le dernier lambeau d'humanité et de croyance qui nous
restait [...] [son roman] est un rire de démon heureux de
découvrir entre chaque homme un abîme de personnalité
où vont se perdre tous les bienfaits. » (*Œuvres diverses*, II,
114-115).

1. Voir notre édition de *La Vieille Fille*, p. 210.
2. P. 33.

relations avec les hommes de loi, décrit avec une grande profusion de détails le mécanisme d'un tribunal et les physionomies diverses des magistrats qui y sont attachés. Les récents et remarquables ouvrages de M. Marcel Rousselet sur l'histoire de la Justice et de la Magistrature[1], en nous fournissant des références précises, nous mettent à même de vérifier combien la peinture de Balzac est typique et exacte.

« Tout Tribunal », *lisons-nous dans* Le Cabinet des Antiques, *offre* « deux partis bien tranchés, celui des ambitions lassées d'espérer [...] ou endormies par une vie tranquille ; puis celui des jeunes gens et des vrais talents », *mus par* « l'envie de parvenir ». *Or* « ces deux sortes de physionomies judiciaires existaient au Tribunal où s'allait décider le sort du jeune d'Esgrignon. Monsieur le Président du Ronceret, un vieux juge nommé Blondet y représentaient ces magistrats résignés à n'être que ce qu'ils sont et casés pour toujours dans leur ville. Le parti jeune et ambitieux comptait monsieur Camusot le Juge d'Instruction et monsieur Michu, nommé Juge-Suppléant par la protection de la maison de Cinq-Cygne, et qui devait à la première occasion entrer dans le ressort de la Cour royale de Paris[2]. »

Telles sont bien, pour M. Rousselet (qui ne se réfère pas à Balzac), les deux attitudes qu'avaient, à l'époque, les magistrats à l'égard du problème de l'avancement :

---

1. *La Magistrature sous la Monarchie de Juillet ; Histoire de la Justice ; Histoire de la Magistrature.*
2. P. 179.

*problème d'ailleurs neuf puisque, sous l'Ancien Régime,
avec la vénalité des charges, le magistrat obtenait le plus
souvent dès le début le siège qu'il devait occuper jusqu'à sa
mort.* « C'étaient le plus souvent des Présidents de
Tribunaux qui vieillissaient sans ambition dans la
ville qu'ils affectionnaient[1]. » *A ces* « sages » *s'op-
posent les* « impatients », *nombreux parmi les magistrats du Parquet et tout particulièrement attirés par la
région parisienne* : « Un tribunal proche de Paris était,
à classe égale, pour un substitut, un poste d'avancement, car il offrait des chances d'avenir particulièrement grandes. De là, autour de Paris, de
continuelles mutations[2]. »

*M. Rousselet souligne aussi de quel poids était la faveur
ministérielle ou royale, en un temps où le tableau d'avancement n'existait pas et où les hauts magistrats invités
à donner leur avis à l'occasion des mouvements pouvaient
se plaindre de n'être presque jamais écoutés. C'est ce
qu'ont bien compris, dans* Le Cabinet des Antiques,
le jeune avocat royaliste Sauvager, « arrivé au grade
judiciaire de premier Substitut à force de servilisme
ministériel[3] » *et la petite madame Camusot qui,
voulant à tout prix voir nommer son mari juge* « dans le
ressort de Paris, puis plus tard à Paris », *l'incline à
servir* « le Roi lui-même » *en étouffant l'affaire d'Es-*

---

1. *Histoire de la Justice,* p. 89. Ainsi le président Jannyot à
Chartres, le président Chardon à Auxerre, le président
Despatys de Courteille à Melun.

2. *La Magistrature sous la Monarchie de Juillet,* livre III,
chap. IV, p. 336 sq.

3. P. 196.

grignon[1]. *Décidément cette partie judiciaire du roman, surajoutée dans l'édition en volume, est celle qui, pour l'historien des mœurs, offre aujourd'hui le plus grand intérêt.*

Le Cabinet des Antiques *ne doit pourtant pas être considéré exclusivement comme un roman de mœurs. Dès le début, le réalisme s'y accuse d'une façon si aiguë qu'il prend un caractère obsédant. Les éléments romanesques ou purement descriptifs viennent ensuite au premier plan sans que puisse s'effacer l'impression produite par les souvenirs d'Émile Blondet évoquant dans les premières pages les hôtes du marquis :*

« ni Maturin, ni Hoffmann, les deux plus sinistres imaginations de ce temps, ne m'ont causé l'épouvante que me causèrent les mouvements automatiques de ces corps busqués (...) Il s'agitait là des figures aplaties, mais creusées par des rides qui ressemblaient aux têtes de casse-noisettes sculptées en Allemagne. Je voyais à travers les carreaux des corps bossués, des membres mal attachés dont je n'ai jamais tenté d'expliquer l'économie ni la contexture; des mâchoires carrées et très apparentes, des os exorbitants, des hanches luxuriantes[2]. »

Balzac, dans ce passage, reconnaît donc presque explicitement les affinités de son art avec celui d'un Hoffmann. Il pouvait trouver en effet chez l'auteur des Contes fantastiques *(plutôt que chez Maturin) des modèles frappants de cette humanité caricaturale. Sans doute lui doit-il, comme l'a noté M. Bardèche, d'avoir dessiné à son*

---

1. P. 214.
2. P. 25.

tour quelques silhouettes insolites[1]. *Une telle imitation est d'ailleurs chez lui libre de toute servitude, car son imagination l'orientait tout naturellement dans cette voie. Mais il est certain que l'*Antiquaire *de* La Peau de Chagrin, *le vieillard du* Chef-d'œuvre inconnu, *celui de* Sarrasine, Facino Cane, Gambara *et son compagnon* Giardini, Pons *et son ami* Schmücke, *forment une lignée de personnages, les uns inquiétants, les autres grotesques, tous étranges comme des créatures d'un autre monde. Dans cette lignée s'inscrivent les familiers du* Cabinet des Antiques. *Balzac les a ciselés comme des médailles, justifiant ainsi la métaphore à laquelle le roman doit son titre*[2]. *Grâce à leur présence, l'œuvre, qui touche, pour l'essentiel, à des problèmes politiques et sociaux très réels, s'enrichit des pouvoirs fascinateurs d'une vision hallucinée*[3].

PIERRE-GEORGES CASTEX.

---

1. Voir M. Bardèche, *op. cit.* p. 329.

2. Le Cabinet des Antiques ou Cabinet du Roi réunissait à la Bibliothèque Royale des monnaies, des médailles, des camées. Il y est fait allusion dans le roman, p. 143. Le Cabinet des Antiques est devenu aujourd'hui, à la Bibliothèque Nationale, le Cabinet (ou Département) des Médailles et Antiques.

3. Nous remercions vivement les personnes qui ont bien voulu nous apporter leur aide pour l'établissement de cette édition : M. Marcel Bouteron; M. Jean Pommier, conservateur de la collection Lovenjoul; Mlle Madeleine Fargeaud, qui nous a fourni de précieuses indications sur les documents en provenance du fonds Souverain; M. Pierre Savey-Casard; MM. Wayne Conner, Jean-Hervé Donnard, Roger Pierrot.

LE CABINET DES ANTIQUES

A Monsieur le Baron de Hammer-Purgstall[1]*,*

Conseiller aulique,

auteur de l'*Histoire de l'Empire ottoman*

Cher baron,

Vous vous êtes si chaudement intéressé à ma longue et vaste histoire des mœurs françaises au dix-neuvième siècle, et vous avez accordé de tels encouragements à mon œuvre, que vous m'avez ainsi donné le droit d'attacher votre nom à l'un des fragments qui en feront partie. N'êtes-vous pas un des plus graves représentants de la conscien-cieuse et studieuse Allemagne? Votre approbation ne doit-elle pas en commander d'autres et protéger mon entreprise? Je suis si fier de l'avoir obtenue, que j'ai tâché de la mériter en continuant mes travaux avec cette intré-

---

1. Le baron Joseph de Hammer-Purgstall, orientaliste notoire, était un vieil ami de la famille Hanski. Balzac avait fait sa connaissance à Vienne, en 1835. C'est lui qui fit don à Balzac du célèbre cachet-talisman orné du signe arabe de Bedouck. C'est lui encore qui traduisit l'inscription gravée sur la Peau de Chagrin : « Si tu me possèdes, tu posséderas tout... » Ce texte figure pour la première fois en arabe dans l'édition illustrée de *La Peau de Chagrin* publiée en 1838. La dédicace du *Cabinet des Antiques* parut l'année suivante, dans l'édition Souverain. Voir Marcel Bouteron, *Études balzaciennes* : « L'inscription orientale de *La Peau de Chagrin* » et « *Bedouck* ou le Talisman de Balzac ».

* Les indices d'appel en lettres renvoient aux variantes qui sont réunies à la fin du volume.

pidité qui a caractérisé vos études et la recherche de tous les documents sans lesquels le monde littéraire n'aurait pas eu le monument élevé par vous. Votre sympathie pour des labeurs que vous avez connus et appliqués aux intérêts de la société orientale la plus éclatante, a souvent soutenu l'ardeur de mes veilles occupées par les détails de notre société moderne : ne serez-vous pas heureux de le savoir, vous dont la naïve bonté peut se comparer à celle de notre La Fontaine ?

Je souhaite, cher baron, que ce témoignage de ma vénération pour vous et votre œuvre vienne vous trouver à Dobling [1], et vous y rappelle, ainsi qu'à tous les vôtres, un de vos plus sincères admirateurs et amis.

DE BALZAC[a]

---

1. Résidence du baron, dans la banlieue nord-ouest de Vienne.

CHAPITRE PREMIER

LES DEUX SALONS

Dans une des moins importantes Préfectures de France, au centre de la ville, au coin d'une rue, est une maison; mais les noms de cette rue et de cette ville doivent être cachés ici. Chacun appréciera les motifs de cette sage retenue exigée par les convenances[a]. Un écrivain touche à bien des plaies en se faisant l'annaliste de son temps[b] !... La maison s'appelait l'hôtel d'Esgrignon[c] ; mais faites comme si d'Esgrignon était[d] un nom de convention, sans plus de réalité que n'en ont les Belval, les Floricour, les Derville de la comédie, les Adalbert ou les Monbreuse du roman. Enfin, les noms des principaux personnages seront également changés[e]. Ici l'auteur voudrait[f] rassembler des contradictions, entasser des anachronismes, pour enfouir la vérité sous un tas d'invraisemblances et de choses absurdes ; mais, quoi qu'il fasse[g], elle poindra[1][h] toujours,

---

1. Les variantes montrent que Balzac a beaucoup hésité sur la conjugaison de ce verbe, puisqu'on relève successivement les graphies aberrantes *pointera* et *poindera*.

comme une vigne mal arrachée repousse en jets
vigoureux, à travers un vignoble labouré.

L'hôtel d'Esgrignon était tout bonnement la
maison où demeurait un vieux gentilhomme,
nommé Charles-Marie-Victor-Ange Carol, marquis
d'Esgrignon ou des Grignons, suivant d'anciens
titres[a]. La société commerçante et bourgeoise de
la ville avait épigrammatiquement nommé son
logis un hôtel, et depuis une vingtaine d'années la
plupart des habitants avaient fini par dire sérieusement *l'hôtel d'Esgrignon* en désignant la demeure
du marquis.

Le nom de Carol (les frères Thierry l'eussent
orthographié Karawl [1]) était le nom glorieux d'un
des plus puissants chefs venus jadis du Nord pour
conquérir et féodaliser[b] les Gaules. Jamais les Carol
n'avaient plié la tête, ni devant les Communes, ni
devant la Royauté, ni devant l'Église, ni devant
la Finance. Chargés autrefois de défendre une
Marche française, leur titre de marquis était à la
fois un devoir, un honneur, et non le simulacre
d'une charge supposée[c] ; le fief d'Esgrignon avait
toujours été leur bien. Vraie noblesse de province,
ignorée depuis deux cents ans[d] à la Cour, mais

---

1. Augustin Thierry s'est plu, en effet, à restituer les
graphies originales des noms anciens. Il écrit par exemple
dans *Le Censeur européen* (12 mai 1820) : « Plusieurs de ces
noms étrangement défigurés par euphonie peuvent être
rétablis de la manière suivante : Moer-Wig, Hlôt-Wig,
Hild-Rich, Hilp-Rich, Thiod-Rich, Hild-Behrt, Sig-Berht,
Dag-Berht, etc. »

pure de tout alliage, mais souveraine aux États[a],
mais respectée des gens du pays comme une supers-
tition et à l'égal d'une bonne vierge qui guérit les
maux de dents, cette maison s'était conservée au
fond de sa province comme les pieux charbonnés
de quelque pont de César se conservent au fond
d'un fleuve. Pendant treize cents ans, les filles
avaient été régulièrement mariées sans dot ou mises
au couvent[b] ; les cadets avaient constamment
accepté leurs légitimes maternelles[1], étaient devenus
soldats, évêques, ou s'étaient mariés à la Cour[c].
Un cadet de la maison d'Esgrignon fut amiral, fut
fait duc et pair, et mourut sans postérité. Jamais le
marquis d'Esgrignon, chef de la branche aînée,
ne voulut accepter le titre de duc.

— Je tiens le marquisat d'Esgrignon aux mêmes
conditions que le roi tient l'État de France, dit-il au
connétable[d] de Luynes qui n'était alors à ses yeux
qu'un très petit compagnon[2]. Comptez que, durant

---

1. La légitime est la portion de l'héritage garantie aux
cadets, sous le régime du droit d'aînesse.

2. Beaucoup d'aristocrates se flattaient de porter un nom
aussi ancien et par suite aussi prestigieux que le Roi de France.
Marcel Proust prête le même orgueil au baron de Charlus.
Ce personnage dit que les Guermantes « comptent quatorze
alliances avec la Maison de France, ce qui est d'ailleurs
surtout flatteur pour cette Maison » et désigne les Luynes
comme tout à fait récents, quoique ayant l'éclat des grandes
alliances (*A la Recherche du Temps perdu,* Gallimard, éd.
in-octavo, II, 737). On notera que Charlus est « Carolus »
comme Carol d'Esgrignon (sa devise est : « Plus ultra
Carolus »). Quant à Balzac, il a rappelé déjà dans le traité
Du Droit d'Aînesse que le Roi de France n'était, jadis, que
« primus inter pares ».

les troubles, il y eut des d'Esgrignon décapités. Le
sang franc se conserva, noble et fier, jusqu'en l'an
1789. Le marquis d'Esgrignon actuel n'émigra
pas : il devait défendre sa Marche. Le respect qu'il
avait inspiré aux gens de la campagne préserva sa
tête de l'échafaud; mais la haine des vrais Sans-
Culottes[a] fut assez puissante pour le faire considérer
comme émigré, pendant le temps qu'il fut obligé
de se cacher. Au nom du peuple souverain, le District[1] déshonora la terre d'Esgrignon, les bois
furent nationalement vendus, malgré les réclama-
tions personnelles du marquis, alors âgé de quarante ans. Mademoiselle d'Esgrignon, sa sœur, étant
mineure, sauva quelques portions du fief par l'en-
tremise d'un jeune[b] intendant de la famille, qui demanda le partage de présuccession au nom de sa
cliente : le château, quelques fermes[c] lui furent
attribués par la liquidation que fit la République.
Le fidèle Chesnel fut obligé d'acheter en son nom,
avec les deniers que lui apporta le marquis, certaines
parties du domaine auxquelles son maître tenait
particulièrement, telles que l'église, le presbytère
et les jardins du château.

Les lentes et rapides années de la Terreur étant
passées, le marquis[d] d'Esgrignon, dont le caractère
avait imposé des sentiments respectueux à la con-
trée, voulut revenir habiter son château avec sa sœur
mademoiselle d'Esgrignon, afin d'améliorer les

---

1. Le District est la subdivision territoriale établie en
1789.

biens[a] au sauvetage desquels s'était employé maître Chesnel, son ancien intendant, devenu notaire. Mais, hélas![b] le château pillé, démeublé, n'était-il pas trop vaste, trop coûteux pour un propriétaire dont tous les droits utiles[c] avaient été supprimés, dont les forêts avaient été dépecées, et qui, pour le moment, ne pouvait pas tirer plus de neuf mille francs en sac des terres conservées de ses anciens domaines?[d].

Quand le notaire ramena son ancien maître, au mois d'octobre 1800[e], dans le vieux château féodal, il ne put se défendre d'une émotion profonde en voyant le marquis immobile, au milieu de la cour, devant ses douves comblées, regardant ses tours rasées au niveau des toits. Le Franc contemplait en silence et tour à tour le ciel et la place où étaient jadis les jolies girouettes des tourelles gothiques, comme pour demander à Dieu la raison de ce déménagement social[f]. Chesnel seul pouvait comprendre la profonde douleur du marquis, alors nommé le citoyen Carol. Ce grand d'Esgrignon[g] resta longtemps muet, il aspira la senteur patrimoniale de l'air et jeta la plus mélancolique des interjections.

— Chesnel, dit-il, plus tard nous reviendrons ici, quand les troubles seront finis; mais jusqu'à l'édit de pacification je ne saurais y habiter, puisqu'*ils* me défendent d'y rétablir mes armes[h].

Il montra le château, se retourna, remonta sur son cheval et accompagna sa sœur venue dans une mauvaise carriole d'osier appartenant au notaire. A la ville, plus d'hôtel d'Esgrignon. La noble maison

avait été démolie, sur son emplacement s'étaient
élevées deux manufactures. Maître Chesnel employa
le dernier sac de louis du marquis à acheter, au coin
de la place, une vieille maison à pignon, à girouette,
à tourelle, à colombier où jadis était établi d'abord
le Bailliage seigneurial, puis le Présidial, et qui
appartenait au marquis d'Esgrignon. Moyennant
cinq cents louis, l'acquéreur national rétrocéda ce
vieil édifice au légitime propriétaire. Ce fut alors que,
moitié par raillerie, moitié sérieusement, cette maison fut appelée *hôtel d'Esgrignon*[a].

En 1800, quelques émigrés rentrèrent en France,
les radiations des noms inscrits sur les fatales listes
s'obtenaient assez facilement[b]. Parmi les personnes
nobles qui revinrent les premières dans la ville, se
trouvèrent le baron de Nouastre[1][c] et sa fille : ils
étaient ruinés. Monsieur d'Esgrignon leur offrit
généreusement un asile où le baron mourut deux
mois après, consumé de chagrins. Mademoiselle
de Nouastre avait vingt-deux ans, les Nouastre
étaient du plus pur sang noble, le marquis d'Esgrignon l'épousa pour continuer sa maison; mais elle
mourut en couches, tuée par l'inhabileté du médecin,
et laissa fort heureusement un fils aux d'Esgrignon.
Le pauvre vieillard (quoique le marquis n'eût alors
que cinquante-trois ans, l'adversité et les cuisantes
douleurs de sa vie avaient constamment donné plus
de douze mois aux années), ce vieillard donc perdit
la joie de ses vieux jours en voyant expirer la plus

---

1. Prononcer Nouâtre. Voir la variante, p. 266.

jolie des créatures humaines, une noble femme en
qui revivaient les grâces maintenant imaginaires des
figures féminines du seizième siècle[a]. Il reçut un
de ces coups terribles dont les retentissements se
répètent dans tous les moments de la vie. Après être
resté quelques instants debout devant le lit, il baisa
le front de sa femme étendue comme une sainte, les
mains jointes; il tira sa montre, en brisa la roue, et
alla la suspendre à la cheminée. Il était onze heures
avant midi.

— Mademoiselle d'Esgrignon, prions Dieu que
cette heure ne soit plus fatale à notre maison. Mon
oncle, monseigneur l'Archevêque, a été massacré à
cette heure, à cette heure mourut aussi mon père...

Il s'agenouilla près du lit, en s'y appuyant la tête;
sa sœur l'imita. Puis, après un moment, tous deux
ils se relevèrent : mademoiselle d'Esgrignon fondait
en larmes, le vieux marquis regardait l'enfant, la
chambre et la morte d'un œil sec. A son opiniâtreté
de Franc cet homme joignait une intrépidité chrétienne.

Ceci se passait dans la deuxième[b] année de notre
siècle. Mademoiselle d'Esgrignon avait vingt-sept
ans. Elle était belle. Un parvenu, fournisseur des
armées de la République[c], né dans le pays, riche de
mille écus de rente, obtint de maître Chesnel, après
en avoir vaincu les résistances, qu'il parlât de mariage en sa faveur à mademoiselle d'Esgrignon [1].

----

1. Il est précisé dans *La Vieille Fille* (voir notre édition
p. 36) que du Bousquier fut, de 1793 à 1799, « entrepreneur

Le frère et la sœur se courroucèrent autant l'un que l'autre d'une semblable hardiesse. Chesnel fut au désespoir de s'être laissé séduire par le sieur du Croisier[a]. Depuis ce jour, il ne retrouva plus ni dans les manières ni dans les paroles du marquis d'Esgrignon cette caressante bienveillance qui pouvait passer pour de l'amitié. Désormais, le marquis eut[b] pour lui de la reconnaissance. Cette reconnaissance noble et vraie causait de perpétuelles douleurs au notaire. Il est des cœurs sublimes auxquels la gratitude semble un paiement énorme, et qui préfèrent la douce égalité de sentiment que donnent l'harmonie des pensées et la fusion volontaire des âmes. Maître Chesnel avait goûté le plaisir de cette honorable amitié; le marquis l'avait élevé jusqu'à lui. Pour le vieux noble, ce bonhomme était[c] moins qu'un enfant et plus qu'un serviteur, il était l'homme-lige volontaire, le serf attaché par tous les liens du cœur à son suzerain[d]. On ne comptait plus avec le notaire, tout se balançait par les continuels échanges d'une affection vraie. Aux yeux du marquis, le caractère officiel que le notariat donnait à Chesnel ne signifiait rien, son serviteur lui semblait déguisé en notaire. Aux yeux[e] de Chesnel, le marquis était un être qui appartenait toujours à une race divine; il

---

des vivres des armées françaises » et aussi qu' « il avait tenté tout d'abord d'épouser mademoiselle Armande, la sœur d'un des nobles les plus considérés de la ville » (*ibid.*, p. 41). Toutefois ce dernier détail n'apparaissait que dans le Furne corrigé (voir les variantes recueillies dans notre édition de *La Vieille Fille*).

croyait à la Noblesse, il se souvenait sans honte que
son père ouvrait les portes du salon et disait[a] :
« Monsieur le Marquis est servi ». Son dévouement
à la noble maison ruinée ne procédait pas d'une foi
mais d'un égoïsme, il se considérait comme faisant
partie de la famille. Son chagrin fut profond. Quand
il osa parler de son erreur au marquis malgré la
défense du marquis : « Chesnel, lui répondit le vieux
noble d'un ton grave, tu ne te serais pas permis de
si injurieuses suppositions avant les Troubles. Que
sont donc les nouvelles doctrines si elles t'ont
gâté?[b] »

Maître Chesnel avait la confiance de toute la ville,
il y était considéré; sa haute probité, sa grande fortune contribuaient à lui donner de l'importance; il
eut dès lors une aversion décidée pour le sieur du
Croisier. Quoique le notaire fût peu rancuneux[c], il
fit épouser ses répugnances à bon nombre de familles. Du Croisier, homme haineux et capable
de couver une vengeance pendant vingt ans [1][d],
conçut pour le notaire et pour la famille d'Esgrignon

---

1. Le compte est exact, puisque du Croisier a demandé
la main de Mlle d'Esgrignon « dans la deuxième année de
notre siècle » et puisque la présente histoire prit sa « consis-
tance » en 1822 (voir plus loin, p. 27). Déjà dans *La Vieille
Fille,* Balzac notait (voir notre édition, p. 42) que la haine
de du Bousquier « était comme celle du nègre, si paisible,
si patiente qu'elle trompait l'ennemi ». Dans *Ferragus,* il
évoquait ceux qui sont capables d'oublier longtemps un
affront « pour assurer une vengeance méditée pendant trente
ans » et reconnaissait dans ce procédé « la manière d'Ali-
Pacha » (voir notre édition de l'*Histoire des Treize,* p. 77).

une de ces haines sourdes et capitales, comme il s'en
rencontre en province. Ce refus le tuait aux yeux des
malicieux provinciaux parmi lesquels il était venu
passer ses jours, et qu'il voulait dominer. Ce fut une
catastrophe si réelle que les effets ne tardèrent pas à
s'en faire sentir. Du Croisier fut également refusé
par une vieille fille à laquelle il s'adressa en désespoir
de cause [1a]. Ainsi les plans ambitieux qu'il avait
formés d'abord manquèrent une première fois[b] par
le refus de mademoiselle d'Esgrignon, de qui
l'alliance lui aurait donné l'entrée dans le faubourg
Saint-Germain de la province, puis le second refus
le déconsidéra si fortement qu'il eut beaucoup de
peine à se maintenir dans la seconde société de la
ville[c].

En 1805, monsieur de La Roche-Guyon[d], l'aîné
d'une des plus anciennes familles du pays, qui s'était
jadis alliée aux d'Esgrignon, fit demander, par
maître Chesnel, la main de mademoiselle d'Esgrignon. Mademoiselle Marie-Armande-Claire d'Esgrignon refusa d'entendre le notaire.

— Vous devriez avoir deviné que je suis mère,
mon cher Chesnel, lui dit-elle en achevant de coucher
son neveu, bel enfant de cinq ans.

Le vieux marquis se leva pour aller au-devant de
sa sœur, qui revenait du berceau ; il lui baisa la main
respectueusement ; puis, en se rasseyant, il retrouva

---

1. On lit dans *La Vieille Fille* (voir notre édition, p. 44)
que du Bousquier, bien avant d'épouser Mlle Cormon, l'avait
une première fois demandée en mariage et qu'il avait connu
un échec.

la parole pour dire : « Vous êtes une d'Esgrignon, ma sœur! »

La noble fille tressaillit et pleura. Dans ses vieux jours, monsieur d'Esgrignon, père du marquis, avait épousé la petite-fille d'un traitant anobli sous Louis XIV. Ce mariage fut considéré comme une horrible[a] mésalliance par la famille, mais sans importance, puisqu'il n'en était résulté qu'une fille. Armande savait cela. Quoique son frère fût excellent pour elle, il la regardait toujours comme une étrangère, et ce mot la légitimait. Mais aussi sa réponse ne couronnait-elle pas admirablement la noble conduite qu'elle avait tenue depuis onze années, lorsque, à partir de sa majorité, chacune de ses actions fut marquée au coin du dévouement le plus pur? Elle avait une sorte de culte pour son frère.

— Je mourrai mademoiselle d'Esgrignon, dit-elle simplement au notaire.

— Il n'y a point pour vous de plus beau titre, répondit Chesnel qui crut lui faire un compliment.

La pauvre fille rougit.

— Tu as dit une sottise, Chesnel, répliqua le vieux marquis tout à la fois flatté du mot de son ancien serviteur et peiné du chagrin qu'il causait à sa sœur. Une d'Esgrignon peut épouser un Montmorency : notre sang n'est pas aussi mêlé que l'a été le leur. Les d'Esgrignon *portent d'or à deux bandes de gueules,* et rien, depuis neuf cents ans, n'a changé dans leur écusson; il est tel que le premier jour[b]. De là notre devise *Cil est nostre* qui fut prise au tournoi de Philippe-Auguste, ainsi que le che-

valier armé *d'or* pour tenant de droite et le lion de
gueules à gauche [1a].

« Je[b] ne me souviens pas d'avoir jamais rencontré
« de femme qui ait autant que mademoiselle d'Es-
« grignon frappé mon imagination, dit Blondet à
« qui la littérature contemporaine est, entre autres
« choses, redevable de cette histoire [2c]. J'étais à la
« vérité fort jeune, j'étais un enfant, et peut-être
« les images qu'elle a laissées dans ma mémoire
« doivent-elles la vivacité de leurs teintes à la dispo-
« sition qui nous entraîne alors vers les choses mer-
« veilleuses. Quand je la voyais venant de loin sur
« le Cours [3d] où je jouais avec d'autres enfants, et
« qu'elle y amenait Victurnien, son neveu, j'éprou-
« vais une émotion qui tenait beaucoup des sensa-
« tions produites par le galvanisme sur les êtres
« morts. Quelque jeune que je fusse, je me sentais

---

1. Ces précisions héraldiques, ajoutées en partie dans
l'édition Furne et en partie dans le Furne corrigé, ont été
fournies à Balzac par son ami le comte Ferdinand de Gramont,
qui a composé et dessiné pour lui un *Armorial de la Comédie
humaine,* conservé à Chantilly (Collection Lovenjoul, A 247
et A 248).

2. Alain observe que Balzac a plusieurs fois confié à
Blondet, comme à Bianchon, un rôle d'informateur. C'est
une lettre de Blondet qui expose la scène des *Paysans* (Alain,
Avec Balzac, p. 47). Voir encore *La Maison Nucingen.*

3. Sur le Cours et non sur le Mail, comme on lisait dans
La Chronique de Paris. Balzac songe au Cours séculaire
d'Alençon, qui fut aménagé en 1642 « sur les fossés entre
le faubourg de Saint-Blaise et celui de Lancrel » (J.-J. Gautier,
Histoire d'Alençon, 1805, p. 173).

« comme doué d'une[a] nouvelle vie. Mademoiselle
« Armande avait les cheveux d'un blond fauve [1],
« ses joues étaient couvertes d'un très fin duvet à
« reflets argentés que je me plaisais à voir en me
« mettant de manière que[b] la coupe de sa figure fût
« illuminée par le jour, et je me laissais aller aux
« fascinations de ces yeux d'émeraude qui rêvaient
« et me jetaient du feu quand ils tombaient sur moi.
« Je feignais de me rouler sur l'herbe devant elle en
« jouant, mais je tâchais d'arriver à ses pieds mi-
« gnons pour les admirer de plus près. La molle
« blancheur de son teint, la finesse de ses traits, la
« pureté des lignes de son front, l'élégance de sa
« taille mince me surprenaient sans que je m'aper-
« çusse de l'élégance de sa taille, ni de la beauté de
« son front, ni de l'ovale parfait de son visage. Je
« l'admirais comme on prie à mon âge, sans trop
« savoir pourquoi. Quand mes regards perçants
« avaient enfin attiré les siens, et qu'elle me disait
« de sa voix mélodieuse, qui[c] me semblait déployer
« plus de volume que toutes les autres voix : — Que
« fais-tu là, petit? pourquoi me regardes-tu? je ve-
« nais, je me tortillais, je me mordais les doigts,
« je rougissais et je disais : — Je ne sais pas. Si par

----

1. Ce « blond fauve », assez peu commun, est sans doute
un souvenir de Mme de Castries qui, note Philarète Chasles
dans ses *Mémoires* (I, 303), avait « les cheveux rouges ».
Balzac, dans la première confession du Médecin de Campagne, écrite peu après son aventure avec la marquise et
complètement transformée dans l'édition du roman, décrivait
celle dont le docteur Benassis avait été la victime comme une
« blonde un peu fauve ».

« hasard elle passait sa main blanche dans mes che-
« veux en me demandant mon âge, je m'en allais en
« courant et en lui répondant de loin : — Onze ans !
« Quand, en lisant les *Mille et une Nuits,* je voyais
« apparaître une reine ou une fée [1], je leur prêtais
« les traits et la démarche de mademoiselle d'Esgri-
« gnon. Quand mon maître de dessin me fit copier
« des têtes d'après l'antique, je remarquai que ces
« têtes étaient coiffées comme l'était mademoiselle
« d'Esgrignon. Plus tard, quand ces folles idées
« s'en allèrent une à une, mademoiselle Armande,
« pour laquelle les hommes se dérangeaient res-
« pectueusement sur le Cours afin de lui faire place,
« et qui contemplaient les jeux de sa longue robe
« brune jusqu'à ce qu'ils l'eussent perdue de vue,
« mademoiselle Armande resta vaguement dans ma
« mémoire comme un type. Ses formes exquises,
« dont la rondeur était parfois révélée par un coup
« de vent, et que je savais retrouver malgré l'am-
« pleur de sa robe, ses formes revinrent dans mes
« rêves de jeune homme. Puis, encore plus tard,
« quand je songeai gravement à quelques mystères
« de la pensée humaine, je crus me souvenir que
« mon respect m'était inspiré par les sentiments
« exprimés sur la figure et dans l'attitude de made-
« moiselle d'Esgrignon. L'admirable calme de cette
« tête intérieurement ardente, la dignité des mou-

---

1. Les allusions aux *Mille et Une Nuits* sont nombreuses
dans *La Comédie humaine* et F. Baldensperger consacre un
chapitre entier des *Orientations étrangères chez Honoré de
Balzac* aux « émerveillements orientaux ».

« vements, la sainteté des devoirs accomplis me
« touchaient et m'imposaient. Les enfants sont plus
« pénétrables qu'on ne le croit par les invisibles
« effets des idées : ils ne se moquent jamais d'une
« personne vraiment imposante, la véritable grâce
« les touche, la beauté les attire parce qu'ils sont
« beaux et qu'il existe des liens mystérieux entre les
« choses de même nature. Mademoiselle d'Esgri-
« gnon fut une de mes religions. Aujourd'hui
« jamais ma folle imagination ne grimpe l'escalier
« en colimaçon d'un antique manoir sans s'y peindre
« mademoiselle Armande comme le génie de la
« Féodalité [1]. Quand je lis les vieilles chroniques,
« elle paraît à mes yeux sous les traits des femmes
« célèbres, elle est tour à tour Agnès, Marie Touchet,
« Gabrielle [2], je lui prête tout l'amour perdu dans
« son cœur, et qu'elle n'exprima jamais. Cette céleste

---

1. Balzac possède cette forme particulière d'imagination
qui consiste à voir dans un personnage l'incarnation d'une
idée. Déjà dans son *Falthurne* de 1820 (éd. José Corti, p. 46),
le comte Scelerone est désigné comme « le génie du mal ».
Plus bizarrement, Ferragus déchu, hantant les jeux de boules,
apparaît comme « le génie fantastique du cochonnet » (Voir
notre édition de l'*Histoire des Treize*, p. 170.)

2. Agnès Sorel, favorite de Charles VII, Marie Touchet,
maîtresse de Charles IX, Gabrielle d'Estrées, maîtresse de
Henri IV. En 1836, date à laquelle fut imprimé ce passage,
Balzac s'intéresse particulièrement à Marie Touchet (qui
devait épouser un Balzac d'Entraigues) : il songe d'abord
à un drame dont elle devait être l'héroïne et que devait
reprendre Ferdinand de Gramont; puis il la fait figurer dans
Le Secret des Ruggieri et la cite encore au début de *La Vieille
Fille*.

« figure, entrevue à travers les nuageuses illusions
« de l'enfance, vient maintenant au milieu des
« nuées de mes rêves. »

Souvenez-vous de ce portrait, fidèle au moral
comme au physique ! Mademoiselle d'Esgrignon
est une des figures les plus instructives de cette
histoire ; elle vous apprendra ce que, faute d'intelligence, les vertus les plus pures peuvent avoir de
nuisible[a].

Pendant les années 1804 et 1805 les deux tiers des
familles émigrées revinrent en France, et presque
toutes celles de la province où demeurait monsieur
le marquis d'Esgrignon se replantèrent dans le sol
paternel. Mais il y eut alors des défections. Quelques
gentilshommes prirent du service, soit dans les
armées de Napoléon, soit à sa cour ; d'autres firent
des alliances avec certains parvenus. Tous ceux qui
entrèrent dans le mouvement impérial reconsti-
tuèrent leurs fortunes et retrouvèrent leurs bois par
la munificence de l'Empereur, beaucoup d'entre
eux restèrent à Paris ; mais il y eut huit ou neuf
familles nobles qui demeurèrent fidèles à la noblesse
proscrite et à leurs idées sur la monarchie écroulée :
les Roche-Guyon, les Nouâtre, les Verneuil, les
Casteran, les Troisville, etc.[b], ceux-ci pauvres,
ceux-là riches ; mais le plus ou le moins d'or ne se
comptait pas : l'antiquité, la conservation de la race
étaient tout pour elles, absolument comme pour un
antiquaire le poids de la médaille est peu de chose
en comparaison et de[c] la pureté des lettres et de la

tête et de[a] l'ancienneté du coin [1]. Ces familles
prirent pour chef le marquis d'Esgrignon : sa maison
devint leur cénacle. Là l'Empereur et Roi ne fut
jamais que monsieur de Buonaparte[b]; là le souverain
était Louis XVIII, alors à Mittau [2]; là le Département fut toujours la Province et la Préfecture une
Intendance. L'admirable conduite, la loyauté de
gentilhomme, l'intrépidité du marquis d'Esgrignon
lui valaient de sincères hommages; de même que ses
malheurs, sa constance, son inaltérable attachement
à ses opinions, lui méritaient en ville un respect
universel. Cette admirable ruine avait[c] toute la
majesté des grandes choses détruites. Sa délicatesse
chevaleresque était si bien connue qu'en plusieurs
circonstances il fut pris par des plaideurs pour
unique arbitre. Tous les gens bien élevés qui appar-
tenaient au système impérial, et même les autorités,
avaient pour ses préjugés autant de complaisance
qu'ils montraient d'égard pour sa personne. Mais
une grande partie de la société nouvelle, les gens qui,
sous la restauration devaient s'appeler *les Libéraux*
et à la tête desquels se trouva secrètement [3] du

1. Cette comparaison s'accorde heureusement avec le
titre du roman, puisque au Cabinet du Roi ou Cabinet des
Antiques se trouvaient des médailles. Ainsi se trouve préparé le « sobriquet » qui désigne métaphoriquement la société
d'Esgrignon et qui est indiqué par Blondet une trentaine
de lignes plus loin.

2. Ce n'est pas « pendant les années 1804 et 1805 »,
mais de 1796 à 1801, que le futur Louis XVIII, accueilli
par le tsar Paul Ier, séjourna à Mittau, en Courlande.

3. On lit déjà dans *La Vieille Fille* que l'adhésion de du

Croisier[a], se moquaient de l'oasis aristocratique où il n'était donné à personne d'entrer sans être bon gentilhomme et[b] irréprochable. Leur animosité fut d'autant plus forte que beaucoup d'honnêtes gens, de dignes hobereaux, quelques personnes de la haute administration s'obstinaient à considérer le salon du marquis d'Esgrignon comme le seul où il y eût bonne compagnie. Le préfet, chambellan de l'Empereur, faisait des démarches pour y être reçu : il y envoyait humblement sa femme, qui était une Grandlieu[c]. Les exclus avaient donc, en haine de ce petit faubourg Saint-Germain de province [1], donné le sobriquet de *Cabinet des Antiques* au salon du marquis d'Esgrignon, qu'ils nommaient monsieur Carol, et auquel le percepteur des contributions adressait toujours son avertissement avec cette parenthèse (ci-devant des Grignons)[d]. Cette ancienne manière d'écrire le nom constituait une taquinerie, puisque l'orthographe de d'Esgrignon avait prévalu[e].

« Quant[f] à moi, disait Émile Blondet[g], si je veux « rassembler mes souvenirs d'enfance, j'avouerai « que le mot Cabinet des Antiques[h] me faisait

—

Bousquier au parti libéral fut prudente et quasi secrète. Il était le « directeur invisible » des élections, agissant par « manœuvres sourdes » et par menées perfides (voir notre édition p. 42).

1. La même expression désigne, dans *Béatrix*, le salon du baron du Guénic à Guérande. Les du Guénic sont « les chefs du petit faubourg Saint-Germain de l'arrondissement » (Pl. II, p. 350).

« toujours rire, malgré mon respect, dois-je
« dire mon amour ? pour mademoiselle Armande.
« L'hôtel d'Esgrignon donnait sur deux rues à
« l'angle desquelles il était situé, en sorte que le
« salon avait deux fenêtres sur l'une et deux fenêtres
« sur l'autre de ces rues, les plus passantes de la
« ville. La Place du Marché se trouvait à cinq cents
« pas de l'hôtel. Ce salon était alors comme une
« cage de verre, et personne n'allait ou venait dans
« la ville sans y jeter un coup d'œil. Cette pièce me
« sembla toujours, à moi, bambin de douze ans,
« être une de ces curiosités rares qui se trouvent
« plus tard, quand on y songe, sur les limites du réel
« et du fantastique, sans qu'on puisse savoir si elles
« sont plus d'un côté que de l'autre. Ce salon,
« autrefois la salle d'audience, était élevé sur un
« étage de caves à soupiraux grillés, où gisaient
« jadis les criminels de la province, mais où se faisait
« alors la cuisine du marquis. Je ne sais pas si la
« magnifique et haute cheminée du Louvre, si
« merveilleusement sculptée, m'a causé plus d'éton-
« nement que je n'en ressentis en voyant pour la
« première fois l'immense cheminée de ce salon
« brodée comme un melon, et au-dessus de laquelle
« était un grand portrait équestre de Henri III (sous
« qui cette province, ancien duché d'apanage, fut
« réunie à la Couronne)[1a] exécuté en ronde bosse
« et encadré de dorures. Le plafond était formé de

---

1. C'est en 1584, à la mort du duc François, fils de Catherine
de Médicis, que le duché d'Alençon fut réuni à la Couronne.

« poutres de châtaignier qui composaient des
« caissons intérieurement ornés d'arabesques[a]. Ce
« plafond magnifique avait été doré sur ses arêtes,
« mais la dorure se voyait à peine. Les murs, tendus
« de tapisseries flamandes, représentaient le juge-
« ment de Salomon en six tableaux encadrés de
« thyrses dorés où se jouaient des amours et des
« satyres. Le marquis avait fait parqueter ce salon.
« Parmi les débris des châteaux qui se vendirent de
« 1793 à 1795, le notaire s'était procuré des con-
« soles dans le goût du siècle de Louis XIV, un
« meuble en tapisserie, des tables, des cartels, des
« feux, des girandoles qui complétaient merveil-
« leusement ce grandissime salon en disproportion
« avec toute la maison, mais qui heureusement avait
« une antichambre aussi haute d'étage, l'ancienne
« salle des Pas-Perdus du Présidial, à laquelle com-
« muniquait la chambre des délibérations, convertie
« en salle à manger. Sous ces vieux lambris, ori-
« peaux d'un temps qui n'était plus, s'agitaient en
« première ligne huit ou dix douairières, les unes au
« chef branlant, les autres desséchées et noires
« comme des momies ; celles-ci roides, celles-là
« inclinées, toutes encaparaçonnées d'habits plus
« ou moins fantasques en opposition avec la mode ;
« des têtes poudrées à cheveux bouclés, des bonnets
« à coques, des dentelles rousses[b]. Les peintures
« les plus bouffonnes ou les plus sérieuses n'ont
« jamais atteint à la poésie divagante de ces femmes,
« qui reviennent dans mes rêves et grimacent dans
« mes souvenirs aussitôt que je rencontre une

« vieille femme dont la figure ou la toilette me rap-
« pellent quelques-uns de leurs traits[a]. Mais, soit
« que le malheur m'ait initié aux secrets des infor-
« tunes, soit que j'aie compris tous les sentiments
« humains, surtout les regrets et le vieil âge, je n'ai
« jamais plus retrouvé nulle part, ni chez les mou-
« rants, ni chez les vivants, la pâleur de certains
« yeux gris, l'effrayante vivacité de quelques yeux
« noirs. Enfin ni Maturin [1] ni Hoffmann, les deux
« plus sinistres imaginations de ce temps, ne m'ont
« causé l'épouvante que me causèrent les mouvements
« automatiques de ces corps busqués. Le rouge des
« acteurs ne m'a point surpris, j'avais vu là du rouge
« invétéré, du rouge de naissance, disait un de mes
« camarades au moins aussi espiègle que je pouvais
« l'être. Il s'agissait là[b] des figures aplaties, mais
« creusées par des rides qui ressemblaient aux têtes
« de casse-noisettes sculptées en Allemagne. Je
« voyais à travers les carreaux des corps bossués,
« des membres mal attachés dont je n'ai jamais
« tenté d'expliquer l'économie ni la contexture ;
« des mâchoires carrées et très apparentes, des
« os exorbitants, des hanches luxuriantes. Quand
« ces femmes allaient et venaient, elles ne me
« semblaient pas moins extraordinaires que quand
« elles gardaient leur immobilité mortuaire, alors

---

1. Du révérend irlandais Maturin, Balzac connaît surtout
le roman fantastique *Melmoth l'errant*, dont il s'est souvenu
dans *Le Centenaire* et dans *Melmoth réconcilié*.

« qu'elles jouaient aux cartes[1]. Les hommes de ce
« salon offraient[a] les couleurs grises et fanées des
« vieilles tapisseries, leur vie était frappée d'indé-
« cision ; mais leur costume se rapprochait beaucoup
« des costumes alors en usage, seulement leurs
« cheveux blancs, leurs visages flétris, leur teint de
« cire, leurs fronts ruinés, la pâleur des yeux leur
« donnaient à tous une ressemblance avec les femmes
« qui détruisait la réalité de leur costume. La certi-
« tude de trouver ces personnages invariablement
« attablés ou assis aux mêmes heures achevait de
« leur prêter à mes yeux je ne sais quoi de théâtral,
« de pompeux, de surnaturel. Jamais je ne suis
« entré depuis dans ces garde-meubles célèbres, à
« Paris, à Londres, à Vienne, à Munich, où de vieux
« gardiens vous montrent les splendeurs des temps
« passés, sans que je les peuplasse des figures du
« Cabinet[b] des Antiques. Nous nous proposions
« souvent entre nous, écoliers de huit à dix ans,
« comme une partie de plaisir d'aller voir ces raretés
« sous[c] leur cage de verre. Mais aussitôt que je
« voyais la suave mademoiselle Armande, je tres-
« saillais, puis j'admirais avec un sentiment de ja-
« lousie ce délicieux enfant, Victurnien, chez lequel
« nous pressentions tous une nature supérieure à
« la nôtre. Cette jeune et fraîche créature[d], au milieu

---

1. Barbey d'Aurevilly semble avoir eu ce passage dans
l'esprit quand il a décrit les aristocrates momifiés d'une petite
ville normande jouant aux cartes, sous la Restauration
(*Les Dessous de cartes d'une partie de whist,* dans *Les Dia-
boliques*).

« de ce cimetière réveillé avant le temps, nous
« frappait par je ne sais quoi d'étrange. Sans nous
« rendre un compte exact de nos idées[a], nous nous
« sentions bourgeois et petits devant cette cour
« orgueilleuse. »

Les catastrophes de 1813 et de 1814, qui abat-
tirent Napoléon, rendirent la vie aux hôtes du
Cabinet des Antiques, et surtout l'espoir de retrouver leur ancienne importance ; mais les événements de 1815, les malheurs de l'occupation
étrangère, puis les oscillations du gouvernement
ajournèrent jusqu'à la chute de monsieur Decazes[1]
les espérances de ces personnages si bien peints
par Blondet. Cette histoire ne prit donc de consis-
tance qu'en 1822[b].

En 1822, malgré les bénéfices que la Restauration
apportait aux émigrés, la fortune du marquis d'Esgrignon n'avait pas augmenté[c]. De tous les nobles
atteints par les lois révolutionnaires, aucun ne fut
plus maltraité[d]. La majeure portion de ses revenus
consistait, avant 1789[e], en droits domaniaux ré-
sultant, comme chez quelques grandes familles,
de la mouvance de ses fiefs, que les seigneurs s'efforçaient de détailler[f] afin de grossir le produit de
leurs *lods et ventes*[2]. Les familles qui se trouvèrent

---

1. Cette chute eut lieu en 1820 après l'assassinat du duc
de Berry (13 janvier).
2. Ce sont les droits de mutation dus au seigneur qui
autorisait l'aliénation d'un fief.

dans ce cas furent ruinées sans aucun espoir de
retour, l'ordonnance par laquelle Louis XVIII
restitua les biens non vendus aux Émigrés ne
pouvait leur rien rendre ; et, plus tard, la loi sur
l'indemnité ne devait pas les indemniser[1]. Chacun
sait que leurs droits supprimés furent rétablis, au
profit de l'État, sous le nom même de *Domaines*.
Le marquis appartenait nécessairement à cette
fraction du parti royaliste qui ne voulut aucune
transaction avec ceux qu'il nommait, non pas les
révolutionnaires, mais les révoltés, plus parlemen-
tairement appelés Libéraux ou Constitutionnels.
Ces royalistes, surnommés *Ultras* par l'Opposition,
eurent pour chefs et pour héros les courageux
orateurs de la Droite, qui, dès la première séance
royale, tentèrent, comme monsieur de Polignac,
de protester contre la charte de Louis XVIII, en
la regardant comme un mauvais édit arraché par
la nécessité du moment, et sur lequel la Royauté
devait revenir. Ainsi, loin de s'associer à la réno-
vation de mœurs que voulut opérer Louis XVIII,
le marquis restait tranquille, au port d'armes des

---

1. Cette loi prévoyait 30 millions de rente, correspondant
à un capital d'un milliard, qui devaient être répartis entre les
émigrés dépossédés. En fait, 26 millions seulement furent
répartis, correspondant à un capital *réel* de 630 millions
(voir A. Gain, *La Restauration et les Biens des émigrés*).
Les orateurs de la Droite, comme La Bourdonnaye et Polignac, combattirent la mesure, insuffisante à leurs yeux,
contestèrent la valeur de l'article 9 de la Charte qui déclarait
irrévocables les ventes de biens nationaux et plaidèrent
pour une restitution pure et simple.

purs de la Droite, attendant[a] la restitution de son
immense fortune, et n'admettant même pas la pensée
de cette indemnité qui préoccupa le ministère de
monsieur de Villèle, et qui devait consolider le
trône en éteignant la fatale distinction, maintenue
alors malgré les lois, entre les propriétés. Les mi-
racles de la restauration de 1814, ceux plus grands[b]
du retour de Napoléon en 1815, les prodiges de la
nouvelle fuite de la Maison de Bourbon et de son
second retour, cette phase quasi fabuleuse de l'histoire contemporaine surprit le marquis à soixante-
sept ans. A cet âge, les plus fiers caractères de notre
temps, moins abattus qu'usés par les événements
de la Révolution et de l'Empire, avaient au fond
des provinces converti leur activité en idées pas-
sionnées, inébranlables ; ils étaient presque tous
retranchés dans l'énervante et douce habitude de la
vie qu'on y mène. N'est-ce pas le plus grand malheur
qui puisse affliger un parti, que d'être représenté
par des vieillards, quand déjà ses idées sont taxées
de vieillesse ? D'ailleurs, lorsqu'en 1818 le Trône
légitime parut solidement assis, le marquis se demanda ce qu'un septuagénaire irait faire à la Cour :
quelle charge, quel emploi pouvait-il y exercer ?
Le noble et fier d'Esgrignon se contenta donc, et
dut se contenter du triomphe de la Monarchie et
de la Religion, en attendant les résultats de cette
victoire inespérée, disputée, qui fut simplement un
armistice. Il continuait donc alors à trôner dans
son salon, si bien nommé le Cabinet des Antiques.
Sous la Restauration, ce surnom de douce moquerie

s'envenima lorsque les vaincus de 1793[a] se trouvèrent les vainqueurs.

Cette ville ne fut pas plus préservée que la plupart des autres villes de province des haines et des rivalités engendrées par l'esprit de parti[b]. Contre l'attente générale, du Croisier avait épousé la vieille fille riche qui l'avait refusé d'abord, et quoiqu'il eût pour rival auprès d'elle l'enfant gâté de l'aristocratie de la ville, un certain chevalier[1] dont le nom illustre sera suffisamment caché en ne le désignant, suivant un vieil usage d'autrefois suivi par la ville, que par son titre ; car il était là le CHEVALIER, comme à la Cour le comte d'Artois était MONSIEUR[c]. Non seulement ce mariage avait engendré l'une de ces guerres à toutes armes comme il s'en fait en province, mais il avait encore accéléré cette séparation entre la haute et la petite aristocratie, entre les éléments bourgeois et les éléments nobles réunis un moment sous la pression de la grande autorité napoléonienne ; division subite qui fit tant de mal à notre pays. En France, ce qu'il y a de plus national est la vanité. La masse des vanités blessées y a donné soif d'égalité ; tandis que, plus tard, les plus ardents novateurs trouveront l'égalité impossible. Les Royalistes piquèrent au cœur les Libéraux dans les endroits les plus sensibles. En province surtout, les deux partis se prêtèrent réciproquement des horreurs, et se calomnièrent honteusement. On

---

1. Il s'agit naturellement de Mlle Cormon et du chevalier de Valois.

commit alors en politique les actions les plus noires
pour attirer à soi l'opinion publique, pour capter
les voix de ce parterre imbécile qui jette ses bras aux
gens assez habiles pour les armer. Ces luttes s'y
formulèrent en quelques individus. Ces individus,
qui se haïssaient comme ennemis politiques, devinrent aussitôt ennemis particuliers. En province, il
est[a] difficile de ne pas se prendre corps à corps, à
propos des questions ou des intérêts qui, dans la
capitale, apparaissent[b] sous leurs formes générales,
théoriques, et qui dès lors grandissent assez les
champions pour que monsieur Laffitte, par exemple,
ou Casimir Perier respectent l'homme dans monsieur de Villèle ou dans monsieur de Peyron-
net[1]. Monsieur Laffitte, qui fit tirer sur les ministres,
les aurait cachés dans son hôtel, s'ils y étaient venus le
29 juillet 1830[2]. Benjamin Constant envoya son livre
sur la religion au vicomte de Chateaubriand[3], en

---

1. Laffitte et Casimir Périer, tous deux banquiers, furent
tous deux députés libéraux sous la Restauration. Le comte
de Peyronnet, ministre de la Justice dans le ministère Villèle,
joua un grand rôle, à ce titre, dans l'élaboration des projets
les plus impopulaires de 1825 (Droit d'Aînesse, Loi sur le
Parricide) et, comme ministre de l'Intérieur en 1830, prit
part à la rédaction des fatales Ordonnances.

2. Laffitte ne fit pas tirer sur les ministres, mais, le 29 juillet 1830, réunit dans son hôtel de la rue d'Artois (aujourd'hui
rue Laffitte) une quarantaine de députés qui prirent la direction du mouvement révolutionnaire et préparèrent le changement de dynastie.

3. L'ouvrage *De la Religion considérée dans sa source, ses
formes et son développement*, rédigé en grande partie sous
l'Empire, apparaît à certains égards comme une réplique
au *Génie du Christianisme*.

l'accompagnant d'une lettre flatteuse où il avoue avoir reçu quelque bien du ministre de Louis XVIII. A Paris, les hommes sont des systèmes, en Province, les systèmes deviennent des hommes, et des hommes à passions incessantes, toujours en présence, s'épiant dans leur intérieur, épiloguant leurs discours, s'observant comme deux duellistes prêts à s'enfoncer six pouces de lame au côté à la moindre distraction, et tâchant de se donner des distractions, enfin occupés à leur haine[a] comme des joueurs sans pitié. Les épigrammes, les calomnies y atteignent l'homme sous prétexte d'atteindre le parti. Dans cette guerre, faite courtoisement et sans fiel au Cabinet des Antiques, mais poussée à l'hôtel du Croisier jusqu'à l'emploi des armes empoisonnées des Sauvages[1], la fine raillerie, les avantages de l'esprit étaient du côté des nobles. Sachez-le bien : de toutes les blessures, celles que font la langue et l'œil, la moquerie et le dédain sont incurables. Le Chevalier, du moment où il se retrancha sur le Mont-Sacré de l'aristocratie[2], en abandonnant les salons mixtes, dirigea ses bons mots sur le salon de du Croisier ; il attisa le feu de la guerre sans savoir jusqu'où

---

1. Souvenir de Fenimore Cooper. *Les Chouans* contiennent déjà plusieurs allusions aux Sauvages du romancier américain et notamment au *Dernier des Mohicans* (Pl. VII, p. 776, 778, 780, 784) : les paysans « blancs » comme Marche-à-Terre ont des brutalités et des ruses comparables à celles des personnages de Cooper.

2. Voir notre édition de *La Vieille Fille*, p. 207 : « Le chevalier de Valois, réfugié sur le Mont-Sacré de la haute aristocratie... »

l'esprit de vengeance pouvait mener le salon de du Croisier contre le Cabinet des Antiques. Il n'entrait que des purs à l'hôtel d'Esgrignon, de loyaux gentilshommes et des femmes sûres les unes des autres ; il ne s'y commettait aucune indiscrétion. Les discours, les idées bonnes ou mauvaises, justes ou fausses, belles ou ridicules, ne donnaient point prise à la plaisanterie. Les Libéraux devaient s'attaquer aux actions politiques[a] pour ridiculiser les nobles ; tandis que les intermédiaires, les gens administratifs, tous ceux qui courtisaient ces hautes puissances, leur rapportaient sur le camp libéral des faits et des propos qui prêtaient beaucoup à rire. Cette infériorité vivement sentie redoublait encore chez les adhérents de du Croisier leur soif de vengeance. En 1822, du Croisier se mit[b] à la tête de l'industrie du département, comme le marquis d'Esgrignon fut[c] à la tête de la noblesse. Chacun d'eux représenta donc un parti. Au lieu de se dire sans feintise homme de la Gauche pur, du Croisier avait ostensiblement adopté les opinions que formulèrent un jour les Deux-Cent-Vingt-et-Un[1]. Il pouvait ainsi réunir chez lui les magistrats, l'administration et la finance du Département. Le salon

---

1. Il s'agit des 221 députés qui ont voté le 2 mars 1830, en réponse au Discours du Trône, la célèbre Adresse où figuraient, notamment, les phrases suivantes : « La Charte [...] fait du concours permanent des vues politiques de votre gouvernement avec les vœux de votre peuple la condition indispensable de la marche régulière des affaires publiques. Sire, notre loyauté, notre dévouement nous condamnent à dire que ce concours n'existe pas. »

de du Croisier, puissance au moins égale à celle du
Cabinet des Antiques, plus nombreux, plus jeune,
plus actif, remuait le Département ; tandis que
l'autre demeurait tranquille et comme annexé au
pouvoir que ce parti gêna souvent, car il en favorisa
les fautes, il en exigea même quelques-unes qui
furent fatales à la Monarchie [1a]. Les Libéraux, qui
n'avaient jamais pu faire élire un de leurs candidats
dans ce département rebelle à leurs commandements,
savaient qu'après sa nomination du Croisier siégerait
au Centre Gauche, le plus près possible de la Gauche
pure. Les correspondants de du Croisier étaient les
frères Keller, trois banquiers, dont l'aîné[b] brillait
parmi les dix-neuf de la Gauche [2], phalange illustrée
par tous les journaux libéraux, et qui tenaient par
alliance au comte de Gondreville, un pair constitutionnel qui restait dans la faveur de Louis XVIII[c].
Ainsi l'Opposition constitutionnelle était toujours
prête à reporter au dernier moment ses voix visiblement accordées à un candidat[d] postiche sur du
Croisier, s'il gagnait assez de voix royalistes pour
obtenir la majorité. Chaque élection où les royalistes repoussaient du Croisier, candidat dont la
conduite était admirablement devinée, analysée,
jugée par les sommités royalistes qui relevaient du
marquis d'Esgrignon, augmentait encore la haine
de l'homme et de son parti. Ce qui anime le plus les

---

1. Les lois de 1825 et les Ordonnances de Juillet.
2. Sous Charles X, après les élections générales de 1824.

factions les unes contre les autres, est l'inutilité d'un piège péniblement tendu[a].

En 1822, les hostilités, fort vives durant les quatre premières années de la Restauration, semblaient assoupies. Le salon de du Croisier et le Cabinet des Antiques, après avoir reconnu l'un et l'autre leur fort et leur faible, attendaient sans doute les effets du hasard, cette[b] Providence des partis. Les esprits ordinaires se contentaient de ce calme apparent qui trompait le trône[c], mais ceux qui vivaient plus intimement avec du Croisier savaient que chez lui comme chez tous les hommes en qui la vie ne réside plus qu'à la tête[1], la passion de la vengeance est implacable quand surtout elle s'appuie sur l'ambition politique. En ce moment, du Croisier, qui jadis blanchissait et rougissait au nom des d'Esgrignon ou du Chevalier, qui tressaillait en prononçant ou entendant prononcer le mot de Cabinet des Antiques, affectait la gravité d'un Sauvage. Il souriait à ses ennemis, haïs, observés d'heure en heure plus profondément. Il paraissait avoir pris le parti de vivre tranquillement, comme s'il eût désespéré de la victoire. Un de ceux qui secondaient les calculs de[d] cette rage froidie, était le Président du Tribunal, monsieur du Ronceret, un hobereau[e]

---

1. Allusion expresse à l'impuissance qui fut, chez ce personnage, la rançon d'une vie dissipée. « Du Bousquier, comme tous ceux qui ne peuvent plus vivre que par la tête... », lisait-on déjà dans *La Vieille Fille* (voir notre édition p. 42).

qui avait prétendu aux honneurs du Cabinet des Antiques sans avoir pu les obtenir[1].

La petite fortune des d'Esgrignon, soigneusement administrée par le notaire Chesnel, suffisait difficilement à l'entretien de ce digne gentilhomme qui vivait noblement, mais sans le moindre faste. Quoique le précepteur du comte Victurnien d'Esgrignon, l'espoir de la maison, fût un ancien Oratorien donné par Monseigneur l'Évêque, et qu'il habitât l'hôtel, encore lui fallait-il quelques appointements. Les gages d'une cuisinière, ceux d'une femme de chambre pour mademoiselle Armande, du vieux valet de chambre de monsieur le marquis et de deux autres domestiques, la nourriture de quatre maîtres, les frais d'une éducation pour laquelle on ne négligea rien, absorbaient entièrement les revenus, malgré l'économie de mademoiselle Armande, malgré la sage administration de Chesnel, malgré l'affection des domestiques. Le vieux notaire ne pouvait encore faire aucune réparation dans le château dévasté[a], il attendait la fin des baux pour trouver une augmentation de revenus due soit aux nouvelles méthodes d'agriculture, soit à l'abaissement des valeurs monétaires, et qui allait porter ses fruits à l'expiration de contrats passés en 1809. Le marquis n'était point initié aux détails du ménage ni à l'administration de ses biens[b]. La révélation des excessives précau-

---

1. Voir notre édition de *La Vieille Fille* p. 203 : « Le salon du Ronceret, secrètement allié au salon Cormon, fut hardiment libéral. »

tions employées pour *joindre les deux bouts de l'année* [1],
suivant l'expression des ménagères, eût été pour
lui comme un coup de foudre. Chacun, le voyant
arrivé bientôt au terme de sa carrière, hésitait à
dissiper ses erreurs[a]. La grandeur de la maison
d'Esgrignon, à laquelle personne ne pensait ni à la
Cour, ni[b] dans l'État ; qui, passé les portes de la
ville et quelques localités du département, était
tout à fait inconnue, revivait aux yeux du marquis
et de ses adhérents dans tout son éclat. La maison
d'Esgrignon allait reprendre un nouveau degré de
splendeur en la personne de Victurnien, au moment
où les nobles spoliés rentreraient dans leurs biens,
et même quand ce bel héritier[c] pourrait apparaître
à la Cour pour entrer au service du Roi, par suite
épouser, comme jadis faisaient les d'Esgrignon,
une Navarreins, une Cadignan, une d'Uxelles, une
Beauséant, une Blamont-Chauvry[d], enfin une fille
réunissant toutes les distinctions de la noblesse,
de la richesse, de la beauté, de l'esprit et du caractère. Les personnes qui venaient faire leur partie
le soir, le Chevalier, les Troisville (prononcez
Tréville)[e], les La Roche-Guyon, les Castéran (prononcez Catéran), le duc de Verneuil[f] habitués

---

1. Balzac, éditeur de La Fontaine, se souvient peut-être
de l'expression employée par le savetier dans *Le Savetier et
le Financier :*

> « ... il suffit qu'à la fin
> J'attrape le bout de l'année. »

depuis longtemps à considérer le grand marquis comme un immense personnage, l'entretenaient dans ses idées. Il n'y avait rien de mensonger dans cette croyance, elle eût été juste si l'on avait pu effacer les quarante dernières années de l'histoire de France. Mais les consécrations les plus respectables, les plus vraies du Droit, comme Louis XVIII avait essayé de les inscrire en datant la Charte de la vingt et unième année de son règne, n'existent que ratifiées par un consentement universel : il manquait aux d'Esgrignon le fond de la langue politique actuelle, l'argent, ce grand relief de l'aristocratie moderne ; il leur manquait aussi la continuation de *l'historique*, cette renommée qui se prend à la Cour aussi bien que sur les champs de bataille, dans les salons de la diplomatie comme à la Tribune, à l'aide d'un livre comme à propos d'une aventure, et qui est comme une Sainte-Ampoule[1] versée sur la tête de chaque génération nouvelle. Une famille noble, inactive, oubliée est une fille sotte, laide, pauvre et sage, les quatre points cardinaux du malheur. Le mariage d'une demoiselle de Troisville avec le général Montcornet[2], loin d'éclairer le Cabinet des Antiques, faillit causer une rupture entre les Troisville et le salon d'Esgrignon qui déclara que les Troisville *se galvaudaient*[a].

————————

1. La Sainte-Ampoule est le vase sacré contenant l'huile qui servait au sacre des Rois de France.
2. Cet épisode est conté dans *Les Paysans* (1844). Aussi voit-on que cette phrase du *Cabinet des Antiques* est ajoutée, à la même date, dans l'édition Furne.

Parmi tout ce monde, une seule personne ne partageait pas[a] ces illusions. N'est-ce pas nommer le vieux notaire Chesnel?[b] Quoique son dévouement, assez prouvé par cette histoire, fût absolu envers cette grande famille alors réduite à trois personnes, quoiqu'il acceptât toutes ces idées et les trouvât de bon aloi, il avait trop de sens et faisait trop bien les affaires de la plupart des familles du département pour ne pas suivre l'immense mouvement des esprits, pour ne pas reconnaître le grand changement produit par l'Industrie et par les mœurs modernes. L'ancien intendant[c] voyait la Révolution passée de l'action dévorante de 1793 qui avait armé les hommes, les femmes, les enfants, dressé des échafauds, coupé des têtes et gagné des batailles européennes[1][d], à l'action tranquille des idées qui consacraient les événements. Après le défrichement[e] et les semailles, venait la récolte. Pour lui, la Révolution avait composé l'esprit de la génération nouvelle, il en touchait les faits au fond de mille plaies, il les trouvait irrévocablement accomplis. Cette tête de Roi coupée, cette Reine suppliciée, ce partage des biens nobles, constituaient à ses yeux des engagements qui liaient trop d'intérêts pour que les intéressés en laissassent attaquer les résultats. Chesnel voyait clair. Son fanatisme pour les d'Esgrignon était entier sans être aveugle, et le rendait

---

1. Une sorte d'honnêteté historique conduit Balzac à ajouter cette indication, qui ne figurait pas dans le texte préoriginal du *Constitutionnel*.

ainsi bien plus beau. La foi qui fait voir à un jeune moine les anges du paradis est bien inférieure à la puissance du vieux moine qui les lui montre[1]. L'ancien intendant ressemblait au vieux moine, il aurait donné sa vie pour défendre une châsse vermoulue. Chaque fois qu'il essayait d'expliquer, avec mille ménagements, à son ancien maître *les nouveautés*, en employant tantôt une forme railleuse, tantôt en affectant la surprise ou la douleur, il rencontrait sur les lèvres du marquis le sourire du prophète, et dans son âme la conviction que ces folies passeraient comme toutes les autres. Personne n'a remarqué combien les événements ont aidé ces nobles champions des ruines à persister dans leurs croyances. Que pouvait répondre Chesnel quand le vieux marquis faisait un geste imposant et disait : « Dieu a balayé Buonaparte, ses armées et ses nouveaux grands vassaux, ses trônes et ses vastes conceptions ! Dieu nous délivrera du reste ! » Chesnel baissait tristement la tête sans oser répliquer : « Dieu ne voudra pas balayer la France ! » Ils étaient beaux tous deux : l'un en se redressant contre le torrent des faits, comme un antique morceau de granit moussu droit dans un abîme alpestre; l'autre

---

1. Cette réflexion est préparée par deux phrases des *Pensées, sujets, fragmens* édités par Jacques Crépet (p. 23) : « Les novices entendent les anges, mais les religieuses les voient. Le prêtre qui croit voit les anges, mais le prêtre qui ne croit pas les fait voir. » On lira dans la *Monographie de la Presse parisienne* (1842) : « Axiome : le prophète voit les anges. Mais l'incrédule les fait voir au public. »

en observant le cours des eaux et pensant à les uti-
liser. Le bon et vénérable notaire gémissait en remarquant les ravages irréparables que ces croyances
faisaient dans l'esprit, dans les mœurs et les idées
à venir du comte Victurnien d'Esgrignon.

Idolâtré par sa tante, idolâtré par son père, ce
jeune héritier[a] était, dans toute l'acception du mot,
un enfant gâté qui justifiait d'ailleurs les illusions
paternelles et maternelles, car sa tante était vraiment
une mère pour lui; mais quelque tendre et pré-
voyante que soit une fille, il lui manquera toujours
je ne sais quoi de la maternité. La seconde vue
d'une mère ne s'acquiert point. Une tante, aussi
chastement unie à son nourrisson que l'était mademoiselle Armande à Victurnien, peut l'aimer autant
que l'aimerait la mère, être aussi attentive, aussi
bonne, aussi délicate, aussi indulgente qu'une mère;
mais elle ne sera pas sévère avec les ménagements
et les à-propos de la mère; mais son cœur n'aura pas
ces avertissements soudains, ces hallucinations
inquiètes des mères, chez qui, quoique rompues,
les attaches nerveuses ou morales par lesquelles
l'enfant tient à elles, vibrent encore, et qui toujours
en communication avec lui reçoivent les secousses
de toute peine, tressaillent à tout bonheur comme à
un événement de leur propre vie. Si la Nature
a considéré la femme comme un terrain neutre,
physiquement parlant[1], elle ne lui a pas défendu

---

1. Voir *Pensées, sujets, fragmens,* p. 156 : « La femme
est-elle ou n'est-elle pas un terrain neutre? Je ne le crois pas. »

en certains cas de s'identifier complètement à son œuvre : quand la maternité morale se joint à la maternité naturelle, vous voyez alors ces admirables phénomènes, inexpliqués plutôt qu'inexplicables, qui constituent les préférences maternelles. La catastrophe de cette histoire prouve donc encore une fois cette vérité connue : une mère ne se remplace pas. Une mère prévoit le mal longtemps avant qu'une fille comme mademoiselle Armande ne l'admette, même quand il est fait. L'une prévoit le désastre, l'autre y remédie[a]. La maternité factice d'une fille comporte d'ailleurs des adorations trop aveugles pour qu'elle puisse réprimander un beau garçon.

La pratique de la vie, l'expérience des affaires avaient donné au vieux notaire une défiance observatrice et perspicace qui le faisait arriver au pressentiment maternel. Mais il était si peu de chose dans cette maison, surtout depuis l'espèce de disgrâce encourue à propos du mariage projeté par lui entre une d'Esgrignon et du Croisier, que dès lors il s'était promis de suivre aveuglément les doctrines de la famille[b]. Simple soldat, fidèle à son poste et prêt à mourir, son avis ne pouvait jamais être écouté même au fort de l'orage; à moins que le hasard ne le plaçât, comme dans *L'Antiquaire*[1]

---

1. *L'Antiquaire* est un roman de Walter Scott que Balzac cite plusieurs fois dans les *Lettres à l'Étrangère*. Ce roman se déroule dans une bourgade maritime de l'Écosse et Balzac écrit à Mme Hanska (20-22 janvier 1838) qu'il y voit le chef-d'œuvre de Walter Scott comme « poésie ».

le mendiant du Roi au bord de la mer, quand le lord et sa fille y sont surpris par la marée.

Du Croisier avait aperçu la possibilité d'une horrible vengeance dans les contresens de l'éducation donnée à ce jeune noble. Il espérait, suivant une belle expression de l'auteur qui vient d'être cité noyer l'agneau dans le lait de sa mère. Cette espérance lui avait inspiré sa résignation taciturne et mis sur les lèvres son sourire de sauvage.

CHAPITRE II

UNE MAUVAISE ÉDUCATION

L e dogme de sa suprématie[a] fut inculqué au comte Victurnien dès qu'une idée put lui entrer dans la cervelle. Hors le Roi, tous les seigneurs du royaume étaient ses égaux. Au-dessous de la noblesse, il n'y avait pour lui que des inférieurs, des gens avec lesquels il n'avait rien de commun, envers lesquels il n'était tenu à rien, des ennemis vaincus, conquis, desquels il ne fallait faire aucun compte, dont les opinions devaient être indifférentes à un gentilhomme, et qui tous lui devaient du respect. Ces opinions, Victurnien les poussa malheureusement à l'extrême, excité par la logique rigoureuse qui conduit les enfants et les jeunes gens aux dernières conséquences du bien comme du mal. Il fut d'ailleurs confirmé dans ses croyances par ses avantages extérieurs. Enfant d'une beauté merveilleuse, il devint le jeune homme le plus accompli qu'un père puisse désirer pour fils. De taille moyenne, mais bien fait, il était mince, délicat en apparence, mais musculeux[b]. Il avait les yeux bleus étincelants des d'Esgrignon, leur nez courbé,

finement modelé, l'ovale parfait de leur visage,
leurs cheveux blonds cendrés, leur blancheur de
teint, leur élégante démarche, leurs extrémités
gracieuses, des doigts effilés et retroussés, la distinction de ces attaches du pied et du poignet,
lignes heureuses et déliées qui indiquent la race
chez les hommes comme chez les chevaux. Adroit,
leste à tous les exercices du corps, il tirait admirablement le pistolet, faisait des armes comme un
Saint-Georges[1], montait à cheval comme un paladin[a]. Il flattait enfin toutes les vanités qu'apportent
les parents à l'extérieur de leurs enfants, fondées
d'ailleurs sur une idée juste, sur l'influence excessive
de la beauté. Privilège semblable à celui de la
noblesse, la beauté ne se peut acquérir, elle est
partout reconnue, et vaut souvent plus que la fortune et le talent, elle n'a besoin que d'être montrée
pour triompher, on ne lui demande que d'exister[b].
Outre ces deux grands privilèges, la noblesse et la
beauté, le hasard avait doué Victurnien d'Esgrignon
d'un esprit ardent[c], d'une merveilleuse aptitude
à tout comprendre, et d'une belle mémoire. Son
instruction avait été dès lors parfaite. Il était beaucoup plus savant que ne le sont ordinairement les
jeunes nobles de province qui deviennent des
chasseurs, des fumeurs et des propriétaires très

---

1. Le chevalier de Saint-Georges (1745-1799), un mulâtre
né à la Guadeloupe, devint, grâce à ses talents divers, un
héros à la mode dans les années qui précédèrent la Révolution.
Bon violoniste, excellent cavalier, il était surtout réputé
comme escrimeur et appartint au corps des mousquetaires.

distingués, mais qui traitent assez cavalièrement
les sciences et les lettres, les arts et la poésie, tous
les talents dont la supériorité les offusque[a]. Ces dons
de nature et cette éducation devaient suffire à
réaliser un jour les ambitions du marquis d'Esgrignon : il voyait son fils maréchal de France si Victurnien voulait être militaire, ambassadeur si la diplomatie le tentait, ministre si l'administration lui
souriait; tout lui appartenait dans l'État. Enfin,
pensée flatteuse pour un père, le comte n'aurait
pas été d'Esgrignon, il eût percé par son propre
mérite. Cette heureuse enfance, cette adolescence
dorée n'avait jamais rencontré d'opposition à ses
désirs. Victurnien était le roi du logis, personne
n'y bridait les volontés de ce petit prince, qui naturellement devint égoïste comme un prince, entier
comme le plus fougueux cardinal du Moyen Age,
impertinent et audacieux, vices que chacun divinisait
en y voyant les qualités essentielles au noble.

Le Chevalier était un homme de ce bon temps où
les mousquetaires gris[1] désolaient les théâtres de
Paris, rossaient[b] le guet et les huissiers, faisaient
mille tours de page et trouvaient un sourire sur les
lèvres du Roi, pourvu que les choses fussent drôles.
Ce charmant séducteur, ancien héros de ruelles,
contribua beaucoup au malheureux dénouement
de cette histoire. Cet aimable vieillard, qui ne

---

1. On distinguait dans la Maison du Roi, d'après la couleur des chevaux, la compagnie des mousquetaires gris et
celle des mousquetaires noirs.

trouvait personne pour le comprendre, fut très
heureux de rencontrer cette admirable figure de
Faublas[1] en herbe qui lui rappelait sa jeunesse. Sans
apprécier la différence des temps, il jeta les principes
des roués encyclopédistes dans cette jeune âme,
en narrant les anecdotes du règne de Louis XV[2],
en glorifiant les mœurs de 1750, racontant les orgies
des petites maisons, et les folies faites pour les
courtisanes, et les excellents tours joués aux créanciers, enfin toute la morale qui a défrayé le comique
de Dancourt et l'épigramme[a] de Beaumarchais.
Malheureusement cette corruption cachée sous une
excessive élégance se parait d'un esprit voltairien[3].
Si le Chevalier allait trop loin parfois, il mettait
comme correctif les lois de la bonne compagnie
auxquelles un gentilhomme doit toujours obéir.
Victurnien ne comprenait de tous ces discours que
ce qui flattait ses passions. Il voyait d'abord son
vieux père riant de compagnie avec le Chevalier.
Les deux vieillards regardaient l'orgueil inné
d'un d'Esgrignon comme une barrière assez forte
contre toutes les choses inconvenantes, et personne
au logis n'imaginait qu'un d'Esgrignon pût s'en

---

1. Le chevalier de Faublas, héros du roman libertin de
Louvet de Couvray.

2. Cette habitude est déjà donnée comme l'un des « dé-
fauts » du chevalier de Valois dans *La Vieille Fille* (voir
notre édition, p. 7).

3. Voir *La Vieille Fille* (*ibid.,* p. 7) : le chevalier de
Valois « usait du privilège qu'ont les vieux gentilshommes
voltairiens de ne point aller à la messe ».

permettre de contraires à l'honneur. L'HONNEUR,
ce grand principe monarchique[1], planté dans tous
les cœurs de cette famille comme un phare, éclairait
les moindres actions, animait les moindres pensées
des d'Esgrignon. Ce bel enseignement qui seul
aurait dû faire subsister la noblesse : « Un d'Esgrignon ne doit pas se permettre telle ou telle chose,
il a un nom qui rend l'avenir solidaire du passé »,
était comme un refrain avec lequel le vieux marquis,
mademoiselle Armande, Chesnel et les habitués
de l'hôtel avaient bercé l'enfance de Victurnien.
Ainsi, le bon et le mauvais se trouvaient en présence
et en forces égales dans cette jeune âme.

Quand, à dix-huit ans, Victurnien se produisit
dans la ville, il remarqua dans le monde extérieur
de légères oppositions avec le monde intérieur de
l'hôtel d'Esgrignon, mais il n'en chercha point les
causes. Les causes étaient à Paris. Il ne savait pas
encore que les personnes, si hardies en pensées et
en discours le soir chez son père, étaient très circonspectes en présence des ennemis avec lesquels
leurs intérêts les obligeaient de frayer[a]. Son père
avait conquis son franc parler. Personne ne songeait
à contredire un vieillard de soixante-dix ans, et
d'ailleurs tout le monde passait volontiers à un
homme violemment dépouillé sa fidélité à l'ancien
ordre de choses. Trompé par les apparences,
Victurnien se conduisit de façon à se mettre à dos

---

1. Balzac, qui cite plus loin Montesquieu (p. 64), se
souvient ici de *L'Esprit des lois*.

toute la bourgeoisie de la ville. Il eut à la chasse des
difficultés poussées un peu trop loin par son impé-
tuosité, qui se terminèrent par des procès graves,
étouffés à prix d'argent par Chesnel, et desquels[a]
on n'osait parler au marquis. Jugez de son étonnement si le marquis d'Esgrignon eût appris que son
fils était poursuivi pour avoir chassé sur ses terres,
dans ses domaines, dans ses forêts, sous le règne
d'un fils de saint Louis[b] ! On craignait trop ce qui
pouvait s'ensuivre pour l'initier à ces misères,
disait Chesnel. Le jeune comte se permit en ville
quelques autres escapades, traitées d'amourettes
par le Chevalier, mais qui finirent par coûter à
Chesnel des dots données à des jeunes filles séduites
par d'imprudentes promesses de mariage : autres
procès, nommés dans le Code *détournements de mi-
neures ;* lesquels, par suite de la brutalité de la
nouvelle justice, eussent conduit on ne sait où le
jeune comte, sans la prudente intervention de Chesnel. Ces victoires sur la justice bourgeoise enhardis-
saient Victurnien. Habitué à se tirer de ces mauvais
pas, le jeune comte ne reculait point devant une
plaisanterie. Il regardait les tribunaux comme des
épouvantails à peuple qui n'avaient point prise
sur lui. Ce qu'il eût blâmé chez les roturiers[c] était
un excusable amusement pour lui. Cette
conduite, ce caractère, cette pente à mépriser les
lois nouvelles pour n'obéir qu'aux maximes du
code noble, furent étudiés, analysés, éprouvés
par quelques personnes habiles appartenant au parti
du Croisier. Ces gens s'en appuyèrent pour faire

croire au peuple que les calomnies du libéralisme
étaient des révélations, et que le retour à l'ancien
ordre de choses dans toute sa pureté se trouvait
au fond de la politique ministérielle. Quel bonheur,
pour eux, d'avoir une semi-preuve de leurs assertions[a] ! Le Président du Ronceret se prêtait admirablement, aussi bien que le Procureur du Roi, à
toutes les conditions compatibles avec les devoirs
de la magistrature; il s'y prêtait même par calcul
au-delà des bornes, heureux de faire crier le parti
libéral à propos d'une concession trop large.
Il excitait ainsi les passions contre la maison d'Esgrignon en paraissant la servir. Ce traître avait
l'arrière-pensée de se montrer incorruptible à
temps, quand il serait appuyé sur un fait grave,
et soutenu par l'opinion publique. Les mauvaises
dispositions du comte furent perfidement encou-
ragées par deux ou trois jeunes gens de ceux qui lui
composèrent une suite, qui captèrent ses bonnes
grâces en lui faisant la cour, qui le flattèrent et
obéirent à ses idées en essayant de confirmer sa
croyance dans la suprématie du noble, à une époque
où le noble n'aurait pu conserver son pouvoir
qu'en usant pendant un demi-siècle d'une prudence
extrême. Du Croisier espérait réduire les d'Esgrignon à la dernière misère, voir leur château abattu,
leurs terres mises à l'enchère et vendues en détail,
par suite de leur faiblesse pour ce jeune étourdi
dont les folies devaient tout compromettre. Il
n'allait pas plus loin, il ne croyait pas, comme le
Président du Ronceret, que Victurnien donnerait

autrement prise à la justice. La vengeance de ces deux hommes était d'ailleurs bien secondée par l'excessif amour-propre de Victurnien et par son amour pour le plaisir. Le fils du Président du Ronceret, jeune homme de dix-sept ans, à qui le rôle d'agent provocateur allait à merveille, était un des compagnons et le plus perfide courtisan du comte. Du Croisier soldait cet espion d'un nouveau genre, le dressait admirablement à la chasse des vertus de ce noble et bel enfant; il le dirigeait moqueusement dans l'art de stimuler les mauvaises dispositions de sa proie. Félicien[1a] du Ronceret était précisément une nature envieuse et spirituelle, un jeune sophiste à qui souriait une semblable mystification, et qui y trouvait ce haut amusement qui manque en province aux gens d'esprit.

De dix-huit à vingt et un ans Victurnien coûta près de quatre-vingt mille francs au pauvre notaire, sans que ni mademoiselle Armande, ni le marquis en fussent informés. Les procès assoupis[b] entraient pour plus de moitié dans cette somme, et les profusions du jeune homme avaient employé le reste. Des dix mille livres de rente du marquis, cinq mille étaient nécessaires à la tenue de la maison; l'entretien de mademoiselle Armande, malgré sa

1. Balzac a corrigé ici *Félicien* en *Fabien* dans son exemplaire personnel de l'éditeur Furne, mais comme il n'a pas confirmé cette correction aux divers endroits où est nommé ce personnage, il ne nous paraît pas légitime de retenir ce changement de prénom.

parcimonie[a], et celui du marquis employaient plus
de deux mille francs, la pension du bel héritier
présomptif n'allait donc pas à cent louis. Qu'étaient
deux mille francs, pour paraître convenablement?
La toilette seule emportait cette rente. Victurnien
faisait venir son linge, ses habits, ses gants, sa par-
fumerie de Paris. Victurnien avait voulu un joli
cheval anglais à monter, un cheval de tilbury et
un tilbury. Monsieur du Croisier avait un cheval
anglais et un tilbury. La Noblesse devait-elle se
laisser écraser par la Bourgeoisie?[b] Puis le jeune
comte avait voulu un groom à la livrée de sa maison [1]. Flatté de donner le ton à la ville, au département, à la jeunesse, il était entré dans le monde
des fantaisies et du luxe qui vont si bien aux jeunes
gens beaux et spirituels. Chesnel fournissait à tout,
non sans user, comme les anciens Parlements,
du droit de remontrance, mais avec une douceur
angélique.

— Quel dommage qu'un si bon homme soit
si ennuyeux! se disait Victurnien chaque fois[c]
que le notaire appliquait une somme sur quelque
plaie saignante.

Veuf et sans enfants, Chesnel avait adopté le
fils de son ancien maître au fond de son cœur,
il jouissait de le voir traversant la grande rue de la
ville, perché sur le double coussin de son tilbury,
fouet en main, une rose à la boutonnière, joli, bien

---

1. On sait que Balzac lui-même tint à avoir, après ses
premiers succès littéraires, un tilbury, un cheval et un groom.

mis, envié par tous. Lorsque dans un besoin pres-
sant, une perte au jeu chez les Troisville, chez le
duc de Verneuil[a], à la Préfecture ou chez le Receveur-
Général, Victurnien venait, la voix calme, le regard
inquiet, le geste patelin, trouver sa Providence, le
vieux notaire, dans une modeste maison de la rue
du Bercail, il avait ville-gagnée en se montrant.

— Eh bien ! qu'avez-vous, monsieur le comte,
que vous est-il arrivé ? demandait le vieillard d'une
voix altérée.

Dans les grandes occasions, Victurnien s'asseyait,
prenait un air mélancolique et rêveur, il se laissait
questionner en faisant des minauderies. Après
avoir donné les plus grandes anxiétés au bonhomme,
qui commençait à redouter les suites d'une dissi-
pation si soutenue, il avouait une peccadille soldée
par un billet de mille francs. Chesnel, outre son
étude, possédait environ douze mille livres de
rente. Ce fonds n'était pas inépuisable. Les quatre-
vingt mille francs dévorés constituaient[b] ses économies réservées pour le temps où le marquis
enverrait son fils à Paris, ou pour faciliter quelque
beau mariage. Clairvoyant quand Victurnien n'était
pas là, Chesnel perdait une à une les illusions que
caressaient le marquis et sa sœur. En reconnaissant
chez cet enfant un manque total d'esprit de conduite,
il désirait le marier à quelque noble fille, sage et
prudente. Il se demandait comment un jeune homme
pouvait penser si bien et se conduire si mal, en lui
voyant faire le lendemain le contraire de ce qu'il
avait promis la veille. Mais il n'y a jamais rien de

bon à attendre des jeunes gens qui avouent leurs
fautes, s'en repentent et les recommencent. Les
hommes à grands caractères n'avouent leurs fautes
qu'à eux-mêmes, ils s'en punissent eux-mêmes.
Quant aux faibles, ils retombent dans l'ornière, en
trouvant le bord trop difficile à côtoyer. Victurnien,
chez qui de semblables tuteurs avaient, de concert
avec ses compagnons et ses habitudes, assoupli le
ressort de l'orgueil secret des grands hommes, était
arrivé soudain à la faiblesse des voluptueux, dans
le moment de sa vie où, pour s'exercer, sa force
aurait eu besoin du régime de contrariétés et de
misères qui forma les prince Eugène, les Frédéric II
et les Napoléon[1]. Chesnel apercevait chez Victurnien
cette indomptable fureur pour les jouissances qui
doit être l'apanage des hommes doués de grandes
facultés et qui sentent la nécessité d'en contre-
balancer le fatigant exercice par d'égales compen-
sations en plaisirs, mais qui mènent aux abîmes les
gens habiles seulement pour les voluptés. Le bonhomme s'épouvantait par moments ; mais, par
moments aussi, les profondes saillies et l'esprit
étendu qui rendaient ce jeune homme si remar-
quable le rassuraient. Il se disait ce que disait le
marquis quand le bruit de quelque escapade arrivait

---

1. Balzac, fort du souvenir de ses laborieux débuts, professe volontiers que la misère est indispensable à l'essor du
génie. On lit dans *Pensées, sujets, fragmens*, p. 161 : « Tous
les grands hommes ont d'abord été pauvres... Napoléon,
Frédéric II, Henri IV, Louis XI, le prince Eugène ni Cromwel
n'avaient le sou. »

à son oreille : « Il faut que jeunesse se passe ! »
Quand Chesnel se plaignait au Chevalier de la pro-
pension du jeune comte à faire des dettes, le Chevalier l'écoutait en massant une prise de tabac d'un
air moqueur.

— Expliquez-moi donc ce qu'est la Dette Publique, mon cher Chesnel, lui répondait-il. Hé !
diantre ! si la France a des dettes, pourquoi Victurnien n'en aurait-il pas ? Aujourd'hui comme toujours, les princes ont des dettes, tous les gentilshommes ont des dettes. Voudriez-vous par hasard
que Victurnien vous apportât des économies ?
Vous savez ce que fit notre grand Richelieu, non
pas le cardinal, c'était un misérable qui tuait la
noblesse, mais le maréchal[1], quand son petit-fils
le prince de Chinon, le dernier des Richelieu, lui
montra qu'il n'avait pas dépensé à l'Université
l'argent de ses menus plaisirs ?

— Non, monsieur le Chevalier.

— Eh bien ! il jeta la bourse par la fenêtre à un
balayeur des cours, en disant à son petit-fils : « On
ne t'apprend donc pas ici[a] à être prince ? »

Chesnel baissait la tête, sans mot dire. Puis le soir,
avant de s'endormir, l'honnête vieillard pensait
que ces doctrines étaient funestes à une époque où
la police correctionnelle existait pour tout le monde :
il y voyait en germe la ruine de la grande maison
d'Esgrignon[b].

---

1. Le maréchal de Richelieu s'est rendu célèbre non seulement par ses succès militaires et diplomatiques, mais par sa
prodigalité et ses bonnes fortunes.

Sans ces explications qui peignent tout un côté de l'histoire de la vie provinciale sous l'Empire et la Restauration[a], il eût été difficile de comprendre la scène par laquelle commence cette aventure[b], et qui eut lieu vers la fin du mois d'octobre de l'année 1822, dans le Cabinet des Antiques, un soir, après le jeu, quand les nobles habitués, les vieilles comtesses, les jeunes marquises, les simples baronnes eurent soldé leurs comptes. Le vieux gentilhomme se promenait de long en long dans son salon, où mademoiselle d'Esgrignon allait éteignant elle-même les bougies aux tables de jeu ; il ne se promenait pas seul, il était avec le Chevalier. Ces deux débris du siècle précédent causaient de Victurnien. Le Chevalier avait été chargé de faire à son sujet des ouvertures au marquis.

— Oui, marquis, disait le Chevalier, votre fils perd ici son temps et sa jeunesse, vous devez enfin l'envoyer à la Cour.

— J'ai toujours songé que, si mon grand âge m'interdisait d'aller à la Cour, où, entre nous soit dit, je ne sais pas ce que je ferais en voyant ce qui se passe et au milieu des gens nouveaux que reçoit le Roi, j'enverrais du moins mon fils présenter nos hommages à Sa Majesté. Le Roi doit donner quelque chose au comte, quelque chose comme un régiment, un emploi dans sa maison, enfin, le mettre à même de gagner ses éperons. Mon oncle l'Archevêque a souffert un cruel martyre, j'ai guerroyé sans déserter le camp comme ceux qui ont cru de leur devoir de suivre les princes : selon moi, le Roi était en France,

sa noblesse devait l'entourer. Eh bien! personne
ne songe à nous, tandis que Henri IV aurait écrit
déjà aux d'Esgrignon : « *Venez, mes amis! nous
avons gagné la partie*[a] ». Enfin nous sommes quelque
chose de mieux que les Troisville, et voici deux
Troisville nommés pairs de France, un autre est
député de la Noblesse (il prenait les Grands Collèges
électoraux pour les assemblées de son Ordre).
Vraiment on ne pense pas plus à nous que si nous
n'existions pas ! J'attendais le voyage que les princes
devaient faire par ici ; mais les princes ne viennent
pas à nous, il faut donc aller à eux...

— Je suis enchanté de savoir que vous pensez
à produire notre cher Victurnien dans le monde,
dit habilement le Chevalier. Cette ville est un trou
dans lequel il ne doit pas enterrer ses talents. Tout
ce qu'il peut y rencontrer, c'est *quéque* Normande *ben*
sotte, *ben* mal apprise et riche. *Qué qu'il* en ferait ?...
sa femme. Ah ! bon Dieu !

— J'espère bien qu'il ne se mariera qu'après
être parvenu à quelque belle[b] charge du Royaume
ou de la Couronne[c], dit le vieux marquis. Mais
il y a des difficultés graves.

Voici les seules difficultés que le marquis apercevait à l'entrée de la carrière pour son fils.

— Mon fils, reprit-il après une pause marquée
par un soupir, le comte d'Esgrignon ne peut pas
se présenter comme un va-nu-pieds, il faut l'équiper.
Hélas ! nous n'avons plus, comme il y a deux siècles,
nos gentilshommes de suite. Ah ! Chevalier, cette
démolition de fond en comble, elle me trouve tou-

jours au lendemain du premier coup de marteau
donné par monsieur de Mirabeau. Aujourd'hui,
il ne s'agit plus que d'avoir de l'argent, c'est tout
ce que je vois de clair dans les bienfaits de la Restauration. Le Roi ne vous demande pas si vous
descendez des Valois, ou si vous êtes un des conquérants de la Gaule, il vous demande si vous payez
mille francs de tailles [1a]. Je ne saurais donc envoyer
le comte à la Cour sans quelque vingt mille écus...

— Oui, avec cette bagatelle, il pourra se montrer
galamment, dit le Chevalier.

— Eh bien ! dit mademoiselle Armande, j'ai
prié Chesnel de venir ce soir. Croiriez-vous, Chevalier, que, depuis le jour où Chesnel m'a proposé
d'épouser ce misérable du Croisier...

— Ah ! c'était bien indigne, mademoiselle, s'écria
le Chevalier.

— Impardonnable, dit le marquis.

— Eh bien ! reprit mademoiselle Armande,
mon frère n'a jamais pu se décider à demander quoi
que ce soit à Chesnel.

— A votre ancien domestique ? reprit le Chevalier. Ah ! marquis, mais vous feriez à Chesnel
un honneur, un honneur dont il serait reconnaissant jusqu'à son dernier soupir.

— Non, répondit le gentilhomme, je ne trouve
pas la chose digne.

---

1. Il est significatif que, dans l'édition, Balzac ait substitué
le mot « tailles » au mot « impôts », imprimé dans *Le Cons-*
titutionnel. Il veut souligner par là que son personnage vit
toujours en pensée sous l'Ancien Régime.

— Il s'agit bien de digne, la chose est nécessaire, reprit le Chevalier en faisant un léger haut-le-corps.

— Jamais ! s'écria le marquis en ripostant par un geste qui décida le Chevalier à risquer un grand coup pour éclairer le vieillard.

— Eh bien ! dit le Chevalier, si vous ne le savez pas, je vous dirai, moi, que Chesnel a déjà donné quelque chose à votre fils, quelque chose comme...

— Mon fils est incapable d'avoir accepté quoi que ce soit de Chesnel, s'écria le vieillard en se redressant et interrompant le Chevalier. Il a pu vous demander, à vous, vingt-cinq louis...

— Quelque chose comme cent mille livres, dit le Chevalier en continuant.

— Le comte d'Esgrignon doit cent mille livres à un Chesnel[a], s'écria le vieillard en donnant les signes d'une profonde douleur. Ah ! s'il n'était pas fils unique, il partirait ce soir pour les îles avec un brevet de capitaine ! Devoir à des usuriers avec lesquels on s'acquitte par de gros intérêts, bon ! mais Chesnel, un homme auquel on s'attache[b].

— Oui, notre adorable Victurnien a mangé cent mille livres, mon cher marquis, reprit le Chevalier en secouant les grains de tabac tombés sur son gilet, c'est peu, je le sais. A son âge, moi ! Enfin, laissons nos souvenirs, marquis. Le comte est en province, toute proportion gardée, ce n'est pas mal, il ira loin ; je lui vois les dérangements des hommes qui plus tard accomplissent de grandes choses...

— Et il dort là-haut sans avoir rien dit à son père, s'écria le marquis.

— Il dort avec l'innocence d'un enfant qui n'a encore fait le malheur que de cinq à six petites bourgeoises, et auquel il faut maintenant des duchesses[a], répondit le Chevalier.

— Mais il appelle sur lui la lettre de cachet.

—- *Ils* ont supprimé les lettres de cachet, dit le Chevalier. Quand on a essayé de créer une justice exceptionnelle, vous savez comme on a crié. Nous n'avons pu maintenir les cours prévôtales que monsieur *de* Buonaparte appelait *Commissions militaires*[1].

— Eh bien ! qu'allons-nous devenir quand nous aurons des enfants fous, ou trop mauvais sujets, nous ne pourrons donc plus les enfermer ? dit le marquis.

Le Chevalier regarda le père au désespoir et n'osa lui répondre : « Nous serons forcés de les bien élever... »

— Et vous ne m'avez rien dit de cela, mademoiselle d'Esgrignon, reprit le marquis en interpellant sa sœur.

Ces paroles dénotaient toujours une irritation, il l'appelait ordinairement *ma sœur*.

— Mais, monsieur, quand un jeune homme vif et bouillant reste oisif dans une ville comme celle-ci,

---

1. La Chambre Introuvable avait institué en 1815 des cours prévôtales (où figurait un prévôt militaire) dont les arrêts étaient exécutoires dans les vingt-quatre heures : cette juridiction exceptionnelle ne fut pas renouvelée après le 31 décembre 1817. De semblables cours existaient sous l'Ancien Régime et Bonaparte les avait rétablies sous un autre nom pour mettre fin aux abus issus de la Chouannerie.

que voulez-vous qu'il fasse ? dit mademoiselle
d'Esgrignon qui ne comprenait pas la colère de son
frère.

— Hé ! diantre, des dettes, reprit le Chevalier,
il joue, il a de petites aventures, il chasse, tout cela
coûte horriblement aujourd'hui.

— Allons, reprit le marquis, il est temps de l'envoyer au Roi. Je passerai la matinée demain à écrire
à nos parents.

— Je connais quelque peu les ducs de Navarreins, de Lenoncourt, de Maufrigneuse, de Chaulieu[a], dit le Chevalier qui se savait cependant bien
oublié.

— Mon cher Chevalier, il n'est pas besoin de
tant de façons pour présenter un d'Esgrignon à la
Cour, dit le marquis en l'interrompant. Cent mille
livres, se dit-il, ce Chesnel est bien hardi. Voilà
les effets de ces maudits troubles. Mons[1] Chesnel
protège mon fils. Et il faut que je lui demande...
Non, ma sœur, vous ferez cette affaire. Chesnel
prendra ses sûretés sur nos biens pour le tout. Puis
lavez la tête à ce jeune étourdi, car il finirait par se
ruiner.

Le Chevalier et mademoiselle d'Esgrignon
trouvaient simples et naturelles ces paroles, si
comiques pour tout autre qui les aurait entendues.
Loin de là, ces deux personnages furent très émus
de l'expression presque douloureuse qui se peignit

---

1. Cette abréviation familière de *Monsieur* a ici une nuance
légèrement ironique et méprisante.

sur les traits du vieillard. En ce moment, monsieur
d'Esgrignon était sous le poids de quelque prévision
sinistre, il devinait presque son époque. Il alla s'asseoir
sur une bergère, au coin du feu, oubliant Chesnel qui
devait venir, et auquel il ne voulait rien demander.

Le marquis d'Esgrignon avait alors la physionomie que les imaginations un peu poétiques lui
voudraient. Sa tête presque chauve avait encore
des cheveux blancs soyeux[a], placés à l'arrière de la
tête et retombant par mèches plates, mais[b] bouclées
aux extrémités. Son beau front plein de noblesse,
ce front que l'on admire dans la tête de Louis XV,
dans celle de Beaumarchais et dans celle du maréchal
de Richelieu, n'offrait au regard ni l'ampleur carrée
du maréchal de Saxe, ni le cercle petit, dur, serré,
trop plein de Voltaire[1], mais une gracieuse forme
convexe[c], finement modelée, à tempes molles et
dorées. Ses yeux brillants jetaient ce courage et ce
feu que l'âge n'abat point. Il avait le nez des Condé,
l'aimable bouche des Bourbons[d] de laquelle il ne
sort que des paroles spirituelles ou bonnes, comme
en disait toujours le comte d'Artois[2]. Ses joues

---

1. Ces précisions, d'ailleurs négatives, font songer que
Balzac se réclamait de Gall. Comme l'observe, cependant,
M. Pierre Abraham (*Créatures chez Balzac,* p. 120), il ne semble
pas avoir utilisé les tableaux dressés par ce phrénologue.

2. Le comte d'Artois était réputé en effet pour son esprit
et pour sa bonne grâce : « Quand il disait *Bonjour,* rapportait
un de ses familiers, sa voix semblait si bien partie du cœur,
il avait quelque chose de si caressant, qu'il était impossible
de ne pas être touché. » (Cité par Bertier de Sauvigny,
La Restauration, p. 498).

plus en talus que niaisement rondes étaient en harmonie avec son corps sec, ses jambes fines et sa main potelée[1]. Il avait le cou serré par une cravate mise comme celle des marquis représentés dans toutes les gravures qui ornent les ouvrages du dernier siècle, et que vous voyez à Saint-Preux comme à Lovelace, aux héros du bourgeois Diderot comme à ceux de l'élégant Montesquieu (voir les premières éditions de leurs œuvres)[2a]. Le marquis portait toujours un grand gilet blanc brodé d'or[b] sur lequel brillait le ruban de commandeur de Saint-Louis, un habit bleu à grandes basques, à pans retroussés et fleurdelisés, singulier costume qu'avait adopté le Roi ; mais il n'avait point abandonné la culotte française, ni les bas de soie blancs, ni les boucles et, dès six heures du soir, il se montrait dans sa tenue. Il ne lisait que *La Quotidienne* et *La Gazette de France*, deux journaux que les feuilles constitutionnelles accusaient d'obscurantisme[3], de mille énormités monarchiques et religieuses, et que le marquis, lui, trouvait pleines d'hérésies et d'idées

---

1. Le portrait du marquis d'Esgrignon doit être rapproché de celui du baron du Guénic *(Béatrix)* qui, au moral comme au physique, semble le double du personnage du *Cabinet des Antiques*. M. du Guénic, en particulier, a la tête « couronnée d'une chevelure blanche comme de l'argent, qui retombait en boucles sur les épaules » (Pl. II, p. 333).

2. Balzac songe aux *Lettres persanes,* qu'il cite expressément dans les textes antérieurs à l'édition Furne.

3. *La Gazette de France* devint l'organe quasi officiel de la Restauration. *La Quotidienne* était résolument ultra et mena contre Villèle une opposition de droite.

révolutionnaires[1]. Quelque exagérés que soient
les organes d'une opinion, ils sont toujours au-
dessous des purs de leur parti ; de même que le
peintre de ce magnifique personnage sera certes
taxé d'avoir outrepassé le vrai, tandis qu'il adoucit
quelques tons trop crus, et qu'il éteint des parties
trop ardentes chez son modèle. Le marquis d'Esgrignon avait mis ses coudes sur ses genoux, et se
tenait la tête dans ses mains. Pendant tout le temps
qu'il médita, mademoiselle Armande et le Chevalier
se regardèrent sans se communiquer leurs idées.
Le marquis souffrait-il de devoir l'avenir de son
fils à son ancien intendant ? Doutait-il de l'accueil
qu'on ferait au jeune comte ? Regrettait-il de n'avoir
rien préparé pour l'entrée de son héritier[a] dans le
monde brillant de la Cour, en demeurant au fond
de sa province où l'avait retenu sa pauvreté, car
comment aurait-il paru à la Cour ? Il soupira fortement en relevant la tête. Ce soupir était un de ceux
que rendait alors la véritable et loyale aristocratie,
celle des gentilshommes de province, alors si négligés, comme la plupart de ceux qui avaient saisi
leur épée et résisté pendant l'orage.

— Qu'a-t-on fait pour les du Guénic, pour les
Ferdinand, pour les Fontaine et pour le frère de
Montauran, qui ne se sont jamais soumis ?[b] se
dit-il à voix basse. A ceux qui ont lutté le plus coura-

---

1. On relève une indication semblable, dans *Illusions
perdues,* à propos du salon Bargeton : « *La Quotidienne*
y paraissait tiède. Louis XVIII y était traité de Jacobin. »

geusement, on a jeté de misérables pensions, quelque
lieutenance de Roi dans une forteresse, à la frontière,
un bureau de loterie à la comtesse de Bauvan dont
l'énergie a soutenu celle de Charette et de Montauran[1a].

Évidemment le marquis doutait de la Royauté[b].
Mademoiselle d'Esgrignon essayait de rassurer son
frère sur l'avenir de ce voyage, quand on entendit
sur le petit pavé sec de la rue, le long des fenêtres
du salon, un pas qui annonçait Chesnel. Le notaire
se montra bientôt à la porte que Joséphin, le vieux
valet de chambre du marquis, ouvrit sans annoncer.

— Chesnel, mon garçon...

Le notaire avait soixante-neuf ans, une tête chenue,
un visage carré, vénérable, des culottes d'une ampleur
qui eussent mérité de Sterne une description épique[2], des bas drapés, des souliers à agrafes d'argent,
un habit en façon de chasuble, et un grand gilet de
tuteur.

— ... Tu as été bien outrecuidant de prêter de
l'argent au comte d'Esgrignon ? Tu mériterais que je
te le rendisse à l'instant et que nous ne te vissions
jamais, car tu as donné des ailes à ses vices. Il y eut
un moment de silence comme à la Cour quand le

---

1. Rappel des *Chouans*.
2. Le nom de Sterne est souvent cité dans l'œuvre de
Balzac (voir Baldensperger, *Orientations étrangères chez Honoré
de Balzac,* p. 471 à 479). Lecteur de *Tristram Shandy* surtout,
Balzac est principalement sensible à la grâce pittoresque et
lente du récit, au naturel et à l'humour des portraits, à la
fantaisie des digressions.

Roi réprimande publiquement un courtisan. Le vieux notaire avait une attitude humble et contrite.

— Chesnel, cet enfant m'inquiète, reprit le marquis avec bonté, je veux l'envoyer à Paris, pour y servir le Roi. Tu t'entendras avec ma sœur pour qu'il y paraisse convenablement... Nous réglerons nos comptes[a]...

Le marquis se retira gravement, en saluant Chesnel par un geste familier.

— Je remercie monsieur le marquis de ses bontés, dit le vieillard qui restait debout.

Mademoiselle Armande se leva pour accompagner son frère ; elle avait sonné, le valet de chambre était à la porte, un flambeau à la main, pour aller coucher son maître.

— Asseyez-vous, Chesnel, dit la vieille fille en revenant.

Par ses délicatesses de femme, mademoiselle Armande ôtait toute rudesse au commerce du marquis avec son ancien intendant; quoique, sous cette rudesse, Chesnel devinât une affection magnifique. L'attachement du marquis pour son ancien domestique constituait une passion semblable à celle que le maître a pour son chien, et qui le porterait à se battre avec qui donnerait un coup de pied à sa bête : il la regarde comme une partie intégrante de son existence, comme une chose qui, sans être tout à fait lui, le représente dans ce qu'il a de plus cher, les sentiments.

— Il était temps de faire quitter cette ville à monsieur le comte[b], mademoiselle, dit sentencieusement le notaire.

— Oui, répondit-elle. S'est-il permis quelque nouvelle escapade ?

— Non, mademoiselle.

— Eh bien ! pourquoi l'accusez-vous ?

— Mademoiselle, je ne l'accuse pas. Non, je ne l'accuse pas. Je suis bien loin de l'accuser. Je ne l'accuserai même jamais, quoi qu'il fasse !

La conversation tomba. Le Chevalier, être éminemment compréhensif, se mit à bâiller comme un homme talonné par le sommeil. Il s'excusa gracieusement de quitter le salon et sortit, ayant envie de dormir autant que de s'aller noyer : le démon de la curiosité lui écarquillait les yeux, et de sa main délicate[a] ôtait le coton que le Chevalier avait dans les oreilles[1].

— Eh bien ! Chesnel, y a-t-il quelque chose de nouveau ? dit mademoiselle Armande inquiète.

— Oui, reprit Chesnel, il s'agit de ces choses dont il est impossible de parler à monsieur le marquis : il tomberait foudroyé par une apoplexie.

— Dites donc, reprit-elle en penchant sa belle tête sur le dos de sa bergère et laissant aller ses bras le long de sa taille comme une personne qui attend le coup de la mort sans se défendre.

— Mademoiselle[b], monsieur le comte, qui a tant d'esprit, est le jouet de petites gens en train d'épier une grande vengeance : ils nous voudraient ruinés,

---

1. Encore une habitude du Chevalier déjà notée dans *La Vieille Fille* : « Le Chevalier mettait du coton dans ses oreilles » (voir notre édition, p. 10).

humiliés ! Le Président du Tribunal, le sieur[a] du
Ronceret, a, comme vous savez, les plus hautes
prétentions nobiliaires...

— Son grand-père était procureur [1], dit mademoiselle Armande.

— Je le sais, dit le notaire. Aussi ne l'avez-vous
pas reçu chez vous; il ne va pas non plus chez
messieurs de Troisville, ni chez le duc de Verneuil[b],
ni chez le marquis de Castéran[c]; mais il est un des
piliers du salon du Croisier. Monsieur Félicien du
Ronceret, avec qui votre neveu peut frayer sans
trop se compromettre (il lui faut des compagnons),
eh bien! ce jeune homme est le conseiller de toutes
ses folies, lui et deux ou trois autres qui sont du
parti de votre ennemi, de l'ennemi de monsieur le
Chevalier, de celui qui ne respire que vengeance
contre vous et contre toute la noblesse. Tous
espèrent vous ruiner par votre neveu, le voir tombé
dans la boue. Cette conspiration est menée par ce
sycophante de du Croisier[d] qui fait le royaliste;
sa pauvre femme ignore tout, vous la connaissez,
je l'aurais su plus tôt si elle avait des oreilles pour
entendre le mal. Pendant quelque temps, ces jeunes
fous n'étaient pas dans le secret, ils n'y mettaient
personne; mais, à force de rire, les meneurs se sont
compromis, les niais ont compris, et, depuis les
dernières escapades[e] du comte, ils se sont échappés

---

1. Les procureurs au Châtelet ou aux Parlements, sous
l'Ancien Régime, remplissaient des fonctions analogues à
celles des avoués d'aujourd'hui.

à dire quelques mots quand ils étaient ivres. Ces
mots m'ont été rapportés par des personnes cha-
grines de voir un si beau, un si noble et si charmant
jeune homme se perdant à plaisir. Dans ce moment,
on le plaint, dans quelques jours il sera... je n'ose...

— Méprisé, dites, dites[a], Chesnel! s'écria dou-
loureusement mademoiselle Armande.

— Hélas! comment voulez-vous empêcher les
meilleures gens de la ville, qui ne savent que faire
du matin jusqu'au soir, de contrôler les actions de
leur prochain? Ainsi, les pertes de monsieur le comte
au jeu ont été calculées. Voilà, depuis deux mois,
trente mille francs d'envolés; et chacun se demande
où il les prend. Quand on en parle devant moi,
je vous les rappelle à l'ordre! Ah! mais... Croyez-
vous, leur disais-je ce matin, si l'on a pris les droits
utiles et les terres de la maison d'Esgrignon,
qu'on ait[b] mis la main sur les trésors? Le jeune
comte a le droit de se conduire à sa guise; et tant
qu'il ne vous devra pas un sou, vous n'avez pas à
dire un mot.

Mademoiselle Armande tendit sa main sur laquelle
le vieux notaire mit un respectueux baiser.

— Bon Chesnel! Mon ami, comment nous trou-
verez-vous des fonds pour ce voyage? Victurnien
ne peut aller à la Cour sans s'y tenir à son rang.

— Oh! mademoiselle, j'ai emprunté sur le Jard[1c].

— Comment, vous n'aviez plus rien! Mon Dieu,

---

1. La variante relevée dans *Le Constitutionnel* permet de
préciser qu'il s'agit d'une petite ferme.

LE CABINET DES ANTIQUES 71

s'écria-t-elle, comment ferons-nous pour vous récompenser?

— En acceptant les cent mille francs que je tiens à votre disposition. Vous comprenez que l'emprunt a été secrètement mené pour ne pas vous déconsidérer. Aux yeux de la ville, j'appartiens à la maison d'Esgrignon[a].

Quelques larmes vinrent aux yeux de mademoiselle Armande; Chesnel, les voyant, prit un pli de la robe de cette noble fille et le baisa.

— Ce ne sera rien, reprit-il, il faut que les jeunes gens jettent leur gourme. Le commerce des beaux salons de Paris changera le cours des idées du jeune homme. Et ici, vraiment, vos vieux amis sont les plus nobles cœurs, les plus dignes personnes du monde, mais ils ne sont pas amusants. Monsieur le comte pour se désennuyer est obligé de descendre et il finirait par s'encanailler.

Le lendemain, la vieille voiture de voyage de la maison d'Esgrignon vit le jour, et fut envoyée chez le sellier pour être mise en état. Le jeune comte fut solennellement averti par son père, après le déjeuner, des intentions formées à son égard : il irait à la Cour demander du service au Roi; en voyageant, il devait se déterminer pour une carrière quelconque. La marine ou l'armée de terre, les ministères ou les ambassades, la Maison du Roi, il n'avait qu'à choisir, tout lui serait ouvert[1]. Le Roi saurait sans

---

1. Au début du *Bal de Sceaux*, on voit le comte de Fontaine nourrir de semblables illusions. Mais ce personnage a l'es-

doute gré aux d'Esgrignon de ne lui avoir rien demandé, d'avoir réservé les faveurs[a] du trône pour l'héritier de la maison.

Depuis ses folies, le jeune d'Esgrignon avait flairé le monde parisien, et jugé la vie réelle[b]. Comme il s'agissait pour lui de quitter la province et la maison paternelle, il écouta gravement l'allocution de son respectable père, sans lui répondre que l'on n'entrait ni dans la marine ni dans l'armée comme jadis[1]; que, pour devenir sous-lieutenant de cavalerie sans passer par les Écoles spéciales, il fallait servir dans les Pages; que les fils des familles les plus illustres allaient à Saint-Cyr et à l'École Polytechnique, ni plus ni moins que les fils de roturiers, après des concours publics où les gentilshommes couraient la chance d'avoir le dessous avec les vilains[c]. En éclairant son père, il pouvait ne pas avoir les fonds nécessaires pour un séjour à Paris, il laissa donc croire au marquis et à sa tante Armande qu'il aurait à monter dans les carrosses du Roi, à paraître au rang que s'attribuaient les d'Esgrignon au temps actuel, et à frayer avec les plus grands seigneurs. Marri de ne donner à son fils qu'un domestique pour l'accompagner, le marquis lui offrit son vieux valet Joséphin, un

---

prit plus souple que le marquis d'Esgrignon et vient très vite au sentiment de la réalité.

1. « Jadis », pour devenir officier, il suffisait pratiquement d'être noble, mais cette condition était nécessaire. Ainsi, faute de la remplir, André Chénier ne put passer sous-lieutenant et dut renoncer à la carrière militaire.

homme de confiance qui aurait soin de lui, qui veillerait fidèlement à ses affaires, et de qui[a] le pauvre père se défaisait, espérant le remplacer auprès de lui par un jeune domestique.

— Souvenez-vous, mon fils, lui dit-il, que vous êtes un Carol, que votre sang est un sang pur de toute mésalliance, que votre écusson a pour devise : *Cil est nostre!*[b] qu'il vous permet d'aller partout la tête haute, et de prétendre à des reines. Rendez grâce à votre père, comme moi je fis au mien. Nous devons à l'honneur de nos ancêtres, saintement conservé, de pouvoir regarder tout en face, et de n'avoir à plier le genou que devant une maîtresse, devant le Roi et devant Dieu[c]. Voilà le plus grand de vos privilèges.

Le bon Chesnel avait assisté au déjeuner, il ne s'était pas mêlé des recommandations héraldiques, ni des lettres aux puissances du jour; mais il avait passé la nuit à écrire[d] à l'un de ses vieux amis, un des plus anciens notaires de Paris. La paternité factice et réelle que Chesnel portait à Victurnien serait incomprise, si l'on omettait de donner cette lettre, comparable peut-être au discours de Dédale à Icare [1]. Ne faut-il pas remonter jusqu'à la mythologie

---

1. Dédale et son fils Icare avaient été enfermés dans le labyrinthe de Crète. Tous deux furent délivrés par Pasiphaé, femme de Minos, et s'envolèrent après avoir fixé des ailes à leurs épaules avec de la cire. Dédale adressa à son fils des conseils de prudence dont Icare ne devait pas tenir compte, et c'est pour s'être trop approché du soleil, malgré son père, qu'il tomba, la cire de ses ailes ayant fondu.

pour trouver des comparaisons dignes de cet homme antique?

« Mon cher et respectable Sorbier,

« Je me souviens, avec délices, d'avoir fait mes « premières armes dans notre honorable carrière « chez ton père, où tu m'as aimé, pauvre petit « clerc que j'étais. C'est à ces souvenirs de clérica- « ture, si doux à nos cœurs, que je m'adresse pour « réclamer de toi le seul service que je t'aurai « demandé dans le cours de notre longue vie, « traversée par ces catastrophes politiques auxquelles « j'ai dû peut-être l'honneur de devenir ton collègue. « Ce service, je te le demande, mon ami, sur le « bord de la tombe, au nom de mes cheveux blancs « qui tomberaient de douleur, si tu n'obtempérais « à mes prières. Sorbier, il ne s'agit ni de moi ni « des miens. J'ai perdu la pauvre madame Chesnel « et n'ai pas d'enfants. Hélas! il s'agit de plus que « ma famille, si j'en avais une; il s'agit du fils « unique de monsieur le marquis d'Esgrignon, « de qui j'ai eu l'honneur d'être l'intendant au sortir « de l'Étude, où son père m'avait envoyé, à ses « frais, dans l'intention de me faire faire fortune. « Cette maison, où j'ai été nourri, a subi tous les « malheurs de la Révolution. J'ai pu lui sauver « quelque bien, mais qu'est-ce en comparaison « de l'opulence éteinte? Sorbier, je ne saurais « t'exprimer à quel point je suis attaché à cette « grande maison que j'ai vue près de choir dans

« l'abîme des temps : la proscription, la confiscation,
« la vieillesse et point d'enfant ! Combien de mal-
« heurs ! Monsieur le marquis s'est marié, sa femme
« est morte en couches du jeune comte, il ne reste
« aujourd'hui de bien vivant que ce noble, cher et
« précieux enfant. Les destinées de cette maison
« résident en ce jeune homme, il a fait quelques
« dettes en s'amusant ici. Que devenir en province
« avec cent misérables louis ? Oui, mon ami, cent
« louis, voilà où en est la grande maison d'Esgri-
« gnon. Dans cette extrémité, son père a senti
« la nécessité de l'envoyer à Paris y réclamer à
« la Cour la faveur du Roi. Paris est un lieu bien
« dangereux pour la jeunesse [1]. Il faut la dose de
« raison qui nous fait notaires pour y vivre sagement.
« Je serais d'ailleurs au désespoir de savoir ce
« pauvre enfant vivant des privations que nous
« avons connues. Te souviens-tu du plaisir avec
« lequel tu as partagé mon petit pain, au parterre
« du Théâtre-Français, quand nous y sommes
« restés un jour et une nuit pour voir la repré-
« sentation du *Mariage de Figaro ?* aveugles que
« nous étions ! [2] Nous étions heureux et pauvres,

---

1. Le rôle de Chesnel, veillant sur le comte d'Esgrignon,
est comparable à celui d'Ève Séchard, veillant, dans une
semblable conjoncture, sur Lucien de Rubempré.

2. Il s'agit de la célèbre première qui se déroula le 27 avril
1784. Pendant trois ans, le pouvoir avait refusé l'autorisation
de jouer la pièce. Mais Beaumarchais eut pour lui la Cour,
notamment le comte d'Artois et la reine elle-même : « Cette
première représentation, écrit Lanson, fut un délire *général ;*

« mais un noble ne saurait être heureux dans l'in-
« digence. L'indigence d'un noble est une chose
« contre nature. Ah! Sorbier, quand on a eu le
« bonheur d'avoir, de sa main, arrêté dans sa chute
« l'un des plus beaux arbres généalogiques du
« royaume, il est si naturel de s'y attacher, de l'ai-
« mer, de l'arroser, de vouloir le voir refleuri,
« que tu ne t'étonneras point des précautions que
« je prends, et de m'entendre réclamer le concours
« de tes lumières pour faire arriver à bien notre
« jeune homme. La maison d'Esgrignon a destiné
« la somme de cent mille francs aux frais du voyage
« entrepris par monsieur le comte. Tu le verras,
« il n'y a pas à Paris de jeune homme qui puisse
« lui être comparé! Tu t'intéresseras à lui comme à
« un fils unique. Enfin je suis certain que madame
« Sorbier[a] n'hésitera pas à te seconder dans la
« tutelle morale dont je t'investis. La pension de
« monsieur le comte Victurnien est fixée à deux[b]
« mille francs par mois; mais tu commenceras
« par lui en remettre dix mille pour ses premiers
« frais. Ainsi, la famille a pourvu à deux ans de
« séjour, hors le cas d'un voyage à l'étranger,
« pour lequel nous verrions alors à prendre d'autres
« mesures. Associe-toi, mon vieil ami, à cette œuvre,

---

on s'écrasait aux portes du théâtre : trois personnes y furent
étouffées. » Chesnel évoque à la fois ce tumulte enthousiaste
et l'aveuglement des aristocrates qui ne surent pas voir dans
cette pièce satirique l'annonce et la menace d'un bouleverse-
ment social.

« et tiens les cordons de la bourse un peu serrés.
« Sans admonester monsieur le comte, soumets-lui
« des considérations, retiens-le autant que tu pour-
« ras, et fais en sorte qu'il n'anticipe point d'un
« mois sur l'autre, sans de valables raisons, car il
« ne faudrait pas le désespérer dans une circons-
« tance où l'honneur serait engagé. Informe-toi
« de ses démarches, de ce qu'il fait, des gens qu'il
« fréquentera ; surveille ses liaisons. Monsieur le
« Chevalier m'a dit qu'une danseuse de l'Opéra
« coûtait souvent moins cher qu'une femme de la
« Cour. Prends des informations sur ce point,
« et retourne-moi ta réponse. Madame Sorbier
« pourrait, si tu es trop occupé, savoir ce que devien-
« dra le jeune homme, où il ira. Peut-être l'idée de
« se faire l'ange gardien d'un enfant si charmant et
« si noble^a lui sourira-t-elle ! Dieu lui saurait gré
« d'avoir accepté cette sainte mission. Son cœur
« tressaillera peut-être en apprenant combien mon-
« sieur le comte Victurnien court de dangers dans
« Paris ; vous le verrez : il est aussi beau que jeune,
« aussi spirituel que confiant. S'il se liait à quelque
« mauvaise femme, madame Sorbier pourrait mieux
« que toi l'avertir de tous les dangers qu'il courrait.
« Il est accompagné d'un vieux domestique qui
« pourra te dire bien des choses. Sonde Joséphin,
« à qui j'ai dit de te consulter dans les conjonctures
« délicates. Mais pourquoi t'en dirais-je davantage ?
« Nous avons été clercs et malins, rappelle-toi
« nos escapades, et aie pour cette affaire quelque
« retour de jeunesse, mon vieil ami. Les soixante

« mille francs[1] te seront remis en un bon sur le
« Trésor, par un monsieur de notre ville, qui se
« rend à Paris, » etc.

Si le vieux couple eût suivi les instructions de
Chesnel, il eût été obligé de payer trois espions pour
surveiller le comte d'Esgrignon. Cependant il y
avait dans le choix du dépositaire une ample
sagesse. Un banquier donne des fonds, tant qu'il
en a en caisse, à celui qui se trouve crédité chez lui ;
tandis qu'à chaque besoin d'argent[a] le jeune comte
serait obligé d'aller faire une visite au notaire qui,
certes, userait du droit de remontrance. Victurnien
pensa trahir sa joie en apprenant qu'il aurait deux[b]
mille francs par mois. Il ne savait rien de Paris.
Avec cette somme[c], il croyait pouvoir y mener
un train de Prince.

Le jeune comte partit le surlendemain accompagné
des bénédictions de tous les habitués du Cabinet
des Antiques, embrassé par les douairières, comblé
de vœux, suivi hors de la ville par son vieux père,
par sa sœur et par Chesnel, qui, tous trois, avaient
les yeux pleins de larmes. Ce départ subit défraya
pendant plusieurs soirées les entretiens de la ville,

---

1. Il a été indiqué plus haut que la Maison d'Esgrignon
destinait non pas 60.000 francs, mais 100.000 francs aux frais
de ce séjour. Il est vrai qu'avant l'édition Furne la pension
du jeune comte était fixée à 3.000 francs par mois et non à
2.000. Balzac a sans doute négligé de modifier le chiffre
initial de 100.000 francs. De toute façon, même dans la
première rédaction, le calcul ne tombait pas juste.

il remua surtout les cœurs haineux du salon de du
Croisier. Après avoir juré la perte des d'Esgrignon,
l'ancien fournisseur, le Président et leurs adhérents
voyaient leur proie s'échappant. Leur vengeance
était fondée sur les vices de cet étourdi, désormais
hors de leur portée.

CHAPITRE III

DÉBUT DE VICTURNIEN

Une pente naturelle à l'esprit humain, qui fait souvent une débauchée de la fille d'une dévote, une dévote de la fille d'une femme légère, la loi des Contraires, qui sans doute est *la résultante* de la loi des Similaires, entraînait Victurnien vers Paris par un désir auquel il aurait succombé tôt ou tard. Élevé dans une vieille maison de province, entouré de figures douces et tranquilles qui lui souriaient, de gens graves affectionnés de leurs maîtres et en harmonie avec les couleurs antiques de cette demeure, cet enfant n'avait vu que des amis respectables. Excepté le Chevalier séculaire, tous ceux qui l'entourèrent avaient des manières posées, des paroles décentes et sentencieuses. Il avait été caressé par ces femmes à jupes grises, à mitaines brodées, que Blondet vous a dépeintes[a]. L'intérieur de la maison paternelle était décoré par un vieux luxe qui n'inspirait que les moins folles pensées. Enfin, instruit par un abbé sans fausse religion, plein de cette aménité des vieillards assis sur ces deux siècles qui apportent dans le nôtre les roses séchées de leur

expérience et la fleur fanée des coutumes de leur
jeunesse, Victurnien, que tout aurait dû façonner
à des habitudes sérieuses, à qui tout conseillait
de continuer la gloire d'une maison historique,
en prenant sa vie comme une grande et belle chose,
Victurnien écoutait les plus dangereuses idées.
Il voyait dans sa noblesse un marchepied bon à
l'élever au-dessus des autres hommes. En frappant
cette idole encensée au logis paternel, il en avait
senti le creux. Il était devenu le plus horrible des
êtres sociaux et le plus commun à rencontrer,
un égoïste conséquent[a]. Amené, par la religion
aristocratique du *moi* [1], à suivre ses fantaisies ado-
rées par les premiers qui eurent soin de son enfance
et par les premiers compagnons de ses folies de
jeunesse, il s'était habitué à n'estimer toute chose
que par le plaisir qu'elle lui rapportait, et à voir
de bonnes âmes réparant ses sottises; complaisance
pernicieuse qui devait le perdre[b]. Son éducation,
quelque belle et pieuse qu'elle fût, avait le défaut
de l'avoir trop isolé, de lui avoir caché le train de
la vie à son époque, qui, certes, n'est pas le train
d'une ville de province : sa vraie destinée le menait
plus haut. Il avait contracté l'habitude de ne pas
évaluer le fait à sa valeur sociale, mais relative;

---

1. Cette « religion aristocratique du moi » est celle que
prêtait déjà Balzac à la duchesse de Langeais : « Elle se
comprenait toute seule et se mettait orgueilleusement au-
dessus du monde, à l'abri de son nom. Il y avait du *moi* de
Médée dans sa vie, comme dans celle de l'aristocratie. »
(Voir notre édition de l'*Histoire des Treize*, p. 230).

il trouvait ses actions bonnes en raison de leur utilité. Comme les despotes, il faisait la loi pour la circonstance; système qui est aux actions du vice ce que la fantaisie est aux œuvres d'art, une cause perpétuelle d'irrégularité[a]. Doué d'un coup d'œil perçant et rapide, il voyait bien et juste, mais il agissait vite et mal[b]. Je ne sais quoi d'incomplet, qui ne s'explique pas et qui se rencontre en beaucoup de jeunes gens, altérait sa conduite. Malgré son active pensée, si soudaine en ses manifestations, dès que la sensation[c] parlait, la cervelle obscurcie semblait ne plus exister. Il eût fait l'étonnement des sages, il était capable de surprendre les fous. Son désir, comme un grain d'orage, couvrait aussitôt les espaces clairs et lucides de son cerveau; puis, après des dissipations contre lesquelles il se trouvait sans force, il tombait en des abattements de tête, de cœur et de corps, en des prostrations complètes où il était imbécile à demi : caractère à traîner un homme dans la boue quand il est livré à lui-même, à le conduire au sommet de l'État quand il est soutenu par la main d'un ami sans pitié[d]. Ni Chesnel, ni le père, ni la tante n'avaient pu pénétrer cette âme qui tenait par tant de coins à la poésie, mais frappée d'une[e] épouvantable faiblesse à son centre.

Quand Victurnien fut à quelques lieues de sa ville natale, il n'éprouva pas le moindre regret, il ne pensa plus à son vieux père, qui le chérissait comme dix générations, ni à sa tante dont le dévouement était presque insensé. Il aspirait à Paris avec

une violence fatale, il s'y était toujours transporté
par la pensée comme dans le monde de la féerie,
et y avait mis la scène de ses plus beaux rêves[a].
Il croyait y primer comme dans la ville et dans le
département où régnait le nom de son père. Plein,
non d'orgueil, mais de vanité, ses jouissances s'y
agrandissaient de toute la grandeur de Paris. Il
franchit la distance avec rapidité. De même que la
pensée, sa voiture ne mit aucune transition entre
l'horizon borné de sa province et le monde énorme
de la capitale. Il descendit rue de Richelieu, dans
un bel hôtel près du boulevard, et se hâta de prendre
possession de Paris comme un cheval affamé se
rue sur une prairie. Il eut bientôt distingué la
différence des deux pays. Surpris plus qu'intimidé
par ce changement, il reconnut, avec la promptitude
de son esprit, combien il était peu de chose au milieu
de cette encyclopédie babylonienne, combien il
serait fou de se mettre en travers du torrent des
idées et des mœurs nouvelles. Un seul fait lui suffit.
La veille, il avait remis la lettre de son père au duc
de Lenoncourt, un des seigneurs français le plus
en faveur auprès du Roi; il l'avait trouvé dans son
magnifique hôtel, au milieu des splendeurs aristocratiques; le lendemain il le rencontra sur le boulevard, à pied, un parapluie à la main, flânant, sans
aucune distinction, sans son cordon bleu[1] que jadis

---

1. C'est le cordon de l'ordre du Saint-Esprit, fondé en
1578 par Henri III. La Révolution l'avait supprimé. La Restauration le rétablit sans parvenir à lui rendre son ancien

un chevalier des Ordres ne pouvait jamais quitter[a].
Ce duc et pair, Premier Gentilhomme de la Chambre
du Roi, n'avait pu, malgré sa haute politesse, retenir
un sourire en lisant la lettre du marquis, son parent.
Ce sourire avait dit à Victurnien qu'il y avait plus
de soixante lieues entre le Cabinet des Antiques
et les Tuileries : il y avait une distance de plusieurs
siècles.

A chaque époque, le Trône et la Cour se sont
entourés de familles favorites sans aucune ressemblance ni de nom ni de caractères avec celles des
autres règnes. Dans cette sphère, il semble que ce
soit le Fait et non l'Individu qui se perpétue. Si
l'Histoire n'était là pour prouver cette observation,
elle serait incroyable. La Cour de Louis XVIII
mettait alors en relief des hommes presque étrangers
à ceux qui ornaient celle de Louis XV : les Rivière,
les Blacas, les d'Avaray, les Dambray, les Vaublanc,
Vitrolles, d'Autichamp, Larochejaquelein, Pasquier,
Decazes, Lainé, de Villèle, La Bourdonnaye, etc.[1b]
Si vous comparez la Cour de Henri IV à celle de
Louis XIV, vous n'y retrouvez pas cinq grandes
maisons subsistantes : Villeroy, favori de Louis XIV,
était le petit-fils d'un secrétaire parvenu sous

---

prestige, l'ordre de la Légion d'honneur apparaissant
auréolé d'une gloire plus présente au souvenir de tous.

1. Tous ces personnages sont bien connus. Tous ou
presque tous ont été, sous la Restauration, ministres, pairs
de France ou diplomates. Ce sont bien les créatures du
nouveau régime.

Charles IX[1]. Le neveu de Richelieu n'y est presque rien déjà[2 a]. Les d'Esgrignon, quasi princiers sous les Valois, tout-puissants sous Henri IV, n'avaient aucune chance à la Cour de Louis XVIII, qui ne songeait seulement pas à eux. Aujourd'hui des noms aussi illustres que celui des maisons souveraines, comme les Foix-Grailly, les d'Hérouville[b], faute d'argent, la seule puissance de ce temps, sont dans une obscurité qui équivaut à l'extinction. Aussitôt que Victurnien eut jugé ce monde, et il ne le jugea que sous ce rapport en se sentant blessé par l'égalité parisienne, monstre qui acheva sous la Restauration de dévorer le dernier morceau de l'État social, il voulut reconquérir sa place avec les armes dangereuses, quoique émoussées, que le siècle laissait à la noblesse : il imita les allures de ceux à qui Paris accordait sa coûteuse attention, il sentit la nécessité d'avoir des chevaux, de belles voitures, tous les accessoires du luxe moderne. Comme le lui dit de Marsay, le premier dandy qu'il trouva dans le premier salon où il fut introduit, il fallait *se mettre à la hauteur de son époque*[c]. Pour son malheur, il tomba dans le monde des roués parisiens, des de

---

1. François de Neufville, duc de Villeroi (1644-1730), élevé avec Louis XIV, fut le type du courtisan. Son grand-père (1566-1642) assura sa carrière en se mettant au service de la Ligue. Balzac songe donc, en réalité, à son arrière-grand-père, Nicolas de Neufville, seigneur de Villeroi (1542-1617) qui, secrétaire d'État en 1567, négocia en cette qualité avec les protestants.

2. Armand-Jean de Vignerod du Plessis, duc de Richelieu, qui fut général des galères.

Marsay, des Ronquerolles, des Maxime de Trailles, des des Lupeaulx, des Rastignac, des Vandenesse, des Ajuda-Pinto, des Beaudenord, des La Roche-Hugon[a] et des Manerville[b] qu'il trouva chez la marquise d'Espard, chez les duchesses de Grandlieu, de Carigliano, de Chaulieu[c], chez les marquises d'Aiglemont et de Listomère, chez madame Firmiani[d], chez la comtesse de Sérisy[1], à l'Opéra, aux ambassades, partout où le mena son beau nom et sa fortune apparente. A Paris, un nom de haute noblesse, reconnu et adopté par le faubourg Saint-Germain qui sait ses provinces sur le bout du doigt, est un passeport qui ouvre les portes les plus difficiles à tourner sur leurs gonds pour les inconnus et pour les héros de la société secondaire. Victurnien trouva tous ses parents aimables et accueillants dès qu'il ne se produisit pas en solliciteur : il avait vu sur-le-champ que le moyen de ne rien obtenir était de demander quelque chose. A Paris, si le premier mouvement est de se montrer protecteur, le second, beaucoup plus durable, est de mépriser

---

1. C'est à peu près la même société qui, dans *Illusions perdues*, donne occasion à Rubempré de passer dandy. Il rencontre ceux « qui tenaient le haut du pavé dans le royaume de la fashion, tels que de Marsay, Vandenesse, Ajuda-Pinto, Maxime de Trailles, Rastignac, le duc de Maufrigneuse, Beaudenord, Manerville, etc. » et aussi la comtesse de Montcornet et la marquise d'Espard (Pl. IV, 810). Telle est bien l'initiation classique des jeunes provinciaux chez Balzac : on lit une énumération semblable dans *Le Père Goriot* à propos des débuts de Rastignac (Pl. II, 874).

le protégé. La fierté, la vanité, l'orgueil, tous les
bons comme les mauvais sentiments du jeune comte
le portèrent à prendre, au contraire, une attitude
agressive. Les ducs de Verneuil, d'Hérouville[a],
de Lenoncourt, de Chaulieu[b], de Navarreins, de
Grandlieu, de Maufrigneuse, les princes de Cadignan
et de Blamont-Chauvry[c] se firent alors un plaisir
de présenter au Roi ce charmant débris d'une vieille
famille[d]. Victurnien vint aux Tuileries dans un
magnifique équipage aux armes de sa maison;
mais sa présentation lui démontra que le Peuple
donnait trop de soucis au Roi pour qu'il pensât
à sa noblesse. Il devina tout à coup l'ilotisme
auquel la Restauration, bardée de ses vieillards
éligibles et de ses vieux courtisans, avait condamné
la jeunesse noble[1]. Il comprit qu'il n'y avait pour
lui de place convenable ni à la Cour, ni dans l'État,
ni à l'Armée, enfin nulle part. Il s'élança donc dans
le monde des plaisirs. Produit à l'Élysée-Bourbon,
chez la duchesse d'Angoulême, au Pavillon Marsan[2],
il rencontra partout les témoignages de politesse

---

1. Balzac déplorait déjà dans *La Duchesse de Langeais*
(voir notre édition de l'*Histoire des Treize,* p. 225) que la
jeunesse eût été « exclue des affaires » et stigmatisait dans
Ferragus les « vieillards jaloux de garder les rênes de l'État
dans leurs mains débiles » (*Ibid.,* p. 49). Il a dénoncé les
méfaits de la gérontocratie dans les *Lettres sur Paris* et dans
l'*Essai sur la situation du parti royaliste :* on sait que le néo-
légitimisme se réclamait de la « Jeune France ».

2. Le palais de l'Élysée revint sous la Restauration à la
duchesse de Bourbon, qui le céda au duc de Berry. Le
pavillon Marsan fut habité par le comte d'Artois.

superficielle dus à l'héritier d'une vieille famille dont on se souvint quand on le vit. C'était encore beaucoup qu'un souvenir. Dans la distinction par laquelle on honorait Victurnien, il y avait la pairie et un beau mariage; mais sa vanité l'empêcha de déclarer sa position, il resta sous les armes de sa fausse opulence. Il fut d'ailleurs si complimenté de sa tenue, si heureux de son premier succès, qu'une honte éprouvée par bien des jeunes gens, la honte d'abdiquer, lui conseilla de garder son attitude. Il prit un petit appartement dans la rue du Bac, avec une écurie, une remise et tous les accompagnements de la vie élégante à laquelle il se trouva tout d'abord condamné.

Cette mise en scène exigea cinquante mille francs, et le jeune comte les obtint contre toutes les prévisions du sage Chesnel, par un concours de circonstances imprévues. La lettre de Chesnel arriva bien à l'Étude de son ami; mais son ami était décédé. En voyant une lettre d'affaires, madame Sorbier, veuve très peu poétique, la remit au successeur du défunt. Maître Cardot, le nouveau notaire[a], dit au jeune comte que le mandat sur le Trésor serait nul, s'il était à l'ordre de son prédécesseur. En réponse à l'épître si longuement méditée par le vieux notaire de province, maître Cardot[b] écrivit une lettre de quatre lignes, pour toucher, non pas Chesnel, mais la somme. Chesnel fit le mandat au nom du jeune notaire qui, peu susceptible d'épouser la sentimentalité de son correspondant et enchanté de se mettre aux ordres du comte d'Esgrignon, donna tout ce que lui demandait Victurnien. Ceux qui connaissent la vie de Paris savent qu'il ne faut pas beaucoup de meubles, de voitures, de chevaux et d'élégance pour employer cinquante mille francs; mais ils doivent considérer que Victurnien eut immédiatement pour une vingtaine de mille francs de dettes chez ses fournisseurs [1], qui d'abord ne voulurent pas de son argent, sa fortune étant assez promptement grossie par l'opinion publique et par Joséphin, espèce de Chesnel en livrée.

Un mois après son arrivée, Victurnien fut obligé d'aller reprendre une dizaine de mille francs chez son notaire. Il avait simplement joué au whist chez les ducs de Navarreins, de Chaulieu[a], de Lenoncourt, et au Cercle. Après avoir d'abord gagné quelques milliers de francs, il en eut bientôt perdu cinq ou six mille, et sentit la nécessité de se faire une bourse de jeu. Victurnien avait l'esprit qui plaît au monde et qui permet aux jeunes gens de grande famille de se mettre au niveau de toute élévation. Non seulement il fut aussitôt admis comme un personnage dans la bande de la belle jeunesse; mais encore il y fut envié. Quand il se vit l'objet de l'envie, il éprouva une satisfaction enivrante, peu faite pour lui inspirer des réformes. Il fut, sous ce rapport, insensé. Il ne voulut pas penser aux moyens, il puisa dans ses sacs comme s'ils devaient toujours

---

1. On sent l'expérience de Balzac lui-même bien présente à son esprit.

se remplir, et se défendit à lui-même de réfléchir
à ce qu'il adviendrait de ce système. Dans ce monde
dissipé, dans ce tourbillon de fêtes, on admet les
acteurs en scène sous leurs brillants costumes, sans
s'enquérir de leurs moyens : il n'y a rien de plus
mauvais goût que de les discuter. Chacun doit
perpétuer ses richesses comme la nature perpétue
la sienne, en secret. On cause des détresses échues,
on s'inquiète en raillant de la fortune de ceux que
l'on ne connaît pas, mais on s'arrête là[a]. Un jeune
homme comme Victurnien, appuyé par les puissances du faubourg Saint-Germain, et à qui ses
protecteurs eux-mêmes accordaient une fortune
supérieure à celle qu'il avait, ne fût-ce que pour se
débarrasser de lui, tout cela très finement, très
élégamment, par un mot, par une phrase; enfin
un comte à marier, joli homme, bien pensant,
spirituel dont le père possédait encore les terres
de son vieux marquisat et le château héréditaire, ce
jeune homme est admirablement accueilli dans toutes
les maisons où il y a des jeunes femmes ennuyées,
des mères accompagnées de filles à marier, ou des
belles danseuses sans dot. Le monde l'attira donc,
en souriant, sur les premières banquettes de son
théâtre. Les banquettes que les marquis d'autrefois
occupaient sur la scène existent toujours à Paris
où les noms changent, mais non les choses[b].

Victurnien retrouva, dans la société du faubourg
Saint-Germain où l'on se comptait avec le plus
de réserve, le double du Chevalier, dans la personne
du vidame de Pamiers. Le vidame était un chevalier

de Valois[1] élevé à la dixième puissance, entouré
de tous les prestiges de la fortune, et jouissant
des avantages d'une haute position. Ce cher vidame
était l'entrepôt de toutes les confidences, la gazette
du Faubourg; discret néanmoins, et comme toutes
les gazettes, ne disant que ce que l'on peut publier.
Victurnien entendit encore professer les doctrines
transcendantes du Chevalier. Le vidame dit à
d'Esgrignon, sans le moindre détour, d'avoir
des femmes comme il faut, et lui raconta ce qu'il
faisait à son âge. Ce que le vidame de Pamiers
se permettait alors est si loin des mœurs modernes,
où l'âme et la passion jouent un si grand rôle, qu'il
est inutile de le raconter à des gens qui ne le croi-
raient pas. Mais cet excellent vidame fit mieux,
il dit en forme de conclusion à Victurnien : « Je
vous donne à dîner demain au cabaret. Après
l'Opéra où nous irons digérer, je vous mènerai
dans une maison où vous trouverez des personnes
qui ont le plus grand désir de vous voir. » Le
vidame lui donna un délicieux dîner au *Rocher de
Cancale*[2], où il trouva trois invités seulement : de
Marsay, Rastignac et Blondet. Émile[a] Blondet était

---

1. Cette désignation étourdiment introduite par Balzac
permet d'identifier formellement le personnage, qu'il avait
voulu laisser anonyme (voir p. 30).

2. Célèbre restaurant, 65 rue Montorgueil, près des Halles.
Balzac y traita ses amis et nombreux sont les personnages
de *La Comédie humaine* qui y dinèrent (voir Clouzot et Valensi,
Le Paris de Balzac, p. 106 à 111). Rubempré, notamment,
dans *Illusions perdues,* y assiste au souper de première de
L'Alcade dans l'embarras.

un compatriote du jeune comte[a], un écrivain qui
tenait à la haute société par sa liaison avec une
charmante jeune femme, arrivée de la province de
Victurnien, cette demoiselle de Troisville mariée
au comte de Montcornet, un des généraux de
Napoléon qui avaient passé aux Bourbons[b]. Le
vidame professait une profonde mésestime pour
les dîners où les convives dépassaient le nombre de
six. Selon lui, dans ce cas, il n'y avait plus ni conversation, ni cuisine, ni vins goûtés en connaissance
de cause.

— Je ne vous ai pas appris encore où je vous
mènerai ce soir, cher enfant, dit-il en prenant
Victurnien par les mains et les lui tapotant. Vous irez
chez mademoiselle des Touches[c], où seront en
petit comité toutes les jeunes jolies femmes qui ont
des prétentions à l'esprit. La littérature, l'art, la
poésie, enfin les talents y sont en honneur. C'est
un de nos anciens bureaux d'esprit, mais vernissé
de morale monarchique, la livrée de ce temps-ci.

— C'est quelquefois ennuyeux et fatigant comme
une paire de bottes neuves, mais il s'y trouve des
femmes à qui l'on ne peut parler que là, dit de Marsay.

— Si tous les poètes qui viennent y décrotter
leurs muses ressemblaient à notre compagnon,
dit Rastignac en frappant familièrement sur l'épaule
de Blondet, on s'amuserait. Mais l'ode, la ballade,
les méditations à petits sentiments, les romans à
grandes marges infestent un peu trop l'esprit et les
canapés.

— Pourvu qu'ils ne gâtent pas les femmes et qu'ils corrompent les jeunes filles, dit de Marsay, je ne les hais pas.

— Messieurs, dit en souriant Blondet, vous empiétez sur mon champ littéraire.

— Tais-toi, tu nous as volé la plus charmante femme du monde, heureux drôle, s'écria Rastignac, nous pouvons bien te prendre tes moins brillantes idées.

— Oui, le coquin est heureux, dit le vidame en prenant Blondet par l'oreille et la lui tortillant, mais Victurnien sera peut-être plus heureux ce soir...

— Déjà! s'écria de Marsay. Le voilà depuis un mois ici, à peine a-t-il eu le temps de secouer la poudre de son vieux manoir, d'essuyer la saumure où sa tante l'avait conservé; à peine a-t-il eu un cheval anglais un peu propre, un tilbury à la mode, un groom.

— Non, non, il n'a pas de groom, dit Rastignac en interrompant de Marsay; il a une manière de petit paysan qu'il a amené *de son endroit,* et que Buisson, le tailleur[1] qui comprend le mieux les habits de livrée, déclarait inhabile à porter une veste.

— Le fait est que vous auriez dû, dit gravement le vidame, vous modeler sur Beaudenord, qui a

---

1. Rue de Richelieu. Balzac, qui lui doit de l'argent, le fait volontiers patienter en citant son nom. Au 31 décembre 1838, sa dette atteint le total préoccupant de 11.315 fr. 75 (voir Bouvier et Maynial, *Les Comptes fantastiques de Balzac,* p. 285).

sur vous tous, mes petits amis, l'avantage de posséder le vrai tigre anglais[1]...

— Voilà donc, messieurs, où en sont les gentilshommes en France, s'écria Victurnien. Pour eux la grande question est d'avoir un tigre, un cheval anglais et des babioles...

— Ouais, dit Blondet, en montrant Victurnien,

Le bon sens de monsieur quelquefois[a] m'épouvante.

Eh bien ! oui, jeune moraliste, vous en êtes là. Vous n'avez même plus, comme le cher vidame, la gloire des profusions qui l'ont rendu célèbre il y a cinquante ans ! Nous faisons de la débauche à un second[b] étage, rue Montorgueil. Il n'y a plus de guerre avec le Cardinal ni de Camp du Drap d'or[2]. Enfin, vous, comte d'Esgrignon, vous soupez avec un sieur Blondet, fils cadet d'un misérable juge de province, à qui vous ne donniez pas la main là-bas[c], et qui dans dix ans peut s'asseoir

---

1. Il est question de ce « tigre », un petit irlandais nommé indifféremment Paddy, Joby ou Toby, dans *La Maison Nucingen*. Beaudenord, secrétaire de l'ambassade de France à Londres, l'a apporté en France dans ses bagages et devint célèbre par son tigre « comme Couture s'est fait remarquer par ses gilets » (Pl. V, p. 608).

2. Allusion au luxe déployé par François Ier lorsqu'il reçut en 1520 Henri VIII d'Angleterre pour tenter de négocier avec lui une alliance contre Charles-Quint. L'entrevue (dans l'actuel département du Pas-de-Calais, entre Guines et Ardres) reçut le nom de Rencontre du Camp du Drap d'Or.

à côté de vous parmi les pairs du royaume. Après cela, croyez en vous, si vous pouvez!

— Eh bien! dit Rastignac, nous sommes passés du Fait à l'Idée, de la force brutale à la force intellectuelle, nous parlons...

— Ne parlons pas de nos désastres, dit le vidame, j'ai résolu de mourir gaiement. Si notre ami n'a pas encore de tigre, il est de la race des lions[1], il n'en a pas besoin.

— Il ne peut s'en passer, dit Blondet, il est trop nouvellement arrivé.

— Quoique son élégance soit encore neuve, nous l'adoptons, reprit de Marsay. Il est digne de nous, il comprend son époque, il a de l'esprit, il est noble, il est gentil, nous l'aimerons, nous le servirons, nous le pousserons...

— Où? dit Blondet.

— Curieux! répliqua Rastignac[a].

— Avec qui s'emménage-t-il ce soir? demanda de Marsay.

— Avec tout un sérail, dit le vidame.

— Peste, qu'est-ce donc, reprit de Marsay, pour que le cher vidame nous tienne rigueur en tenant parole à l'infante? j'aurais bien du malheur si je ne la connaissais pas...

———————

1. Il y a ici comme un jeu de mots, car « lion », dans la langue de l'époque, est un terme figuré qui s'applique aux jeunes gens à la mode : « A l'*incroyable,* au *merveilleux,* à l'*élégant,* ces trois héritiers des *petits-maîtres* [...] ont succédé le *dandy,* puis le *lion* » (*Albert Savarus,* Pl. I, 755).

— J'ai pourtant été fat comme lui, dit le vidame en montrant de Marsay.

Après le dîner, qui fut très agréable[a], et sur un ton soutenu de charmante médisance et de jolie corruption, Rastignac et de Marsay accompagnèrent le vidame et Victurnien à l'Opéra, pour pouvoir les suivre chez mademoiselle des Touches[b]. Ces deux roués y allèrent à l'heure calculée où devait finir la lecture d'une tragédie, ce qu'ils regardaient comme la chose la plus malsaine à prendre entre onze heures et minuit. Ils venaient pour espionner Victurnien et le gêner par leur présence : véritable malice d'écolier, mais aigrie par le fiel du dandy jaloux[c]. Victurnien avait cette effronterie de page qui aide beaucoup à l'aisance; aussi, en observant le nouveau-venu faisant son entrée, Rastignac s'étonna-t-il de sa prompte initiation aux belles manières du moment.

— Ce petit d'Esgrignon ira loin, n'est-ce pas? dit-il à son compagnon.

— C'est selon, répondit de Marsay, mais il va bien[d].

Le vidame présenta le jeune comte à l'une des duchesses les plus aimables, les plus légères de cette époque, et dont les aventures ne firent explosion que cinq ans après[1]. Dans tout l'éclat de sa gloire,

---

1. Il est indiqué dans *La Muse du Département* que la duchesse de Maufrigneuse connut, en 1827, un moment difficile. Ruinée par ses liaisons et par son train de vie, elle dut vendre le domaine d'Anzy, près de Sancerre, qui appartenait à la famille d'Uxelles depuis cinq cents ans. Cet

soupçonnée déjà de quelques légèretés, mais sans preuve, elle obtenait alors le relief que prête à une femme comme à un homme la calomnie parisienne : la calomnie n'atteint jamais les médiocrités qui enragent de vivre en paix. Cette femme était enfin la duchesse de Maufrigneuse, une demoiselle d'Uxelles, dont le beau-père existait encore, et qui ne fut princesse de Cadignan que plus tard. Amie de la duchesse de Langeais, amie de la vicomtesse de Beauséant, deux splendeurs disparues[1], elle était intime avec la marquise d'Espard, à qui elle disputait en ce moment la fragile royauté de la Mode. Une parenté considérable la protégea pendant longtemps; mais elle appartenait à ce genre de femmes qui, sans qu'on sache à quoi, où, ni comment, dévoreraient les revenus de la Terre et ceux de la Lune si l'on pouvait les toucher[a]. Son caractère ne faisait que se dessiner, de Marsay seul l'avait approfondi. En voyant le vidame amenant Victurnien à cette délicieuse personne,

---

événement ne put se dérouler sans éveiller de commentaires. Bientôt allait apparaître à la duchesse la nécessité de « se faire oublier » sous le nom de princesse de Cadignan *(Les Secrets de la Princesse de Cadignan,* Pl. VI, p. 11).

1. La duchesse de Langeais s'est retirée du monde pour entrer dans un couvent de Carmélites en 1819 après sa décevante aventure avec le général de Montriveau (voir *La Duchesse de Langeais*). La même année, la vicomtesse de Beauséant, abandonnée par le marquis d'Ajuda-Pinto, offrait un dernier bal à la société parisienne (voir *Le Père Goriot*) avant de se retirer dans une de ses terres, en Normandie (voir *La Femme abandonnée*).

ce redouté dandy se pencha vers l'oreille de Rastignac.

— Mon cher, il sera, dit-il, *uist!* sifflé comme un polichinelle[1] par un cocher de fiacre.

Ce mot horriblement vulgaire prédisait admirablement les événements de cette passion. La duchesse de Maufrigneuse s'était affolée de Victurnien après l'avoir sérieusement étudié. Un amoureux qui eût vu le regard angélique par lequel elle remercia le vidame de Pamiers eût été jaloux d'une semblable expression d'amitié. Les femmes sont comme des chevaux lâchés dans un steppe quand elles se trouvent, comme la duchesse en présence du vidame, sur un terrain sans danger : elles sont naturelles alors, elles aiment peut-être à donner ainsi des échantillons de leurs tendresses secrètes. Ce fut un regard discret, d'œil à œil, sans répétition possible dans aucune glace, et que personne ne surprit.

— Comme elle s'est préparée! dit Rastignac à Marsay. Quelle toilette de vierge, quelle grâce de cygne dans son col de neige, quels regards de Madone inviolée, quelle robe blanche, quelle ceinture de petite fille! Qui dirait que tu as passé par là? [2a]

---

1. Avalé comme un verre d'eau-de-vie (« polichinelle » se disait familièrement d'un verre d'eau-de vie).

2. La duchesse de Maufrigneuse fut la maîtresse d'Henri de Marsay en 1820-1821 et gardait son portrait dans l'album « de ses erreurs ». « De Marsay a joué avec moi comme avec une poupée. J'étais si jeune ! » *(Les Secrets de la Princesse de Cadignan,* Pl. VI, p. 14 et 16).

— Mais elle est ainsi par cela même, répondit de Marsay d'un air de triomphe[a].

Les deux jeunes gens échangèrent un sourire. Madame de Maufrigneuse surprit ce sourire et devina le discours. Elle lança aux deux roués une de ces œillades que les Françaises ne connaissaient pas avant la paix, et qui ont été importées par les Anglaises avec les formes de leur argenterie, leurs harnais, leurs chevaux et leurs piles de glace britannique qui rafraîchissent un salon quand il s'y trouve une certaine quantité de *ladies*. Les deux jeunes gens devinrent sérieux comme des commis qui attendent une gratification au bout de la remontrance que leur fait un directeur. En s'amourachant de Victurnien, la duchesse s'était résolue à jouer ce rôle d'Agnès romantique[1], que plusieurs femmes imitèrent pour le malheur de la jeunesse d'aujourd'hui. Madame de Maufrigneuse venait de s'improviser ange, comme elle méditait de tourner à la littérature et à la science vers quarante ans au lieu de tourner à la dévotion. Elle tenait à ne ressembler à personne. Elle se créait des rôles et des robes, des bonnets et des opinions, des toilettes et des façons d'agir originales. Après son mariage, quand elle était encore quasi jeune fille, elle avait joué la femme instruite et presque perverse : elle s'était permis des reparties compromettantes auprès des

---

1. Comparée ici à l'ingénue de *L'École des Femmes*, la duchesse de Maufrigneuse sera comparée plus loin (p. 136) à Célimène.

gens superficiels, mais qui prouvaient son ignorance
aux vrais connaisseurs. Comme l'époque de ce
mariage lui défendait de dérober à la connaissance
des temps la moindre petite année[a], et qu'elle
atteignait à l'âge de vingt-six ans, elle avait inventé
de se faire immaculée. Elle paraissait à peine tenir
à la terre, elle agitait ses grandes manches, comme
si c'eût été des ailes. Son regard prenait la fuite
au ciel à propos d'un mot, d'une idée, d'un regard
un peu trop vifs. La madone de Piola, ce grand
peintre génois, assassiné par jalousie au moment où
il était en train de donner une seconde édition de
Raphaël[1], cette madone la plus chaste de toutes
et qui se voit à peine sous sa vitre dans une petite
rue de Gênes[2], cette céleste madone était une
Messaline, comparée à la duchesse de Maufrigneuse.
Les femmes se demandaient comment la jeune
étourdie était devenue, en une seule toilette, la
séraphique beauté voilée qui semblait, suivant une
expression à la mode, avoir une âme blanche comme
la dernière tombée de neige sur la plus haute des
Alpes, comment elle avait si promptement résolu
le problème jésuitique de si bien montrer une gorge
plus blanche que son âme en la cachant sous la

---

1. Cette madone est la copie d'une vierge de Raphaël.
Pellegrino Piola (1617-1640) fut assassiné par son rival
le peintre Carlone. Balzac revient sur cette aventure dans
Béatrix, à propos de Conti qui « a dans son art la célèbre
jalousie italienne qui porta le Carlone à assassiner Piola ».
2. Balzac a fait plusieurs séjours à Gênes et y était revenu
en avril 1838.

gaze; comment elle pouvait être si immatérielle en coulant son regard d'une façon si assassine. Elle avait l'air de promettre mille voluptés[a] par ce coup d'œil presque lascif quand, par un soupir ascétique plein d'espérance pour une meilleure vie, sa bouche paraissait dire qu'elle n'en réaliserait aucune[b]. Des jeunes gens naïfs, il y en avait quelques-uns à cette époque dans la Garde Royale, se demandaient si, même dans les dernières intimités, on tuteyait cette espèce de Dame Blanche, vapeur sidérale tombée de la Voie Lactée. Ce système, qui triompha pendant quelques années, fut très profitable aux femmes qui avaient leur élégante poitrine doublée d'une philosophie forte, et qui couvraient de grandes exigences sous ces petites manières de sacristie. Pas une de ces créatures célestes n'ignorait ce que pouvait leur rapporter en bon[c] amour l'envie qui prenait à tout homme bien né de les rappeler sur la terre. Cette mode leur permettait de rester dans leur empyrée semi-catholique et semi-ossianique; elles pouvaient et voulaient[d] ignorer tous les détails vulgaires de la vie, ce qui accommodait bien des questions. L'application de ce système deviné par de Marsay explique son dernier mot à Rastignac, qu'il vit presque jaloux de Victurnien. — Mon petit, lui dit-il, reste où tu es : notre Nucingen te fera ta fortune [1],

---

1. On se souvient que Rastignac est devenu l'amant de Mme de Nucingen et qu'il a été installé par elle dans un appartement de la rue d'Artois.

tandis que la duchesse te ruinerait. C'est une femme trop chère[a].

Rastignac laissa partir de Marsay sans en demander davantage : il savait son Paris. Il savait que la plus précieuse, la plus noble, que la femme la plus désintéressée du monde, à qui l'on ne saurait faire accepter autre chose qu'un bouquet, devient aussi dangereuse[b] pour un jeune homme que les filles d'Opéra d'autrefois. En effet, les filles d'Opéra sont passées à l'état mythologique[1]. Les mœurs actuelles des théâtres ont fait des danseuses et des actrices quelque chose d'amusant comme une déclaration des Droits de la Femme, des poupées qui[c] se promènent le matin en mères de famille vertueuses et respectables, avant de montrer leurs jambes le soir en pantalon collant dans un rôle d'homme. Du fond de son cabinet de province, le bon Chesnel avait bien deviné l'un des écueils sur lesquels le jeune comte pouvait se briser. La poétique auréole chaussée par madame de Maufrigneuse éblouit Victurnien qui fut cadenassé dans la première heure, attaché à cette ceinture de petite fille, accroché à ces boucles tournées par la main des fées. L'enfant déjà si corrompu[d] crut à ce fatras de virginités en mousseline, à cette suave

---

1. Balzac a déjà évoqué dans *La Vieille Fille* « les filles d'autrefois, ces illustres reines d'Opéra dont la célébrité fut européenne pendant un bon tiers du dix-huitième siècle » et il a érigé en une sorte de mythe cette institution « oubliée comme toutes les grandes choses » (voir notre édition, p. 29).

expression délibérée comme une loi dans les deux
Chambres. Ne suffit-il pas que celui qui doit croire
aux mensonges d'une femme y croie? Le reste du
monde a la valeur des personnages d'une tapisserie
pour deux amants. La duchesse était, sans compliment, une des dix plus jolies femmes de Paris
avouées, reconnues. Vous savez qu'il y a dans le
monde amoureux autant de *plus jolies femmes de
Paris* que de *plus beaux livres de l'époque* dans la
littérature. A l'âge de Victurnien, la conversation
qu'il eut avec la duchesse peut se soutenir sans trop
de fatigue. Assez jeune et assez peu au fait de la vie
parisienne, il n'eut pas besoin d'être sur ses gardes,
ni de veiller sur ses moindres mots et sur ses regards.
Ce sentimentalisme religieux, qui se traduit chez
chaque interlocuteur en arrière-pensées très drola-
tiques, exclut la douce familiarité, l'abandon spirituel des anciennes causeries françaises : on s'y
aime entre deux nuages. Victurnien avait précisément assez d'innocence départementale pour demeurer dans une extase fort convenable et non
jouée qui plut à la duchesse, car les femmes ne sont
pas plus les dupes des comédies que jouent les
hommes que des leurs. Madame de Maufrigneuse
estima, non sans effroi, l'erreur du jeune comte
à six bons mois d'amour pur. Elle était si délicieuse
à voir en colombe, étouffant la lueur de ses regards
sous les franges dorées de ses cils, que la marquise
d'Espard, en venant lui dire adieu, commença
par lui souffler : « Bien! très bien! ma chère! »
à l'oreille. Puis la belle marquise laissa sa rivale[a]

voyager sur la carte moderne du pays de Tendre,
qui n'est pas une conception aussi ridicule que le
pensent quelques personnes. Cette carte se regrave
de siècle en siècle avec d'autres noms et mène
toujours à la même capitale. En une heure de tête
à tête public, dans un coin, sur un divan, la duchesse
amena d'Esgrignon aux générosités scipionesques,
aux dévouements amadisiens [1], aux abnégations
du Moyen Age qui commençait alors à montrer
ses dagues, ses mâchicoulis, ses cottes, ses hauberts,
ses souliers à la poulaine [2], et tout son romantique
attirail de carton peint [a]. Elle fut d'ailleurs admirable
d'idées inexprimées, et fourrées dans le cœur de
Victurnien comme des aiguilles dans une pelote,
une à une, de façon distraite et discrète. Elle fut
merveilleuse de réticences, charmante d'hypocrisie,
prodigue de promesses subtiles qui fondaient à
l'examen comme de la glace au soleil après avoir
rafraîchi l'espoir, enfin très perfide de désirs conçus
et inspirés. Cette belle rencontre finit par le nœud
coulant d'une invitation à venir la voir, passé avec
ces manières chattemittes [3] que l'écriture imprimée [b]
ne peindra jamais.

---

1. Scipion, Amadis, héros de romans chevaleresques, ont
été remis en vogue par le romantisme. « On dit que c'est
un Amadis », s'écrie dans *Fantasio* la gouvernante d'Elsbeth
à propos du prince de Mantoue.
2. Chaussures à longue pointe recourbée comme l'éperon
ou poulaine d'un vaisseau et dont la mode se répandit en
France au XIVe siècle.
3. « Un chat faisant la chattemitte », écrivait La Fontaine
(*Le Chat, la Belette et le Petit Lapin*). *Chattemitte* se dit

— Vous m'oublierez! disait-elle, vous verrez tant de femmes empressées à vous faire la cour au lieu de vous éclairer... — Mais vous me reviendrez désabusé. — Viendrez-vous, auparavant?... Non. Comme vous voudrez. — Moi je dis tout naïvement que vos visites me plairaient beaucoup. Les gens qui ont de l'âme sont si rares, et je vous en crois. — Allons, adieu, l'on finirait par causer de nous si nous causions davantage.

A la lettre, elle s'envola. Victurnien ne resta pas longtemps après le départ de la duchesse; mais il demeura cependant assez pour laisser deviner son ravissement par cette attitude des gens heureux, qui tient à la fois de la discrétion calme des inquisiteurs et de la béatitude concentrée des dévotes qui sortent absoutes du confessionnal[a].

— Madame de Maufrigneuse est allée au but assez lestement[b] ce soir, dit la duchesse de Grandlieu quand il n'y eut plus que six personnes dans le petit salon de mademoiselle des Touches[c] : des Lupeaulx[d], un maître des requêtes en faveur[e], Vandenesse, la vicomtesse de Grandlieu, Canalis[f] et madame de Sérisy.

— D'Esgrignon et Maufrigneuse sont deux noms qui devaient s'accrocher, répondit madame de Sérisy qui avait la prétention de dire des mots.

— Depuis quelques jours elle s'est mise au vert dans le platonisme, dit des Lupeaulx[g].

----

d'une personne aux manières doucereuses. L'emploi du mot comme adjectif est rare.

— Elle ruinera ce pauvre innocent, dit Charles de[a] Vandenesse.

— Comment l'entendez-vous? demanda mademoiselle des Touches.

— Oh! moralement et financièrement, ça ne fait pas de doute, dit la vicomtesse en se levant.

Ce mot cruel eut de cruelles réalités pour le jeune comte d'Esgrignon. Le lendemain matin, il écrivit à sa tante une lettre où il lui peignit ses débuts dans le monde élevé du faubourg Saint-Germain sous les vives couleurs que jette le prisme de l'amour. Il expliqua l'accueil qu'il recevait partout de manière à satisfaire l'orgueil de son père. Le marquis se fit lire deux fois cette longue lettre et se frotta les mains en entendant le récit du dîner donné par le vidame de Pamiers, une vieille connaissance à lui, et de la présentation de son fils à la duchesse; mais il se perdit en conjectures sans pouvoir comprendre la présence du fils cadet d'un juge, du sieur Blondet, qui avait été Accusateur Public pendant la Révolution[b]. Il y eut fête ce soir-là dans le Cabinet des Antiques : on s'y entretint des succès du jeune comte. On fut si discret sur madame de Maufrigneuse que le Chevalier fut le seul homme à qui l'on se confia. Cette lettre était sans *post-scriptum* financier, sans la conclusion désagréable relative au nerf de la guerre que tout jeune homme ajoute en pareil cas. Mademoiselle Armande communiqua la lettre à Chesnel. Chesnel fut heureux sans élever la moindre objection. Il était clair, comme le disaient le Chevalier et le marquis, qu'un jeune homme

aimé par la duchesse de Maufrigneuse allait être
un des héros de la Cour, où, comme autrefois, on
parvenait à tout[a] par les femmes. Le jeune comte
n'avait pas mal choisi. Les douairières racontèrent
toutes les histoires galantes des Maufrigneuse depuis
Louis XIII jusqu'à Louis XVI, elles firent grâce
des règnes antérieurs; enfin elles furent enchantées.
On loua beaucoup madame de Maufrigneuse de
s'intéresser à Victurnien. Le cénacle du Cabinet
des Antiques eût été digne d'être écouté par un
auteur dramatique qui aurait voulu faire de la vraie
comédie. Victurnien reçut des lettres charmantes
de son père, de sa tante, du Chevalier qui se rappelait au souvenir du vidame, avec lequel il était allé
à Spa, lors du voyage que fit, en 1778, une célèbre
princesse hongroise[1b]. Chesnel écrivit aussi. Dans
toutes les pages éclatait l'adulation à laquelle on
avait habitué ce malheureux enfant. Mademoiselle Armande semblait être de moitié dans les
plaisirs de madame de Maufrigneuse.

---

1. La princesse Goritza, dont le médaillon, dans *La
Vieille Fille* (voir notre édition, p. 8), orne la tabatière du
Chevalier. Balzac a supprimé dans l'édition ce nom, qui
figurait dans le texte préoriginal.

CHAPITRE IV

LA BELLE MAUFRIGNEUSE

Heureux de l'approbation de sa famille, le jeune comte entra vigoureusement dans le sentier périlleux et coûteux du dandysme. Il eut cinq chevaux, il fut modéré : de Marsay en avait quatorze. Il rendit au vidame, à de Marsay, à Rastignac, et même[a] à Blondet le dîner reçu. Ce dîner coûta cinq cents francs. Le provincial fut fêté par ces messieurs, sur la même échelle, grandement. Il joua beaucoup, et malheureusement,[b] au whist, le jeu à la mode. Il organisa son oisiveté de manière à être occupé. Victurnien alla tous les matins de midi à trois heures chez la duchesse; de là, il la retrouvait au bois de Boulogne, lui à cheval, elle en voiture. Si ces deux charmants partenaires[c] faisaient quelques parties à cheval, elles avaient lieu par de belles matinées. Dans la soirée, le monde, les bals, les fêtes, les spectacles se partageaient les heures du jeune comte. Victurnien brillait partout, car partout il jetait les perles de son esprit, il jugeait par des mots profonds les hommes, les choses, les événements : vous eussiez dit d'un

arbre à fruit qui ne donnait que des fleurs. Il mena
cette lassante vie où l'on dissipe plus d'âme encore
peut-être que d'argent, où s'enterrent les plus beaux
talents, où meurent les plus incorruptibles probités,
où s'amollissent les volontés les mieux trempées.
La duchesse, cette créature si blanche, si frêle,
si ange, se plaisait à la vie dissipée des garçons :
elle aimait à voir les premières représentations,
elle aimait le drôle, l'imprévu. Elle ne connaissait
pas le cabaret : d'Esgrignon lui arrangea une charmante partie au *Rocher de Cancale* avec la société
des aimables roués qu'elle pratiquait en les morali-
sant, et qui fut d'une gaieté, d'un spirituel, d'un
amusant égal au prix du souper. Cette partie en
amena d'autres. Néanmoins ce fut pour Victurnien
une passion angélique. Oui, madame de Maufrigneuse restait un ange que les corruptions de la
terre n'atteignaient point : un ange aux Variétés
devant ces farces à demi obscènes et populacières
qui la faisaient rire [1], un ange au milieu du feu
croisé des délicieuses plaisanteries et des chroniques scandaleuses qui se disaient aux parties
fines, un ange pâmée[a] au Vaudeville en loge grillée,
un ange en remarquant les poses des danseuses
de l'Opéra et les critiquant avec la science d'un
vieillard du coin de la Reine [2], un ange à la Porte-

---

1. Au début du XIXᵉ siècle, le théâtre des Variétés jouait
non seulement le vaudeville, mais la farce et fut même
menacé de fermeture, en 1809, pour la liberté de son réper-
toire.

2. Le coin du Roi et le coin de la Reine étaient, au

Saint-Martin, un ange aux petits théâtres du boulevard, un ange au bal masqué où elle s'amusait
comme un écolier; un ange qui voulait que l'amour
vécût de privations, d'héroïsme, de sacrifices, et
qui faisait changer à d'Esgrignon un cheval dont
la robe lui déplaisait, qui le voulait dans la tenue
d'un lord anglais riche d'un million de rente. Elle
était un ange au jeu[a]. Certes aucune bourgeoise
n'aurait su dire angéliquement comme elle à d'Esgrignon : « Mettez au jeu pour moi ! » Elle était
si divinement[b] folle quand elle faisait une folie,
que c'était à vendre son âme au diable pour entretenir cet ange dans le goût des joies[c] terrestres.

Aprés son premier hiver, le jeune comte avait
pris chez monsieur Cardot[d], qui se gardait bien
d'user du droit de remontrance, la bagatelle de
trente mille francs au-delà de la somme envoyée
par Chesnel. Un refus extrêmement poli du notaire
à une nouvelle demande[e] apprit ce débet [1] à Victurnien, qui se choqua d'autant plus du refus, qu'il
avait perdu six mille francs au Club[f] et qu'il les
lui fallait pour y retourner. Après s'être formalisé

---

xviii[e] siècle, des factions qui se plaçaient, à l'Opéra, l'une
à droite du parterre, sous la loge du Roi, l'autre à gauche
sous la loge de la Reine.

1. Ce mot du langage technique de la comptabilité est
une transcription du mot latin *debet* (il doit) et désigne ce
qui demeure dû après le règlement d'un compte. C'est un
mot que Balzac connaît bien, non seulement comme ancien
clerc, mais pour avoir été endetté de façon continuelle.

du refus de maître Cardot[a], qui avait eu pour trente
mille francs de confiance en lui, tout en écrivant
à Chesnel, mais qui faisait sonner haut cette prétendue confiance devant le favori de la belle duchesse
de Maufrigneuse, d'Esgrignon fut obligé de lui
demander comment il devait s'y prendre, car il
s'agissait d'une dette d'honneur.

— Tirez quelques lettres de change sur le banquier de votre père, portez-les à son correspondant
qui les escomptera sans doute, puis écrivez à
votre famille d'en remettre les fonds chez ce
banquier.

Dans la détresse où il était, le jeune comte entendit une voix intérieure qui lui jeta le nom de du
Croisier dont les dispositions envers l'aristocratie,
aux genoux de laquelle il l'avait vu, lui étaient
complètement inconnues. Il écrivit donc à ce banquier une lettre très dégagée, par laquelle il lui
apprenait qu'il tirait sur lui une lettre de change de
dix mille francs, dont les fonds lui seraient remis
au reçu de sa lettre par monsieur Chesnel ou par
mademoiselle Armande d'Esgrignon. Puis il écrivit
deux lettres attendrissantes à Chesnel et à sa tante.
Quand il s'agit de se précipiter dans les abîmes,
les jeunes gens font preuve d'une adresse, d'une
habileté singulières, ils ont du bonheur. Victurnien
trouva dans la matinée le nom, l'adresse des banquiers parisiens en relation avec du Croisier, les
Keller que de Marsay lui indiqua. De Marsay
savait tout à Paris. Les Keller remirent à d'Esgrignon
sous escompte, sans mot dire, le montant de la

lettre de change : ils devaient à du Croisier. Cette
dette de jeu n'était rien en comparaison de l'état
des choses au logis. Il pleuvait des mémoires chez[a]
Victurnien.

— Tiens ! tu t'occupes de ça, dit un matin
Rastignac à d'Esgrignon en riant. Tu les mets
en ordre, mon cher. Je ne te croyais pas si bourgeois.

— Mon cher enfant, il faut bien y penser, j'en
ai là pour vingt et quelques mille francs.

De Marsay, qui venait chercher d'Esgrignon
pour une course au clocher, sortit de sa poche un
élégant petit portefeuille, y prit vingt mille francs,
et les lui présenta.

— Voilà, dit-il, la meilleure manière de ne pas
les perdre, je suis aujourd'hui doublement enchanté
de les avoir gagnés hier à mon honorable père[b],
milord Dudley[1].

Cette grâce française séduisit au dernier point
d'Esgrignon qui crut à l'amitié, qui ne paya point
ses mémoires et se servit de cet argent pour ses
plaisirs. De Marsay, suivant une expression de la
langue des dandies[c], voyait avec un indicible
plaisir d'Esgrignon *s'enfonçant,* il prenait plaisir
à s'appuyer le bras sur son épaule avec toutes les
chatteries de l'amitié pour y peser et le faire disparaître plus tôt, car il était jaloux de l'éclat avec

---

1. Il est précisé dans *La Fille aux Yeux d'or* (voir notre
édition de l'*Histoire des Treize,* p. 389) que Henri de Marsay
est « le fils naturel de lord Dudley et de la célèbre marquise
de Vordac » qui épousa plus tard un M. de Marsay.

lequel s'affichait la duchesse pour d'Esgrignon, quand elle avait réclamé le huis-clos pour lui. C'était, d'ailleurs, un de ces rudes goguenards qui se plaisent dans le mal comme les femmes turques dans le bain. Aussi, quand il eut remporté le prix de la course, et que les parieurs furent réunis chez un aubergiste où ils déjeunèrent, et où l'on trouva quelques bonnes bouteilles de vin, de Marsay dit-il en riant à d'Esgrignon : « Ces mémoires dont tu t'inquiètes ne sont certainement pas les tiens ».

— Et s'en inquiéterait-il? répliqua Rastignac.

— Et à qui appartiendraient-ils donc? demanda d'Esgrignon.

— Tu ne connais donc pas la position de la duchesse? dit de Marsay en remontant à cheval.

— Non, répondit d'Esgrignon intrigué.

— Eh bien! mon cher, repartit de Marsay, voici : trente mille francs chez Victorine [1], dix-huit[a] mille francs chez Houbigant [2], un compte chez

---

1. Célèbre couturière, 1 rue du Hasard. La duchesse de Berry était sa cliente. Ce prénom devait être repris, pour son prestige, par d'autres couturières et MM. Clouzot et Valensi, dans *Le Paris de la Comédie humaine,* notent qu'en 1844 « la Victorine à la mode » était une Victorine IV. On voit Louise de Chaulieu s'adresser à Victorine dans les *Mémoires de Deux Jeunes Mariées* et de même, dans *Illusions perdues,* Mme de Bargeton, devenue comtesse du Châtelet.

2. Parfumeur, 19 rue Saint-Honoré. On conserve à la collection Lovenjoul une facture de Houbigant au nom de Balzac.

Herbault [1], chez Nattier [2], chez Nourtier [3], chez les petites Latour [4], en tout cent mille francs.

— Un ange, dit d'Esgrignon en levant les yeux au ciel.

— Voilà le compte de ses ailes, s'écria bouffonnement Rastignac.

— Elle doit tout cela, mon cher, répondit de Marsay, précisément parce qu'elle est un ange; mais nous avons tous rencontré des anges dans ces situations-là, dit-il en regardant Rastignac. Les femmes sont sublimes en ceci qu'elles n'entendent rien à l'argent, elles ne s'en mêlent pas, cela ne les regarde point; elles sont priées au *banquet de la vie*, selon le mot de je ne sais quel poète crevé à l'hôpital [5].

— Comment savez-vous cela, tandis que je ne le sais pas? répondit naïvement d'Esgrignon.

---

1. Mme Herbault, marchande de modes, 8 rue Neuve-Saint-Augustin, réputée surtout pour ses coiffures : du Châtelet indique « Herbault pour ses toques » à Mme de Bargeton et la marquise d'Espard y commande ses bonnets.

2. Fleuriste (fleurs naturelles et artificielles), rue de Richelieu. Dans *Un Début dans la Vie,* Mme de Sérisy porte « un magnifique chapeau de paille d'Italie, orné d'un bouquet de roses mousseuses pris chez Nattier ».

3. Marchand de soieries, 16 rue Vivienne.

4. Il s'agit sans doute de Mmes Delatour, modes, 104 rue de Richelieu.

5. Allusion au célèbre *Poète mourant* de Gilbert (1751-1780) : « Au banquet de la vie infortuné convive... » Déjà Vigny, dans *Stello,* montrait Gilbert famélique, agonisant sur un grabat. C'est une légende : poète quasi officiel et pensionné du Roi, Gilbert vécut dans l'aisance, mais sa mort accidentelle et précoce émut le public.

— Tu seras le dernier à le savoir, comme elle
sera la dernière à apprendre que tu as des dettes.

— Je lui croyais cent[a] mille livres de rente, dit
d'Esgrignon.

— Son mari, reprit de Marsay, est séparé d'elle
et vit à son régiment où il fait des économies, car[b]
il a quelques petites dettes aussi, notre cher duc!
D'où venez-vous? Apprenez donc à faire, comme
nous, les comptes de vos amis. Mademoiselle
Diane (je l'ai aimée pour son nom!), Diane d'Uxe'les[c]
s'est mariée avec soixante mille livres de rente à elle,
sa maison est depuis huit ans montée sur un pied
de deux cent mille livres de rente; il est clair qu'en
ce moment, ses terres sont toutes hypothéquées
au-delà de leur valeur; il faudra quelque beau
matin fondre la cloche, et l'ange sera mis en fuite
par... faut-il le dire? par des huissiers qui auront
l'impudeur de saisir un ange comme ils empoigneraient[d] l'un de nous.

— Pauvre ange!

— Eh! mon cher, il en coûte fort cher de rester
dans le Paradis parisien[e], il faut se blanchir le teint
et les ailes tous les matins, dit Rastignac.

Comme il était passé par la tête de d'Esgrignon
d'avouer ses embarras à sa chère Diane[f], il lui passa
comme un frisson en pensant qu'il devait déjà
soixante mille francs et qu'il avait pour dix mille
francs de mémoires à venir. Il revint assez triste.
Sa préoccupation mal déguisée fut remarquée par
ses amis, qui se dirent à dîner : « Ce petit d'Esgrignon s'enfonce! il n'a pas le pied parisien, il

se brûlera la cervelle. C'est un petit sot, » etc[a].

Le jeune comte fut consolé promptement. Son valet de chambre lui remit deux lettres. D'abord une lettre de Chesnel, qui sentait le rance de la fidélité grondeuse et des phrases rubriquées [1] de probité; il la respecta, la garda pour le soir. Puis une seconde lettre où il lut avec un plaisir infini les phrases cicéroniennes par lesquelles du Croisier, à genoux devant lui comme Sganarelle devant Géronte [2], le suppliait à l'avenir de lui épargner l'affront de faire déposer à l'avance l'argent des lettres de change qu'il daignerait tirer sur lui. Cette lettre finissait par une phrase qui ressemblait si bien à une caisse ouverte et pleine d'écus au service de la noble maison d'Esgrignon, que Victurnien fit le geste de Sganarelle, de Mascarille et de tous ceux qui sentent des démangeaisons de conscience au bout des doigts. En se sachant un crédit illimité chez les Keller, il décacheta gaiement la lettre de Chesnel; il s'attendait aux quatre pages pleines, à la remontrance débordant à pleins bords, il voyait déjà les mots habituels de prudence, honneur, esprit de conduite, etc., etc. Il eut le vertige en lisant ces mots :

« Monsieur le Comte,

« Il ne me reste, de toute ma fortune, que deux

---

1. Marquées.
2. Allusion obscure. Sganarelle s'humilie devant Géronte, dans *Le Médecin malgré lui,* après la découverte de son imposture, mais il n'existe vraiment aucun rapport entre les deux situations.

« cent mille francs; je vous supplie de ne pas aller
« au-delà, si vous faites l'honneur de les prendre au
« plus dévoué des serviteurs de votre famille et qui
« vous présente ses respects.

« CHESNEL. »

— C'est un homme de Plutarque, se dit Victurnien en jetant la lettre sur sa table. Il éprouva du
dépit, il se sentait petit devant tant de grandeur. —
Allons, il faut se réformer, se dit-il.

Au lieu de dîner au Restaurant[a] où il dépensait,
à chaque dîner, entre cinquante et soixante[b] francs,
il fit l'économie de dîner chez la duchesse de Maufrigneuse, à laquelle il raconta l'anecdote de la lettre.

— Je voudrais voir cet homme-là, dit-elle en
faisant briller ses yeux comme deux étoiles fixes.

— Qu'en feriez-vous?

— Mais je le chargerais de mes affaires.

Diane[c] était divinement mise, elle voulut faire
honneur de sa toilette à Victurnien qui fut fasciné
par la légèreté avec laquelle elle traitait ses affaires,
ou plus exactement ses dettes. Le joli couple[d] alla
aux Italiens [1]. Jamais cette belle et séduisante femme
ne parut plus séraphique ni plus éthérée. Personne
dans la salle n'aurait pu croire aux dettes dont le
chiffre avait été donné le matin même par de Marsay

---

1. A la date où se déroule cette aventure, la troupe des
Italiens partageait la salle Louvois, rue de Richelieu, avec
celle de la Comédie-Française; on y jouait beaucoup de Rossini.

à d'Esgrignon. Aucun[a] des soucis de la terre n'atteignait à ce front sublime, plein des fiertés féminines
les mieux situées. Chez elle, un air rêveur semblait
être le reflet de l'amour terrestre noblement étouffé.
La plupart des hommes pariaient que le beau Victurnien en était pour ses frais, contre des femmes sûres
de la défaite de leur rivale, et qui l'admiraient comme
Michel-Ange admirait Raphaël, *in petto!* Victurnien
aimait Diane[b], selon celle-ci, à cause de ses cheveux,
car elle avait la plus belle chevelure blonde de
France; selon celle-là, son principal mérite était
sa blancheur, car elle n'était pas bien faite, mais
bien habillée; selon d'autres, d'Esgrignon l'aimait
pour son pied, la seule chose qu'elle eût de bien; elle
avait la figure plate. Mais ce qui peint étonnamment
les mœurs actuelles de Paris : d'un côté, les hommes
disaient que la duchesse fournissait au luxe de Victurnien; de l'autre, les femmes donnaient à entendre
que Victurnien payait, comme disait Rastignac, les
ailes de cet ange. En revenant, Victurnien, à qui les
dettes de la duchesse pesaient bien plus que les
siennes, eut vingt fois sur les lèvres une interrogation
pour entamer ce chapitre; mais vingt fois elle expira
devant l'attitude de cette créature divine à la lueur
des lanternes de son coupé, séduisante de ces voluptés qui, chez elle, semblaient toujours arrachées
violemment à sa pureté de madone. La duchesse
ne commettait pas la faute de parler de sa vertu, ni
de son état d'ange, comme les femmes de province
qui l'ont imitée; elle était bien plus habile, elle y
faisait penser celui pour qui elle commettait de si

grands sacrifices. Elle donnait, après six mois, l'air d'un péché capital au plus innocent baisement de main, elle pratiquait l'extorquement des bonnes grâces avec un art si consommé qu'il était impossible de ne pas la croire plus ange avant qu'après [1]. Il n'y a que les Parisiennes assez fortes pour toujours donner un nouvel attrait à la lune et pour romantiser les étoiles, pour toujours rouler dans le même sac à charbon et en sortir toujours plus blanches. Là est le dernier degré de la civilisation intellectuelle et parisienne. Les femmes d'au-delà le Rhin ou la Manche croient à ces sornettes quand elles les débitent; tandis que les Parisiennes y font croire leurs amants pour les rendre plus heureux en flattant toutes leurs vanités temporelles et spirituelles[a]. Quelques personnes ont voulu diminuer le mérite de la duchesse, en prétendant qu'elle était la première dupe de ses sortilèges. Infâme calomnie! La duchesse ne croyait à rien qu'à elle-même[b].

Au commencement de l'hiver, entre les années 1823 et 1824, Victurnien avait chez les Keller un débet de deux cent mille francs dont ni Chesnel, ni mademoiselle Armande ne savaient rien. Pour mieux cacher la source où il puisait, il s'était fait envoyer de temps à autre deux mille écus par Chesnel; il écrivit des lettres mensongères à son pauvre père et à sa tante qui vivaient heureux, abusés comme la plupart des gens heureux. Une

---

1. Lapsus probable. On attendrait : « plus ange après qu'avant ».

seule personne était dans le secret de l'horrible catastrophe que l'entraînement fascinateur de la vie
parisienne avait préparée à cette grande et noble
famille. Du Croisier, en passant le soir devant le
Cabinet des Antiques, se frottait les mains de joie,
il espérait arriver à ses fins. Ses fins n'étaient plus
la ruine, mais le déshonneur de la maison d'Esgrignon, il avait alors l'instinct de sa vengeance, il la
flairait ! Enfin il en fut sûr dès qu'il sut au jeune
comte des dettes sous le poids desquelles cette
jeune âme devait succomber. Il commença par assassiner celui de ses ennemis qui lui était le plus anti-
pathique, le vénérable Chesnel. Ce bon vieillard
habitait rue du Bercail une maison à toits très élevés,
à petite cour pavée, le long des murs de laquelle
montaient des rosiers jusqu'au premier étage. Derrière, était un jardinet de province, entouré de murs
humides et sombres, divisé en plates-bandes par des
bordures en buis. La porte, grise et proprette, avait
cette barrière à claire-voie armée de sonnettes, qui
dit autant que les panonceaux : ici respire[a] un notaire. Il était cinq heures et demie du soir, moment
où le vieillard digérait son dîner. Chesnel était dans
son vieux fauteuil de cuir noir, devant son feu; il
avait chaussé l'armure de carton peint, figurant une
botte, avec laquelle il préservait ses jambes du feu.
Le bonhomme avait l'habitude d'appuyer ses pieds
sur la barre et de tisonner en digérant, il mangeait
toujours trop : il aimait la bonne chère. Hélas ! sans
ce petit défaut, n'eût-il pas été plus parfait qu'il n'est
permis à un homme de l'être ? Il venait de prendre

sa tasse de café, sa vieille gouvernante s'était retirée
en emportant le plateau qui servait à cet usage
depuis vingt ans; il attendait ses clercs avant de
sortir pour aller faire sa partie; il pensait, ne deman-
dez pas à qui ni à quoi? Rarement une journée
s'écoulait sans qu'il se fût dit : « Où est-il? que fait-
il? » Il le croyait en Italie avec la belle Maufrigneuse.
Une des plus douces jouissances des hommes qui
possèdent une fortune acquise et non transmise, est
le souvenir des peines qu'elle a coûtées, et l'avenir
qu'ils donnent à leurs écus : ils jouissent à tous les
temps du verbe[a]. Aussi cet homme, dont les sentiments se résumaient par un attachement unique,
avait-il de doubles jouissances en pensant[b] que ses
terres, si bien choisies, si bien cultivées, si péniblement achetées, grossiraient les domaines de la maison d'Esgrignon. A l'aise dans son vieux fauteuil,
il se carrait dans ses espérances : il regardait tour à
tour l'édifice élevé par ses pincettes avec des char-
bons ardents et l'édifice de la maison d'Esgrignon
relevé par ses soins. Il s'applaudissait du sens qu'il
avait donné à sa vie, en imaginant le jeune comte
heureux. Chesnel ne manquait pas d'esprit, son âme
n'agissait pas seule dans ce grand dévouement, il
avait son orgueil, il ressemblait à ces nobles qui
rebâtissent des piliers dans les cathédrales en y inscri-
vant leurs noms : il s'inscrivait dans la mémoire de
la maison d'Esgrignon. On y parlerait du vieux
Chesnel. En ce moment, sa vieille gouvernante
entra en donnant les marques d'un effarouchement
excessif.

— Est-ce le feu, Brigitte? dit Chesnel.

— C'est quelque chose comme ça, répondit-elle. Voici monsieur du Croisier qui veut vous parler...

— Monsieur du Croisier, répéta le vieillard si cruellement atteint jusqu'au cœur par la froide lame du soupçon qu'il laissa tomber ses pincettes. Monsieur du Croisier ici, pensa-t-il, notre ennemi capital!

Du Croisier entrait alors avec l'allure d'un chat qui sent du lait dans un office. Il salua, prit le fauteuil que lui avançait le notaire, s'y assit tout doucettement, et présenta un compte de deux cent vingt-sept mille francs, intérêts compris, formant le total de l'argent avancé à monsieur Victurnien en lettres de change tirées sur lui, acquittées, et desquelles il réclamait le paiement sous peine de poursuivre immédiatement avec la dernière rigueur l'héritier présomptif de la maison d'Esgrignon[a]. Chesnel mania ces fatales lettres une à une, en demandant le secret à l'ennemi de la famille. L'ennemi promit de se taire, s'il était payé dans les quarante-huit[b] heures : il était gêné, il avait obligé des manufacturiers. Du Croisier entama cette série de mensonges pécuniaires qui ne trompent ni les emprunteurs ni les notaires[c]. Le bonhomme avait les yeux troublés, il retenait mal ses larmes, il ne pouvait payer qu'en hypothéquant ses biens pour le reste de leur valeur. En apprenant la difficulté qu'éprouverait son remboursement, du Croisier ne fut plus gêné, n'eut plus besoin d'argent, il proposa soudain au vieux notaire de lui acheter ses propriétés[d]. Cette vente fut signée et consommée en deux jours. Le pauvre

Chesnel ne put supporter l'idée de savoir l'enfant de la maison détenu pour dettes pendant cinq ans [1]. Quelques jours après, il ne resta donc plus au notaire que son Étude, ses recouvrements et sa maison. Chesnel se promena, dépouillé de ses biens, sous les lambris en chêne noir de son cabinet, regardant les solives de châtaignier à filets sculptés, regardant sa treille par la fenêtre, ne pensant plus à ses fermes ni à sa chère campagne du Jard[a], non.

— Que deviendra-t-il? Il faut le rappeler, le marier à une riche héritière, se disait-il les yeux troublés et la tête pesante.

Il ne savait comment aborder mademoiselle Armande ni en quels termes lui apprendre cette nouvelle. Lui, qui venait de solder le compte des dettes au nom de la famille, tremblait d'avoir à parler de ces choses. En allant de la rue du Bercail à l'hôtel d'Esgrignon, le bon vieux notaire était palpitant comme une jeune fille qui se sauve de[b] la maison paternelle pour n'y revenir que mère et désolée. Mademoiselle Armande venait de recevoir une lettre charmante d'hypocrisie, où son neveu paraissait être l'homme du monde le plus heureux. Après être allé aux Eaux et en Italie avec madame de Maufrigneuse [2], Victurnien envoyait le journal

---

1. La prison pour dettes était alors Sainte-Pélagie, rue de la Clef.

2. Balzac est allé aux eaux (à Aix-les-Bains) avec Mme de Castries, en 1832 et en Italie avec Mme Marbouty, en 1836.

de son voyage à sa tante. L'amour respirait dans toutes ses phrases. Tantôt une ravissante description de Venise et d'enchanteresses appréciations des chefs-d'œuvre de l'art italien; tantôt des pages divines sur le Dôme de Milan, sur Florence; ici la peinture des Apennins opposée à celle des Alpes, là des villages, comme celui de Chiavari [1], où l'on trouvait autour de soi le bonheur tout fait, fascinaient la pauvre tante qui voyait planant à travers ces contrées d'amour un ange dont la tendresse prêtait à ces belles choses un air enflammé. Mademoiselle Armande savourait cette lettre à longs traits[a], comme le devait une fille sage, mûrie au feu des passions contraintes, comprimées, victime des désirs offerts en holocauste sur l'autel domestique avec une joie constante. Elle n'avait pas l'air ange comme la duchesse, elle ressemblait alors à ces statuettes droites, minces, élancées, de couleur jaune, que les merveilleux artistes des cathédrales ont mises dans quelques angles, au pied desquelles l'humidité permet au liseron de croître et de les couronner par un beau jour d'une belle cloche bleue. En ce moment, la clochette s'épanouissait aux yeux de cette sainte : mademoiselle Armande aimait fantastiquement ce beau couple, elle ne trouvait pas condamnable l'amour d'une femme mariée pour Victurnien, elle l'eût blâmé dans toute autre;

---

1. Souvenirs de voyages en Italie, surtout du voyage de 1836. Chiavari se trouve dans la région de Gênes, bien connue de Balzac.

mais le crime ici aurait été de ne pas aimer son neveu.
Les tantes, les mères et les sœurs ont une jurisprudence particulière pour leurs neveux, leurs fils et
leurs frères. Elle se voyait donc au milieu des palais
bâtis par les fées sur les deux lignes du grand canal
à Venise[a]. Elle y était dans la gondole de Victurnien
qui lui disait combien il avait été heureux de sentir
dans sa main la belle main de la duchesse, et d'être
aimé en voyageant sur le sein de cette amoureuse
reine des mers italiennes. En ce moment d'angélique béatitude, apparut au bout de l'allée Chesnel!
Hélas![b] le sable criait sous ses pieds, comme celui
qui tombe du sablier de la Mort et qu'elle broie
avec ses pieds sans chaussure. Ce bruit et la vue de
Chesnel dans un état d'horrible désolation donnèrent
à la vieille fille la cruelle émotion que cause le rappel
des sens envoyés par l'âme dans les pays imaginaires.

— Qu'y a-t-il? s'écria-t-elle comme frappée d'un
coup au cœur.

— Tout est perdu! dit Chesnel. Monsieur le
comte déshonorera la maison, si nous n'y mettons
ordre.

Il montra les lettres de change, il peignit les tor-
tures qu'il avait subies depuis quatre[c] jours, en peu
de mots simples, mais énergiques et touchants.

— Le malheureux, il nous trompe, s'écria mademoiselle Armande dont le cœur se dilata sous
l'affluence du sang qui abondait par grosses vagues.

— Disons notre *mea culpa,* mademoiselle, reprit
d'une voix forte le vieillard, nous l'avons habitué
à faire ses volontés, il lui fallait un guide sévère,

et ce ne pouvait être ni vous qui êtes une fille, ni moi qu'il n'écoutait pas : il n'a pas eu de mère.

— Il y a de terribles fatalités pour les races nobles qui tombent, dit mademoiselle Armande les yeux en pleurs[a].

En ce moment, le marquis se montra. Le vieillard revenait de sa promenade en lisant la lettre que son fils lui avait écrite à son retour en lui dépeignant son voyage au point de vue aristocratique. Victurnien avait été reçu par les plus grandes familles italiennes, à Gênes, à Turin, à Milan, à Florence, à Venise, à Rome, à Naples : il avait dû leur flatteur accueil à son nom et aussi à la duchesse peut-être. Enfin il s'y était montré magnifiquement, et comme devait se produire un d'Esgrignon.

— Tu auras fait des tiennes, Chesnel, dit-il au vieux notaire.

Mademoiselle Armande fit un signe à Chesnel, signe ardent et terrible, également bien compris par tous deux. Ce pauvre père, cette fleur d'honneur féodal, devait mourir avec ses illusions. Un pacte de silence et de dévouement entre le noble notaire et la noble fille fut conclu par une simple inclination de tête.

— Ah ! Chesnel, ce n'est pas tout à fait comme ça que les d'Esgrignon sont allés en Italie vers le quinzième siècle, quand le maréchal Trivulce, au service de France [1], servait sous un d'Esgrignon qui

---

1. Il s'agit du maréchal Jean-Jacques Trivulce (1448-1518) qui se distingua, comme Bayard, en 1499, à la bataille

avait Bayard sous ses ordres : autre temps, autres plaisirs. La duchesse de Maufrigneuse vaut d'ailleurs bien la marquise de Spinola [1a].

Le vieillard, posé sur son arbre généalogique[b], se balançait d'un air fat comme s'il avait eu la marquise de Spinola, et comme s'il possédait la duchesse moderne. Quand les deux affligés furent seuls, assis sur le même banc, réunis dans une même pensée, ils se dirent pendant longtemps l'un à l'autre des paroles vagues, insignifiantes, en regardant ce père heureux qui s'en allait en gesticulant comme s'il se parlait à lui-même.

— Que va-t-il devenir? disait mademoiselle Armande.

— Du Croisier a donné l'ordre à messieurs Keller de ne plus lui remettre de sommes sans titres, répondit Chesnel.

— Il a des dettes, reprit mademoiselle Armande.

— Je le crains.

— S'il n'a plus de ressources, que fera-t-il?

— Je n'ose me répondre à moi-même.

— Mais il faut l'arracher à cette vie, l'amener ici, car il arrivera à manquer de tout.

— Et à manquer à tout, répéta lugubrement Chesnel.

---

de Fornoue. Ce personnage d'origine italienne, écarté de Milan, s'était mis au service du roi de France et devait contribuer en 1515 à la victoire de Marignan.

1. Cette dame italienne s'éprit de Louis XII lors de son entrée à Gênes en 1502. Quand elle apprit la maladie du roi, en 1505, elle s'enferma dans la retraite et mourut en quelques jours d'un accès de fièvre.

Mademoiselle Armande ne comprit pas encore, elle ne pouvait pas comprendre le sens de cette parole.

— Comment le soustraire à cette femme, à cette duchesse, qui peut-être l'entraîne? dit-elle.

— Il fera des crimes pour rester auprès d'elle, dit Chesnel en essayant d'arriver par des transitions supportables à une idée insupportable.

— Des crimes! répéta mademoiselle Armande. Ah! Chesnel, cette idée ne peut venir qu'à vous, ajouta-t-elle en lui jetant un regard accablant, le regard par lequel la femme peut foudroyer les dieux. Les gentilshommes ne commettent d'autres crimes que ceux dits de haute trahison, et on leur coupe alors la tête sur un drap noir comme aux rois.

— Les temps sont bien changés, dit Chesnel en branlant sa tête de laquelle Victurnien avait fait tomber les derniers cheveux. Notre Roi Martyr n'est pas mort comme Charles d'Angleterre[1a].

Cette réflexion calma le magnifique courroux de la fille noble, elle eut le frisson, sans croire encore à l'idée de Chesnel.

— Nous prendrons un parti demain, dit-elle, il y faut réfléchir. Nous avons nos biens en cas de malheur.

---

1. Charles Ier d'Angleterre fut décapité à la hache sur un drap noir, selon le cérémonial en usage. Cette exécution est rappelée dans *La Duchesse de Langeais* (voir notre édition de l'*Histoire des Treize*, p. 292) et la dernière parole prêtée au roi : « Ne touchez pas la hache » fournit le premier titre de ce roman.

— Oui, reprit Chesnel, vous êtes indivis avec
monsieur le marquis, la plus forte part vous appartient, vous pouvez l'hypothéquer sans lui rien dire.

Pendant la soirée, les joueurs et les joueuses de
whist, de reversis, de boston, de trictrac, remar-
quèrent quelque agitation dans les traits ordinairement si calmes et si purs de mademoiselle Armande.

— Pauvre enfant sublime! dit la vieille marquise
de Castéran, elle doit souffrir encore. Une femme
ne sait jamais à quoi elle s'engage en faisant les
sacrifices qu'elle a faits à sa maison.

Il fut décidé le lendemain avec Chesnel que mademoiselle Armande irait à Paris arracher son neveu à
sa perdition. Si quelqu'un pouvait opérer l'enlève-
ment de Victurnien, n'était-ce pas la femme qui
avait pour lui des entrailles maternelles? Mademoiselle Armande, décidée à aller trouver la duchesse
de Maufrigneuse, voulait tout déclarer à cette
femme. Mais il fallut un prétexte pour justifier ce
voyage aux yeux du marquis et de la ville. Mademoiselle Armande risqua toutes ses pudeurs de fille
vertueuse en laissant croire à quelque maladie
qui exigeait une consultation de médecins habiles
et renommés. Dieu sait si l'on en causa. Mademoiselle
Armande voyait un bien autre honneur que le
sien en jeu! Elle partit. Chesnel lui apporta son
dernier sac de louis, elle le prit, sans même y faire
attention, comme elle prenait sa capote blanche et
ses mitaines de filet.

— Généreuse fille! Quelle grâce! dit Chesnel
en la mettant en voiture, elle et sa femme

de chambre qui ressemblait à une sœur grise.

Du Croisier avait calculé sa vengeance comme les gens de province calculent tout. Il n'y a rien au monde que les Sauvages, les paysans et les gens de province pour étudier à fond leurs affaires dans tous les sens; aussi, quand ils arrivent de la Pensée au Fait, trouvez-vous les choses complètes. Les diplomates sont des enfants auprès de ces trois classes de mammifères, qui ont le temps devant eux, cet élément qui manque aux gens obligés de penser à plusieurs choses, obligés de tout conduire, de tout préparer dans les grandes affaires humaines. Du Croisier avait-il si bien sondé le cœur du pauvre Victurnien, qu'il eût prévu la facilité avec laquelle il se prêterait à sa vengeance, ou bien profita-t-il d'un hasard épié durant plusieurs années? Il y a certes un détail qui prouve une certaine habileté dans la manière dont se prépara le coup. Qui avertissait du Croisier? Était-ce les Keller? était-ce le fils du Président du Ronceret, qui achevait son Droit à Paris? Du Croisier écrivit à Victurnien une lettre pour lui annoncer qu'il avait défendu aux Keller de lui avancer aucune somme désormais, au moment où il savait la duchesse de Maufrigneuse dans les derniers embarras, et le comte d'Esgrignon dévoré par une misère aussi effroyable que savamment déguisée. Ce malheureux jeune homme déployait son esprit à feindre l'opulence! Cette lettre, qui disait à la victime que les Keller ne lui remettraient rien sans des valeurs, laissait entre les formules d'un respect exagéré et la signature un espace considérable. En coupant ce fragment de lettre, il était facile d'en faire un effet pour une somme considérable. Cette infernale lettre allait jusque sur le verso du second feuillet, elle était sous enveloppe, le revers se trouvait blanc. Quand cette lettre arriva, Victurnien roulait dans les abîmes du désespoir. Après deux ans[a] passés dans la vie heureuse, la plus sensuelle, la moins penseuse, la plus luxueuse, il se voyait face à face avec une inexorable misère, une impossibilité absolue d'avoir de l'argent. Le voyage ne s'était pas achevé sans quelques tiraillements pécuniaires. Le comte avait extorqué très difficilement, la duchesse aidant[b], plusieurs sommes à des banquiers. Ces sommes, représentées par des lettres de change, allaient se dresser devant lui dans toute leur rigueur, avec les sommations implacables de la Banque et de la Jurisprudence commerciale. A travers ses dernières jouissances, ce malheureux enfant sentait la pointe de l'épée du Commandeur. Au milieu de ses soupers, il entendait, comme Don Juan, le bruit lourd de la Statue qui montait les escaliers. Il éprouvait ces frissons indicibles que donne le *sirocco* des dettes. Il comptait sur un hasard. Il avait toujours gagné à la loterie depuis cinq ans, sa bourse s'était toujours remplie. Il se disait qu'après Chesnel était venu du Croisier, qu'après du Croisier jaillirait[c] une autre mine d'or. D'ailleurs il gagnait de fortes sommes au jeu. Le jeu l'avait sauvé déjà de plusieurs mauvais pas. Souvent, dans un fol espoir, il allait perdre au salon des Étrangers le gain qu'il faisait

au Cercle ou dans le monde au whist. Sa vie,
depuis deux mois, ressemblait à l'immortel finale
du *Don Juan* de Mozart! Cette musique doit faire
frissonner certains jeunes gens parvenus à la situation où se débattait[a] Victurnien. Si quelque chose
peut prouver l'immense pouvoir de la Musique,
n'est-ce pas cette sublime traduction du désordre,
des embarras qui naissent dans une vie exclusivement voluptueuse, cette peinture effrayante du parti
pris de s'étourdir sur les dettes, sur les duels, sur
les tromperies, sur les mauvaises chances? Mozart
est, dans ce morceau, le rival heureux de Molière.
Ce terrible finale ardent, vigoureux, désespéré,
joyeux, plein de fantômes horribles et de femmes
lutines[b], marqué par une dernière[c] tentative qu'allument les vins du souper et par une défense enra-
gée; tout cet infernal poème, Victurnien le jouait
à lui seul![1] Il se voyait seul, abandonné, sans
amis, devant une pierre où était écrit, comme au
bout d'un livre enchanteur, le mot FIN. Oui! tout
allait finir pour lui. Il voyait par avance le regard
froid et railleur, le sourire par lequel ses compagnons accueilleraient le récit de son désastre. Il

---

1. Ce finale de *Don Juan* a vivement frappé Balzac, qui
y fait allusion dans *Gambara* et dans *Le Député d'Arcis*.
Cet opéra fut représenté pour la première fois à Paris en
1834 et avait inspiré à Hoffmann un conte que Balzac devait
relire, au moment de mettre en chantier *Gambara*. C'est
dans *Le Cabinet des Antiques* que Balzac le commente avec
le plus de précision. Voir, dans *Balzac et la Touraine,* l'article
de Mme L. Maurice-Amour : « La Musique que Balzac
aimait » (p. 87 sq.).

savait que parmi eux, qui hasardaient des sommes importantes sur les tapis verts que Paris dresse à la Bourse, dans les salons, dans les cercles, partout, nul n'en distrairait un billet de banque pour sauver un ami. Chesnel devait être ruiné. Victurnien avait dévoré Chesnel. Toutes les furies étaient dans son cœur et se le partageaient quand il souriait à la duchesse, aux Italiens, dans cette loge où leur bonheur faisait envie à toute la salle. Enfin, pour expliquer jusqu'où il roulait dans l'abîme du doute, du désespoir et de l'incrédulité, lui qui aimait la vie jusqu'à devenir lâche pour la conserver, cet ange la lui faisait si belle! eh bien!... il regardait ses pistolets, il allait jusqu'à concevoir le suicide, lui, ce voluptueux mauvais sujet, indigne de son nom. Lui, qui n'aurait pas souffert l'apparence d'une injure, il s'adressait ces horribles remontrances que l'on ne peut entendre que de soi-même. Il laissa la lettre de du Croisier ouverte sur son lit; il était neuf heures quand Joséphin la lui remit, et il avait dormi au retour de l'Opéra, quoique ses meubles fussent saisis. Mais il avait passé par le voluptueux réduit où la duchesse et lui se retrouvaient pour quelques heures après les fêtes de la Cour, après les bals les plus éclatants, les soirées les plus splendides. Les apparences étaient très habilement sauvées[a]. Ce réduit était une mansarde vulgaire en apparence, mais que les Péris de l'Inde avaient décorée, et où madame de Maufrigneuse était obligée en entrant de baisser sa tête chargée de plumes ou de fleurs. A la veille de périr, le comte

avait voulu dire adieu à ce nid élégant, bâti par lui
qui en avait fait une poésie digne de son ange, et
où désormais les œufs enchantés, brisés par le malheur, n'écloraient plus en blanches colombes,
en bengalis brillants, en flamants roses, en mille
oiseaux fantastiques qui voltigent encore au-dessus
de nos têtes pendant les derniers jours de la vie.
Hélas! dans trois jours il fallait fuir, les poursuites
pour des lettres de change données à des usuriers
étaient arrivées au dernier terme. Il lui passa par
la cervelle une atroce idée : fuir avec la duchesse,
aller vivre dans un coin ignoré, au fond de l'Amé-
rique du Nord ou du Sud; mais fuir avec une fortune,
et en laissant les créanciers nez à nez avec leurs
titres. Pour réaliser ce plan il suffisait de couper
ce bas de lettre signée du Croisier, d'en faire un
effet et de le porter chez les Keller. Ce fut un combat
affreux, où il y eut des larmes répandues et où
l'honneur de la race triompha, mais sous condition.
Victurnien voulut être sûr de sa belle Diane[a],
il subordonna l'exécution de son plan à l'assentiment qu'elle donnerait à leur fuite. Il vint chez la
duchesse[b], rue du Faubourg-Saint-Honoré, il
la trouva dans un de ses négligés coquets qui lui
coûtaient autant de soins que d'argent, et qui lui
permettaient de commencer son rôle d'ange dès
onze heures du matin.

Madame de Maufrigneuse était à demi pensive :
mêmes inquiétudes la dévoraient, mais elle les
supportait avec courage. Parmi les organisations
diverses que les physiologistes ont remarquées

chez les femmes, il en est une qui a je ne sais quoi
de terrible, qui comporte une vigueur d'âme,
une lucidité d'aperçus, une promptitude de déci-
sion, une insouciance, ou plutôt un parti pris sur
certaines choses dont s'effraierait un homme. Ces
facultés sont cachées sous les dehors de la faiblesse
la plus gracieuse. Ces femmes, seules entre les
femmes, offrent la réunion ou plutôt le combat
de deux êtres que Buffon ne reconnaissait existants
que chez l'homme. Les autres femmes sont entièrement femmes; elles sont entièrement tendres, entièrement mères, entièrement dévouées, entièrement nulles ou ennuyeuses; leurs nerfs sont d'accord
avec leur sang et le sang avec leur tête; mais les
femmes comme la duchesse peuvent arriver à tout
ce que la sensibilité a de plus élevé, et faire preuve
de la plus égoïste insensibilité. L'une des gloires
de Molière est d'avoir admirablement peint, d'un
seul côté seulement, ces natures de femmes dans la
plus grande figure qu'il ait taillée en plein marbre :
Célimène ! Célimène, qui représente la femme aristocratique, comme Figaro, cette seconde édition
de Panurge, représente le peuple. Ainsi, accablée
sous le poids de dettes énormes, la duchesse s'était
ordonné à elle-même, absolument comme Napoléon
oubliait et reprenait à volonté le fardeau de ses
pensées, de ne songer à cette avalanche de soucis
qu'en un seul moment et pour prendre un parti
définitif. Elle avait la faculté de se séparer d'elle-
même et de contempler le désastre à quelques pas,
au lieu de se laisser enterrer dessous. C'était,

certes, grand, mais horrible dans une femme. Entre l'heure de son réveil où elle avait retrouvé toutes ses idées et l'heure où elle s'était mise à sa toilette, elle avait contemplé le danger dans toute son étendue, la possibilité d'une chute épouvantable. Elle méditait : la fuite en pays étranger, ou aller au Roi et lui déclarer sa dette, ou séduire un du Tillet, un Nucingen[a] et payer, en jouant à la Bourse ; avec l'or qu'il lui donnerait, le banquier bourgeois[b] serait assez spirituel pour n'apporter que des bénéfices, et ne jamais parler de pertes, délicatesse qui gazerait tout. Ces divers moyens, cette catastrophe, tout avait été délibéré froidement, avec calme, sans trépidation. De même qu'un naturaliste prend le plus magnifique des lépidoptères, et le fiche sur du coton avec une épingle, madame de Maufrigneuse avait ôté son amour de son cœur pour penser à la nécessité du moment, prête à reprendre sa belle passion sur sa ouate immaculée quand elle aurait sauvé sa couronne de duchesse. Point de ces hésitations que Richelieu ne confiait qu'au Père Joseph, que Napoléon cacha d'abord à tout le monde, elle s'était dit : ou ceci ou cela. Elle était au coin de son feu, commandant sa toilette pour aller au Bois, si le temps le permettait, quand Victurnien entra.

Malgré ses capacités étouffées et son esprit si vif, le comte était comme aurait dû être cette femme : il avait des palpitations au cœur, il suait dans son harnais de dandy, il n'osait encore porter une main sur une pierre angulaire[c] qui, retirée, allait faire crouler la pyramide de leur mutuelle existence.

Il lui en coûtait tant d'avoir une certitude! Les hommes les plus forts aiment à se tromper eux-mêmes sur certaines choses où la vérité connue les humilierait, les offenserait d'eux à eux. Victurnien força sa propre incertitude à venir sur le terrain en lâchant une phrase compromettante.

— Qu'avez-vous? avait été le premier mot de Diane[a] de Maufrigneuse à l'aspect de son cher Victurnien.

— Mais, ma chère Diane[b], je suis dans un si grand embarras qu'un homme au fond de l'eau, et à sa dernière gorgée, est heureux en comparaison de moi.

— Bah! fit-elle, des misères, vous êtes un enfant. Voyons, dites?

— Je suis perdu de dettes, et arrivé au pied du mur.

— N'est-ce que cela? dit-elle en souriant. Toutes les affaires d'argent s'arrangent d'une manière ou de l'autre, il n'y a d'irréparables que les désastres du cœur.

Mis à l'aise par cette compréhension subite de sa position, Victurnien déroula la brillante tapisserie de sa vie pendant ces trente[c] mois, mais à l'envers et avec talent d'ailleurs, avec esprit surtout. Il déploya dans son récit cette poésie du moment qui ne manque à personne dans les grandes crises, et sut le vernir d'un élégant mépris pour les choses et les hommes[d]. Ce fut aristocratique. La duchesse écoutait comme elle savait écouter, le coude appuyé sur son genou levé très haut. Elle avait le

pied sur un tabouret. Ses doigts étaient mignonnement[a] groupés autour de son joli menton. Elle
tenait ses yeux attachés aux yeux du comte; mais
des myriades de sentiments passaient sous leur bleu
comme des lueurs d'orage entre deux nuées. Elle
avait le front calme, la bouche sérieuse d'attention,
sérieuse d'amour, les lèvres nouées aux lèvres
de Victurnien. Être écouté ainsi, voyez-vous,
c'était à croire que l'amour divin émanait de ce
cœur. Aussi, quand le comte eut proposé la fuite
à cette âme attachée à son âme, fut-il obligé de
s'écrier : « Vous êtes un ange! » La belle Maufrigneuse répondait sans avoir encore parlé.

— Bien, bien, dit la duchesse qui au lieu d'être
livrée à l'amour qu'elle exprimait était livrée à
de profondes combinaisons qu'elle gardait pour
elle; il ne s'agit pas de cela, mon ami... (L'*ange*
n'était plus que *cela*.)... Pensons à vous. Oui, nous
partirons, le plus tôt sera le mieux. Arrangez tout :
je vous suivrai. C'est beau de laisser là Paris et le
monde. Je vais faire mes préparatifs de manière que
l'on ne puisse rien soupçonner.

Ce mot : « *Je vous suivrai!* » fut dit comme l'eût
dit à cette époque la Mars[1e] pour faire tressaillir
deux mille spectateurs. Quand une duchesse de
Maufrigneuse offre dans une pareille phrase un
pareil sacrifice à l'amour, elle a payé sa dette.
Est-il possible de lui parler de détails ignobles?

—————————

1. Avant de devenir l'interprète de Victor Hugo, Mlle Mars
(1779-1847) a brillé dans la tragédie pseudo-classique.

Victurnien put d'autant mieux cacher les moyens
qu'il comptait employer, que Diane se garda bien
de le questionner : elle resta conviée, comme le
disait de Marsay, au banquet couronné de roses
que tout homme devait lui apprêter[a]. Victurnien
ne voulut pas s'en aller sans que cette promesse
fût scellée : il avait besoin de puiser du courage
dans son bonheur pour se résoudre à une action
qui serait, se disait-il, mal interprétée; mais il
compta, ce fut sa raison déterminante, sur sa tante
et sur son père pour étouffer l'affaire, il comptait
même encore sur Chesnel pour inventer quelque
transaction. D'ailleurs, *cette affaire* était le seul
moyen de faire un emprunt sur les terres de la
famille. Avec trois cent mille francs, le comte et la
duchesse iraient vivre heureux, cachés, dans un
palais à Venise, ils y oublieraient l'univers! ils se
racontèrent leur roman par avance.

Le lendemain, Victurnien fit un mandat de trois
cent mille francs, et le porta chez les Keller. Les
Keller payèrent, ils avaient, en ce moment, des
fonds à du Croisier; mais ils le prévinrent par une
lettre qu'il ne tirât plus sur eux, sans avis. Du
Croisier, très étonné, demanda son compte, on le
lui envoya. Ce compte lui expliqua tout : sa vengeance était échue[b].

Quand Victurnien eut *son* argent, il le porta chez
madame de Maufrigneuse, qui serra dans son secrétaire les billets de banque et voulut dire adieu au
monde en voyant une dernière fois l'Opéra. Victurnien était rêveur, distrait, inquiet, il commençait

à réfléchir. Il pensait que sa place dans la loge de
la duchesse pouvait lui coûter cher, qu'il ferait
mieux, après avoir mis les trois cent mille francs
en sûreté, de courir la poste et de tomber aux pieds
de Chesnel en lui avouant son embarras. Avant de
sortir, la duchesse ne put s'empêcher de jeter à
Victurnien un adorable regard où éclatait le désir
de faire encore quelques adieux à ce nid qu'elle
aimait tant[a]! Le trop jeune comte[b] perdit une nuit.
Le lendemain, à trois heures, il[c] était à l'hôtel de
Maufrigneuse, et venait prendre les ordres de la
duchesse pour partir au milieu de la nuit.

— Pourquoi partirions-nous? dit-elle. J'ai bien
pensé à ce projet. La vicomtesse[d] de Beauséant et
la duchesse de Langeais ont disparu[1]. Ma fuite
aurait quelque chose de[e] bien vulgaire. Nous ferons
tête à l'orage. Ce sera beaucoup plus beau. Je suis
sûre du succès.

Victurnien eut un éblouissement, il lui sembla
que sa peau se dissolvait, et que son sang coulait
de tous côtés.

— Qu'avez-vous? s'écria la belle Diane en s'aper-
cevant d'une hésitation que les femmes ne pardon-
nent jamais.

A toutes les fantaisies des femmes, les gens habiles
doivent d'abord dire oui, et leur suggérer les motifs
du non en leur laissant l'exercice de leur droit de
changer à l'infini leurs idées, leurs résolutions et

---

1. Voir plus haut, p. 98 et la note.

leurs sentiments[a]. Pour la première fois, Victurnien
eut un accès de colère, la colère des gens faibles et
poétiques, orage mêlé de pluie, d'éclairs, mais sans
tonnerre. Il traita fort mal cet ange sur la foi duquel
il avait hasardé plus que sa vie, l'honneur de sa
maison.

— — Voilà donc, dit-elle, ce que nous trouvons
après dix-huit mois de tendresse. Vous me faites
mal, bien mal. Allez-vous-en! Je ne veux plus vous
voir. J'ai cru que vous m'aimiez, vous ne m'aimez
pas.

— Je ne vous aime pas? demanda-t-il foudroyé
par ce reproche.

— Non, monsieur.

— Mais encore, s'écria-t-il. Ah! si[b] vous saviez
ce que je viens de faire pour vous?

— — Et qu'avez-vous tant fait pour moi, monsieur,
dit-elle, comme si l'on ne devait pas tout faire pour
une femme qui a tant fait pour vous!

— — Vous n'êtes pas digne de le savoir, s'écria
Victurnien enragé.

— Ah!

Après ce sublime *ah!* Diane pencha sa tête, la
mit dans sa main, et demeura froide, immobile,
implacable, comme doivent être les anges qui ne
partagent aucun des sentiments humains. Quand
Victurnien trouva cette femme dans cette pose
terrible, il oublia son danger[c]. Ne venait-il pas de
maltraiter la créature la plus angélique du monde?
il voulait sa grâce, il se mit aux pieds de Diane de
Maufrigneuse et les baisa ; il l'implora, il pleura.

Le malheureux resta là deux heures faisant mille
folies, il rencontra toujours un visage froid, et des
yeux où roulaient des larmes par moments, de grosses
larmes silencieuses, aussitôt essuyées, afin d'empêcher l'indigne amant de les recueillir. La duchesse
jouait une de ces douleurs qui rendent les femmes
augustes et sacrées. Deux autres heures succédèrent
à ces deux premières heures. Le comte obtint alors
la main de Diane, il la trouva froide et sans âme.
Cette belle main, pleine de trésors, ressemblait à
du bois souple : elle n'exprimait rien ; il l'avait
saisie, elle n'était pas donnée. Il ne vivait plus, il ne
pensait plus. Il n'aurait pas vu le soleil. Que faire?
que résoudre? quel parti prendre? Dans ces sortes
d'occasions, pour conserver son sang-froid, un
homme doit être constitué comme ce forçat qui,
après avoir volé pendant toute la nuit les médailles
d'or de la Bibliothèque Royale [1], vient au matin
prier son honnête homme de frère de les fondre,
s'entend dire : « que faut-il faire? » et lui répond :
« fais-moi du café! » Mais Victurnien tomba dans
une stupeur hébétée dont les ténèbres enveloppèrent
son esprit. Sur ces brumes grises passaient, semblables à ces figures que Raphaël a mises sur des
fonds noirs, les images des voluptés auxquelles il
fallait dire adieu. Inexorable et méprisante, la duchesse jouait avec un bout d'écharpe en lançant

---

1. Seconde allusion au « Cabinet des Antiques » proprement dit (voir plus haut, p. 22). Ce Cabinet fut cambriolé
en novembre 1831 et lorsqu'on arrêta les voleurs, deux
mille médailles avaient déjà été fondues.

des regards irrités sur Victurnien, elle coquetait
avec ses souvenirs mondains, elle parlait à son amant
de ses rivaux comme si cette colère la décidait à
remplacer par l'un d'eux un homme capable de
démentir en un moment vingt-huit[a] mois d'amour.

— Ah! disait-elle, ce ne serait pas ce cher charmant petit Félix de[b] Vandenesse, si fidèle à madame
de Mortsauf, qui se permettrait une pareille scène :
il aime, celui-là! De Marsay, ce terrible de Marsay,
que tout le monde trouve si tigre[c], est un de ces
hommes forts qui rudoient les hommes, mais qui
gardent toutes leurs délicatesses pour les femmes.
Montriveau a brisé sous son pied la duchesse de
Langeais, comme Othello tue Desdemona, dans un
accès de colère qui du moins attesta l'excès de son
amour[d] : ce n'était pas mesquin comme une que-
relle! il y a du plaisir à être brisée ainsi! Les hommes
blonds[e], petits, minces et fluets aiment à tourmenter
les femmes, ils ne peuvent régner que sur ces pauvres
faibles créatures; ils aiment pour avoir une raison
de se croire des hommes. La tyrannie de l'amour
est leur seule chance de pouvoir. Elle ne savait pas
pourquoi elle s'était mise sous la domination d'un
homme blond. De Marsay, Montriveau, Vandenesse, ces beaux bruns, avaient un rayon de soleil
dans les yeux [1][f].

---

1. Dans son curieux livre *Créatures chez Balzac* (chap. VI),
M. Pierre Abraham observe que les hommes blonds de
La Comédie humaine, notamment les blonds aux yeux bleus,
comme Victurnien d'Esgrignon, comme Rubempré, ont
des succès féminins, qu'ils doivent à leur « archangélisme »,

Ce fut un déluge d'épigrammes qui passèrent en sifflant comme des balles. Diane lançait trois flèches dans un mot : elle humiliait, elle piquait, elle blessait à elle seule comme dix Sauvages savent blesser quand ils veulent faire souffrir leur ennemi lié à un poteau.

Le comte cria[a] dans un accès d'impatience : « Vous êtes folle ! » et sortit, Dieu sait en quel état ! Il conduisit son cheval comme s'il n'eût jamais mené. Il accrocha des voitures, il donna contre une borne dans la place Louis XV, il alla sans savoir où. Son cheval, ne se sentant pas tenu, s'enfuit par le quai d'Orsay à son écurie. En tournant la rue de l'Université, le cabriolet fut arrêté par Joséphin.

— Monsieur, dit le vieillard d'un air effaré, vous ne pouvez pas rentrer chez vous, la Justice est venue pour vous arrêter...

Victurnien mit le compte de cette arrestation sur le mandat qui ne pouvait pas encore être arrivé chez le Procureur du Roi[b], et non sur ses véritables lettres de change qui se remuaient depuis quelques jours sous forme de jugements en règle et que la main des Gardes du Commerce mettait en scène avec accompagnement d'espions, de recors, de juges de paix, commissaires de police, gendarmes et autres représentants de l'Ordre social. Comme

---

mais aussi des revers sociaux, causés par leur caractère insuffisamment étayé. Les bruns au contraire, tels Rastignac ou de Marsay, réussissent et s'imposent dans la société. De telles intuitions ne se fondent évidemment sur aucune loi. On se souviendra que Balzac était brun.

la plupart des criminels, Victurnien ne pensait plus
qu'à son crime[a].

— Je suis perdu, s'écria-t-il.

— Non, monsieur le comte, poussez en avant,
allez à l'*Hôtel du Bon Lafontaine,* rue de Grenelle [1].
Vous y trouverez mademoiselle Armande qui est
arrivée, les chevaux sont mis à sa voiture[b], elle vous
attend et vous emmènera.

Dans son trouble,[c] Victurnien saisit cette branche
offerte à portée de sa main, au sein de ce naufrage;
il courut à cet hôtel, y trouva, y embrassa sa tante
qui pleurait comme une Madeleine : on eût dit la
complice des fautes de son neveu. Tous deux mon-
tèrent en voiture, et quelques instants après ils se
trouvèrent hors Paris, sur la route de Brest. Victurnien anéanti demeurait dans un profond silence.
Quand la tante et le neveu se parlèrent, ils furent
l'un et l'autre victimes du fatal quiproquo qui avait
jeté sans réflexion Victurnien dans les bras de mademoiselle Armande : le neveu pensait à son faux, la
tante pensait aux dettes et aux lettres de change.

— Vous savez tout, ma tante, lui dit-il.

— Oui, mon pauvre enfant, mais nous sommes
là. Dans ce moment-ci, je ne te gronderai pas,
reprends courage.

— Il faudra me cacher.

— Peut-être. Oui, cette idée est excellente[d].

---

1. Cet hôtel existe encore, rue des Saints-Pères, tout près
de la rue de Grenelle. Il abrite traditionnellement une clien-
tèle calme et rassise.

— Si je pouvais entrer chez Chesnel sans être vu, en calculant notre arrivée au milieu de la nuit?

— Ce sera mieux, nous serons plus libres de tout cacher à mon frère. Pauvre ange! comme il souffre, dit-elle en caressant cet indigne enfant[a].

— Oh! maintenant je comprends le déshonneur, il a refroidi mon amour.

— Malheureux enfant, tant de bonheur et tant de misère!

Mademoiselle Armande tenait la tête brûlante de son neveu sur sa poitrine, elle baisait ce front en sueur malgré le froid, comme les saintes femmes durent baiser le front du Christ en le mettant dans son suaire. Selon son excellent calcul, cet enfant prodigue fut nuitamment introduit dans la paisible maison de la rue du Bercail; mais le hasard fit qu'en y venant, il se jetait, suivant une expression proverbiale, dans la gueule du loup[b]. Chesnel avait la veille traité de son Étude avec le premier clerc de monsieur Lepressoir, le notaire des Libéraux, comme il était le notaire de l'Aristocratie. Ce jeune clerc appartenait à une famille assez riche pour pouvoir donner à Chesnel une somme importante en acompte, cent mille francs.

— Avec cent mille francs, se disait en ce moment le vieux notaire qui se frottait les mains, on éteint bien des créances. Le jeune homme a des dettes usuraires, nous le renfermerons ici. J'irai là-bas, moi, faire capituler ces chiens-là.

Chesnel, l'honnête Chesnel, le vertueux Chesnel, le digne Chesnel appelait *des chiens* les créanciers

de son enfant d'amour, le comte Victurnien. Le futur
notaire quittait la rue du Bercail, lorsque la calèche
de mademoiselle Armande y entrait. La curiosité
naturelle à tout jeune homme qui eût vu, dans cette
ville, à cette heure, une calèche s'arrêtant à la porte
du vieux notaire, était suffisamment éveillée pour
faire rester le premier clerc dans l'enfoncement
d'une porte, d'où il aperçut mademoiselle Armande.

— Mademoiselle Armande d'Esgrignon, à cette
heure? Que se passe-t-il donc chez les d'Esgrignon?
se dit-il[a].

A l'aspect de Mademoiselle, Chesnel la reçut
assez mystérieusement, en rentrant la lumière qu'il
tenait à la main. En voyant Victurnien, au premier
mot que lui dit à l'oreille mademoiselle Armande,
le bonhomme comprit tout; il regarda dans la rue et
la trouva silencieuse et tranquille, il fit un signe, le
jeune comte s'élança de la calèche dans la cour[b].
Tout fut perdu, la retraite de Victurnien était
connue du successeur de Chesnel.

— Ah! monsieur le comte, s'écria l'ex-notaire
quand Victurnien fut installé dans une chambre qui
donnait dans le cabinet de Chesnel et où l'on ne
pouvait pénétrer qu'en passant sur le corps du bonhomme.

— Oui, monsieur, répondit le jeune homme en
comprenant l'exclamation de son vieil ami, je ne
vous ai pas écouté[c], je suis au fond d'un abîme où
il faudra périr.

— Non, non, dit le bonhomme en regardant
triomphalement mademoiselle Armande et le comte.

J'ai vendu mon Étude. Il y avait bien longtemps que je travaillais et que je pensais à me retirer. J'aurai demain, à midi, cent mille francs avec lesquels on peut arranger bien des choses[a]. Mademoiselle, dit-il, vous êtes fatiguée, remontez en voiture, et rentrez vous coucher. A demain les affaires.

— Il est en sûreté? répondit-elle en montrant Victurnien.

— Oui, dit le vieillard.

Elle embrassa son neveu, lui laissa quelques larmes sur le front, et partit.

— Mon bon Chesnel, à quoi serviront vos cent mille francs dans la situation où je me trouve? dit le comte à son vieil ami quand ils se mirent à causer d'affaires. Vous ne connaissez pas, je le crois, l'étendue de mes malheurs.

Victurnien expliqua son affaire. Chesnel resta foudroyé. Sans la force de son dévouement, il aurait succombé sous ce coup. Deux ruisseaux de larmes coulèrent de ses yeux, qu'on aurait cru desséchés. Il redevint enfant pour quelques instants. Pendant quelques instants il fut insensé comme un homme qui verrait brûler sa maison, et à travers une fenêtre flamber le berceau de ses enfants, et leurs cheveux siffler en se consumant. Il se *dressa en pied,* eût dit Amyot[b], il sembla grandir, il leva ses vieilles mains, il les agita par des gestes désespérés et fous.

— Que votre père meure sans jamais rien savoir, jeune homme! C'est assez d'être faussaire, ne soyez point parricide! Fuir? Non, ils vous condamneraient par contumace. Malheureux enfant, pourquoi

n'avez-vous pas contrefait ma signature à moi?
Moi j'aurais payé, je n'aurais pas porté le titre chez
le Procureur du Roi! Je ne puis plus rien. Vous
m'avez acculé dans le dernier trou de l'Enfer. Du
Croisier! que devenir? que faire? Si vous aviez tué
quelqu'un, cela s'excuse encore; mais un faux! un
faux. Et le temps, le temps qui s'envole, dit-il en
montrant sa vieille pendule par un geste menaçant.
Il faut un faux passeport, maintenant : le crime
attire le crime. Il faut... dit-il en faisant une pause,
il faut avant tout sauver la Maison d'Esgrignon[a].

— Mais, s'écria Victurnien, l'argent est encore
chez madame de Maufrigneuse.

— Ah! s'écria Chesnel. Eh bien! il y a quelque
espoir bien faible : pourrons-nous attendrir du
Croisier, l'acheter? il aura, s'il les veut, tous les
biens de la Maison. J'y vais, je vais le réveiller, lui
offrir tout. D'ailleurs, ce n'est pas vous qui aurez
fait le faux, ce sera moi. J'irai aux galères, j'ai passé
l'âge des galères, on ne pourra que me mettre en
prison.

— Mais j'ai écrit le corps du mandat, dit Victurnien sans s'étonner de ce dévouement insensé.

— Imbécile! Pardon, monsieur le comte. Il
fallait le faire écrire par Joséphin, s'écria le vieux
notaire enragé. C'est un bon garçon, il aurait eu
tout sur le dos. C'est fini, le monde croule, reprit
le vieillard affaissé qui s'assit. Du Croisier est un
tigre, gardons-nous de le réveiller. Quelle heure
est-il? Où est le mandat? à Paris, on le rachèterait
chez les Keller, ils s'y prêteraient. Ah! c'est une

affaire où tout est péril, une seule fausse démarche nous perd. En tout cas, il faut l'argent. Allons, personne ne vous sait ici, vivez enterré dans la cave, s'il le faut. Moi, je vais à Paris, j'y cours, j'entends venir la malle-poste de Brest.

En un moment, le vieillard retrouva les facultés de sa jeunesse, son agilité, sa vigueur : il se fit un paquet de voyage, prit de l'argent, mit un pain de six livres dans la petite chambre, et y enferma son enfant d'adoption.

— Pas de bruit, lui dit-il, restez là jusqu'à mon retour, sans lumière la nuit, ou sinon vous allez au bagne! M'entendez-vous, monsieur le comte? oui, au bagne, si, dans une ville comme la nôtre, quelqu'un vous savait là.

Puis Chesnel sortit de chez lui, après avoir ordonné à la gouvernante de le dire malade, de ne recevoir personne, de renvoyer tout le monde, et de remettre toute espèce d'affaire à trois jours. Il alla séduire le directeur de la poste, lui raconta un roman, car il eut le génie d'un romancier habile : il obtint, au cas où il y aurait une place, d'être pris sans passeport [1]; et il se fit promettre le secret sur ce départ précipité. La malle [2] arriva très heureusement vide.

---

1. Au temps de Balzac, nul ne pouvait quitter le canton de son domicile sans produire un passeport.

2. La malle-poste, affectée au transport du courrier, pouvait, à l'occasion, charger des voyageurs.

CHAPITRE V

CHESNEL
AU SECOURS DES D'ESGRIGNON

Débarqué le lendemain dans la nuit à Paris, le notaire se trouvait à neuf heures du matin chez les Keller[a], il y apprit que le fatal mandat était retourné depuis trois jours à du Croisier; mais tout en prenant ses informations, il n'y avait rien dit de compromettant. Avant de quitter les banquiers, il leur demanda si, en rétablissant les fonds, ils pouvaient faire revenir cette pièce. François Keller répondit que la pièce appartenait à[b] du Croisier, qui seul était maître de la garder ou de la renvoyer. Le vieillard au désespoir alla chez la duchesse. A cette heure, madame de Maufrigneuse ne recevait personne. Chesnel sentait le prix du temps, il s'assit dans l'antichambre, écrivit quelques lignes, et les fit parvenir à madame de Maufrigneuse, en séduisant, en fascinant, en intéressant, en commandant les domestiques les plus insolents, les plus inaccessibles du monde. Quoiqu'elle fût encore au lit, la duchesse, au grand étonnement de sa maison, reçut dans sa chambre le vieil homme en culottes noires, en bas drapés, en souliers agrafés.

— Qu'y a-t-il, monsieur, dit-elle en se posant dans son désordre, que veut-il de moi, l'ingrat?

— Il y a, madame la duchesse, s'écria le bonhomme, que vous avez cent mille écus à nous.

— Oui, dit-elle. Que signifie...[a]

— Cette somme est le résultat d'un faux qui nous[1] mène aux galères, et que nous avons fait par amour pour vous, dit vivement Chesnel. Comment ne l'avez-vous pas deviné, vous qui êtes si spirituelle? Au lieu de gronder le jeune homme, vous auriez dû le questionner, et le sauver en l'arrêtant à propos. Maintenant, Dieu veuille que le malheur ne soit pas irréparable![b] Nous allons avoir besoin de tout votre crédit auprès du Roi[c].

Aux premiers mots qui lui expliquèrent l'affaire, la duchesse, honteuse de sa conduite avec un amant si passionné, craignit d'être soupçonnée de complicité. Dans son désir de montrer qu'elle avait conservé l'argent sans y toucher, elle oublia toute convenance, et ne compta pas d'ailleurs ce notaire pour un homme; elle jeta son édredon par un mouvement violent, s'élança vers son secrétaire en passant devant le notaire comme un de ces anges qui traversent les vignettes de Lamartine, et se

---

1. C'est le « nous » professionnel du notaire qui s'identifie à son client. « Notre lot à nous », dit maître Mathias dans *Le Contrat de Mariage*.

remit confuse au lit, après avoir tendu les cent mille
écus à Chesnel.

— Vous êtes un ange, madame, dit-il. (Elle devait
être un ange pour tout le monde !)ᵃ Mais ce ne sera
pas tout, reprit le notaire, je compte sur votre appui
pour nous sauver.

— Vous sauver! j'y réussirai ou je périrai. Il faut
bien aimer pour ne pas reculer devant un crime.
Pour quelle femme a-t-on fait pareille chose?
Pauvre enfant! Allez, ne perdez pas de temps, cher
monsieur Chesnelᵇ. Comptez sur moi comme sur
vous-même.

— Madame la duchesse, madame la duchesse !

Le vieux notaire ne put rien dire que ces mots,
tant il était saisi! Il pleurait, il lui prit envie de
danser, mais il eut peur de devenir fou, il se contint.

— A nous deuxᶜ, nous le sauverons, dit-il en
s'en allant.

Chesnel alla voir aussitôt Joséphin qui lui ouvrit
le secrétaire et la table où étaient les papiers du
jeune comte, il y trouva très heureusement quelques
lettres de du Croisier et des Keller qui pouvaient
devenir utiles. Puis il prit une place dans une dili-
gence qui partait immédiatement. Il paya les pos-
tillons de manière à faire aller la lourde voiture
aussi vite que la malle, car il rencontra deux voyageurs aussi pressés que lui, et qui s'accordèrent
pour faire leurs repas en voiture. La route fut
comme dévorée. Le notaire rentra rue du Bercail,
après trois joursᵈ d'absence. Quoiqu'il fût onze
heures avant minuit, il était trop tard. Chesnel

aperçut des gendarmes à sa porte[a], et quand il en atteignit le seuil, il vit dans sa cour le jeune comte arrêté. Certes, s'il en avait eu le pouvoir, il aurait tué tous les gens de justice et les soldats, mais il ne put que se jeter au cou de Victurnien.

— Si je ne réussis pas à étouffer l'affaire, il faudra vous tuer avant que l'acte d'accusation ne soit dressé[b], lui dit-il à l'oreille.

Victurnien était dans un tel état de stupeur, qu'il regarda le notaire sans le comprendre.

— Me tuer, répéta-t-il.

— Oui! Si vous n'en aviez pas le courage, mon enfant, comptez sur moi, lui dit Chesnel[c] en lui serrant la main.

Il resta, malgré la douleur[d] que lui causait ce spectacle, planté sur ses deux jambes tremblantes, à regarder le fils de son cœur[e], le comte d'Esgrignon, l'héritier de cette grande maison, marchant entre les gendarmes, entre le commissaire de police de la ville, le juge de paix, et l'huissier du Parquet. Le vieillard ne recouvra sa résolution et sa présence d'esprit que quand cette troupe eut disparu, qu'il n'entendit plus le bruit des pas, et que le silence se fut rétabli.

— Monsieur, vous allez vous enrhumer, lui dit Brigitte.

— Que le diable t'emporte, s'écria le notaire exaspéré.

Brigitte, qui n'avait rien entendu de pareil depuis vingt-neuf ans qu'elle servait Chesnel, laissa tomber sa chandelle; mais sans prendre garde à l'épouvante

de Brigitte, le maître, qui n'entendit pas l'exclamation de sa gouvernante, se mit à courir vers le Val-
Noble.

— Il est fou, se dit-elle. Après tout, il y a de quoi.
Mais où va-t-il? il m'est impossible de le suivre.
Que deviendra-t-il? irait-il se noyer?

Brigitte réveilla le premier clerc, et l'envoya
surveiller les bords de la rivière, devenus fatalement
célèbres depuis le suicide d'un jeune homme plein
d'avenir [1] et la mort récente d'une jeune fille
séduite[a]. Chesnel se rendait à l'hôtel de du Croisier.
Il n'y avait plus d'espoir que là. Les crimes de faux
ne peuvent être poursuivis que sur des plaintes
privées. Si du Croisier voulait s'y prêter, il était
encore possible de faire passer la plainte pour un
malentendu. Chesnel espérait encore acheter cet
homme.

Pendant cette soirée, il était venu beaucoup plus
de monde qu'à l'ordinaire chez monsieur et madame
du Croisier. Quoique cette affaire eût été tenue
secrète entre le Président du Tribunal, monsieur
du Ronceret, monsieur Sauvager[b], premier substitut du Procureur du Roi, et monsieur du Coudrai,
l'ancien Conservateur des hypothèques destitué
pour avoir mal voté, mesdames du Ronceret et
du Coudrai l'avaient confiée, sous le secret, à une
ou deux amies intimes. La nouvelle avait donc

---

1. Athanase Granson, désespéré de ne pouvoir épouser
Mlle Cormon, s'est noyé dans la Sarthe à 23 ans (voir *La
Vieille Fille*).

couru dans la société mi-partie de noblesse et de bourgeoisie qui se donnait rendez-vous chez monsieur du Croisier. Chacun sentait la gravité d'une affaire semblable, et n'osait en parler ouvertement. L'attachement de madame du Croisier à la haute noblesse était d'ailleurs si connu qu'à peine se hasarda-t-on à chuchoter quelque chose du malheur qui arrivait aux d'Esgrignon en demandant des éclaircissements. Les principaux intéressés attendirent, pour en causer, l'heure à laquelle la bonne madame du Croisier faisait sa retraite vers sa chambre à coucher, où elle accomplissait ses devoirs religieux loin des regards de son mari. Au moment où la dame du logis disparut, les adhérents de du Croisier qui connaissaient le secret et les plans de ce grand industriel se comptèrent, ils virent encore dans le salon des personnes que leurs opinions ou leurs intérêts rendaient suspectes, ils continuèrent à jouer. Vers onze heures et demie, il ne resta plus que les intimes, monsieur Sauvager, monsieur Camusot, le Juge d'Instruction et sa femme, monsieur et madame du Ronceret, leur fils Félicien, monsieur et madame du Coudrai, Joseph Blondet, fils aîné d'un vieux juge, en tout dix personnes.

On raconte que Talleyrand, dans une fatale nuit, à trois heures du matin, jouant chez la duchesse de Luynes, interrompit le jeu, posa sa montre sur la table, demanda aux joueurs si le prince de Condé avait d'autre enfant que le duc d'Enghien. — « Pourquoi demandez-vous une chose que vous savez si bien? répondit madame de Luynes. — C'est que si le prince n'a pas d'autre enfant, la maison de Condé est finie ». Après un moment de silence, on reprit le jeu. Ce fut par un mouvement semblable que procéda le Président du Ronceret, soit qu'il connût ce trait de l'histoire contemporaine, soit que les petits esprits ressemblent aux grands dans les expressions de la vie politique. Il regarda sa montre, et dit en interrompant le boston : « En ce moment, on arrête monsieur le comte d'Esgrignon, et cette maison si fière est à jamais déshonorée. »

— Vous avez donc mis la main sur l'enfant? s'écria joyeusement du Coudrai.

Tous les assistants, moins le Président, le Substitut et du Croisier, manifestèrent un étonnement subit.

— Il vient d'être arrêté dans la maison de Chesnel où il s'était caché, dit le Substitut en prenant l'air d'un homme capable et méconnu qui devrait être ministre de la Police [1].

Ce monsieur Sauvager, premier Substitut, était un jeune homme de vingt-cinq ans, maigre et grand, à figure longue et olivâtre, à cheveux noirs et crépus, les yeux enfoncés et bordés en dessous d'un large cercle brun répété au-dessus par ses paupières ridées et bistrées[a]. Il avait un nez d'oiseau de proie, une bouche serrée, les joues laminées par l'étude

---

1. Ce ministère a été supprimé en 1818.

et creusées par l'ambition. Il offrait le type de ces
êtres secondaires à l'affût des circonstances, prêts à
tout faire pour parvenir, mais en se tenant dans les
limites du possible et dans le décorum de la légalité.
Son air important annonçait admirablement sa
faconde servile. Le secret de la retraite du jeune
comte lui avait été dit par le successeur de Chesnel,
et il en faisait honneur à sa pénétration. Cette nouvelle parut vivement surprendre le Juge d'Instruction, monsieur Camusot qui, sur le réquisitoire
de Sauvager, avait décerné le mandat d'arrêt si promptement exécuté. Camusot était un homme d'environ
trente ans, petit, déjà gras, blond, à chair molle,
à teint livide comme celui de presque tous les
magistrats qui vivent enfermés dans leurs cabinets
ou leurs salles d'audience. Il avait de petits yeux
jaune-clair, pleins de cette défiance qui passe pour
de la ruse.

Madame Camusot regarda son mari comme pour
lui dire : « N'avais-je pas raison? »

— Ainsi l'affaire aura lieu? dit le Juge d'Instruction.

— En douteriez-vous? reprit du Coudrai. Tout
est fini puisqu'on tient le comte.

— Il y a le Jury, dit monsieur Camusot. Pour
cette affaire, monsieur le Préfet saura le composer
de manière que, avec les récusations ordonnées
au Parquet et celles de l'accusé, il ne reste que des
personnes favorables à l'acquittement. Mon avis
serait de transiger, dit-il en s'adressant à du Croisier.

— Transiger, dit le Président, mais la Justice
est saisie.

— Acquitté ou condamné, le comte d'Esgrignon n'en sera pas moins déshonoré, dit le Substitut[a].

— Je suis partie civile, dit du Croisier, j'aurai Dupin l'aîné [1]. Nous verrons comment la maison d'Esgrignon se tirera de ses griffes[b].

— Elle saura se défendre et choisir un avocat à Paris, elle vous opposera Berryer [2], dit madame[c] Camusot. A bon chat, bon rat.

Du Croisier, monsieur Sauvager et le Président du Ronceret regardèrent le Juge d'Instruction en proie à une même pensée. Le ton et la manière avec lesquels la jeune femme[d] jeta son proverbe à la face des huit personnes qui complotaient la perte de la maison d'Esgrignon leur causèrent des émotions que chacune d'elles dissimula comme savent dissimuler les gens de province, habitués par leur cohérence continue aux ruses de la vie monacale. La petite madame Camusot remarqua le changement des visages qui se composèrent dès que l'on eut flairé l'opposition probable du juge aux desseins de du Croisier. En voyant son mari dévoiler le fond de sa pensée, elle avait voulu sonder la profondeur de ces haines, et deviner par quel intérêt du Croisier s'était attaché le premier Substitut

---

1. Dupin l'aîné (1783-1855), député en 1827, fut l'un des deux cent vingt et un et l'un des artisans de la Monarchie de Juillet. A l'origine, il était avocat.

2. Berryer (1790-1868), avocat lui aussi, était monarchiste militant et devait diriger sous la Monarchie de Juillet l'opposition légitimiste.

qui avait agi si précipitamment et si contrairement
aux vues du Pouvoir.

— Dans tous les cas, dit-elle, si dans cette affaire il
vient de Paris des avocats célèbres, elle nous promet
des séances de Cour d'Assises bien intéressantes;
mais l'affaire expirera entre le Tribunal et la Cour
royale. Il est à croire que le Gouvernement fera
secrètement tout ce qu'on peut faire pour sauver
un jeune homme qui appartient à de grandes
familles, et qui a la duchesse de Maufrigneuse pour
amie. Ainsi je ne crois pas que nous ayons de scandale à Landerneau.

— Comme vous y allez, madame! dit sévèrement
le Président. Croyez-vous que le Tribunal qui
instruira l'affaire et la jugera d'abord soit influençable
par des considérations étrangères à la justice?

— L'événement prouve le contraire, dit-elle
avec malice en regardant le Substitut et le Président
qui lui jetèrent un regard froid.

— Expliquez-vous, madame? dit le Substitut.
Vous parlez comme si nous n'avions pas fait notre
devoir.

— Les paroles de madame n'ont aucune valeur,
dit Camusot.

— Mais celles de monsieur le Président n'ont-elles
pas préjugé une question qui dépend de l'instruction, reprit-elle, et cependant l'instruction est encore
à faire et le Tribunal n'a pas encore prononcé?

— Nous ne sommes pas au Palais, lui répondit
le Substitut avec aigreur, et d'ailleurs nous savons
tout cela.

— Monsieur le Procureur du Roi ignore tout encore, lui répliqua-t-elle en le regardant avec ironie. Il va revenir de la Chambre des députés en toute hâte. Vous lui avez taillé de la besogne, il portera sans doute lui-même la parole.

Le Substitut fronça ses gros sourcils touffus, et les intéressés virent écrits sur son front de tardifs scrupules. Il se fit alors un grand silence pendant lequel on n'entendit que jeter et relever les cartes. Monsieur et madame Camusot, qui se virent très froidement traités, sortirent pour laisser les conspirateurs parler à leur aise.

— Camusot, lui dit sa femme dans la rue, tu t'es trop avancé. Pourquoi faire soupçonner à ces gens que tu ne trempes pas dans leurs plans? ils te joueront quelque mauvais tour.

— Que peuvent-ils contre moi? je suis le seul Juge d'Instruction.

— Ne peuvent-ils pas te calomnier sourdement et provoquer ta destitution?

En ce moment, le couple fut heurté par Chesnel. Le vieux notaire reconnut le Juge d'Instruction. Avec la lucidité des gens rompus aux affaires, il comprit que la destinée de la maison d'Esgrignon était entre les mains de ce jeune homme.

— Ah! monsieur, s'écria le bonhomme, nous allons avoir bien besoin de vous. Je ne veux vous dire qu'un mot. Pardonnez-moi, madame, dit-il à la femme du juge en lui arrachant son mari.

En bonne conspiratrice, madame Camusot regarda du côté de la maison de du Croisier afin de rompre

le tête-à-tête au cas où quelqu'un en sortirait;
mais elle jugeait avec raison les ennemis occupés
à discuter l'incident qu'elle avait jeté à travers
leurs plans. Chesnel entraîna le Juge dans un coin
sombre, le long du mur, et s'approcha de son
oreille.

— Le crédit de la duchesse de Maufrigneuse,
celui du prince de Cadignan, des ducs de Navarreins,
de Lenoncourt, le Garde des Sceaux, le Chancelier,
le Roi, tout vous est acquis si vous êtes pour la
maison d'Esgrignon, lui dit-il. J'arrive de Paris,
je savais tout, j'ai couru tout expliquer à la Cour.
Nous comptons sur vous et je vous garderai le
secret. Si vous nous êtes ennemi, je repars demain
pour Paris et dépose entre les mains de Sa Grandeur
une plainte en suspicion légitime contre le Tribunal,
dont sans doute plusieurs membres étaient ce soir
chez du Croisier, y ont bu, y ont mangé contrairement aux lois, et qui d'ailleurs sont ses amis.

Chesnel aurait fait intervenir le Père Éternel
s'il en avait eu le pouvoir, il laissa le juge sans
attendre de réponse, et s'élança comme un faon
vers la maison de du Croisier. Sommé par sa femme
de lui révéler les confidences de Chesnel, le juge
obéit et fut assailli par ce : « N'avais-je pas raison,
mon ami? » que les femmes disent aussi quand
elles ont tort, mais moins doucement. En arrivant
chez lui, Camusot avait confessé la supériorité
de sa femme et reconnu le bonheur de lui appartenir, aveu qui prépara sans doute une heureuse
nuit aux deux époux. Chesnel rencontra le groupe

de ses ennemis qui sortaient de chez du Croisier, et craignit de le trouver couché, ce qu'il eût regardé comme un malheur, car il était dans une de ces circonstances qui demandent de la promptitude.

— Ouvrez de par le Roi!ᵃ cria-t-il au domestique qui fermait le vestibule.

Il venait de faire arriver le Roi auprès d'un petit juge ambitieux, il avait gardé ce mot sur ses lèvres, il s'embrouillait, il délirait. On ouvrit. Le notaire s'élança comme la foudre dans l'antichambre.

— Mon garçon, dit-il au domestique, cent écus pour toi si tu peux réveiller madame du Croisier et me l'envoyer à l'instant. Dis-lui tout ce que tu voudras.

Chesnel devint calme et froid en ouvrant la porte du brillant salon où du Croisier se promenait seul à grands pas. Ces deux hommes se mesurèrent alors pendant un moment par un regard qui avait en profondeur vingt ans de haine et d'inimitié. L'un avait le pied sur le cœur de la maison d'Esgrignon, l'autre s'avançait avec la force d'un lion pour la lui arracher.

— Monsieur, dit Chesnel, je vous salue humblement. Votre plainte a été déposée?

— Oui, monsieur.

— Depuis quand?

— Depuis hierᵇ.

— Aucun autre acte que le mandat d'arrêt n'est lancé?

— Je le pense, répliqua du Croisier.

— Je viens traiter.

— La Justice est saisie, la vindicte publique aura son cours, rien ne peut l'arrêter.

— Ne nous occupons pas de cela, je suis à vos ordres, à vos pieds.

Le vieux Chesnel tomba sur ses genoux, et tendit ses mains suppliantes à du Croisier.

— Que vous faut-il? Voulez-vous nos biens, notre château! prenez tout, retirez la plainte, ne nous laissez[a] que la vie et l'honneur. Outre tout ce que j'offre, je serai votre serviteur, vous disposerez de moi.

Du Croisier laissa le vieillard à genoux et s'assit dans un fauteuil.

— Vous n'êtes pas vindicatif, vous êtes bon, vous ne nous en voulez pas assez pour ne pas vous prêter à un arrangement, dit le vieillard. Avant le jour, le jeune homme serait libre.

— Toute la ville sait son arrestation, dit du Croisier qui savourait sa vengeance.

— C'est un grand malheur, mais s'il n'y a ni jugement ni preuves, nous arrangerons bien tout.

Du Croisier réfléchissait, Chesnel le crut aux prises avec l'intérêt, il eut l'espoir de tenir son ennemi par ce grand mobile des actions humaines. En ce moment suprême, madame du Croisier se montra.

— Venez, madame, aidez-moi à fléchir votre cher mari, dit Chesnel toujours à genoux.

Madame du Croisier releva le vieillard en manifestant la plus profonde surprise. Chesnel raconta l'affaire. Quand la noble fille des serviteurs des

ducs d'Alençon[a] connut ce dont il s'agissait, elle
se tourna les larmes aux yeux vers du Croisier.

— Ah! monsieur, pouvez-vous hésiter? les d'Esgrignon, l'honneur de la province, lui dit-elle.

— Il s'agit bien de cela, s'écria du Croisier se
levant et reprenant sa promenade agitée.

— Hé! de quoi s'agit-il donc?... fit Chesnel
étonné[b].

— Monsieur Chesnel, il s'agit de la France!
il s'agit du pays, il s'agit du peuple, il s'agit d'apprendre à messieurs vos nobles qu'il y a une justice, des lois, une bourgeoisie, une petite noblesse
qui les vaut et qui les tient! On ne fourrage pas
dix champs de blé pour un lièvre [1], on ne porte
pas le déshonneur dans les familles en séduisant
de pauvres filles, on ne doit pas mépriser des gens
qui nous valent, on ne se moque pas d'eux pendant
dix ans, sans que ces faits ne grossissent, ne produisent des avalanches, et ces avalanches tombent,
écrasent, enterrent messieurs les nobles. Vous
voulez le retour à l'ancien ordre de choses, vous
voulez déchirer le pacte social, cette charte où nos
droits sont écrits...

— Après, dit Chesnel.

— N'est-ce pas une sainte mission que d'éclairer
le peuple? s'écria du Croisier, il ouvrira les yeux
sur la moralité de votre parti quand il verra les nobles

---

1. De tels griefs contre les abus de l'aristocratie sont
fréquents sous la plume des libéraux et notamment de Paul-
Louis Courier.

allant, comme Pierre ou Jacques, en Cour d'Assises.
On se dira que[a] les petites gens qui ont de l'honneur
valent mieux que les grandes gens qui se désho-
norent. La Cour d'Assises luit pour tout le monde.
Je suis ici le défenseur du peuple, l'ami des lois[b].
Vous m'avez jeté vous-même du côté du peuple
à deux reprises, d'abord en refusant mon alliance,
puis en me mettant au ban de votre société. Vous
récoltez ce que vous avez semé[c].

Ce début effraya[d] Chesnel aussi bien que madame
du Croisier. La femme acquérait une horrible
connaissance du caractère de son mari, ce fut une
lueur qui lui éclairait non seulement le passé, mais
encore l'avenir. Il paraissait[e] impossible de faire
capituler ce colosse; mais Chesnel ne recula point
devant l'impossible[f].

— Quoi! monsieur, vous ne pardonneriez pas, vous
n'êtes donc pas chrétien? dit madame du Croisier.

— Je pardonne comme Dieu pardonne, madame,
à des conditions.

— Quelles sont-elles? dit Chesnel qui crut aper-
cevoir un rayon d'espérance.

— Les Élections vont venir, je veux les voix
dont vous disposez.

— Vous les aurez, dit Chesnel.

— Je veux, reprit du Croisier, être reçu, ma femme
et moi, familièrement, tous les soirs, avec amitié,
en apparence du moins[g], par monsieur le marquis
d'Esgrignon et par les siens.

— Je ne sais pas comment nous l'y amènerons,
mais vous serez reçu.

— Je veux une hypothèque de quatre cent mille francs fondée sur une transaction écrite au sujet de cette affaire, afin de toujours vous tenir un canon chargé sur le cœur [1].

— Nous consentons, dit Chesnel sans avouer encore qu'il avait les cent mille écus sur lui[a] ; mais elle sera entre mains tierces et rendue à la famille après votre élection et le paiement.

— Non, mais après le mariage de ma petite-nièce, mademoiselle Duval[b], qui réunira peut-être un jour quatre millions. Cette jeune personne sera instituée mon héritière au contrat et celle de ma femme, vous[c] la ferez épouser à votre jeune comte.

— Jamais ! dit Chesnel.

— Jamais, reprit du Croisier, tout enivré de son triomphe. Bonsoir.

— Imbécile que je suis, se dit Chesnel, pourquoi reculé-je devant un mensonge avec un pareil homme ![d]

Du Croisier s'en alla, se plaisant à tout annuler au nom de son orgueil froissé, après avoir joui de l'humiliation de Chesnel, avoir balancé les destinées de la superbe maison en qui se résumait l'aristocratie de la province, et imprimé la marque de son pied sur les entrailles des d'Esgrignon. Il remonta dans sa chambre, en laissant sa femme avec Chesnel. Dans son ivresse il ne voyait rien contre sa victoire,

---

1. Souvenir probable de la célèbre métaphore appliquée par Napoléon à Anvers : « un pistolet chargé sur le cœur de l'Angleterre ».

il croyait fermement que les cent mille écus[a] étaient
dissipés; pour les trouver, la maison d'Esgrignon
avait besoin de vendre ou d'hypothéquer ses biens;
à ses yeux, la Cour d'Assises était donc inévitable.
Les affaires de faux sont toujours arrangeables,
quand la somme surprise est restituée. Les victimes
de ce crime sont ordinairement des gens riches qui
ne se soucient pas d'être la cause du déshonneur
d'un homme imprudent. Mais du Croisier ne voulait
renoncer à ses droits qu'à bon escient. Il se coucha
donc en pensant au magnifique accomplissement
de ses espérances, soit par la Cour d'Assises, soit
par ce mariage, et il jouissait d'entendre la voix de
Chesnel se lamentant avec madame du Croisier[b].
Profondément religieuse et catholique, royaliste et
attachée à la Noblesse, madame du Croisier partageait les idées de Chesnel à l'égard des d'Esgrignon.
Aussi tous ses sentiments venaient-ils d'être cruellement froissés. Cette[c] bonne royaliste avait entendu
le hurlement du libéralisme qui, dans l'opinion de
son directeur, souhaitait la ruine du catholicisme.
Pour elle, le Côté Gauche était 1793 avec l'émeute
et l'échafaud.

— Que dirait votre oncle, ce saint qui nous
écoute? [1] s'écria Chesnel.

Madame du Croisier ne répondit que par deux
grosses larmes qui coulèrent sur ses joues.

— Vous avez déjà été cause de la mort d'un pauvre

---

1. L'Abbé de Sponde est mort en 1819 (voir notre édition
de *La Vieille Fille,* pages 208-209).

garçon et du deuil éternel de sa mère, reprit Chesnel
en voyant combien il frappait juste et qui eût frappé
jusqu'à briser ce cœur pour sauver Victurnien[a],
voulez-vous assassiner mademoiselle Armande qui
ne survivrait pas huit jours à l'infamie de sa maison? Voulez-vous assassiner le pauvre Chesnel,
votre ancien notaire, qui tuera le jeune comte dans
sa prison avant qu'on ne l'accuse, et qui se tuera
pour ne pas aller lui-même en Cour d'Assises comme
coupable d'un meurtre?[b]

— Mon ami, assez! assez! Je suis capable de tout
pour étouffer une semblable affaire, mais je ne connais monsieur du Croisier tout entier que depuis
quelques instants... A vous, je puis l'avouer! Il n'y
a pas de ressources.

— S'il y en avait? dit Chesnel.

— Je donnerais la moitié de mon sang pour qu'il
y en eût, répondit-elle en achevant sa pensée par un
hochement de tête où se peignit une envie de réussir[c].

Semblable au premier Consul qui, vaincu dans les
champs de Marengo jusqu'à cinq heures du soir, à
six heures obtint la victoire par l'attaque désespérée
de Desaix et par la terrible charge de Kellermann [1],

---

1. Les événements de cette bataille ont frappé Balzac,
qui les évoque notamment dans *La Vieille Fille* (voir notre
édition, p. 36) et dans les dernières pages d'*Une Ténébreuse
Affaire*. Le général autrichien Mélas avait attaqué dans la
matinée. Une première contre-attaque française échoua au
début de l'après-midi et l'on put croire la partie perdue pour
le Premier Consul. Alors intervint Desaix, qui fut tué à la

Chesnel aperçut les éléments du triomphe au milieu des ruines. Il fallait être Chesnel, il fallait être vieux notaire, vieil intendant, avoir été petit clerc de Maître Sorbier père, il fallait les illuminations soudaines du désespoir, pour être aussi grand que Napoléon, plus grand même : cette bataille n'était pas Marengo, mais Waterloo, et Chesnel voulait vaincre les Prussiens en les voyant arrivés.

— Madame, vous de qui j'ai fait les affaires pendant vingt ans, vous l'honneur de la Bourgeoisie comme les d'Esgrignon sont l'honneur de la Noblesse de cette province, sachez qu'il dépend maintenant de vous seule de sauver la maison d'Esgrignon. Maintenant répondez? laisserez-vous déshonorer les mânes de votre oncle[a], les d'Esgrignon, le pauvre Chesnel? Voulez-vous tuer mademoiselle Armande qui pleure? Voulez-vous racheter vos torts en réjouissant vos ancêtres, les intendants des ducs d'Alençon [1b], en consolant les mânes de notre cher abbé qui, s'il pouvait sortir de son cercueil, vous commanderait de faire ce que je vous demande à genoux?[c]

— Quoi? s'écria madame du Croisier.

— Eh bien! voici les cent mille écus, dit-il en

---

tête de sa division, et la charge de Kellermann coupa en deux la colonne autrichienne : dans la soirée, la situation était renversée.

1. Ces intendants étaient les Cormon. Pierre Cormon, ancêtre de la Vieille Fille, fut intendant du dernier duc d'Alençon (voir notre édition, p. 73).

tirant de sa poche les paquets de billets de banque.
Acceptez-les, tout sera fini.

— S'il ne s'agit que de cela, reprit-elle, et s'il n'en
peut rien résulter de mauvais pour mon mari...

— Rien que de bon, dit Chesnel. Vous lui évitez
les vengeances éternelles de l'Enfer au prix d'un
léger désappointement ici-bas.

— Il ne sera pas compromis? demanda-t-elle en
regardant Chesnel[a].

Chesnel lut alors dans le fond de l'âme de cette
pauvre femme. Madame du Croisier hésitait entre
deux religions, entre les commandements que l'Église
a tracés aux épouses et ses devoirs envers le Trône
et l'Autel : elle trouvait son mari blâmable, et n'osait
le blâmer, elle aurait voulu pouvoir sauver les
d'Esgrignon, et ne voulait rien faire contre les
intérêts de son mari[b].

— En rien, dit Chesnel, votre vieux notaire vous
le jure sur les saints Évangiles...

Chesnel n'avait plus que son salut éternel à offrir
à la maison d'Esgrignon, il le risqua en commettant
un horrible mensonge; mais il fallait abuser madame du Croisier ou périr. Aussitôt il rédigea lui-
même et dicta à madame du Croisier un reçu de
cent mille écus daté de cinq jours avant la fatale
lettre de change, à une époque où il se rappela une
absence faite par du Croisier qui était allé dans les
biens de sa femme y ordonner des améliorations.

— Vous me jurez, dit Chesnel quand madame
du Croisier eut les cent mille écus et quand il tint
cette pièce, de déclarer devant le Juge d'Instruction

que vous avez reçu cette somme au jour dit.

— Ne sera-ce pas un mensonge?

— Officieux, dit Chesnel.

— Je ne saurais le faire sans l'avis de mon directeur, monsieur l'abbé Couturier.

— Eh bien! dit Chesnel, ne vous conduisez dans cette affaire que par ses conseils.

— Je vous le promets.

— Ne remettez la somme à monsieur du Croisier qu'après avoir comparu devant le Juge d'Instruction.

— Oui, dit-elle. Hélas, que Dieu me prête la force de comparaître devant la Justice humaine pour y soutenir un mensonge!

Après avoir baisé la main de madame du Croisier, Chesnel se dressa majestueusement comme un des prophètes peints par Raphaël au Vatican [1].

— L'âme de votre oncle tressaille de joie[a], vous avez à jamais effacé le tort d'avoir épousé l'ennemi du Trône et de l'Autel.

Ces paroles frappèrent vivement l'âme timorée de madame du Croisier. Chesnel pensa soudain à s'assurer de l'abbé Couturier, le directeur de la conscience de madame du Croisier. Il savait quelle opiniâtreté mettent les gens dévots dans le triomphe de leurs idées une fois qu'ils se sont avancés pour leur parti, il voulut engager le plus promptement possible l'Église dans cette lutte en la mettant de

---

1. Évocation surprenante ici, mais Balzac cite Raphaël à tout propos. Il songe aux figures bibliques de la Galerie des Loges.

son côté; il alla donc à l'hôtel d'Esgrignon, réveilla
mademoiselle Armande, lui apprit les événements
de la nuit, et la lança sur la route de l'évêché pour
amener le prélat lui-même sur le champ de bataille.

— Mon Dieu! tu dois sauver la maison d'Esgrignon, s'écria Chesnel en revenant chez lui à pas
lents. L'affaire devient maintenant une lutte judiciaire[a]. Nous sommes en présence d'hommes qui
ont des passions et des intérêts, nous pouvons tout
obtenir d'eux. Ce du Croisier a profité de l'absence
du Procureur du Roi qui nous est dévoué, mais qui,
depuis l'ouverture des Chambres, est à Paris.
Qu'ont-ils donc fait pour empaumer[1] le premier
Substitut qui a donné suite à la plainte sans avoir
consulté son chef? Demain matin, il faudra pénétrer
ce mystère, étudier le terrain, et peut-être, après
avoir saisi les fils de cette trame, retournerai-je à
Paris afin de mettre en jeu les hautes puissances
par la main de madame de Maufrigneuse.

Tels étaient les raisonnements du pauvre vieil
athlète qui voyait juste, et qui se coucha quasi mort
sous le poids de tant d'émotions et de tant de
fatigues. Néanmoins, avant de s'endormir, il jeta
sur les magistrats qui composaient le Tribunal un
coup d'œil scrutateur qui embrassait les pensées
secrètes de leurs ambitions, afin de voir quelles
étaient ses chances dans cette lutte, et comment ils
pouvaient être influencés. En donnant une forme

---

1. Empaumer : recevoir dans la paume, d'où avoir bien
en main, dominer.

succincte au long examen des consciences que fit Chesnel[a], il fournira peut-être un tableau de la magistrature en[b] province.

CHAPITRE VI

UN TRIBUNAL DE PROVINCE

L ES juges et les gens du Roi forcés de commencer leur carrière en province où s'agitent les ambitions judiciaires, voient[a] tous Paris à leur début, tous aspirent à briller sur ce vaste théâtre où se traitent[b] les grandes causes politiques, où la magistrature est liée aux intérêts palpitants de la Société. Mais ce paradis des gens de justice admet peu d'élus, et les neuf dixièmes des magistrats doivent, tôt ou tard, se caser pour toujours en province[c]. Ainsi tout Tribunal, toute Cour royale de province offrent deux partis bien tranchés, celui des ambitions lassées d'espérer, contentes de l'excessive considération accordée en province au rôle qu'y jouent les magistrats, ou endormies par une vie tranquille; puis celui des jeunes gens et des vrais talents auxquels l'envie de parvenir que nulle déception n'a tempérée, ou que la soif de parvenir aiguillonne sans cesse[d], donne une sorte de fanatisme pour leur sacerdoce. A cette époque, le royalisme animait les jeunes magistrats contre les ennemis des Bourbons. Le moindre Substitut[e] rêvait réquisitoires, appelait de tous ses

vœux un de ces procès politiques qui mettaient le
zèle en relief, attiraient l'attention du Ministère et
faisaient avancer les gens du Roi. Qui, parmi les
Parquets[a], ne jalousait la Cour dans le ressort de
laquelle était une conspiration bonapartiste? Qui
ne souhaitait trouver un Caron[1], un Berton[2], une
levée de boucliers? Ces ardentes ambitions, stimu-
lées par la grande lutte des partis, appuyées sur la
raison d'État et sur la nécessité de monarchiser la
France, étaient lucides, prévoyantes, perspicaces;
elles faisaient avec rigueur la police, espionnaient
les populations et les poussaient dans la voie de
l'obéissance d'où elles ne doivent pas sortir. La
Justice alors fanatisée par la foi monarchique réparait les torts des anciens Parlements, et marchait
d'accord avec la Religion, trop ostensiblement
peut-être. Elle fut alors plus zélée qu'habile, elle
pécha moins par machiavélisme que par la sincérité
de ses vues qui parurent hostiles aux intérêts généraux du Pays, qu'elle essayait de mettre à l'abri des
révolutions. Mais, prise dans son ensemble, la
Justice contenait encore trop d'éléments bourgeois,
elle était encore trop accessible aux passions mes-
quines du libéralisme, elle devait devenir tôt ou
tard constitutionnelle et se ranger du côté de la

---

1. Caron (1774-1822), colonel de l'Empire, fut impliqué
dans un complot bonapartiste et fusillé à Strasbourg.
2. Berton (1769-1822), général de l'Empire, milita dans
la Charbonnerie et conspira dans la région de Saumur;
traduit devant la cour d'assises de Poitiers, il fut condamné
à mort et exécuté.

Bourgeoisie au jour d'une lutte... Dans ce grand
corps, comme dans l'Administration, il y eut de
l'hypocrisie, ou pour mieux dire, un esprit d'imitation qui porte la France à toujours se modeler
sur la Cour, et à la tromper ainsi très innocemment.

Ces deux sortes de physionomies judiciaires existaient au Tribunal où s'allait décider le sort du jeune
d'Esgrignon. Monsieur le Président du Ronceret,
un vieux Juge nommé Blondet y représentaient
ces magistrats résignés à n'être que ce qu'ils sont
et casés pour toujours dans leur ville. Le parti
jeune et ambitieux comptait monsieur Camusot le
Juge d'Instruction et monsieur Michu, nommé
Juge-Suppléant par la protection de la maison de
Cinq-Cygne, et qui devait à[a] la première occasion
entrer dans le ressort de la Cour royale de Paris.

Mis à l'abri de toute destitution par l'inamovibilité judiciaire et ne se voyant pas accueilli par
l'aristocratie suivant l'importance qu'il se donnait,
le Président du Ronceret avait pris parti pour la
Bourgeoisie en donnant à son désappointement le
vernis de l'indépendance, sans savoir que ses opinions le condamnaient à rester président toute sa
vie. Une fois engagé dans cette voie, il fut conduit
par la logique des choses à mettre son espérance
d'avancement dans le triomphe de du Croisier et du
Côté Gauche. Il ne plaisait pas plus à la Préfecture
qu'à la Cour royale. Forcé de garder des ménagements avec le pouvoir, il était suspect aux Libéraux.
Il n'avait ainsi de place dans aucun parti. Obligé de
laisser la candidature électorale à du Croisier, il se

voyait sans influence et jouait un rôle secondaire.
La fausseté de sa position réagissait sur son caractère, il était aigre et mécontent. Fatigué de son
ambiguïté politique, il avait résolu secrètement de
se mettre à la tête du parti libéral et de dominer
ainsi du Croisier. Sa conduite dans l'affaire du comte
d'Esgrignon fut son premier pas dans cette carrière.
Il représentait admirablement déjà cette Bourgeoisie[1] qui offusque[a] de ses petites passions les
grands intérêts du pays, quinteuse en politique,
aujourd'hui pour et demain contre le pouvoir, qui
compromet tout et ne sauve rien, désespérée du mal
qu'elle a fait et continuant à l'engendrer, ne voulant
pas reconnaître sa petitesse, et tracassant le pouvoir
en s'en disant la servante, à la fois humble et arro-
gante, demandant au peuple une subordination qu'elle
n'accorde pas[b] à la Royauté, inquiète des supériorités qu'elle désire mettre à son niveau, comme si la
grandeur pouvait être petite, comme si le pouvoir
pouvait exister[c] sans force.

Ce Président était un grand homme sec et mince,
à front fuyant, à cheveux grêles et châtains, aux yeux
vairons, à teint couperosé, aux lèvres serrées. Sa
voix éteinte faisait entendre le sifflement gras de
l'asthme. Il avait pour femme une grande créature
solennelle et dégingandée qui s'affublait des modes
les plus ridicules, et se parait excessivement. La

---

1. Balzac va introduire ici ses griefs et ceux des légitimistes contre la bourgeoisie qui soutient la Monarchie constitutionnelle de Juillet.

Présidente se donnait des airs de reine, elle portait des couleurs vives, et n'allait jamais au bal sans orner sa tête de ces turbans si chers aux Anglaises, et que la province cultive avec amour. Riches tous deux de quatre ou cinq mille livres de rente, ils réunissaient, avec le traitement de la présidence, une douzaine de mille francs. Malgré leur pente à l'avarice, ils recevaient un jour par semaine afin de satisfaire leur vanité. Fidèle aux vieilles mœurs de la ville où du Croisier introduisait le luxe moderne, monsieur et madame du Ronceret n'avaient fait aucun changement, depuis leur mariage, à l'antique maison où ils demeuraient, et qui appartenait à madame. Cette maison, qui avait une façade sur la cour et l'autre sur un petit jardin, présentait sur la rue un vieux pignon triangulaire et grisâtre, percé d'une croisée à chaque étage. La cour et le jardin étaient encaissés par une haute muraille, le long de laquelle s'étendaient dans le jardin une allée de marronniers et les communs dans la cour. Du côté de la rue qui longeait le jardin, s'étendait[a] une vieille grille en fer dévorée de rouille, et sur la cour, entre deux panneaux de mur, était une grande porte cochère terminée par une immense coquille. Cette coquille se retrouvait au-dessus de la porte de la façade. Là, tout était sombre, étouffé, sans air. La muraille mitoyenne offrait des jours grillés comme des fenêtres de prison. Les fleurs avaient l'air de se déplaire dans les petits carrés de ce jardinet, où les passants pouvaient voir par la grille ce qui s'y faisait. Au rez-de-chaussée, après une grande antichambre

éclairée sur le jardin, on entrait dans[a] le salon dont
une des fenêtres donnait sur la rue, et qui avait un
perron à porte vitrée sur le jardin. La salle à manger
d'une grandeur égale à celle du salon était de l'autre
côté de l'antichambre. Ces trois pièces s'harmoniaient [1b] à cet ensemble mélancolique. Les plafonds,
tous coupés par ces[c] lourdes solives peintes, ornées au
milieu de quelques maigres losanges à rosaces
sculptées, brisaient le regard. Les peintures, de tons
criards, étaient vieilles et enfumées. Le salon, décoré
de grands rideaux en soie rouge mangée par le
soleil, était garni d'un meuble de bois peint en blanc
et couvert en vieille tapisserie de Beauvais à couleurs
effacées. Sur la cheminée, une pendule du temps de
Louis XV se voyait entre des girandoles extravagantes dont les bougies jaunes ne s'allumaient qu'aux
jours où la présidente dépouillait de son enveloppe
verte un vieux lustre à pendeloques de cristal de
roche. Trois tables de jeu à tapis vert râpé, un trictrac
suffisaient aux joies de la compagnie à laquelle
madame du Ronceret accordait du cidre, des échaudés, des marrons, des verres d'eau sucrée et de l'orgeat fait chez elle. Depuis quelque temps, elle avait
adopté tous les quinze jours un thé enjolivé de pâtisseries assez piteuses. Par chaque trimestre, les du
Ronceret donnaient un grand dîner à trois services,
tambouriné dans la ville, servi dans une détestable
vaisselle, mais confectionné avec la science qui dis-

---

1. L'emploi du verbe *harmonier* là où nous écrivons
aujourd'hui *harmoniser* est courant chez Balzac.

tingue les cuisinières de province. Ce repas gargantuesque durait six heures. Le Président essayait alors
de lutter par une abondance d'avare avec l'élégance
de du Croisier. Ainsi la vie et ses accessoires concor-
daient chez le Président à son caractère et à sa fausse
position. Il se déplaisait chez lui sans savoir pourquoi : mais il n'osait y faire aucune dépense pour y
changer l'état des choses, trop heureux de mettre
tous les ans sept ou huit mille francs de côté pour
pouvoir établir richement son fils Félicien qui
n'avait voulu devenir ni magistrat, ni avocat, ni
administrateur, et dont la fainéantise le désespérait.
Le Président était sur ce point en rivalité avec son
vice-président monsieur Blondet, vieux juge qui
depuis longtemps avait lié son fils avec la famille
Blandureau. Ces riches marchands de toiles avaient
une fille unique à laquelle le Président souhaitait
de marier Félicien. Comme le mariage de Joseph
Blondet dépendait de sa nomination aux fonctions
de juge-suppléant que le vieux Blondet espérait
obtenir en donnant sa démission, le Président du
Ronceret contrariait sourdement les démarches du
juge et faisait travailler les Blandureau secrètement.
Aussi, sans l'affaire du jeune comte d'Esgrignon,
peut-être les Blondet auraient-ils été supplantés par
l'astucieux Président, dont la fortune était bien supérieure à celle de son compétiteur.

La victime des manœuvres de ce président machia-
vélique, monsieur Blondet, une de ces curieuses
figures enfouies en province comme de vieilles
médailles dans une crypte, avait alors environ

soixante-sept ans; il portait bien son âge, il était
de haute taille, et son encolure rappelait les cha-
noines du bon temps [1]. Son visage, percé par les
mille trous de la petite vérole qui lui avait déformé
le nez en le lui tournant en vrille, ne manquait
pas de physionomie, il était coloré très également
d'une teinte rouge, et animé par deux petits yeux
vifs, habituellement sardoniques, et par un certain
mouvement satirique de ses lèvres violacées.
Avocat avant la Révolution, il avait été fait Accusateur Public; mais il fut le plus doux de ces terribles
fonctionnaires. Le bonhomme Blondet, on l'appelait ainsi, avait amorti l'action révolutionnaire
en acquiesçant à tout et n'exécutant rien. Forcé
d'emprisonner quelques nobles, il avait mis tant
de lenteur à leur procès, qu'il leur fit atteindre au
Neuf Thermidor avec une adresse qui lui avait
concilié l'estime générale. Certes, le bonhomme
Blondet aurait dû être Président du Tribunal;
mais, lors de la réorganisation des tribunaux,
il fut écarté par Napoléon dont l'éloignement pour
les républicains reparaissait dans les moindres
détails de son gouvernement. La qualification
d'ancien Accusateur Public, inscrite en marge du
nom de Blondet, fit demander par l'Empereur à
Cambacérès [2] s'il n'y avait pas dans le pays quelque

---

1. De même, dans *La Vieille Fille,* le chevalier de Valois a
un cou d'« abbé commendataire » (voir notre édition, p. 13).

2. Cambacérès, ancien deuxième consul, devint sous
l'Empire archichancelier et président du Sénat : il était, à
ce titre, le premier magistrat de l'État.

rejeton d'une vieille famille parlementaire à mettre à sa place. Du Ronceret, dont le père avait été Conseiller au Parlement, fut donc nommé. Malgré la répugnance de l'Empereur, l'archi-chancelier, dans l'intérêt de la justice, maintint Blondet juge, en disant que le vieil avocat était un des plus forts jurisconsultes de France. Le talent du juge, ses connaissances dans l'ancien Droit et plus tard dans la nouvelle législation eussent dû le mener fort loin; mais, semblable en ceci à quelques grands esprits, il méprisait prodigieusement ses connaissances judiciaires et s'occupait presque exclusivement d'une science étrangère à sa profession, et pour laquelle il réservait ses prétentions, son temps et ses capacités. Le bonhomme aimait passionnément l'horticulture, il était en correspondance avec les plus célèbres amateurs, il avait l'ambition de créer de nouvelles espèces, il s'intéressait aux découvertes de la botanique, il vivait enfin dans le monde des fleurs. Comme tous les fleuristes, il avait sa prédilection pour une plante choisie entre toutes, et sa favorite était le *Pelargonium* [1a]. Le tribunal et ses procès, sa vie réelle n'étaient donc rien auprès de la vie fantastique et pleine d'émotions que menait le vieillard, de plus en plus épris de ses innocentes[b] sultanes. Les soins à donner à

---

1. Variété de géranium. Balzac aime à montrer ses connaissances botaniques : il évoque, dans *La Duchesse de Langeais,* un *choréopsis* et un *volkameria* (voir notre édition de l'*Histoire des Treize*, p. 312).

son jardin, les douces habitudes de l'horticulteur
clouèrent le bonhomme Blondet dans sa serre.
Sans cette passion, il eût été nommé député sous
l'Empire, il eût sans doute brillé dans le Corps
Législatif. Son mariage fut une autre raison de sa
vie obscure. A l'âge de quarante ans, il fit la folie
d'épouser une jeune fille de dix-huit ans, de laquelle
il eut dans la première année de son mariage un
fils nommé Joseph. Trois ans après, madame
Blondet, alors la plus jolie femme de la ville, inspira au Préfet du Département une passion qui ne
se termina que par sa mort. Elle eut du Préfet, au su
de toute la ville et du vieux Blondet lui-même, un
second fils nommé Émile[a]. Madame Blondet,
qui aurait pu stimuler l'ambition de son mari, qui
aurait pu l'emporter sur les fleurs, favorisa le goût
du juge pour la Botanique, et ne voulut pas plus
quitter la ville que le Préfet ne voulut changer de
Préfecture tant que vécut sa maîtresse. Incapable
de soutenir à son âge une lutte avec une jeune
femme, le magistrat se consola dans sa serre, et
prit une très jolie servante pour soigner son sérail
de beautés incessamment diversifiées. Pendant que
le juge dépotait, repiquait, arrosait, marcottait,
greffait, mariait et panachait ses fleurs, madame
Blondet dépensait son bien en toilettes et en modes
pour briller dans les salons de la Préfecture; un
seul intérêt, l'éducation d'Émile, qui certes appartenait encore à sa passion, pouvait l'arracher aux soins
de cette belle affection, que la ville finit par admirer.
Cet enfant de l'amour était aussi joli, aussi spirituel

que Joseph était lourd et laid. Le vieux juge aveuglé
par l'amour paternel aimait autant Joseph que sa
femme chérissait Émile. Pendant douze ans, monsieur Blondet fut d'une résignation parfaite, il
ferma les yeux sur les amours de sa femme en conservant une attitude noble et digne, à la façon des
grands seigneurs du dix-huitième siècle; mais,
comme tous les gens de goûts tranquilles, il nourris-
sait une haine profonde contre son fils cadet.
En 1818, à la mort de sa femme, il expulsa l'intrus,
en l'envoyant faire son Droit à Paris sans autre
secours qu'une pension de douze cents francs, à
laquelle aucun cri de détresse ne lui fit ajouter
une obole. Sans la protection de son véritable père,
Émile Blondet eût été perdu. La maison du juge
est une des plus jolies de la ville. Située presque en
face de la Préfecture, elle a sur la rue principale
une petite cour proprette, séparée de la chaussée
par une vieille grille de fer contenue entre deux
pilastres en brique. Entre chacun de ces pilastres
et la maison voisine se trouvent deux autres grilles
assises sur de petits murs également en brique et à
hauteur d'appui. Cette cour, large de dix et longue
de vingt toises, est divisée en deux massifs de fleurs,
par le pavé de brique qui mène de la grille à la porte
de la maison. Ces deux massifs, renouvelés avec
soin, offrent à l'admiration publique leurs triom-
phants bouquets en toute saison. Du bas de ces
deux monceaux de fleurs, s'élance sur le plan des
murs des deux maisons voisines un magnifique
manteau de plantes grimpantes. Les pilastres

sont enveloppés de chèvrefeuilles et ornés de deux
vases en terre cuite, où des cactus acclimatés présentent aux regards étonnés des ignorants leurs
monstreuses feuilles hérissées de leurs piquantes
défenses, qui semblent dues à une maladie botanique. La maison, bâtie en brique, dont les fenêtres
sont décorées d'une[a] marge cintrée également
en brique, montre sa façade simple, égayée par des
persiennes d'un vert vif. Sa porte vitrée permet de
voir, par un long corridor au bout duquel est
une autre porte vitrée, l'allée principale d'un jardin
d'environ deux arpents. Les massifs de cet enclos[b]
s'aperçoivent souvent par les croisées du salon et
de la salle à manger, qui correspondent entre elles
comme celles du corridor. Du côté de la rue,
la brique a pris depuis deux siècles une teinte de
rouille et de mousse entremêlée de tons verdâtres
en harmonie avec la fraîcheur des massifs et de leurs
arbustes. Il est impossible au voyageur qui traverse
la ville de ne pas aimer cette maison si gracieusement
encaissée, fleurie, moussue jusque sur ses toits
que décorent deux pigeons en poterie.

Outre cette vieille maison à laquelle rien n'avait
été changé depuis un siècle, le juge possédait
environ quatre mille livres de rente en terres. Sa
vengeance, assez légitime, consistait à faire passer
cette maison, les terres et son siège, à son fils
Joseph; et la ville entière connaissait ses intentions.
Il avait fait un testament en faveur de ce fils, par
lequel il l'avantageait de tout ce que le Code permet à un père de donner à l'un de ses enfants, au

détriment de l'autre. De plus, le bonhomme thésaurisait depuis quinze ans pour laisser à ce niais la somme nécessaire pour rembourser à son frère Émile la portion qu'on ne pouvait lui ôter. Chassé de la maison paternelle, Émile Blondet avait su conquérir une position distinguée à Paris; mais plus morale que positive. Sa paresse, son laissez-aller, son insouciance avaient désespéré son véritable père qui, destitué dans une des réactions ministérielles si fréquentes sous la Restauration, était mort presque ruiné, doutant de l'avenir d'un enfant doué par la nature des plus brillantes qualités. Émile Blondet était soutenu par l'amitié d'une demoiselle de Troisville, mariée au comte de Montcornet, et qu'il avait connue avant son mariage. Sa mère vivait encore au moment où les Troisville revinrent d'émigration. Madame Blondet tenait à cette famille par des liens éloignés, mais suffisants pour y introduire Émile. La pauvre femme pressentait l'avenir de son fils, elle le voyait orphelin, pensée qui lui rendait la mort doublement amère; aussi lui chercha-t-elle des protecteurs. Elle sut lier Émile avec l'aînée des demoiselles de Troisville à laquelle il plut infiniment, mais qui ne pouvait l'épouser. Cette liaison fut semblable à celle de Paul et Virginie. Madame Blondet essaya de donner de la durée à cette mutuelle affection qui devait passer comme passent ordinairement ces enfantillages, qui sont comme les *dînettes* de l'amour, en montrant à son fils un appui dans la famille Troisville. Quand, déjà mourante, madame Blondet apprit le mariage

de mademoiselle de Troisville avec le général
Montcornet, elle vint la prier solennellement de
ne jamais abandonner Émile et de le patronner dans
le monde parisien où la fortune du général l'appelait
à briller. Heureusement pour lui, Émile se protégea lui-même. A vingt ans, il débuta comme un
maître dans le monde littéraire. Son succès ne fut
pas moindre dans la société choisie où le lança son
père, qui d'abord put fournir aux profusions du
jeune homme. Cette célébrité précoce, la belle
tenue d'Émile resserrèrent peut-être les liens de
l'amitié qui l'unissait à la comtesse. Peut-être madame de Montcornet, qui avait du sang russe dans
les veines, sa mère était fille de la princesse Sher-
bellof, eût-elle renié son ami d'enfance pauvre et
luttant avec tout son esprit contre les obstacles
de la vie parisienne et littéraire; mais, quand
vinrent les tiraillements de la vie aventureuse
d'Émile, leur attachement était inaltérable de part
et d'autre. En ce moment, Blondet, que le jeune
d'Esgrignon avait trouvé à Paris devant lui à son
premier souper, passait pour un des flambeaux du
journalisme. On lui accordait une grande supériorité dans le monde politique, et il dominait sa
réputation. Le bonhomme Blondet ignorait complètement la puissance que le gouvernement constitutionnel avait donnée aux journaux; personne
ne s'avisait de l'entretenir d'un fils dont il ne
voulait pas entendre parler; il ne savait donc rien
ni de cet enfant maudit ni de son pouvoir.

L'intégrité du juge égalait sa passion pour les

fleurs, il ne connaissait que le Droit et la Botanique[a].
Il recevait les plaideurs, les écoutait, causait avec
eux et leur montrait ses fleurs; il acceptait d'eux
des graines précieuses; mais, sur le siège, il devenait
le juge le plus impartial du monde. Sa manière
de procéder était si connue, que les plaideurs ne
le venaient plus voir que pour lui remettre des
pièces qui pouvaient éclairer sa religion; personne
ne cherchait à le tromper. Son savoir, ses lumières
et son insouciance pour ses talents réels, le rendaient
tellement indispensable à du Ronceret que, sans ses
raisons matrimoniales, le Président aurait encore
secrètement contrarié par tous les moyens possibles
la demande du vieux juge en faveur de son fils;
car, si le savant vieillard quittait le Tribunal, le
Président était hors d'état de formuler[b] un jugement.
Le bonhomme Blondet ne savait pas qu'en quelques
heures, son fils Émile pouvait accomplir ses désirs. Il vivait avec une simplicité digne des héros
de Plutarque. Le soir il examinait les procès, le
matin il soignait ses fleurs, et pendant le jour il
jugeait. La jolie servante, devenue mûre et ridée
comme une pomme à Pâques, avait soin de la maison,
tenue selon les us et coutumes d'une avarice rigoureuse. Mademoiselle Cadot avait toujours sur elle
les clefs des armoires et du fruitier; elle était infa-
tigable : elle allait elle-même au marché, faisait les
appartements et la cuisine, et ne manquait jamais
d'entendre sa messe le matin. Pour donner une
idée de la vie intérieure de ce ménage, il suffira
de dire que le père et le fils ne mangeaient jamais

que des fruits gâtés, par suite de l'habitude qu'avait mademoiselle Cadot de toujours donner au dessert les plus avancés; que l'on ignorait la jouissance du pain frais, et qu'on y observait les jeûnes ordonnés par l'Église. Le jardinier était rationné comme un soldat, et constamment observé par cette vieille Validé [1], traitée avec tant de déférence, qu'elle dînait avec ses maîtres. Aussi trottait-elle continuellement de la salle à la cuisine pendant les repas. Le mariage de Joseph Blondet avec mademoiselle Blandureau avait été soumis par le père et la mère de cette héritière à la nomination de ce pauvre avocat sans cause à la place de juge-suppléant. Dans le désir de rendre son fils capable d'exercer ses fonctions, le père se tuait de lui marteler la cervelle à coups de leçons pour en faire un routinier. Le fils Blondet passait presque toutes ses soirées dans la maison de sa prétendue où, depuis son retour de Paris, Félicien du Ronceret avait été admis, sans que le vieux ni le jeune Blondet en conçussent la moindre crainte. Les principes économiques qui présidaient à cette vie mesurée avec une exactitude digne du *Peseur d'Or* de Gérard Dow [2], où il n'entrait pas un grain de sel de trop, où pas un profit n'était oublié[a], cédaient cependant aux

---

1. Qualification donnée par les Turcs à la sultane mère.
2. Balzac est très attentif aux petits maîtres de l'École hollandaise, dont il évoque la manière dans la préface des *Scènes de la vie privée*. *Le Peseur d'or* de Gérard Dow l'inspira lorsqu'il peignit Gobseck. Dans *La Femme de Trente Ans,* un Gérard Dow orne la cabine d'un pirate.

exigences de la serre et du jardinage. Le jardin
était la folie de Monsieur, disait mademoiselle
Cadot, qui ne considérait pas son aveugle amour
pour Joseph comme une folie, elle partageait
à l'égard de cet enfant la prédilection du père :
elle le choyait, lui reprisait ses bas, et aurait voulu
voir employer à son usage l'argent mis à l'horticulture. Ce jardin, merveilleusement tenu par un
seul jardinier, avait des allées sablées en sable de
rivière, sans cesse ratissées, et de chaque côté
desquelles ondoyaient les plates-bandes pleines
des fleurs les plus rares. Là, tous les parfums,
toutes les couleurs, des myriades de petits pots
exposés au soleil, des lézards sur les murs, des ser-
fouettes, des binettes enrégimentées, enfin l'attirail
des choses innocentes et l'ensemble des productions
gracieuses qui justifient cette charmante passion.
Au bout de sa serre, le juge avait établi un vaste
amphithéâtre où sur des gradins siégeaient cinq
ou six mille pots de *pelargonium*, magnifique et
célèbre assemblée que la ville et plusieurs personnes
des départements circonvoisins venaient voir à sa
floraison. A son passage par cette ville, l'impéra-
trice Marie-Louise avait honoré cette curieuse
serre de sa visite, et fut si fort frappée de ce spectacle qu'elle en parla à Napoléon, et l'Empereur
donna la croix au vieux juge. Comme le savant
horticulteur n'allait dans aucune société, hormis
la maison Blandureau, il ignorait les démarches
faites à la sourdine par le Président. Ceux qui
avaient pu pénétrer les intentions de du Ronceret

le redoutaient trop pour avertir les inoffensifs
Blondet.

Quant à Michu[a], ce jeune homme, puissamment
protégé, s'occupait beaucoup plus de plaire aux
femmes de la société la plus élevée où les recommandations de la famille de Cinq-Cygne l'avaient[b]
fait admettre, que des affaires excessivement simples
d'un Tribunal de province. Riche d'environ douze[c]
mille livres de rente[d], il était courtisé par les mères,
et menait une vie de plaisirs. Il faisait son Tribunal
par acquit de conscience, comme on fait ses devoirs
au Collège; il opinait du bonnet, en disant à tout :
« Oui, cher Président ». Mais, sous cet apparent
laissez-aller, il cachait l'esprit supérieur d'un homme
qui avait étudié à Paris et qui s'était distingué
déjà comme Substitut. Habitué à traiter largement
tous les sujets, il faisait rapidement ce qui occupait
longtemps le vieux Blondet et le Président[e], auxquels il résumait souvent les questions difficiles
à résoudre. Dans les conjonctures délicates, le
président et le vice-président consultaient leur
juge-suppléant, ils lui confiaient les délibérés
épineux et s'émerveillaient toujours de sa promptitude à leur apporter une besogne où le vieux
Blondet ne trouvait rien à reprendre. Protégé par[f]
l'aristocratie la plus hargneuse, jeune et riche,
le juge-suppléant vivait en dehors des intrigues et
des petitesses départementales. Indispensable à[g]
toutes les parties de campagne, il gambadait avec les
jeunes personnes, courtisait les mères, dansait au
bal, et jouait comme un financier. Enfin, il s'acquit-

tait à merveille de son rôle de magistrat fashionable, sans néanmoins compromettre sa dignité qu'il savait faire intervenir à propos, en homme d'esprit. Il plaisait infiniment par la manière franche avec laquelle il avait adopté les mœurs de la province sans les critiquer. Aussi s'efforçait-on de lui rendre supportable le temps de son exil.

Le Procureur du Roi, magistrat du plus grand talent, mais jeté dans la haute politique, imposait au Président. Sans son absence, l'affaire de Victurnien n'eût pas eu lieu. Sa dextérité, son habitude des affaires auraient tout prévenu. Le Président et du Croisier avaient profité de sa présence à la Chambre des Députés, dont il était un des plus remarquables orateurs ministériels, pour ourdir leurs trames, en estimant, avec une certaine habileté, qu'une fois la Justice saisie et l'affaire ébruitée, il n'y aurait plus aucun remède. En effet, en aucun tribunal, à cette époque, le Parquet n'eût accueilli sans un long examen, et sans peut-être en référer au Procureur-Général, une plainte en faux contre le fils aîné de l'une des plus nobles familles du royaume. En pareille circonstance, les gens de justice, de concert avec le pouvoir, eussent essayé mille transactions pour étouffer une plainte qui pouvait envoyer un jeune homme imprudent aux galères. Ils eussent agi peut-être de même pour une famille libérale considérée, à moins qu'elle ne fût trop ouvertement ennemie du Trône et de l'Autel. L'accueil de la plainte de du Croisier et l'arrestation du jeune comte n'avaient donc pas eu lieu facilement. Voici comment le Président et du Croisier s'y étaient pris pour arriver à leurs fins.

Monsieur Sauvager, jeune avocat royaliste, arrivé au grade judiciaire de premier Substitut à force de servilisme ministériel, régnait au Parquet en l'absence de son chef. Il dépendait de lui de lancer un réquisitoire en admettant la plainte de du Croisier. Sauvager, homme de rien et sans aucune espèce de fortune, vivait de sa place. Aussi le pouvoir comptait-il entièrement sur un homme qui attendait tout de lui. Le Président exploita cette situation. Dès que la pièce arguée de faux fut entre les mains de du Croisier, le soir même, madame la Présidente du Ronceret, soufflée par son mari, eut une longue conversation avec monsieur Sauvager, auquel elle fit observer combien la carrière de la *magistrature debout* était incertaine : un caprice ministériel, une seule faute y tuait l'avenir d'un homme.

— Soyez homme de conscience, donnez vos conclusions contre le Pouvoir quand il a tort, vous êtes perdu. Vous pouvez, lui dit-elle, profiter en ce moment de votre position pour faire un beau mariage qui vous mettra pour toujours à l'abri des mauvaises chances, en vous donnant une fortune au moyen de laquelle vous pourrez vous caser dans la magistrature *assise*. L'occasion est belle. Monsieur du Croisier n'aura jamais d'enfants, tout le monde sait le pourquoi [1]; sa fortune et celle de sa femme

---

1. Seconde allusion, dans *Le Cabinet des Antiques*, à l'im-

iront à sa nièce, mademoiselle Duval. Monsieur Duval est un maître de forges dont la bourse a déjà quelque volume, et son père, qui vit encore, a du bien. Le père et le fils ont à eux deux un million, ils le doubleront aidés par du Croisier, maintenant lié avec la haute banque et les gros industriels de Paris. Monsieur et Madame Duval jeune donneront, certes, leur fille à l'homme qui sera présenté par son oncle du Croisier, en considération des deux fortunes qu'il doit laisser à sa nièce, car du Croisier fera sans doute avantager au contrat mademoiselle Duval de toute la fortune de sa femme, qui n'a pas d'héritiers. Vous connaissez la haine de du Croisier pour les d'Esgrignon, rendez-lui service, soyez son homme, accueillez une plainte en faux qu'il va vous déposer contre le jeune d'Esgrignon, poursuivez le comte immédiatement, sans consulter le Procureur du Roi. Puis, priez Dieu que, pour avoir été magistrat impartial contre le gré du pouvoir, le ministre vous destitue, votre fortune est faite! Vous aurez une charmante femme et trente mille livres de rente en dot, sans compter quatre millions d'espérance dans une dizaine d'années.

En deux soirées, le premier Substitut avait été gagné. Le Président et monsieur Sauvager avaient tenu l'affaire secrète pour le vieux juge, pour le juge-suppléant, et pour le second substitut. Sûr de l'impartialité de Blondet en présence des faits, le Prési-

---

puissance de ce personnage, longuement commentée dans *La Vieille Fille* sous l'identité de du Bousquier.

dent avait la majorité sans compter Camusot. Mais tout manquait par la défection imprévue du juge d'instruction. Le Président voulait un jugement de mise en accusation avant que le Procureur du Roi ne fût averti. Camusot ou le second substitut n'allaient-ils pas le prévenir?

CHAPITRE VII

LE JUGE D'INSTRUCTION

Maintenant, en expliquant la vie intérieure du juge d'instruction Camusot, peut-être apercevra-t-on les raisons qui permettaient à Chesnel de considérer ce jeune magistrat comme acquis aux d'Esgrignon, et qui lui avaient donné la hardiesse de le suborner en pleine rue. Camusot, fils de la première femme d'un[a] illustre[b] marchand de soieries de la rue des Bourdonnais, objet de l'ambition de son père[c], avait été destiné[d] à la magistrature. En épousant sa femme, il avait épousé la protection d'un huissier du Cabinet du Roi, protection sourde, mais efficace, qui lui avait déjà valu sa nomination de juge, et, plus tard, celle de Juge d'Instruction. Son père ne lui avait donné en le mariant que six mille francs de rente, la fortune de feu sa mère, toutes déductions faites de ses avantages d'époux[e]; et comme mademoiselle Thirion ne lui avait pas apporté plus de vingt mille francs de dot, ce ménage connaissait les malheurs d'une pauvreté cachée[f], car les appointements d'un juge en province ne s'élèvent pas au-dessus de quinze cents francs. Cependant les Juges d'Instruc-

tion ont un supplément d'environ mille francs à
raison des dépenses et des travaux extraordinaires
de leurs fonctions. Malgré les fatigues qu'elles
donnent, ces places sont assez enviées, mais elles
sont révocables; aussi madame Camusot venait-elle
de gronder son mari d'avoir découvert sa pensée au
Président. Marie-Cécile-Amélie Thirion, depuis trois
ans de mariage, s'était aperçue de la bénédiction de
Dieu par la régularité de deux accouchements heureux, une fille et un garçon; mais elle suppliait Dieu
de ne plus la tant bénir. Encore quelques bénédictions, et sa gêne deviendrait misère. La fortune de
monsieur Camusot le père[a] devait se faire longtemps
attendre. D'ailleurs cette riche succession ne pouvait
pas donner plus de huit ou dix mille francs de rente
aux enfants du négociant qui étaient quatre[b] et de
deux lits différents[c]. Puis, quand se réaliserait ce que
tous les faiseurs de mariage appellent *des espérances,*
le juge n'aurait-il pas des enfants à établir? Chacun
concevra donc la situation d'une petite femme pleine
de sens et de résolution, comme était madame
Camusot; elle avait trop bien senti l'importance
d'un faux pas fait par son mari dans sa carrière, pour
ne pas se mêler des affaires judiciaires.

Enfant unique d'un ancien serviteur du roi
Louis XVIII, un valet qui l'avait suivi en Italie, en
Courlande, en Angleterre, et que le Roi avait récom-
pensé par la seule place qu'il pût remplir, celle
d'huissier de son cabinet par quartier, Amélie avait
reçu chez elle comme un reflet de la Cour. Thirion[d]
lui dépeignait les grands seigneurs, les ministres, les

personnages qu'il annonçait, introduisait, et voyait passant et repassant. Élevée comme à la porte des Tuileries, cette jeune femme avait donc pris une teinture des maximes qui s'y pratiquent, et adopté le dogme de l'obéissance absolue au Pouvoir. Aussi avait-elle sagement jugé qu'en se rangeant du côté des d'Esgrignon, son mari plairait à madame la duchesse de Maufrigneuse, à deux puissantes familles sur lesquelles son père s'appuierait, en un moment opportun, auprès du Roi. A la première occasion, Camusot pouvait être nommé juge dans le ressort de Paris, puis plus tard à Paris[a]. Cette promotion rêvée, désirée à tout moment, devait apporter six mille francs d'appointements, les douceurs d'un logement chez son père ou chez les Camusot, et tous les avantages des deux fortunes paternelles. Si l'adage : *loin des yeux, loin du cœur,* est vrai pour la plupart des femmes, il est vrai surtout en fait de sentiments de famille et de protections ministérielles ou royales. De tout temps les gens qui servent personnellement les rois font très bien leurs affaires : on s'intéresse à un homme, fût-ce un valet, quand on le voit[b] tous les jours.

Madame Camusot, qui se considérait comme de passage, avait pris une petite maison dans la rue du Cygne. La ville n'est[c] pas assez passante pour que l'industrie des appartements garnis s'y exerce[d]. Ce ménage n'était pas d'ailleurs assez riche pour vivre dans un hôtel, comme monsieur Michu[e]. La Parisienne avait donc été obligée d'accepter les meubles du pays. La modicité de ses revenus l'avait obligée à prendre cette maison remarquablement laide, mais qui ne manquait pas d'une certaine naïveté de détails. Appuyée à la maison voisine de manière à présenter sa façade à la cour, elle n'avait à chaque étage qu'une fenêtre sur la rue. La cour, bordée dans sa largeur par deux murailles ornées de rosiers et d'alaternes, avait au fond, en face de la maison, un hangar assis sur deux arcades en briques. Une petite porte bâtarde donnait entrée à cette sombre maison encore assombrie par un grand noyer planté au milieu de la cour. Au rez-de-chaussée, où l'on montait par un perron à double rampe et à balustrades en fer très ouvragé, mais rongé par la rouille, se trouvaient sur la rue une salle à manger, et de l'autre côté la cuisine. Le fond du corridor qui séparait ces deux chambres était occupé par un escalier en bois. Le premier étage ne se composait que de deux pièces, dont l'une servait de cabinet au magistrat, et l'autre de chambre à coucher. Le second étage en mansarde contenait également deux chambres, une pour la cuisinière et l'autre pour la femme de chambre qui gardait avec elle les enfants. Aucune pièce de la maison n'avait de plafond, toutes présentaient ces solives blanchies à la chaux, dont les entre-deux sont plafonnés de blanc-en-bourre [1a]. Les deux chambres du premier étage et la salle d'en bas avaient de ces lambris à formes contournées, où s'est exercée la patience des menuisiers du dernier siècle. Ces boi-

---

1. Mortier de chaux, de sable et d'argile marneuse dans lequel on jette de la bourre pour faire les plafonds.

series, peintes en gris-sale, étaient du plus triste
aspect. Le cabinet du juge était celui d'un avocat de
province : un grand bureau et un fauteuil d'acajou,
la bibliothèque de l'étudiant en Droit, et ses meubles
mesquins apportés de Paris. La chambre de madame
était indigène : elle avait des ornements bleus et
blancs, un tapis, un de ces mobiliers hétéroclites qui
semblent à la mode et qui sont tout simplement les
meubles dont les formes n'ont pas été adoptées à
Paris. Quant à la salle du rez-de-chaussée, elle était
ce qu'est une salle en province, nue, froide, à papiers
de tenture humides et passés. C'était dans cette
chambre mesquine, sans autre vue que celle de ce
noyer, de ces murs à feuillage noir et de la rue presque
déserte, que passait toutes ses journées une femme
assez vive et légère, habituée aux plaisirs, au mouvement de Paris, seule la plupart du temps, ou rece-
vant des visites ennuyeuses et sottes qui lui faisaient
préférer sa solitude à des caquetages vides, où le
moindre trait d'esprit auquel elle se laissait aller
donnait lieu à d'interminables commentaires et enve-
nimait sa situation. Occupée de ses enfants, moins
par goût que pour mettre un intérêt dans sa vie
presque solitaire, elle ne pouvait exercer sa pensée
que sur les intrigues qui se nouaient autour d'elle,
sur les menées des gens de province, sur leurs ambitions enfermées dans des cercles étroits. Aussi
pénétrait-elle promptement des mystères auxquels
ne songeait pas son mari. Son hangar plein de bois,
où sa femme de chambre faisait des savonnages,
n'était pas ce qui frappait ses regards, quand, assise

à la fenêtre de sa chambre, elle tenait à la main quelque broderie interrompue : elle contemplait Paris où tout est plaisir, où tout est plein de vie, elle en rêvait les fêtes et pleurait d'être dans cette froide prison de province. Elle se désolait d'être dans un pays paisible, où jamais il n'arriverait ni conspiration, ni grande affaire. Elle se voyait pour longtemps sous l'ombre de ce noyer.

Madame Camusot est[a] une petite femme, grasse, fraîche, blonde, ornée d'un front très busqué, d'une bouche rentrée, d'un menton relevé, traits que la jeunesse rend supportables, et qui doivent[b] lui donner de bonne heure un air vieux. Ses yeux vifs et spirituels, mais qui expriment un peu trop son innocente envie de parvenir, et la jalousie que lui cause son infériorité présente, allument comme deux lumières dans sa figure commune, et la relèvent par une certaine force de sentiment que le succès devait éteindre plus tard[c]. Elle usait alors[d] de beaucoup d'industrie pour sa toilette, elle inventait des garnitures, elle se les brodait; elle méditait ses atours avec sa femme de chambre venue avec elle de Paris, et maintenait ainsi la réputation des Parisiennes en province. Sa causticité la faisait redouter[e], elle n'était pas aimée. Avec cet esprit fin et investigateur qui distingue les femmes inoccupées, obligées d'employer leur journée, elle avait fini par découvrir les opinions secrètes du Président; aussi conseillait-elle depuis quelque temps à Camusot de lui déclarer la guerre. L'affaire du jeune comte était une excellente occasion. Avant de venir en soirée chez mon-

sieur du Croisier, elle n'avait pas eu de peine à dé-
montrer à son mari qu'en cette affaire, le premier
Substitut allait contre les intentions de ses chefs.
Le rôle de Camusot n'était-il pas[a] de se faire un
marchepied de ce procès criminel, en favorisant la
maison d'Esgrignon, bien autrement puissante que
le parti du Croisier ?

— Sauvager n'épousera jamais mademoiselle
Duval, qu'on lui aura montrée en perspective, il
sera la dupe des Machiavels du Val-Noble, auxquels
il va sacrifier sa position. Camusot, cette affaire si
malheureuse pour les d'Esgrignon et si perfidement
entamée par le Président au profit de du Croisier,
ne sera favorable qu'à toi, lui avait-elle dit en rentrant[b].

Cette rusée Parisienne avait également deviné les
manœuvres secrètes du Président auprès de Blandureau, et les motifs qu'il avait de déjouer les efforts
du vieux Blondet, mais elle ne voyait aucun profit
à éclairer le fils ou le père sur le péril de leur situation; elle jouissait de cette comédie commencée,
sans se douter de quelle importance pouvait être le
secret surpris par elle de la demande faite aux Blandureau par le successeur de Chesnel en faveur de
Félicien du Ronceret. Dans le cas où la position de
son mari serait menacée par le Président, madame
Camusot savait pouvoir menacer à son tour le Président[c] en éveillant l'attention de l'horticulteur sur
le rapt projeté de la fleur qu'il voulait transplanter
chez lui.

Sans pénétrer, comme madame Camusot, les

moyens par lesquels du Croisier et le Président
avaient gagné le premier Substitut, Chesnel, en exa-
minant ces diverses existences et ces intérêts groupés
autour des fleurs de lys du Tribunal, compta sur
le Procureur du Roi, sur Camusot et sur monsieur
Michu. Deux juges pour les d'Esgrignon paraly-
sèrent tout. Enfin, le notaire connaissait trop bien
les désirs du vieux Blondet pour ne pas savoir que,
si son impartialité pouvait fléchir, ce serait pour
l'œuvre de toute sa vie, pour la nomination de son
fils à la place de Juge-suppléant. Ainsi Chesnel s'en-
dormit plein d'espérance en se promettant d'aller
voir monsieur Blondet, pour lui offrir de réaliser les
espérances qu'il caressait depuis si longtemps, en
l'éclairant sur les perfidies du Président du Ronceret.
Après avoir gagné le vieux juge, il irait parlementer
avec le Juge d'Instruction, auquel il espérait pouvoir
prouver, sinon l'innocence, au moins l'imprudence
de Victurnien, et réduire l'affaire à une simple
étourderie de jeune homme.

CHAPITRE VIII

BATAILLE JUDICIAIRE

CHESNEL ne dormit ni paisiblement ni longtemps ; car, avant le jour, sa gouvernante l'éveilla pour lui présenter le plus séduisant personnage de cette histoire, le plus adorable jeune homme du monde, madame la duchesse de Maufrigneuse, venue seule en calèche, et habillée en homme.

— J'arrive pour le sauver ou pour périr avec lui, dit-elle au notaire qui croyait rêver. J'ai cent mille francs que le Roi m'a donnés sur sa Cassette pour acheter l'innocence de Victurnien, si son adversaire est corruptible. Si nous échouons, j'ai du poison pour le soustraire à tout, même à l'accusation. Mais nous n'échouerons pas. Le Procureur du Roi, que j'ai fait avertir de ce qui se passe, me suit ; il n'a pu venir avec moi, il a voulu prendre les ordres du Garde des Sceaux.

Chesnel rendit scène pour scène à la duchesse : il s'enveloppa de sa robe de chambre et tomba à ses pieds qu'il baisa, non sans demander pardon de l'oubli que la joie lui faisait commettre[a].

— Nous[b] sommes sauvés, criait-il tout en donnant

des ordres à Brigitte pour qu'elle préparât ce dont pouvait avoir besoin la duchesse après une nuit passée à courir la poste.

Il fit un appel au courage de la belle Diane, en lui démontrant la nécessité d'aller chez le Juge d'Instruction au petit jour, afin que personne ne fût dans le secret de cette démarche, et ne pût même présumer que la duchesse de Maufrigneuse fût venue.

— N'ai-je pas un passeport en règle? dit-elle en lui montrant une feuille où elle était désignée comme monsieur le vicomte Félix de Vandenesse, Maître des Requêtes et Secrétaire particulier du Roi. Ne sais-je pas bien jouer mon rôle d'homme? reprit-elle en rehaussant les faces de sa perruque à la Titus [1] et agitant sa cravache.

— Ah! madame la duchesse[a], vous êtes un ange! s'écria Chesnel les larmes aux yeux. (Elle devait toujours être un ange, même en homme!)[b] Boutonnez votre redingote, enveloppez-vous jusqu'au nez dans votre manteau, prenez mon bras, et courons chez Camusot avant que personne ne puisse nous rencontrer.

— Je verrai donc un homme qui s'appelle Camusot? dit-elle.

— Et qui a le nez de son nom, répondit Chesnel.

Quoiqu'il eût la mort au cœur, le vieux notaire jugea nécessaire d'obéir à tous les caprices de la duchesse, de rire quand elle rirait, de pleurer avec

---

1. Perruque à cheveux courts lancée à la ville par Talma, interprète du rôle tragique de Titus.

elle; mais il gémit de la légèreté d'une femme qui, tout en accomplissant une grande chose, y trouvait néanmoins matière à plaisanter. Que n'aurait-il pas fait pour sauver le jeune homme? Pendant que Chesnel s'habilla, madame de Maufrigneuse dégusta la tasse de café à la crème que Brigitte lui servit, et convint de la supériorité des cuisinières de province sur les chefs de Paris, qui dédaignent ces menus détails si importants pour les gourmets. Grâce aux prévoyances que nécessitaient les goûts de son maître pour la bonne chère, Brigitte avait pu offrir à la duchesse une excellente collation. Chesnel et son gentil compagnon se dirigèrent vers la maison de monsieur et madame Camusot.

— Ah! il y a une madame Camusot, dit la duchesse, l'affaire pourra s'arranger.

— Et d'autant mieux, lui répondit Chesnel, que madame s'ennuie assez visiblement d'être parmi nous autres provinciaux, elle est de Paris.

— Ainsi nous ne devons pas avoir de secret pour elle.

— Vous serez juge de ce qu'il faudra taire ou révéler, dit humblement Chesnel. Je crois qu'elle sera très flattée de donner l'hospitalité à la duchesse de Maufrigneuse. Pour ne rien compromettre, il vous faudra sans doute rester chez elle jusqu'à la nuit, à moins que vous n'y trouviez des inconvénients.

— Est-elle bien, madame Camusot? demanda la duchesse d'un air fat.

— Elle est un peu reine[a] chez elle, répondit le notaire.

— Elle doit alors se mêler des affaires du Palais, reprit la duchesse. Il n'y a qu'en France, cher monsieur Chesnel, que l'on voit les femmes si bien épouser leurs maris qu'elles en épousent les fonctions, le commerce ou les travaux. En Italie, en Angleterre, en Espagne, les femmes se font un point d'honneur de laisser leurs maris se débattre avec les affaires; elles mettent à les ignorer la même persévérance que nos bourgeoises françaises déploient pour être au fait[a] des affaires de la communauté. N'est-ce pas ainsi que vous appelez cela judiciairement? D'une jalousie incroyable, en fait de politique conjugale, les Françaises[b] veulent tout savoir. Aussi, dans les moindres difficultés de la vie en France, sentez-vous la main de la femme qui conseille, guide, éclaire[c] son mari. La plupart des hommes ne s'en trouvent pas mal, en vérité. En Angleterre, un homme marié pourrait être mis vingt-quatre heures en prison pour dettes, sa femme, à son retour, lui ferait une scène de jalousie.

— Nous sommes arrivés sans avoir fait la moindre rencontre, dit Chesnel. Madame la duchesse, vous devez avoir d'autant plus d'empire ici, que le père de madame Camusot est un huissier du Cabinet du Roi, nommé Thirion.

— Et le Roi n'y a pas songé! il ne pense à rien, s'écria-t-elle. Thirion nous a introduits, le prince de Cadignan[d], monsieur de Vandenesse et moi! Nous sommes les maîtres céans. Combinez bien tout avec le mari pendant que je vais parler à la femme.

La femme de chambre, qui lavait, débarbouillait,

habillait les deux enfants, introduisit les deux
étrangers dans la petite salle sans feu.

— Allez porter cette carte à votre maîtresse, dit
la duchesse à l'oreille de la femme de chambre, et
ne la laissez lire qu'à elle. Si vous êtes discrète, on
vous récompensera, ma petite.

La femme de chambre demeura comme frappée
de la foudre en entendant cette voix de femme et
voyant cette délicieuse figure de jeune homme.

— Éveillez monsieur Camusot, lui dit Chesnel,
et dites que je l'attends pour une affaire importante.

La femme de chambre monta. Quelques instants
après, madame Camusot s'élança en peignoir à
travers les escaliers, et introduisit le bel étranger
après avoir poussé Camusot, en chemise, dans son
cabinet avec tous ses vêtements, en lui ordonnant
de s'habiller et de l'y attendre. Ce coup de théâtre
avait été produit par la carte où était gravé : MA-
DAME LA DUCHESSE DE MAUFRIGNEUSE. La fille de
l'huissier du Cabinet du Roi avait tout compris.

— Eh bien! monsieur Chesnel, ne dirait-on pas
que le tonnerre vient de tomber ici? s'écria la
femme de chambre à voix basse. Monsieur s'habille
dans son cabinet, vous pouvez y monter.

— Silence sur tout ceci, répondit le notaire[a].

Chesnel, en se sentant appuyé par une grande
dame qui avait l'assentiment verbal du Roi aux mesures à prendre pour sauver le comte d'Esgrignon,
prit un air d'autorité qui le servit auprès de Camusot
beaucoup mieux que l'air humble avec lequel il
l'aurait entretenu, s'il eût été seul et sans secours.

— Monsieur, lui dit-il, mes paroles hier au soir ont pu vous étonner, mais elles sont sérieuses. La maison d'Esgrignon compte sur vous pour bien instruire une affaire d'où elle doit sortir sans tache.

— Monsieur, répondit le juge, je ne relèverai point ce qu'il y a de blessant pour moi et d'attentatoire à la Justice dans vos paroles, car, jusqu'à un certain point, votre position près de la maison d'Esgrignon l'excuse. Mais...

— Monsieur, pardonnez-moi de vous interrompre, dit Chesnel. Je viens vous dire des choses que vos supérieurs pensent et n'osent pas avouer, mais que les gens d'esprit devinent, et vous êtes homme d'esprit. A supposer que le jeune homme eût agi imprudemment, croyez-vous que le Roi, que la Cour, que le Ministère fussent flattés de voir un nom comme celui des d'Esgrignon traîné à la Cour d'Assises? Est-il dans l'intérêt, non seulement du royaume, mais du pays, que les maisons historiques tombent? L'égalité, aujourd'hui le grand mot de l'Opposition, ne trouve-t-elle pas une garantie dans l'existence d'une haute aristocratie consacrée par le temps? Eh bien! non seulement il n'y a pas eu la moindre imprudence, mais nous sommes des innocents tombés dans un piège.

— Je suis curieux de savoir comment! dit le juge.

— Monsieur, reprit Chesnel, pendant deux ans, le sieur du Croisier a constamment laissé tirer sur lui pour de fortes sommes par monsieur le comte d'Esgrignon. Nous produirons des traites pour plus de cent mille écus, constamment acquittées par lui,

et dont les sommes ont été remises par moi... sai-
sissez bien ceci?... soit avant, soit après l'échéance.
Monsieur le comte d'Esgrignon est en mesure de
présenter un reçu de la somme tirée par lui, antérieur
à l'effet argué de faux. Ne reconnaîtrez-vous pas
alors dans la plainte une œuvre de haine et de
parti? n'est-ce pas une odieuse calomnie que cette
accusation portée par les adversaires les plus dangereux du Trône et de l'Autel contre l'héritier d'une
vieille famille? Il n'y a pas eu plus de faux dans cette
affaire qu'il ne s'en est fait dans mon Étude. Mandez
par devers vous madame du Croisier, laquelle
ignore encore[a] la plainte en faux, elle vous déclarera
que je lui ai porté les fonds, et qu'elle les a gardés
pour les remettre à son mari absent qui ne les lui
réclame pas. Interrogez du Croisier à ce sujet? il
vous dira qu'il ignore ma remise à madame du Croisier.

— Monsieur, répondit le Juge d'Instruction, vous
pouvez émettre de pareilles assertions dans le salon
de monsieur d'Esgrignon ou chez des gens qui ne
connaissent pas les affaires, on y ajoutera foi; mais
un Juge d'Instruction, à moins d'être imbécile, ne
croira pas qu'une femme aussi soumise à son mari
que l'est madame du Croisier conserve en ce moment dans son secrétaire cent mille écus sans en rien
dire à son mari, ni qu'un vieux notaire n'ait pas
instruit monsieur du Croisier de cette remise, à son
retour en ville.

— Le vieux notaire était allé à Paris, monsieur,
pour arrêter le cours des dissipations du jeune
homme.

— Je n'ai pas encore interrogé le comte d'Esgrignon, reprit le juge, ses réponses éclaireront ma religion.

— Il est au secret? demanda le notaire.

— Oui, répondit le juge.

— Monsieur, s'écria Chesnel qui vit le danger, l'instruction peut être conduite pour ou contre nous; mais vous choisirez ou de constater, d'après la déposition de madame du Croisier, la remise des valeurs antérieurement à l'effet, ou d'interroger un pauvre jeune homme inculpé qui, dans son trouble, peut ne se souvenir de rien et se compromettre. Vous chercherez le plus coupable ou de l'oubli d'une femme ignorante en affaires, ou d'un faux commis par un d'Esgrignon.

— Il ne s'agit pas de tout cela, reprit le juge, il s'agit de savoir si monsieur le comte d'Esgrignon a converti le bas d'une lettre que lui adressait du Croisier en une lettre de change.

— Eh! il le pouvait, s'écria tout à coup madame Camusot qui entra vivement, suivie du bel inconnu. Monsieur Chesnel avait remis les fonds... Elle se pencha vers son mari. — Tu seras juge-suppléant à Paris à la première vacance, tu sers le Roi lui-même dans cette affaire, j'en ai la certitude, on ne t'oubliera pas, lui dit-elle à l'oreille. Tu vois dans ce jeune homme la duchesse de Maufrigneuse, tâche de ne jamais dire que tu l'as vue, et fais tout pour le jeune comte, hardiment.

— Messieurs, dit le juge, quand l'instruction serait conduite dans le sens favorable à l'innocence du jeune comte, puis-je répondre du jugement à intervenir? Monsieur Chesnel et toi, ma bonne, vous connaissez les dispositions de monsieur le Président.

— Ta, ta, ta, dit madame Camusot, va voir toi-même ce matin monsieur Michu, et apprends-lui l'arrestation du jeune comte, vous serez déjà deux contre deux, j'en réponds. Michu est de Paris, lui! et tu connais son dévouement pour la noblesse. Bon chien chasse de race[a].

En ce moment, mademoiselle Cadot fit entendre sa voix à la porte, en disant qu'elle apportait une lettre pressée. Le juge sortit et rentra, en lisant ces mots :

Monsieur le vice-président du Tribunal prie monsieur Camusot de siéger à l'audience de ce jour et des jours suivants, pour que le Tribunal soit au complet pendant l'absence de monsieur le Président. Il lui fait ses compliments.

— Plus d'instruction de l'affaire d'Esgrignon, s'écria madame Camusot. Ne te l'avais-je pas dit, mon ami, qu'ils te joueraient quelque mauvais tour? Le Président est allé te calomnier auprès du Procureur-Général et du Président de la Cour. Avant que tu puisses instruire l'affaire, tu seras changé. Est-ce clair?

— Vous resterez, monsieur, dit la duchesse, le Procureur du Roi arrivera, je l'espère, à temps.

— Quand le Procureur du Roi viendra, dit avec feu la petite madame Camusot, il doit trouver tout fini. Oui, mon cher, oui, dit-elle en regardant son mari stupéfait. Ah! vieil hypocrite de Président, tu joues au plus fin avec nous, tu t'en souviendras! Tu veux nous servir un plat de ton métier, tu en auras deux apprêtés par la main de ta servante, Cécile-Amélie Thirion. Pauvre bonhomme Blondet! il est heureux pour lui que le Président soit en voyage pour nous faire destituer, son grand dadais de fils épousera mademoiselle Blandureau. Je vais aller retourner les semis au père Blondet[a]. Toi, Camusot, va chez monsieur Michu pendant que madame la duchesse et moi nous irons trouver le vieux Blondet. Attends-toi à entendre dire par toute la ville que je me suis promenée ce matin avec un amant.

Madame Camusot donna le bras à la duchesse, et l'emmena par les endroits déserts de la ville pour arriver sans mauvaise rencontre à la porte du vieux juge. Chesnel alla pendant ce temps conférer avec le jeune comte à la prison, où Camusot le fit introduire en secret. Les cuisinières, les domestiques, et autres gens levés de bonne heure en province, qui virent madame Camusot et la duchesse dans des chemins détournés, prirent le jeune homme pour un amant venu de Paris. Comme Cécile-Amélie[b] l'avait prévu, le soir, la nouvelle de ses déportements circulait dans la ville, et y occasionnait plus d'une médisance. Madame Camusot et son amant prétendu trouvèrent le vieux Blondet dans sa serre, il salua la femme de son collègue et son compagnon en jetant sur ce charmant jeune homme un regard inquiet et scrutateur.

— J'ai l'honneur de vous présenter un des cousins de mon mari, dit-elle à monsieur Blondet en lui montrant la duchesse, un des horticulteurs les plus distingués de Paris, qui revient de Bretagne, et ne peut passer que cette journée avec nous. Monsieur a entendu parler de vos fleurs et de vos arbustes, et j'ai pris la liberté de venir de grand matin.

— Ah! monsieur est horticulteur, dit le vieux juge.

La duchesse s'inclina sans parler.

— Voici, dit le juge, mon cafier [1] et mon arbre à thé.

— Pourquoi donc, dit madame Camusot, monsieur le Président est-il parti? Je gage que son absence concerne monsieur Camusot.

— Précisément. Voici, monsieur, le cactus le plus original qui existe, dit-il en montrant dans un pot une plante qui avait l'air d'un rotin [2] couvert de lèpre, il vient de la Nouvelle-Hollande. Vous êtes bien jeune, monsieur, pour être horticulteur.

— Quittez vos fleurs, cher monsieur Blondet, dit madame Camusot, il s'agit de vous, de vos espérances, du mariage de votre fils avec mademoiselle Blandureau. Vous êtes la dupe du Président.

— Bah! dit le juge d'un air incrédule.

— Oui, reprit-elle. Si vous cultiviez un peu plus le monde, et un peu moins vos fleurs, vous sauriez

---

1. Cafier ou caféier.
2. Rotin ou rotang, genre de palmier répandu notamment dans les Indes.

que la dot et les espérances que vous avez plantées, arrosées, binées, sarclées, sont sur le point d'être cueillies par des mains rusées.

— Madame !...

— Ah ! personne en ville n'aura le courage de rompre en visière au Président en vous avertissant. Moi, qui ne suis pas de la ville, et qui, grâce à ce brave jeune homme, irai bientôt à Paris, je vous apprends que le successeur de Chesnel a formellement demandé la main de Claire Blandureau pour le petit du Ronceret, à qui ses père et mère donnent cinquante mille écus. Quant à Félicien, il promet de se faire recevoir avocat pour être nommé juge.

Le vieux juge laissa tomber le pot qu'il avait à la main pour le montrer à la duchesse.

— Ah ! mon cactus ! ah ! mon fils ! Mademoiselle Blandureau !... Tiens, la fleur du cactus est cassée !

— Non, tout peut s'arranger, lui dit madame Camusot en riant. Si vous voulez voir votre fils juge dans un mois d'ici, nous allons vous dire comment il faut vous y prendre...

— Monsieur, passez là, vous verrez mes *pelar-gonium,* un spectacle magique à la floraison. Pour-quoi, dit-il à madame Camusot, me parlez-vous de ces affaires devant votre cousin ?

— Tout dépend de lui, riposta madame Camusot. La nomination de votre fils est à jamais perdue si vous dites un mot de ce jeune homme.

— Bah !

— Ce jeune homme est une fleur.

— Ah !

— C'est la duchesse de Maufrigneuse, envoyée par le Roi pour sauver le jeune d'Esgrignon, arrêté hier par suite d'une plainte en faux portée par du Croisier. Madame la duchesse a la parole du Garde des Sceaux, il ratifiera les promesses qu'elle nous fera...

— Mon cactus est sauvé! dit le juge qui examinait sa plante précieuse. Allez, j'écoute.

— Consultez-vous avec Camusot et Michu pour étouffer l'affaire au plus tôt, et votre fils sera nommé. Sa nomination arrivera alors assez à temps pour vous permettre de déjouer les intrigues des du Ronceret auprès des Blandureau. Votre fils sera mieux que juge-suppléant, il aura la succession de monsieur Camusot dans l'année. Le Procureur du Roi arrive aujourd'hui, monsieur Sauvager sera sans doute forcé de donner sa démission, à cause de sa conduite dans cette affaire. Mon mari vous montrera des pièces au Palais qui établissent l'innocence du comte, et qui prouvent que le faux est un guet-apens tendu par du Croisier.

Le vieux juge entra dans le cirque olympique de ses six mille *pelargonium,* et y salua la duchesse.

— Monsieur, dit-il, si ce que vous voulez est légal, cela pourra se faire.

— Monsieur, répondit la duchesse, remettez votre démission demain à monsieur Chesnel, je vous promets de vous faire envoyer dans la semaine la nomination de votre fils, mais ne la donnez qu'après avoir entendu monsieur le Procureur du Roi vous confirmer mes paroles. Vous vous comprenez mieux

entre vous autres gens de justice. Seulement faites-
lui savoir que la duchesse de Maufrigneuse vous a
engagé sa parole. Silence sur mon voyage ici,
dit-elle.

Le vieux juge lui baisa la main, et se mit à cueillir
sans pitié les plus belles fleurs qu'il lui offrit.

— Y pensez-vous ! donnez-les à madame, lui dit
la duchesse, il n'est pas naturel de voir des fleurs à
un homme qui donne le bras à une jolie femme.

— Avant d'aller au Palais, lui dit madame Camusot, allez vous informer chez le successeur de
Chesnel des propositions faites par lui au nom de
monsieur et de madame du Ronceret.

Le vieux juge, ébahi de la duplicité du Président,
resta planté sur ses jambes, à sa grille, en regardant
les deux femmes qui se sauvèrent par les chemins
détournés. Il voyait crouler l'édifice si péniblement
bâti durant dix années pour son enfant chéri. Était-ce
possible ? il soupçonna quelque ruse et courut chez
le successeur de Chesnel. A neuf heures et demie,
avant l'audience, le vice-président Blondet, le juge
Camusot et Michu se trouvèrent avec une remar-
quable exactitude dans la Chambre du Conseil, dont
la porte fut fermée avec soin par le vieux juge en
voyant entrer Camusot et Michu qui vinrent ensemble.

— Eh bien ! monsieur le vice-président, dit Michu,
monsieur Sauvager a requis un mandat contre un
comte d'Esgrignon, sans consulter le Procureur
du Roi, pour servir la passion d'un du Croisier, un
ennemi du gouvernement du Roi. C'est un vrai cen-

dessus-dessous [1a] Le Président, de son côté, part et arrête ainsi[b] l'instruction! Et nous ne savons rien de ce procès? Voulait-on par hasard nous forcer la main?

— Voici le premier mot que j'entends sur cette affaire, dit le vieux juge furieux de la démarche faite par le Président chez les Blandureau.

Le successeur de Chesnel, l'homme des du Ronceret, venait d'être victime d'une ruse inventée par le vieux juge pour savoir la vérité, il avait avoué le secret[c].

— Heureusement que nous vous en parlons, mon cher maître, dit Camusot à Blondet, autrement vous auriez pu renoncer à asseoir jamais votre fils sur les fleurs de lys, et à le marier à mademoiselle Blandureau.

— Mais il ne s'agit pas de mon fils ni de son mariage, dit le juge, il s'agit du jeune comte d'Esgrignon : est-il ou n'est-il pas coupable?

— Il paraît, dit monsieur Michu, que les fonds auraient été remis à madame du Croisier par Chesnel, on a fait un crime d'une simple irrégularité. Le jeune homme aurait, suivant la plainte,

---

1. Telle est l'orthographe voulue par Balzac. Il écrira à ce propos dans *La Revue parisienne* (p. 325, 25 sept. 1840) : « Je m'obstine à orthographier ce mot comme il doit l'être. Sens dessus dessous est inexplicable. L'Académie aurait dû, dans son Dictionnaire, sauver, au moins dans ce composé, le vieux mot *cen* qui veut dire : ce qui est. » Littré, tout en rappelant que Vaugelas écrit *sans* et tout en notant que l'usage moderne tend à faire prévaloir *sens*, donne raison à Balzac et commente cen par « ce qui est en ».

pris un bas de lettre où était la signature de du
Croisier pour la convertir en un effet sur les Keller.

— Une imprudence! dit Camusot.

— Mais[a] si du Croisier avait encaissé la somme,
dit Blondet, pourquoi s'est-il plaint?

— Il ne sait pas encore que la somme a été remise
à sa femme, ou il feint de ne pas le savoir, dit
Camusot.

— Vengeance de gens de province, dit Michu.

— Ça m'a pourtant l'air d'être un faux, dit le
vieux Blondet, chez qui nulle passion ne pouvait
obscurcir la clarté de la conscience judiciaire[b].

— Vous croyez, dit Camusot[c]. Mais d'abord, en
supposant que le jeune comte n'ait pas eu le droit
de tirer sur du Croisier, il n'y aurait pas imitation
de signature. Mais il s'est cru ce droit par l'avis
que Chesnel lui a donné d'un versement opéré
par lui Chesnel[d].

— Eh bien! où voyez-vous donc un faux?
dit le vieux juge. L'essence du faux, en matière
civile, est de constituer un dommage à autrui[e].

— Ah! il est clair, en tenant la version de du
Croisier pour vraie, que la signature a été détournée
de sa destination afin de toucher la somme au mépris d'une défense faite par du Croisier à ses banquiers, dit Camusot[f].

— Ceci, messieurs, dit Blondet, me paraît une
misère, une vétille. Vous aviez la somme, je devais
attendre peut-être un titre de vous; mais, moi,
comte d'Esgrignon, j'étais dans un besoin urgent,
j'ai... Allons donc! votre plainte est de la passion,

de la vengeance! Pour qu'il y ait faux, le législateur a voulu[a] l'intention de soustraire une somme, de se faire attribuer un profit quelconque auquel on n'aurait pas droit. Il n'y a eu de faux ni dans les termes de la loi romaine, ni dans l'esprit de la jurisprudence actuelle, toujours en nous tenant dans le Civil, car il ne s'agit pas ici de faux en écriture publique ou authentique. En matière privée[b], le faux entraîne une intention de voler, mais ici, où est le vol? Dans quel temps vivons-nous, messieurs? Le Président nous quitte pour faire manquer une instruction qui devrait être finie! Je ne connais monsieur le Président que d'aujourd'hui, mais je lui paierai l'arriéré de mon erreur; il minutera désormais ses jugements lui-même. Vous devez mettre à ceci la plus grande célérité, monsieur Camusot.

— Oui. Mon avis, dit Michu, est, au lieu d'une mise en liberté sous caution, de tirer de là ce jeune homme immédiatement. Tout dépend des interrogations à poser à du Croisier et à sa femme. Vous pouvez les mander pendant l'audience, monsieur Camusot, recevoir leurs dépositions avant quatre heures, faire votre rapport cette nuit, et nous jugerons l'affaire demain avant l'audience.

— Pendant que les avocats plaideront, nous conviendrons de la marche à suivre, dit Blondet à Camusot.

Les trois juges entrèrent en séance après avoir revêtu leurs robes.

A midi, Monseigneur et mademoiselle Armande

étaient arrivés à l'hôtel d'Esgrignon où se trouvaient déjà Chesnel et monsieur Couturier. Après
une conférence assez courte entre le directeur de
madame du Croisier et le prélat, le prêtre alla sur-le-
champ chez sa pénitente.

A onze heures du matin, du Croisier reçut un
mandat de comparution qui le mandait, entre une
heure et deux, dans le cabinet du Juge d'Instruction.
Il y vint en proie à des soupçons légitimes. Le
Président, incapable de prévoir l'arrivée de la
duchesse de Maufrigneuse, celle du Procureur
du Roi, ni la confédération subite des trois juges,
avait oublié de tracer à du Croisier un plan de
conduite au cas où l'instruction commencerait.
Ni l'un ni l'autre ne crurent à tant de célérité. Du
Croisier s'empressa d'obéir au mandat, afin de
connaître les dispositions de monsieur Camusot.
Il fut donc obligé de répondre. Le juge lui adressa
sommairement les six interrogations suivantes :
« L'effet argué de faux ne portait-il pas une signature vraie? — Avait-il eu, avant cet effet, des
affaires avec monsieur le comte d'Esgrignon? —
Monsieur le comte d'Esgrignon n'avait-il pas
tiré sur lui des lettres de change avec ou sans avis ?
— N'avait-il pas écrit une lettre par laquelle il
autorisait monsieur d'Esgrignon à toujours faire
fond sur lui? — Chesnel n'avait-il pas plusieurs fois
déjà soldé ses comptes? — N'avait-il pas été absent
à telle époque? »

Ces questions furent résolues affirmativement
par du Croisier. Malgré des explications verbeuses,

le juge ramenait toujours le banquier à l'alternative
d'un oui ou d'un non. Quand les demandes et les
réponses furent consignées au procès-verbal, le
juge termina par cette foudroyante interrogation :
« Du Croisier savait-il que l'argent de l'effet argué
de faux était déposé chez lui, suivant une déclaration de Chesnel et une lettre d'avis dudit Chesnel
au[a] comte d'Esgrignon, cinq jours avant la date de
l'effet? »

Cette dernière question épouvanta du Croisier.
Il demanda ce que signifiait un pareil interrogatoire.
S'il était, lui, le coupable et monsieur le comte
d'Esgrignon le plaignant? Il fit observer que si
les fonds étaient chez lui, il n'eût pas rendu de plainte.

— La Justice s'éclaire, dit le juge en le renvoyant
non sans avoir constaté cette dernière observation
de du Croisier.

— Mais, monsieur, les fonds...

— Les fonds sont chez vous, dit le juge.

Chesnel, également cité, comparut pour expliquer
l'affaire. La véracité de ses assertions fut corroborée
par la déposition de madame du Croisier. Le juge
avait déjà interrogé le comte d'Esgrignon qui,
soufflé par Chesnel, produisit la première lettre
par laquelle du Croisier lui écrivait de tirer sur lui,
sans lui faire l'injure de déposer les fonds d'avance.
Puis il déposa[b] une lettre écrite par Chesnel, par
laquelle le notaire le prévenait du versement des
cent mille écus chez monsieur du Croisier. Avec
de pareils éléments, l'innocence du jeune comte
devait triompher devant le Tribunal[c]. Quand du

Croisier revint du Palais chez lui, son visage était
blanc de colère, et sur ses lèvres frissonnait la légère
écume d'une rage concentrée. Il trouva sa femme
assise dans son salon, au coin de la cheminée, et
lui faisant des pantoufles en tapisserie; elle trembla
quand elle leva les yeux sur lui, mais elle avait pris
son parti.

— Madame, s'écria du Croisier en balbutiant,
quelle déposition avez-vous faite devant le juge?
Vous m'avez déshonoré, perdu, trahi.

— Je vous ai sauvé, monsieur, répondit-elle.
Si vous avez l'honneur de vous allier un jour aux
d'Esgrignon, par le mariage de votre nièce avec le
jeune comte, vous le devrez à ma conduite d'aujourd'hui.

— Miracle! l'ânesse de Balaam a parlé, s'écria-t-il,
je ne m'étonnerai plus de rien. Et où sont les cent
mille écus que monsieur Camusot dit être chez moi?

— Les voici, répondit-elle en tirant le paquet
de billets de banque de dessous le coussin de sa
bergère. Je n'ai point commis de péché mortel en
déclarant que monsieur Chesnel me les avait remis.

— En mon absence?

— Vous n'étiez pas là.

— Vous me le jurez par votre salut éternel ?

— Je le jure, dit-elle d'une voix calme.

— Pourquoi ne m'avoir rien dit? demanda-t-il?

— J'ai eu tort en ceci, répondit sa femme, mais
ma faute tourne à votre avantage. Votre nièce sera
quelque jour marquise d'Esgrignon et peut-être
serez-vous Député si vous vous conduisez bien

dans cette déplorable affaire. Vous êtes allé trop loin, sachez revenir.

Du Croisier se promena dans son salon en proie à une horrible agitation, et sa femme attendit, dans une agitation égale, le résultat de cette promenade. Enfin, du Croisier sonna.

— Je ne recevrai personne ce soir, fermez la grande porte, dit-il à son valet de chambre[a]. A tous ceux qui viendront vous direz que madame et moi nous sommes à la campagne. Nous partirons aussitôt après le dîner, que vous avancerez d'une demi-heure.

Dans la soirée, tous les salons[b], les petits marchands, les pauvres, les mendiants, la noblesse, le commerce, toute la ville enfin parlait de la grande nouvelle : l'arrestation du comte d'Esgrignon soupçonné d'avoir commis un faux. Le comte d'Esgrignon irait en Cour d'Assises, il serait condamné, marqué [1]. La plupart des personnes à qui l'honneur de la maison d'Esgrignon était cher niaient le fait. Quand il fit nuit, Chesnel vint prendre chez madame Camusot le jeune inconnu qu'il conduisit à l'hôtel d'Esgrignon où mademoiselle Armande l'attendait. La pauvre fille mena chez elle la belle Maufrigneuse, à laquelle elle donna son appartement. Monseigneur l'Évêque occupait celui de Victurnien. Quand la noble Armande se vit

---

1. La marque au fer rouge sur l'épaule des condamnés ne fut abolie qu'en 1832.

seule avec la duchesse, elle lui jeta le plus déplorable
regard.

— Vous deviez bien votre secours au pauvre
enfant qui s'est perdu pour vous, madame, dit-elle,
un enfant à qui tout le monde ici se sacrifie.

La duchesse avait déjà jeté son coup d'œil de
femme sur la chambre de mademoiselle d'Esgrignon,
et y avait vu l'image de la vie sublime de cette fille :
vous eussiez dit de la cellule d'une religieuse, à
voir cette pièce nue, froide et sans luxe. La duchesse,
émue en contemplant le passé, le présent et l'avenir
de cette existence, en reconnaissant le contraste
inouï qu'y produisait sa présence, ne put retenir
des larmes qui roulèrent sur ses joues et lui servirent
de réponse.

— Ah ! j'ai tort, pardonnez-moi, madame la
duchesse ! reprit la chrétienne qui l'emporta sur la
tante de Victurnien, vous ignoriez notre misère,
mon neveu était incapable de vous l'avouer. D'ailleurs, en vous voyant, tout se conçoit, même le
crime !

Mademoiselle Armande, sèche et maigre, pâle,
mais belle comme une de ces figures effilées et sévères
que les peintres allemands ont seuls su faire, eut
aussi les yeux mouillés.

— Rassurez-vous, cher ange, dit enfin la duchesse,
il est sauvé.

— Oui, mais l'honneur, mais son avenir ! Chesnel
me l'a dit : le Roi sait la vérité.

— Nous songerons à réparer le mal, dit la duchesse[a].

Mademoiselle Armande descendit au salon, et trouva le Cabinet des Antiques au grand complet. Autant pour fêter Monseigneur que pour entourer le marquis d'Esgrignon, chacun des habitués était venu. Chesnel, posté dans l'antichambre, recommandait à chaque arrivant le plus profond silence sur la grande affaire, afin que le vénérable marquis n'en sût jamais rien. Le loyal Franc[a] était capable de tuer son fils ou de tuer du Croisier; dans cette circonstance, il lui aurait fallu un criminel d'un côté ou de l'autre. Par un singulier hasard, le marquis, heureux du retour de son fils à Paris, parla plus qu'à l'ordinaire de Victurnien. Victurnien allait être placé bientôt par le Roi, le Roi s'occupait enfin des d'Esgrignon. Chacun, la mort dans l'âme, exaltait la bonne conduite de Victurnien. Mademoiselle Armande préparait les voies à la soudaine apparition de son neveu[b], en disant à son frère que Victurnien viendrait sans doute les voir et qu'il devait être en route.

— Bah! dit le marquis devant sa cheminée, s'il fait[c] bien ses affaires là où il est, il doit y rester, et ne pas songer à la joie que son vieux père aurait à le voir. Le service du Roi avant tout.

La plupart de ceux qui entendirent cette phrase frissonnèrent. Le procès pouvait livrer l'épaule d'un d'Esgrignon au fer du bourreau! Il y eut un moment d'affreux silence[d]. La vieille[e] marquise de Castéran ne put retenir une larme qu'elle versa sur son rouge en détournant la tête.

CHAPITRE IX

LA MÉSALLIANCE

L E lendemain, à midi, par un temps superbe, toute
la population en rumeur était dispersée par
groupes dans la rue qui traversait la ville, et il n'y
était question que de la grande affaire. Le jeune comte
était-il ou n'était-il pas en prison? En ce moment,
on aperçut le tilbury bien connu du comte d'Esgrignon descendant par le haut de la rue Saint-Blaise,
et venant de la Préfecture. Ce tilbury était mené
par le comte accompagné d'un charmant jeune
homme inconnu[a], tous deux gais, riant, causant,
ayant des roses du Bengale à la boutonnière. Ce
fut un de ces coups de théâtre qu'il est impossible
de décrire. A dix heures, un jugement de non-lieu,
parfaitement motivé, avait rendu la liberté au jeune
comte. Du Croisier y fut foudroyé par un *attendu*
qui réservait au comte d'Esgrignon ses droits pour
le poursuivre en calomnie. Le vieux Chesnel remontait, comme par hasard, la Grande-Rue, et disait à
qui voulait l'entendre que du Croisier avait tendu
le plus infâme des pièges à l'honneur de la maison
d'Esgrignon, et que, s'il n'était pas poursuivi comme

calomniateur, il devait cette condescendance à la noblesse de sentiment qui animait les d'Esgrignon[a]. Le soir de cette fameuse journée, après le coucher du marquis d'Esgrignon, le jeune comte, mademoiselle Armande et le beau petit page qui allait repartir se trouvèrent seuls avec le Chevalier, à qui l'on ne put cacher le sexe de ce charmant cavalier[b] et qui fut le seul dans la ville, hormis les trois juges et madame Camusot[c], de qui la présence de la duchesse fut connue.

— La maison d'Esgrignon est sauvée, dit Chesnel, mais elle ne se relèvera pas de ce choc d'ici à cent ans. Il faut maintenant payer les dettes, et vous ne pouvez plus, monsieur le comte, faire autre chose que vous marier avec une héritière.

— Et la prendre où elle sera, dit la duchesse.

— Une seconde mésalliance ! s'écria mademoiselle Armande.

La duchesse se mit à rire.

— Il vaut mieux se marier que de mourir, dit-elle en sortant de la poche de son gilet un petit flacon donné par l'apothicairerie du château des Tuileries.

Mademoiselle Armande fit un geste d'effroi, le vieux Chesnel prit la main de la belle Maufrigneuse et la lui baisa sans permission.

— Vous êtes donc fous, ici ? reprit la duchesse. Vous voulez donc rester au quinzième siècle[d] quand nous sommes au dix-neuvième[e] ? Mes chers enfants, il n'y a plus de noblesse, il n'y a plus que de l'aristocratie [1]. Le Code civil de Napoléon a tué[f] les par-

---

1. « Il n'y avait plus de noblesse, mais une aristocratie »,

chemins comme le canon avait déjà tué la féodalité.
Vous serez bien plus nobles que vous ne l'êtes
quand vous aurez de l'argent. Épousez qui vous
voudrez, Victurnien, vous anoblirez votre femme,
voilà le plus solide des privilèges qui restent à la
noblesse française. Monsieur de Talleyrand n'a-t-il
pas épousé madame Grandt sans se compromettre?[1]
Souvenez-vous de Louis XIV marié à la veuve
Scarron.

— Il ne l'avait pas épousée pour son argent, dit
mademoiselle Armande.

— Si la comtesse d'Esgrignon[a] était la nièce d'un
du Croisier, la recevriez-vous? dit Chesnel.

— Peut-être, répondit la duchesse, mais le Roi,
sans aucun doute, la verrait avec plaisir. Vous ne
savez donc pas ce qui se passe! dit-elle en voyant
l'étonnement peint sur tous les visages. Victurnien
est venu à Paris, il sait comment y vont les choses.
Nous étions plus puissants sous Napoléon. Victurnien, épousez mademoiselle Duval, épousez qui
vous voudrez, elle sera marquise d'Esgrignon tout
aussi bien que je suis duchesse de Maufrigneuse.

— Tout est perdu, même l'honneur[b], dit le Chevalier en faisant un geste.

---

lisait-on déjà dans le traité *Du Gouvernement moderne*. Dans
Ursule Mirouët, Balzac prêtera une constatation analogue à
Savinien de Portenduère.

1. Mme Grandt, une Anglaise née dans l'Inde, était depuis
longtemps la maîtresse de Talleyrand lorsque Napoléon
contraignit son ministre à l'épouser. La sottise de cette
femme défrayait la chronique.

— Adieu, Victurnien, dit la duchesse en l'embrassant au front, nous ne nous verrons plus. Ce que vous avez de mieux à faire est de vivre sur vos terres, l'air de Paris ne vous vaut rien.

— Diane! cria le jeune comte au désespoir.

— Monsieur, vous vous oubliez étrangement, dit froidement la duchesse en quittant son rôle d'homme et de maîtresse[a] et redevenant non seulement ange, mais encore duchesse, non seulement duchesse, mais la Célimène de Molière.

La duchesse de Maufrigneuse salua dignement ces quatre personnages, et obtint du Chevalier la dernière larme d'admiration qu'il eût au service du beau sexe.

— Comme elle ressemble à la princesse Goritza! [1] s'écria-t-il à voix basse.

Diane avait disparu. Le fouet du postillon disait à Victurnien que le beau roman de sa première passion était fini. En danger, Diane avait encore pu voir dans le jeune comte son amant; mais, sauvé, la duchesse le méprisait comme un homme faible qu'il était.

Six mois après, Camusot fut nommé juge-suppléant à Paris, et plus tard Juge d'Instruction. Michu devint Procureur du Roi. Le bonhomme Blondet passa Conseiller à la Cour royale, y resta

---

1. Le nom de la princesse Goritza est cité plusieurs fois dans *La Vieille Fille*, mais, dans *Le Cabinet des Antiques,* Balzac a fait allusion à elle (p. 108) sans la nommer. Il oublie ici sa précaution, de même qu'il a rompu, p. 92, l'anonymat du Chevalier.

le temps nécessaire pour prendre sa retraite et revint
habiter sa jolie petite maison. Joseph Blondet eut
le siège de son père au Tribunal pour le reste de
ses jours, mais sans aucune chance d'avancement,
et fut l'époux de mademoiselle Blandureau, qui
s'ennuie aujourd'hui dans cette maison de briques
et de fleurs, autant qu'une carpe dans un bassin de
marbre. Enfin, Michu, Camusot reçurent la croix
de la Légion d'Honneur, et le vieux Blondet reçut
celle d'officier. Quant au premier Substitut du Procureur du Roi, monsieur Sauvager, il fut envoyé
en Corse [1] au grand contentement de du Croisier
qui, certes, ne voulait pas lui donner sa nièce[a].

Du Croisier, stimulé par le Président du Roncéret[b],
appela du jugement de non-lieu en Cour royale et
perdit. Dans tout le Département, les Libéraux
soutinrent que le petit d'Esgrignon avait commis
un faux. Les Royalistes, de leur côté, racontèrent
les horribles trames que la vengeance avait fait
ourdir à *l'infâme du Croisier*. Un duel eut lieu entre
du Croisier et Victurnien. Le hasard des armes fut
pour l'ancien fournisseur, qui blessa dangereuse-
ment le jeune comte et maintint ses dires. La lutte
entre les deux partis fut encore envenimée par cette
affaire que les Libéraux remettaient sur le tapis à
tout propos. Du Croisier, toujours repoussé aux
Élections, ne voyait aucune chance de faire épouser
sa nièce au jeune comte, surtout après son duel[c].

Un mois après la confirmation du jugement en[d]

---

1. C'est évidemment une disgrâce.

Cour royale, Chesnel, épuisé par cette lutte horrible
où ses forces morales et physiques furent ébranlées,
mourut dans son triomphe comme un vieux chien
fidèle qui a reçu les défenses d'un marcassin dans
le ventre. Il mourut aussi heureux qu'il pouvait
l'être, en laissant la Maison quasi ruinée et le jeune
comte dans la misère, perdu d'ennui, sans aucune
chance d'établissement. Cette cruelle pensée, jointe
à son abattement, acheva sans doute le pauvre vieillard. Au milieu de tant de ruines, accablé par tant
de chagrins, il reçut une grande consolation[a] : le
vieux marquis, sollicité par sa sœur, lui rendit toute
son amitié. Ce grand personnage vint dans la petite
maison de la rue du Bercail, il s'assit au chevet du
lit de son vieux serviteur, dont tous les sacrifices lui
étaient inconnus. Chesnel se dressa sur son séant
et récita le cantique de Siméon, le marquis lui permit
de se faire enterrer dans la chapelle du château, le
corps en travers, et au bas de la fosse où ce quasi-
dernier d'Esgrignon devait reposer lui-même.

Ainsi mourut l'un des derniers représentants de
cette belle et grande domesticité, mot que l'on prend
souvent en mauvaise part, et auquel nous donnons
ici sa signification réelle en lui faisant exprimer l'attachement féodal du serviteur au maître. Ce sentiment,
qui n'existait plus qu'au fond de la province et chez
quelques vieux serviteurs de la royauté, honorait
également et la Noblesse qui inspirait de semblables
affections, et la Bourgeoisie qui les concevait. Ce
noble et magnifique dévouement est impossible
aujourd'hui. Les maisons nobles n'ont plus de servi-

teurs, de même qu'il n'y a plus de Roi de France ni
de pairs héréditaires, ni de biens immuablement
fixés dans les maisons historiques pour en perpétuer
les splendeurs nationales. Chesnel n'était pas seulement un de ces grands hommes inconnus de la vie
privée, il était donc aussi une grande chose. La continuité de ses sacrifices ne lui donne-t-elle pas je ne
sais quoi de grave et de sublime? ne dépasse-t-elle
pas l'héroïsme de la bienfaisance, qui est toujours
un effort momentané? La vertu de Chesnel appartient essentiellement aux classes placées entre les
misères du peuple et les grandeurs de l'aristocratie,
et qui peuvent unir ainsi les modestes vertus du
Bourgeois[a] aux sublimes pensées du Noble, en les
éclairant aux flambeaux d'une solide instruction.

Victurnien, jugé défavorablement à la Cour, n'y
pouvait plus trouver ni fille riche, ni emploi. Le
Roi se refusa constamment à donner la pairie aux
d'Esgrignon, seule faveur qui pût tirer Victurnien
de la misère. Du vivant de son père, il était impossible de marier le jeune comte avec une héritière
bourgeoise, il dut vivre mesquinement dans la maison paternelle avec les souvenirs de ses deux années
de splendeur parisienne et d'amour aristocratique[b].
Triste et morne, il végétait[c] entre son père au désespoir, qui attribuait à une maladie de langueur l'état
où il voyait son fils, et sa tante dévorée de chagrin.
Chesnel n'était plus là. Le marquis[d] mourut en 1830,
après avoir vu le Roi Charles X passant à Nonancourt [1]

---

1. Ainsi meurt avec la légitimité, dans *La Vieille Fille,*

où ce grand d'Esgrignon alla, suivi de la noblesse valide du *Cabinet des Antiques,* lui rendre ses devoirs et se joindre au maigre cortège de la monarchie vaincue. Acte de courage qui semblera tout simple aujourd'hui, mais que l'enthousiasme de la Révolte rendit alors sublime![a]

— Les Gaulois triomphent ! fut le dernier mot du marquis[b].

La victoire[c] de du Croisier fut alors complète, car le nouveau marquis d'Esgrignon, huit jours après la mort de son vieux père, accepta mademoiselle Duval pour femme, elle avait trois[d] millions de dot, du Croisier et sa femme assuraient leur fortune à mademoiselle Duval au contrat. Du Croisier dit, pendant la cérémonie du mariage, que la maison d'Esgrignon était la plus honorable de toutes les maisons nobles de France. Vous voyez tous les hivers le marquis d'Esgrignon, qui doit réunir un jour plus de cent mille écus de rente, à Paris où il mène la joyeuse vie des garçons, n'ayant plus des grands seigneurs d'autrefois que son indifférence pour sa femme, de laquelle il n'a nul souci[e].

— Quant à mademoiselle d'Esgrignon, disait Émile Blondet[f] à qui l'on doit les détails de cette aventure, si elle ne ressemble plus à la céleste figure entrevue pendant mon enfance, elle est certes, à soixante-sept ans, la plus douloureuse et la plus intéressante figure du Cabinet des Antiques où elle

le chevalier de Valois, après être allé, lui aussi, « se joindre au cortège du roi Charles X à Nonancourt » (près de Dreux).

trône encore[a]. Je l'ai vue au dernier voyage que je fis dans mon pays, pour y aller chercher les papiers nécessaires à mon mariage. Quand mon père apprit qui j'épousais, il demeura stupéfait, il ne retrouva la parole qu'au moment où je lui dis que j'étais préfet. — Tu es né préfet! me répondit-il en souriant. En faisant un tour par la ville, je rencontrai mademoiselle Armande qui m'apparut plus grande que jamais! Il m'a semblé voir Marius sur les ruines, de Carthage. Ne survit-elle pas à ses religions, à ses croyances détruites? elle ne croit plus qu'en Dieu. Habituellement triste, muette, elle ne conserve, de son ancienne beauté, que des yeux d'un éclat surnaturel. Quand je l'ai vue allant à la messe, son livre à la main, je n'ai pu m'empêcher de penser qu'elle demande à Dieu de la retirer de ce monde.

Aux Jardies, juillet 1837.[1b]

---

1. Pour la genèse du roman, cette date ne semble correspondre à rien. Dans l'édition originale, Balzac avait écrit sous la dédicace : « février 1839 », date du bon à tirer.

PRÉFACE

DE LA

PREMIÈRE ÉDITION

PRÉFACE DU *Cabinet des Antiques*
(première page du manuscrit)

(Reproduite avec l'aimable autorisation
de Monsieur Marc Loliée.)

Iᴸ est en province trois sortes de supériorités qui tendent incessamment à la quitter pour venir à Paris, et nécessairement appauvrissent d'autant la société de province, laquelle ne peut rien contre ce constant malheur. L'Aristocratie, l'Industrie et le Talent sont éternellement attirés vers Paris, qui engloutit ainsi les capacités nées sur tous les points du royaume, en compose son étrange population et dessèche l'intelligence nationale à son profit. La province est la première coupable de cette impulsion qui la dépouille. Un jeune homme se produit-il en donnant des espérances, elle lui crie : A Paris ! Dès qu'un négociant a sa fortune faite, il ne pense qu'à la porter dans Paris, qui devient ainsi toute la France. Ce malheur n'existe ni en Italie, ni en Angleterre, ni en Allemagne, ni dans les Pays-Bas, où dix villes capitales offrent des centres d'activité différents, tous remarquables par leurs mœurs, leurs attraits spéciaux. Ce vice, particulier à notre nation, ne devait pas échapper à l'auteur des *Études de Mœurs au XIX*ᵉ *siècle*. *Le Cabinet des Antiques* est une des scènes destinées à peindre les malheurs qui résultent de cette manie. Là gît une des causes principales de la facilité avec laquelle la France change de gouvernements, de dynasties, et se révolutionne au grand détriment de sa prospérité. En

accumulant ainsi sur un point toutes les supériorités, on décuple les conditions de la grandeur
individuelle, et vous obtenez des combats ignobles
et acharnés entre d'éclatantes médiocrités qui
s'amoindrissent, se désespèrent et se perdent, tandis
qu'ailleurs elles eussent été grandes et bienfaisantes.
Ce combat, qui devrait affaiblir les individus et
donner de la force au pouvoir, est précisément ce
qui le renverse. Toutes ces prétentions veulent le
pouvoir, se le partagent par avance, en rendent
l'exercice impossible. Elles n'élèvent rien et abattent
tout.

Le Cabinet des Antiques est l'histoire de ces jeunes
gens pauvres, chargés d'un grand nom, et venus à
Paris pour s'y perdre, qui par le jeu, qui par l'envie
de briller, qui par l'entraînement de la vie parisienne,
qui par une tentative d'augmenter sa fortune, qui
par un amour heureux ou malheureux. Le comte
d'Esgrignon est la contrepartie de Rastignac,
autre type du jeune homme de province, mais
adroit, hardi, qui réussit là où le premier succombe.

Illusions perdues, dont la seconde partie est sous
presse, et sera publiée sous le titre de : *Un grand
homme de province à Paris,* par l'éditeur même du
Cabinet des Antiques [1], sera l'histoire complète de
ces jeunes gens d'esprit qui vont et viennent de la
province à Paris, ayant quelques-unes des conditions du talent sans avoir celles du succès. Le pro-

---

1. *Un Grand Homme de Province à Paris,* deux vol.,
Souverain, 1839.

gramme de cette œuvre a été donné dans l'avertissement qui précède *Illusions perdues ;* il est donc
inutile de le répéter. Si l'auteur le rappelle ici, c'est
uniquement pour exposer aux personnes qui s'in-
téressent à son entreprise l'état dans lequel elle se
trouve, et faire comprendre à quelques autres le
soin qu'il apporte à la compléter. Car elles ne lui
manquent pas, ces sympathies impatientes qui voudraient voir s'élever à la fois et par des lignes égales
cette œuvre commencée en tant de places à la fois.
Plus d'une amitié le prend par le bras, l'entraîne
dans un coin et lui dit : « N'oubliez pas de peindre
ceci ! Vous avez encore cela ! Il vous reste à faire
cette partie curieuse. » Chacun a une histoire extrêmement dramatique, arrivée dans telle ville, et qui,
racontée par Boccace lui-même, serait plate et sans
intérêt. Il n'est donc pas hors de propos de constater, de temps en temps, les œuvres qui sont sur le
chantier, afin de prouver que l'auteur n'abandonne
point ses plans, et se souvient de ses annonces.

Les Mitouflet, autre livre déjà fort avancé [1], pré-
sentera le tableau des ambitions électorales qui
amènent à Paris les riches industriels de la province,
et montrera comment ils s'y retournent.

Ainsi, dans cette année, la peinture de ces trois
grands mouvements d'ascension vers Paris, de la
Noblesse, de la Richesse et des Talents, sera terminée.

---

1. Cette œuvre en projet ne sera jamais écrite.

Ces trois œuvres n'achèveront pas encore le tableau fécond de la vie de province, il serait incomplet sans *Les Parisiens en province* [1], scène destinée à peindre les catastrophes qui précipitent quelques familles de la capitale en province, l'accueil qu'elles y reçoivent, l'effet et les contrastes qu'elles y produisent, ce qui n'est pas un des moins curieux épisodes de cette vie. Les *Scènes de la vie de province* n'auraient-elles pas été incomplètes, si, après avoir accusé le mouvement ascensionnel de la province vers Paris, l'auteur n'indiquait pas le mouvement opposé?

L'auteur n'a pas renoncé non plus au livre intitulé *Les Héritiers Boirouge* qui doit occuper une des places les plus importantes dans les *Scènes de la vie de province,* mais qui veut de longues études exigées par la gravité du sujet [2] : il ne s'agit pas moins que de montrer les désordres que cause au sein des familles l'esprit des lois modernes.

Ces deux autres scènes publiées, il ne restera plus que la peinture de la garnison des villes de province et celle de quelques figures assez originales aperçues après coup, pour que cette partie de l'œuvre soit achevée.

Il en a été pour chacune des portions des *Études de mœurs* comme de l'ouvrage pris dans son entier :

---

1. Même observation.
2. Un récit a été ébauché par Balzac sous ce titre et publié dans l'édition de la Pléiade de *La Comédie humaine* (tome X). C'est une préfiguration d'*Ursule Mirouët.*

toutes les proportions ont été dépassées à l'exécution. Ces devis littéraires ont singulièrement res-
semblé aux devis des architectes. Le désir assez
naturel d'être un historien fidèle et complet a jeté
l'auteur dans une entreprise qui, maintenant, veut
un temps et des travaux inappréciables.

Le Cabinet des Antiques fournira l'occasion de
répondre à des critiques qui n'ont pas été faites publiquement à l'auteur.

Beaucoup de gens à qui les ressorts de la vie, vue
dans son ensemble, sont familiers, ont prétendu que
les choses ne se passaient pas en réalité comme
l'auteur les présente dans ses fictions, et l'accusent
ici de trop intriguer ses scènes, là d'être incomplet.
Certes, la vie réelle est trop dramatique ou pas assez
souvent littéraire. Le vrai souvent ne serait pas
vraisemblable, de même que le vrai littéraire ne saurait être le vrai de la nature. Ceux qui se permettent
de semblables observations, s'ils étaient logiques,
voudraient, au théâtre, voir les acteurs se tuer réellement.

Ainsi, le fait vrai qui a servi à l'auteur dans la
composition du *Cabinet des Antiques* a eu quelque
chose d'horrible. Le jeune homme a paru en cour
d'assises, a été condamné, a été marqué; mais il s'est
présenté dans une autre circonstance, à peu près
semblable, des détails moins dramatiques, peut-
être, mais qui peignaient mieux la vie de province.
Ainsi, le commencement d'un fait et la fin d'un autre
ont composé ce tout. Cette manière de procéder
doit être celle d'un historien des mœurs : sa tâche

consiste à fondre les faits analogues dans un seul tableau. N'est-il pas tenu de donner plutôt l'esprit que la lettre des événements? Il les synthétise. Souvent il est nécessaire de prendre plusieurs caractères semblables pour arriver à en composer un seul, de même qu'il se rencontre des originaux où le ridicule abonde si bien, qu'en les dédoublant, ils fournissent deux personnages. Souvent la tête d'un drame est très éloignée de sa queue. La nature, qui avait très bien commencé son œuvre à Paris, et l'avait finie d'une manière vulgaire, l'a supérieurement achevée ailleurs. Il existe un proverbe italien qui rend à merveille cette observation : Cette queue n'est pas de ce chat. *(Questa coda non è di questo gatto).* La littérature se sert du procédé qu'emploie la peinture, qui, pour faire une belle figure, prend les mains de tel modèle, le pied de tel autre, la poitrine de celui-ci, les épaules de celui-là. L'affaire du peintre est de donner la vie à ces membres choisis et de la rendre probable. S'il vous copiait une femme vraie, vous détourneriez la tête.

L'auteur a déjà souvent répondu qu'il est souvent obligé d'atténuer la crudité de la nature. Quelques lecteurs ont traité *Le Père Goriot* comme une calomnie envers les enfants; mais l'événement qui a servi de modèle offrait des circonstances affreuses, et comme il ne s'en présente pas chez les Cannibales; le pauvre père a crié pendant vingt heures d'agonie pour avoir à boire, sans que personne arrivât à son secours, et ses deux filles étaient, l'une au bal, l'autre au spectacle, quoiqu'elles n'ignorassent pas l'état de leur père. Ce vrai-là n'eût pas été croyable.

Mais, quant à l'ensemble des faits rapportés par l'auteur, ils sont tous vrais pris isolément, même les plus romanesques, comme ceux si bizarres de *La Fille aux yeux d'or*, dont il a vu chez lui le héros [1]. Aucune tête humaine ne serait assez puissante pour inventer une aussi grande quantité de récits, n'est-ce donc pas déjà beaucoup que de pouvoir les amasser ? A toutes les époques, les narrateurs ont été les secrétaires de leurs contemporains : il n'est pas un conte de Louis XI ou de Charles le Téméraire *(Les Cent Nouvelles nouvelles)*, pas un du Bandello, de la Reine de Navarre, de Boccace, de Giraldi, du Lasca, pas un fabliau des vieux romanciers, qui n'ait pour base un fait contemporain. Ces mille caprices de la vie sociale sont plus ou moins bien enchâssés, présentés ; mais, quant à leur vérité, elle se sent, elle perce. Il y a du bonheur dans toute espèce de talent ; il s'agit, comme Molière, de savoir prendre son bien où il est. Ce talent n'est pas commun. Si tous les auteurs ont des oreilles, il paraît que tous ne savent pas entendre, ou, pour être plus exact, tous n'ont pas les mêmes facultés. Presque tous savent concevoir. Qui ne promène pas sept ou huit drames sur les boulevards en fumant son cigare ? qui n'invente pas les plus belles comédies ? qui, dans le sérail de

---

1. Voir la postface de *La Fille aux Yeux d'or*, reproduite dans notre édition de l'*Histoire des Treize*, p. 457. L'assertion de Balzac n'a pu être vérifiée.

son imagination, ne possède pas les plus beaux sujets? Mais entre ces faciles conceptions et la production il est un abîme de travail, un monde de difficultés que peu d'esprits savent franchir. De là vient qu'aujourd'hui vous trouvez plus de critiques que d'œuvres, plus de feuilletons où l'on glose sur un livre que de livres.

Il est aussi facile de rêver un livre qu'il est difficile de le faire.

La plupart des livres dont le sujet est entièrement fictif, qui ne se rattachent de loin ou de près à aucune réalité, sont mort-nés; tandis que ceux qui reposent sur des faits observés, étendus, pris à la vie réelle, obtiennent les honneurs de la longévité. C'est le secret des succès obtenus par *Manon Lescaut,* par *Corinne,* par *Adolphe,* par *René,* par *Paul et Virginie*. Ces touchantes histoires sont des études autobiographiques, ou des récits d'événements enfouis dans l'océan du monde et ramenés au grand jour par le harpon du génie. Walter Scott a pris soin de nous indiquer quelques-unes des sources vivantes auxquelles il a puisé. Certes, après avoir reçu la confidence du fait qui a servi à la conception de *La Fiancée de Lammermoor,* il se trouvait dans le cercle de ses connaissances un caractère comme celui du chancelier d'Écosse et une femme comme lady Asthon. Il a pu inventer Ravenswood, mais non ceux-là. Tout personnage épique est un sentiment habillé, qui marche sur deux jambes et qui se meut : il peut sortir de l'âme. De tels personnages sont en quelque sorte les fantômes de nos vœux, la réalisation de nos espérances, ils font admirablement ressortir la vérité des caractères réels copiés par un auteur, ils en relèvent la vulgarité. Sans toutes ces précautions, il n'y aurait plus ni art ni littérature. Au lieu de composer une histoire, il suffirait, pour obéir à certaines critiques, de se constituer le sténographe de tous les tribunaux de France. Vous auriez alors le vrai dans sa pureté, une horrible histoire que vous laisseriez avant d'avoir achevé le premier volume. Vous pouvez en lire un fragment tous les jours, entre les annonces des remèdes pour les maladies les plus ignobles et les articles louangeurs des livres à soutenir, à côté des mille industries qui naissent et qui meurent, après les débats des Chambres : vous n'en soutiendriez pas la lecture continue.

Si cette explication, utile pour quelques esprits, inutile à la majorité, ne jetait quelque lumière sur la manière dont l'auteur compose une œuvre immense comme collection de faits sociaux, il se serait d'autant plus dispensé de la donner que ces avertissements et ces préfaces doivent disparaître tout à fait lorsque l'ouvrage sera terminé et qu'il paraîtra dans sa véritable forme et complet.

APPENDICE CRITIQUE

LE *manuscrit originel du* Cabinet des Antiques *n'a pas été conservé. Le premier état connu de l'œuvre est donc celui que fournissent, pour les premières pages,* La Chronique de Paris *et, pour la majeure partie du roman,* Le Constitutionnel.

Avant la publication en volume chez Souverain, Balzac a revu le texte paru dans les deux journaux. Ce texte corrigé de sa main se trouve à la collection Lovenjoul (A 8); on y voit prescrites la plupart des modifications qui apparaissent dans l'édition Souverain. Les autres modifications ont été indiquées sur des épreuves partiellement conservées à la collection Lovenjoul et parmi les papiers du fonds Souverain. La documentation fournie par ces épreuves est trop incomplète pour qu'on puisse suivre avec quelque continuité les phases du travail accompli : on doit donc se borner à noter les variantes telles qu'elles ressortent d'une comparaison directe entre le volume et les journaux. Pourtant les dossiers Lovenjoul et Souverain sont précieux, car on y trouve annexés des feuillets manuscrits qui donnent, pour les épisodes surajoutés du roman, la version primitive et qui justifient une analyse particulière.

L'édition Souverain, corrigée par Balzac, a servi de base pour l'établissement de l'édition Furne. On relève, enfin, les dernières retouches apportées par le romancier sur son exemplaire personnel de La Comédie humaine, *qui appartient à la collection Lovenjoul.*

Nous avons dressé ci-dessous une liste des principales variantes révélées par l'étude des états successifs du texte imprimé, puis un inventaire des parties manuscrites livrées à l'imprimeur de l'édition Souverain.

I

VARIANTES DES ÉDITIONS

Voici *la liste récapitulative des éditions dont nous devons faire état, avec l'indication des sigles utilisés dans nos pages critiques :*

Publication préoriginale par La Chronique de Paris *(CP) en 1836 et par* Le Constitutionnel *(C) en 1838 ;*

Édition originale publiée en 1839 par Souverain (S) ;

Édition de La Comédie humaine *publiée en 1844 par Furne (F) ;*

Exemplaire de l'édition Furne corrigé par Balzac (FC).

Vues dans leur ensemble, les variantes peuvent être réparties en plusieurs catégories.

Disposition typographique.

L'édition originale est d'une présentation aérée, comme le texte des journaux, dont la typographie était toutefois d'un corps plus réduit. Dans l'édition Furne, Balzac, pour gagner de la place et sans doute à la demande de l'éditeur, a supprimé la division en chapitres, ainsi que de très nombreux alinéas. La même observation vaut d'ailleurs pour ses autres romans. Nous avons renoncé à noter chaque fois les suppressions d'alinéas, signalées ici une fois pour toutes.

Corrections de forme.

Elles sont nombreuses et souvent très légères (gra-

phies, mots intervertis, mots déplacés, constructions redressées, phrases morcelées). Les plus typiques sont les suivantes :

1º *Dans l'édition Furne surtout, mais déjà dans l'édition Souverain, Balzac veille à la pureté grammaticale. Par exemple, il susbtitue un relatif à un autre (p. 50 desquels* F *: dont antérieurement) ; il renonce à l'emploi d'un substantif insolite (p. 39 défrichement* S *: défrichis* C*).*

2º *Dans les deux éditions, il cherche à améliorer l'expression. Il fait disparaître des platitudes (p. 25-26 Il s'agitait là* F *: Il y avait ant.; offraient* F *: avaient* ant.*; p. 133 se débattait* S *: était* C*). Il recourt à des mots plus propres ou plus précis (p. 32 haine* S *: jeu* C*; p. 45 musculeux* S *: nerveux* C*; p. 69 escapades* F *: aventures ant.); plus énergiques (p. 47 rossaient le guet* S *: se battaient avec le guet* C*); plus pittoresques (p. 133 femmes lutines* S *: joyeuses femmes* C*). Il resserre certains tours (p. 53 malgré sa parcimonie* F *: quelque parcimonie qu'elle apportât à ses dépenses personnelles ant.).*

Corrections de fond.

Balzac précise telle indication de lieu (p. 16 le Cours S *: le Mail* CP*); corrige un chiffre (p. 6 depuis deux cents ans* F *: depuis cent ans* S*; p. 114 dix-huit mille francs chez Houbigant* S *: dix mille francs* C*; p. 116 cent mille livres de rentes* S *: deux cent mille* C*; p. 144 vingt-huit mois d'amour* S *: dix-huit* C*) ou une date (p. 9, 1800* S *: 1798* CP*).*

Il modifie des noms (p. 5 d'Esgrignon S : d'Esgrigny CP; p. 12 du Croisier S : Boutron-Boisset CP ; p. 14 La Roche-Guyon S : Laroche CP ; p. 37 Verneuil FC : Gordon ant.; p. 169 Duval S : Morel C; p. 179 Michu F : monsieur de Grandville jeune S; p. 210 prince de Cadignan F : duc de Lenoncourt C) ou des prénoms (l'un des deux fils Blondet, sans prénom dans C, s'appelle Alfred dans S, puis Émile; pour le jeune du Ronceret, le romancier hésite dans FC entre Fabien et Félicien). Tout particulièrement, dans F et FC, il substitue à des personnages historiques des personnages fictifs (p. 37 une Navarreins, une Cadignan, une d'Uxelles, une Beauséant, une Blamont-Chauvry FC : une Montmorency, une Rohan, une Crillon [ou une de Lorges], une Fesenzac, une Bouillon ant. ; p. 62 de Navarreins, de Lenoncourt, de Maufrigneuse, de Chaulieu F : d'Avaray, de Blacas ant.).

Il nomme un personnage antérieurement anonyme (p. 89 Maître Cardot, le nouveau notaire F : le jeune notaire ant.) ou plonge dans l'anonymat des personnages antérieurement désignés sous des noms propres (passim le Chevalier S : le Chevalier de Valois ant.; p. 108 une célèbre princesse hongroise S : la princesse Goritza C; p. 172 les mânes de votre oncle S : les Cormon C; notre cher abbé S : l'abbé de Sponde C).

D'une façon plus générale, il nuance le sens de certaines phrases (passim), modifie la présentation du récit (l'évocation du Cabinet des Antiques, placée directement, dans CP, sous la plume du romancier, est confiée dans S à un personnage anonyme et dans F à Émile Blondet) ou même son économie (la division en chapitres n'est pas la même dans S *et dans* C).

Suppressions et additions.

Les suppressions sont rares et ne portent en général que sur quelques mots. L'écrivain fait disparaître une redondance (p. 6 conquérir et féodaliser S : conquérir, asservir et féodaliser CP) ou retranche un nom (p. 106 celui du marquis de Bérines; p. 233 celui d'Aubigné).

Les additions sont très nombreuses au contraire, surtout de C ou CP à S. Les unes sont insignifiantes, d'autres assez étendues. On ne rappelle ici que pour mémoire les additions manuscrites pour la partie judiciaire, commentées dans une autre section de notre appendice critique.

Ces additions sont de natures très diverses. Le romancier insiste sur certaines circonstances du récit (par exemple dans S sur les déconvenues passées de M. du Croisier, p. 14) ; il rappelle des événements antérieurs (dans F, le suicide d'Athanase Granson, p. 157) ; il apporte des indications nouvelles (ainsi, dans F, guidé par le comte de Gramont, il décrit les armes et mentionne la devise de la Maison d'Esgrignon, voir p. 15 et 16) ; il ajoute des références littéraires (dans S, à Shakespeare, p. 144; à Amyot, p. 149); il introduit des noms de personnages qui intervenaient déjà dans d'autres romans, resserrant ainsi le lien du Cabinet des Antiques *avec le reste de l'œuvre (dans S, Nucingen, p. 103; dans F ou FC, les d'Hérouville, p. 86; Canalis, p. 106; du Tillet, p. 137; etc.).*

Nous avons adopté le dernier texte revu par Balzac, celui de La Comédie humaine, *en tenant compte des corrections manuscrites relevées à Chantilly sur l'exemplaire personnel du romancier. Nous avons seulement rétabli la division en chapitres qui figurait dans l'édition originale. Dans les notes critiques comme dans l'établissement du texte, nous avons renoncé à reproduire les graphies particulières de Balzac, dont certaines sont d'ailleurs abolies dès la première édition et le plus grand nombre en tout cas dans l'édition Furne.*

On trouvera ci-dessous les variantes dans l'ordre où elles apparaissent au fil du texte. Il ne pouvait être question de les donner toutes : nous avons tâché de retenir les plus importantes et les plus instructives. Nous reproduisons les premiers mots et le dernier mot de chaque passage modifié ou ajouté. Quelques exemples permettront de comprendre le mécanisme des abréviations adoptées.

cette sage retenue exigée par les convenances *F* :
   la sage retenue que s'impose le narrateur *S* : ma
   sage retenue *CP*.
Le texte actuel « cette sage retenue exigée par les
   convenances » *apparaît pour la première fois dans
   l'édition Furne; on lisait dans l'édition Souverain*
   « la sage retenue que s'impose le narrateur » *et
   dans* La Chronique de Paris « ma sage retenue ».

Un écrivain... temps *add. F.*
Le passage qui commence par « Un écrivain » *et qui se*

termine par « temps » *a été ajouté dans l'édition Furne.*

faites comme si d'Esgrignon était *FC* : sachez encore que d'Esgrignon [d'Esgrigny] est *ant.*

Le texte actuel « faites comme si d'Esgrignon était » *apparaît pour la première fois dans le Furne corrigé; les éditions antérieures portent* « sachez encore que d'Esgrignon est », *le nom d'*« Esgrignon » *étant substitué à celui d'* « Esgrigny », *qui était le nom primitif.*

l'auteur voudrait *S* : je voudrais *CP.*

Le texte actuel « l'auteur voudrait » *apparaît pour la première fois dans l'édition Souverain; on lisait dans* La Chronique de Paris « je voudrais ».

VARIANTES DES ÉDITIONS

Page 4 :

Dédicace add. S. On lit en outre dans S, sous la dédicace : « Aux Jardies, février 1839 ».

Page 5 :

a. cette sage retenue exigée par les convenances *F* : la sage retenue que s'impose le narrateur *S* : ma sage retenue *CP*.

b. Un écrivain... temps *add. F.*

c. l'hôtel d'Esgrignon *S* : l'hôtel d'Esgrigny *CP*. *La même correction a été effectuée chaque fois que revenait, dans CP, le nom propre Esgrigny.*

d. faites comme si d'Esgrignon était *FC* : sachez encore que d'Esgrignon (d'Esgrigny) est *ant.*

e. Enfin les noms des principaux personnages seront également changés *add. S.*

f. l'auteur voudrait *S* : je voudrais *CP*.

g. quoi qu'il fasse *S* : quoi que je fasse *CP*.

h. poindra *F* : poindera *S* : pointera *CP*.

Page 6 :

a ou des Grignons, suivant d'anciens titres *add. FC*.

b. et féodaliser *S* : asservir et féodaliser *CP*.

c. à la fois un devoir... supposée *F* : réel *ant.*

d. depuis deux cents ans *F* : depuis cent ans *add. S.*

Page 7 :

a. aux États *F* : aux États de la Province *ant.*

b. mises au couvent *F* : faites religieuses *ant.*

c. à la Cour *F* : à la cour ou servaient dans la marine *ant.*

d. au connétable *S* : à M. *CP.*

Page 8 :

a. des vrais Sans-Culottes S : de la bourgeoisie *CP.*

b. d'un jeune *S* : du vieil *CP.*

c. quelques fermes *S* : le parc et des fermes *CP.*

d. le marquis *S* : M. *CP. Balzac introduit dans S ou dans F de nombreux changements de ce genre, tendant à préciser le titre de noblesse appartenant au personnage cité. On ne signalera plus qu'exceptionnellement ce genre de variantes.*

Page 9 :

a. afin d'améliorer les biens *S* : qui, sous le consulat, rendit à son frère tous les biens *CP.*

b. hélas! *S:* hélas! la maison d'Esgrigny n'existait plus *CP.*

c. droits utiles *F* : revenus *ant.*

d. des terres conservées de ses anciens domaines *F* : de ses domaines conservés *ant.*

e. 1800 *S* : 1798 *CP.*

f. comme pour demander... social *add. S.*

g. Ce grand d'Esgrignon *S* : M. d'Esgrigny *CP.*

h. y habiter... armes *F* : habiter là *ant.*

Page 10 :

a. Ce fut alors... *hôtel d'Esgrignon add. S.*

b. s'obtenaient assez facilement *S* : commencèrent *CP.*

c. Nouastre *F* : Nouâtre *ant. Cette contraction révèle que le s ne doit pas être prononcé.*

Page 11 :

a. seizième siècle *S* : moyen âge *CP*.

b. deuxième *S* : première *CP*.

c. des armées de la République *S* : acquitté de tout blâme par un baptême d'or *CP*.

Page 12 :

a. le sieur du Croisier *S* : M. Boutron-Boisset *CP*.

b. le marquis eut *S* : le marquis et sa sœur eurent *CP*.

c. Pour le vieux noble, ce bonhomme était *F* : C'était *ant.*

d. à son suzerain *add. S.*

e. du marquis, le caractère officiel... yeux *add. S.*

Page 13 :

a. ouvrait... et disait *S* : venait au salon dire *CP*.

b. Que sont donc... gâté *add. S.*

c. peu rancuneux *F* : de mœurs douces et naturellement silencieux *ant.*

d. Du Croisier... ans *S* : M. Boutron, qui, sous l'empire, devint maire de la ville et baron de Boisset *CP*.

Page 14 :

a. Ce refus le tuait... Ainsi *S* : L'augmentation des valeurs territoriales doubla ses capitaux, et il continua fort avantageusement la banque, afin de donner un jour à son fils un riche établissement en faisant de lui un receveur général *CP*.

b. une première fois *add. S.*

c. puis le second refus... ville *add. S.*

d. La Roche-Guyon *S* : Laroche *CP*.

Page 15 :

a. horrible *add. S.*

b. Les d'Esgrignon *portent d'or*... jour *add. F.*

Page 16 :

   a. De là notre devise... à gauche *add. FC.*

   b. Guillemets ajoutés dans S.

   c. dit Blondet... histoire *F* : dit à l'auteur la personne à laquelle il est redevable de cette histoire *add. S.*

   d. Cours *S* : Mail *CP.*

Page 17 :

   a. sentais comme doué d'une *S* : sentais alors une *CP.*

   b. de manière que *F* : de manière à ce que *ant.*

   c. mélodieuse, qui *S* : mélodieuse, sa voix magiquement gutturale, et qui *CP.*

Page 20 :

   a. Souvenez-vous de ce portrait... nuisible *S* : Et c'était cette création (*sic, pour* créature) qui, dans l'an 1829, présidait le *cabinet des antiques* ! Il est vrai qu'alors mademoiselle Armande devait avoir cinquante ans ! mais procédons chronologiquement *CP.*

   b. les Roche-Guyon, les Nouastre, les Verneuil, les Castéran, les Troisville, etc. *FC* : les Roche-Guyon, les Nouâtre, les Gordon, les Casteran, etc. *add. S.*

   c. est peu de chose... de *F* : ne signifie rien : la beauté de la pièce consiste dans *ant.*

Page 21 :

   a. et de *F* : dans la rareté, dans *ant.*

   b. monsieur de Buonaparte *S* : Bonaparte *CP.*

   c. Cette admirable ruine avait *F* : Il y était admiré comme une belle ruine, il avait *ant.*

Page 22 :

   a. se trouva secrètement du Croisier *S* : se trouvait M. le baron Rosset *(sic) CP.*

   b. et *F* : ou *ant.*

   c. Grandlieu *S* : Saint-Aignan *CP.*

   d. des Grignons *F* : d'Esgrignon *S* : d'Esgrigny *CP.*

e. Cette ancienne manière... prévalu *add. F.*

f. Guillemets *add. S.*

g. disait Émile Blondet *F* : disait la personne déjà
citée *add. S.*

h. le mot Cabinet des Antiques *F* : ce sobriquet *ant.*

Page 23 :

a. Henri III... Couronne) *S* : Louis XIV *CP.*

Page 24 :

a. d'arabesques *F* : de masques *ant.*

b. rousses *add. S.*

Page 25 :

a. me rappellent quelques-uns de leurs traits *F* : m'en
offre quelques traits *ant.*

b. Il s'agitait là *F* : Il y avait *ant.*

Page 26 :

a. offraient *F* : avaient *ant.*

b. Cabinet *S* : Salon *CP.*

c. sous *F* : dans *ant.*

d. Cette jeune et fraîche créature *F* : Ce bel enfant,
cette noble créature *ant.*

Page 27 :

a. Sans nous rendre... idées *add. F.*

b. Les catastrophes de 1813 et de 1814... 1822 *S (sauf
la mention de Blondet)* : Chacun de nous fut emporté par
le cours de sa vie ; douze ans se passèrent. Ici com-
mencent les événements de cette histoire dont ceci
n'est que le préambule ; il sera certes pardonné à l'auteur
de l'avoir écrit. Qui de nous, dans son enfance, n'a pas
éprouvé quelque admiration pour des hommes et des
choses dont la grandeur était peut-être factice, mais qui
n'en était pas moins imposante, car la plus vivace poésie
est celle que nous créons en nous-mêmes ? DE BALZAC.

Sur ce paragraphe s'achevait le texte publié par La Chronique de Paris.

c. augmenté *S* : augmenté. La terre ou, pour se servir de son expression, le marquisat d'Esgrignon, indivis entre sa sœur Mademoiselle Armande d'Esgrignon et lui, rendait environ dix mille livres. Outre ce lambeau de son ancienne opulence, M. d'Esgrignon possédait sa maison de ville, mais il l'occupait tout entière et n'en tirait aucun revenu *C*.

d. maltraité *S* : maltraité. Au lieu de s'être trouvée réunie à la Couronne impériale, faute d'acquéreurs, sa forêt d'Esgrignon, située en un pays riche, avait fait la fortune de trois familles qui se l'étaient partagée *C*.

e. avant 1789 *add. S*.

f. que les seigneurs s'efforçaient de détailler *S* : dont on vendait le plus possible de terres *C*.

Page 29 :

a. attendant *F* : espérant *ant*.

b. plus grands *add. F*.

Page 30 :

a. de 1793 *add. F*.

b. de parti *S* : de parti. La maison d'Esgrignon s'était fait un ennemi dangereux en la personne de l'ancien fournisseur du Croisier, autrefois repoussé par Mademoiselle Armande, qu'il avait demandée en mariage. Ce refus blessant n'avait pas été adouci : l'hôtel d'Esgrignon eut toujours sa porte fermée pour lui. Ce n'était rien encore *C*.

c. chevalier dont le nom illustre... MONSIEUR *F* : chevalier dont nous tairons le nom illustre en ne le désignant, suivant un vieil adage *(sic)* d'autrefois, dans le courant de cette histoire, que par son titre, comme la ville avait coutume de le faire : il était là LE CHEVALIER comme à la cour le comte d'Artois était MONSIEUR *S* : chevalier de Valois *C*.

Ce nom de Valois revient fréquemment dans C ; Balzac l'a supprimé partout dans S, sauf, par distraction, en un endroit (p. 92).

Page 31 :
 a. est *F* : était *ant.*
 b. apparaissent *F* : apparaissaient *ant.*

Page 32 :
 a. haine *S* : jeu *C.*

Page 33 :
 a. politiques *add. S.*
 b. se mit *F* : était *ant.*
 c. fut *F* : était *ant.*

Page 34 :
 a. à la Monarchie *add. S.*
 b. l'aîné *F* : l'un *ant.*
 c. et qui tenaient par alliance... Louis XVIII *add. F.*
 d. candidat *F* : candidat royaliste constitutionnel *ant.*

Page 35 :
 a. tendu *S* : tendu. Aujourd'hui, nous sommes déjà si loin de ce temps, que ces éclaircissements sont indispensables *C.*
 b. cette *F* : la *S* : la véritable *C.*
 c. qui trompait le trône *add. S.*
 d. secondaient les calculs de *F* : partageaient *ant.*
 e. un hobereau *F* : fils d'un hobereau *ant.*

Page 36 :
 a. dévasté *S* : dévasté. Le marquis ne voulait revenir qu'au moment où tout serait rétabli comme avant les troubles *C.*
 b. biens *S* : biens. Pour lui, Chesnel était toujours son intendant *C.*

Page 37 :

a. Chacun le voyant arrivé... erreurs *S* : Ce noble et beau débris de l'ancienne noblesse inspirait une si vive admiration, un si religieux respect de ses idées, que les étrangers eux-mêmes contribuaient à entretenir les erreurs dans lesquelles on le laissait vivre *C*.

b. ni *F* : dans le Royaume ni *ant.*

c. ce bel héritier *S* : il *C*.

d. une Navarreins, une Cadignan, une d'Uxelles, une Beauséant, une Blamont-Chauvry *FC* : une Montmorency, une Rohan, une Crillon, une Fesenzac, une Bouillon *F* : une Montmorency, une Rohan, une de Lorges, une Fesenzac, une Bouillon *ant.*

e. (prononcez Tréville) *add. F.*

f. Verneuil *FC* : Gordon *ant.*

Page 38 :

a. Le mariage d'une demoiselle de Troisville... *se galvaudaient add. F.*

Page 39 :

a. ne partageait pas *F* : n'épousait point en entier *ant.*

b. N'est-ce pas nommer le vieux notaire Chesnel? *F* : cette personne était l'ancien intendant, le vieux notaire Chesnel *ant.*

c. L'ancien intendant *F* : Le notaire *ant.*

d. et gagné des batailles européennes *add. S.*

e. défrichement *S* : défrichis *C*.

Page 41 :

a. Idolâtré par sa tante... héritier *S* : Ce jeune héritier, enfant unique, idolâtré par sa tante, Mademoiselle Armande d'Esgrignon, idolâtré par son père *C*.

Page 42 :

a. L'une prévoit le désastre, l'autre y remédie *add. F.*

b. souvent depuis l'espèce de disgrâce... famille *add. S.*

Page 45 :

a. suprématie *F* : suprématie universelle *ant.*

b. musculeux *S* : nerveux *C.*

Page 46 :

a. paladin *F* : Il avait de la grâce dans ses mouvements *ant.*

b. Privilège semblable à celui de la noblesse... exister: *phrase sensiblement remaniée pour le détail de la forme dans F.*

c. ardent *F* : vif, ardent *ant.*

Page 47 :

a. tous les talents dont la supériorité les offusque *add. S.*

b. rossaient *S* : se battaient avec *C.*

Page 48 :

a. l'épigramme *add. S.*

Page 49 :

a. étaient très circonspectes... frayer *F* : et qui n'y cachaient rien ni de leurs espérances, ni de leurs croyances, étaient réservées et circonspectes en présence des gens en qui elles voyaient des ennemis, mais avec lesquels elles étaient obligées parfois de frayer à cause de leurs intérêts *ant.*

Page 50 :

a. desquels *F* : dont *ant. Nombreuses corrections de ce genre dans F.*

b. sous le règne d'un fils de Saint-Louis *add. S.* (*Balzac a d'abord écrit sur l'exemplaire de C corrigé en vue de l'édition* : de Louis XVIII).

c. les roturiers *F* : tout autre *ant.*

Page 51 :

a. Ces gens s'en appuyèrent... assertions! *add. S*
(de S à F, variantes de détail).

Page 52 :

a. Félicien *F* : *Balzac a corrigé ici sur FC en* Fabien,
mais, par la suite, il renonce à cette correction.

b. assoupis *F* : étouffés *ant.*

Page 53 :

a. malgré sa parcimonie *F* : quelque parcimonie
qu'elle apportât à scs dépenses personnelles *ant.*

b. Victurnien avait voulu... Bourgeoisie ? : *passage
remanié pour le détail de la forme dans F.*

c. chaque fois *F* : à chaque fois *ant.*

Page 54 :

a. Verneuil *FC* : Gordon *ant.*

b. constituaient *F* : étaient *ant.*

Page 56 :

a. On ne t'apprend donc pas ici *S* : Tu ne veux donc
pas apprendre *C.*

b. d'Esgrignon : *à la suite de ce mot se lisait dans C le
sous-titre* PRÉPARATIFS D'UN VOYAGE A LA
COUR.

Page 57 :

a. qui peignent tout un côté... Restauration *add. S.*

b. par laquelle commence cette aventure et *add. S.*

Page 58 :

a. « Venez, mes amis! nous avons gagné la partie »
add. S.

b. belle *add. S.*

c. ou de la Couronne *add. S.*

Page 59 :

a. de tailles *S* : d'impôts *C.*

Page 60 :

a. Le comte d'Esgrignon doit cent mille livres à un Chesnel *S* : Mon fils doit cent mille livres à Chesnel *C.*
b. Devoir à des usuriers... s'attache *add. S.*

Page 61 :

a. et auquel il faut maintenant des duchesses *add. F.*

Page 62 :

a. de Navarreins, de Lenoncourt, de Maufrigneuse, de Chaulieu *F* : d'Avaray, de Blacas, de Rivière *S* : d'Avaray, de Blacas, de ... *C.*

Page 63 :

a. blancs soyeux *F* : d'une éclatante blancheur et soyeux *ant.*
b. plates, mais *F* : plates et lisses *ant.*
c. une gracieuse forme convexe *F* : un front gracieusement convexe *ant.*
d. l'aimable bouche des Bourbons *F* : cette bouche aimable *ant.*

Page 64 :

a. de leurs œuvres *F* : des *Lettres Persannes (sic) ant.*
b. d'or *add. S.*

Page 65 :

a. l'entrée de son héritier *F* : son entrée *ant.*
b. pour les du Guénic, pour les Ferdinand, pour les Fontaine et pour le frère de Montauran, qui ne se sont jamais soumis *FC* : pour les Montauran, pour les Ferdinand qui sont morts ou qui ne se sont jamais soumis *ant.*

Page 66 :

   a. un bureau de loterie... Montauran *add. FC.*
   b. de la Royauté *add. F.*

Page 67 :

   a. nos comptes *S* : cela *C.*
   b. monsieur le comte *S* : votre neveu *C.*

Page 68 :

   a. délicate *S* : délicate et invisible *C.*
   b. Mademoiselle *S* : Mademoiselle Armande *C.*

Page 69 :

   a. le sieur *S* : M. *C.*
   b. Verneuil *FC* : Gordon *ant.*
   c. ni chez le marquis de Castéran *add. S.*
   d. de du Croisier *add. F.*
   e. escapades *F* : aventures *ant.*

Page 70 :

   a. dites, dites *S* : dites *C.*
   b. ait *S* : a *C.*
   c. le Jard *S* : ma petite ferme du Jard *C.*

Page 71 :

   a. j'appartiens à la maison d'Esgrignon *S* : je suis de la Maison *C.*

Page 72 :

   a. faveurs *S* : bonnes grâces *C.*
   b. flairé le monde parisien, et jugé la vie réelle *F* : entrevu le monde vrai *ant.*
   c. avec les vilains *F* : avec les roturiers *add. S.*

Page 73 :

   a. de qui *F* : dont *ant.*
   b. a pour devise : *Cil est nostre!* *F* : est sans tache *ant.*

c. devant le Roi et devant Dieu *F* : ou le Roi et Dieu *ant.*

d. passé la nuit à écrire *S* : écrit *C.*

Page 76 :

a. madame Sorbier *F* : madame Sorbier, oui, madame Sorbier *ant.*

b. deux *F* : trois *ant.*

Page 77 :

a. enfant si charmant et si noble *F* : si charmant et si noble jeune homme *ant.*

Page 78 :

a. besoin d'argent *S* : fois *C.*

b. deux *F* : trois *ant.*

c. Avec cette somme *add. F.*

Page 81 :

a. que Blondet vous a dépeintes *F* : que l'on vous a dépeintes *add. S.*

Page 82 :

a. Élevé dans une vieille maison... conséquent : *pour le détail de la forme, tout ce passage a été mis au point dans F.*

b. complaisance pernicieuse qui devait le perdre *add. S.*

Page 83 :

a. ce que la fantaisie... irrégularité *S* : ce que l'art est aux œuvres *C.*

b. vite et mal *S.* mal *C.*

c. la sensation *F* : le corps *ant.*

d. Doué d'un coup d'œil... pitié : *passage mis au point dans F.*

e. mais frappée d'une *S* : et qui avait une *C.*

Page 84 :

a. ses plus beaux rêves *S* : tous ses rêves et ses désirs *C.*

Page 85 :

a. que jadis un chevalier des Ordres ne pouvait jamais quitter *S* : qui jadis ne le quittait jamais *C.*

b. les Rivière, les Blacas... La Bourdonnaye, etc. *add. S.*

Page 86 :

a. Villeroy, favori de Louis XIV... déjà *add. S.*

b. les d'Hérouville *add. FC.*

c. de son époque add. S.

Page 87 :

a. des La Roche-Hugon *add. FC.*

b. et des Manerville *add. F.*

c. de Chaulieu *add. FC.*

d. chez madame Firmiani *add. FC.*

Page 88 :

a. de Verneuil, d'Hérouville *add. FC.*

b. de Chaulieu *add. FC.*

c. de Maufrigneuse, les princes de Cadignan et de Blamont-Chauvry *add. FC.*

d. présenter au Roi ce charmant débris d'une vieille famille *F* : le présenter au Roi *ant.*

Page 89 :

a. Maître Cardot, le nouveau notaire *F* : Le jeune notaire *ant.*

b. maître Cardot *F* : il *ant.*

Page 90 :

a. de Chaulieu *add. F.*

Page 91 :

a. mais on s'arrête là *add. S.*

b. Le monde l'attira donc... choses : *ces deux phrases, dans C, venaient plus haut, après les mots* une bourse de jeu.

Page 92 :

a. Émile *F* : Alfred *add. S. Balzac a effectué la même substitution de prénoms partout où l'on lisait* Alfred *dans S.*

Page 93 :

a. un compatriote du jeune comte *add. S.*

b. qui avaient passé aux Bourbons (au Royalisme) *add. S.*

c. mademoiselle des Touches *F* : la duchesse de Grandlieu *ant.*

Page 95 :

a. quelquefois *S* : parfois *C (le vers était faux).*

b. à un second *S* : au troisième *C.*

c. fils cadet d'un misérable... là-bas, et *add. S.*

Page 96 :

a. nous le servirons... Rastignac *add. S.*

Page 97 :

a. agréable *S* : aimable *C.*

b. mademoiselle des Touches *F* : la duchesse de Grandlieu *ant.*

c. du dandy jaloux *F* : des gens du monde *ant.*

d. bien : *à la suite de ce mot se lisait dans C le sous-titre* LA BELLE MAUFRIGNEUSE.

Page 98 :

a. Une parenté considérable... toucher : *phrase mise au point pour le détail de la forme dans F.*

Page 99 :

a. Qui dirait que tu as passé par là? *S* : Qui dirait... *C.*

Page 100 :

   a. répondit de Marsay d'un air de triomphe *add. S.*

Page 101 :

   a. dérober à la connaissance des temps la moindre petite année *F* : voler la moindre petite année *S* : cacher six mois *C.*

Page 102 :

   a. promettre mille voluptés *S* : tout promettre *C.*
   b. paraissait dire qu'elle n'en réaliserait aucune *S* : vous disait qu'elle ne tiendrait rien *C.*
   c. bon *add. S.*
   d. et voulaient *add. S.*

Page 103 :

   a. notre Nucingen te fera ta fortune... chère *S* : la duchesse est une femme trop chère *C.*
   b. dangereuse *S* : ruineuse *C.*
   c. des poupées qui *S* : et qui *C.*
   d. L'enfant déjà si corrompu *F* : Il *ant.*

Page 104 :

   a. Puis la belle marquise laissa sa rivale *S* : et la laissa *C.*

Page 105 :

   a. romantique attirail de carton peint *S* : attirail romantique *C.*
   b. l'écriture imprimée *S* : la littérature *C.*

Page 106 :

   a. A la lettre, elle s'envola... confessionnal *add. S.*
   b. est allée au but assez lestement *F* : y est allée franchement *ant.*
   c. dans le petit salon de mademoiselle des Touches *F* : chez elle *ant.*

d. des Lupeaulx *F* : le marquis de Berines, des Lupeaulx *ant.*

e. en faveur *FC* : en faveur auprès de la duchesse *ant.*

f. Canalis *add. FC.*

g. des Lupeaulx *F* : le marquis de Berines *ant.*

Page 107 :

a. Charles de *add. S.*

b. mais il se perdit en conjectures... Révolution *add. S.*

Page 108 :

a. à tout *add. F.*

b. une célèbre princesse hongroise *S* : la princesse Goritza *C.*

Page 109 :

a. et même *add. S.*

b. beaucoup, et malheureusement *add. S.*

c. Si ces deux charmants partenaires *F* : Si les deux amants *S* : S'ils *C.*

Page 110 :

a. pâmée *add. S.*

Page 111 :

a. au jeu *add. S.*

b. divinement *F* : angéliquement *ant.*

c. dans le goût des joies *S* : en joie et en santé *C.*

d. monsieur Cardot *F* : le jeune notaire, le successeur du vénérable ami de Chesnel et *ant.*

e. à une nouvelle demande *add. S.*

f. Club *F* : cercle *ant.*

Page 112 :

a. maître Cardot *F* : le notaire *ant.*

Page 113 :

   a. des mémoires chez *S* : des mémoires à verse chez *C*.
   b. mon honorable père *add. FC*.
   c. des dandies *F* : dandystique *ant*.

Page 114 :

   a. dix-huit *S* : dix *C*.

Page 115 :

   a. petites *add. S*.

Page 116 :

   a. cent *S* : deux cent *C*.
   b. à son régiment où il fait des économies, car il *F* : dans son gouvernement militaire, parce qu'il *ant*.
   c. Mademoiselle Diane (je l'ai aimée pour son nom), Diane d'Uxelles *S* : Elle *C*.
   d. empoigneraient *F* : saisiraient *ant*.
   e. parisien *add. F*.
   f. sa chère Diane *S* : cet ange *C*.

Page 117 :

   a. qui se dirent à dîner... sot, » etc. *add. S*.

Page 118 :

   a. Restaurant *F* : café *ant*.
   b. soixante *F* : cent *ant*.
   c. Diane *F* : Elle *ant*.
   d. Le joli couple *F* : Les deux amants *ant*.

Page 119 :

   a. d'Esgrignon. Aucun *S* : d'Esgrignon. La duchesse parlait de la façon la plus dégagée. Aucun *C*.
   b. aimait Diane *F* : l'aimait *ant*.

Page 120 :

   a. tandis que les Parisiennes... spirituelles *add. S*.

b. elle-même : *à la suite de ce mot se lisait dans C le sous-titre* UN CRIME.

Page 121 :

a. ici respire *S* : là demeure *C.*

Page 122 :

a. et l'avenir qu'ils donnent... verbe *add. S* (*où on lit toutefois :* aux deux temps du verbe).

b. avait-il de doubles jouissances en pensant *S* : avait-il à penser *C* .

Page 123 :

a. et desquelles il réclamait le paiement... d'Esgrignon *add. S.*

b. quarante-huit *S* : vingt-quatre *C.*

c. il était gêné... notaires *add. S.*

d. En apprenant la difficulté... propriétés *S* : Du Croisier lui proposa de les lui vendre *C.*

Page 124 :

a. sa chère campagne du Jard *S* : sa campagne *C.*

b. se sauve de *S* : vient de quitter *C.*

Page 125 :

a. à longs traits *add. S.*

Page 126 :

a. à Venise *add. S.*

b. Hélas ! *add. S.*

c. quatre *S* : deux *C.*

Page 127 :

a. — Disons notre mea culpa... pleurs *add. S.*

Page 128 :

a. Spinola *F* : Pescaire *ant. De même deux lignes plus bas.*

b. posé sur son arbre généalogique *add. FC.*

Page 129 :

a. Charles d'Angleterre *S* : Charles Ier *ant.*

Page 132 :

a. deux ans *S* : dix-huit mois *C.*
b. la duchesse aidant *add. S.*
c. jaillirait *F* : arriverait *ant.*

Page 133 :

a. se débattait *S* : était *C.*
b. femmes lutines *S* : joyeuses femmes *C.*
c. dernières *add. F.*

Page 134 :

a. splendides. Les apparences... sauvées *S* : ardentes *C.*

Page 135 :

a. sa belle Diane *S* : sa duchesse *C.*
b. chez la duchesse *S* : à son hôtel *C.*

Page 137 :

a. un du Tillet, un Nucingen *FC* : un riche banquier *ant.*
b. banquier bourgeois *FC et C* : juif *F* et *S.*
c. une pierre angulaire *S* : la pierre *C.*

Page 138 :

a. Diane *S* : Madame *C.*
b. ma chère Diane : *ici apparaît pour la première fois ce prénom dans C.*
c. trente *S* : dix-huit *C.*
d. et sut le vernir... hommes *add. F.*

Page 139 :

a. mignonnement *add. F.*

b. l'eût dit à cette époque la Mars *S* : Mademoiselle
Mars le dirait *C.*

Page 140 :

a. que tout homme devait lui apprêter *S* : que devait
lui apprêter Victurnien *C.*

b. échue : *à la suite de ce mot se lisait dans C le sous-
titre* CHESNEL AU SECOURS DES D'ESGRIGNON.

Page 141 :

a. qu'elle aimait tant *add. S.*

b. Le trop jeune comte *F* : Il *ant.*

c. il *F* : le comte *ant.*

d. vicomtesse *S* : marquise *C.*

e. Ma fuite aurait quelque chose de *S* : Ce sera *C.*

Page 142 :

a. s'écria la belle Diane... sentiments *add. S.*

b. Je ne vous aime pas?... *ah! add. S.*

c. Quand Victurnien trouva... danger *S* : Victurnien
oublia dans quel danger il était *C.*

Page 144 :

a. vingt-huit *S* : dix-huit *C.*

b. Félix de *add. S.*

c. ce terrible de Marsay, que tout le monde trouve si
tigre (tigresque) *add. S.*

d. comme Othello tue Desdemona... amour *add. S.*

e. blonds *add. S.*

f. La tyrannie de l'amour... yeux *add. S* (ces beaux
bruns *F* : étaient bruns, ils *S*).

Page 145 :

a. cria *FC* : lui cria *ant.*

b. qui ne pouvait pas encore être arrivé chez le Procureur du Roi *add. S.*

Page 146 :

a. Comme la plupart des criminels, Victurnien ne pensait plus qu'à son crime *add. S.*

b. à sa voiture *add. S.*

c. Dans son trouble *add. S.*

d. Oui, cette idée est excellente *add. S.*

Page 147 :

a. en caressant cet indigne enfant *S* : en le caressant *C.*

b. mais le hasard fit... loup *add. S.*

Page 148 :

a. — Mademoiselle Armande d'Esgrignon... se dit-il *add. S.*

b. de la calèche dans la cour *add. S.*

c. en comprenant l'exclamation... écouté *add. S.*

Page 149 :

a. avec lesquels on peut arranger bien des choses *add. S.*

b. Il se dressa en pied, eût dit Amyot *S* : Il se leva *C.*

Page 150 :

a. d'Esgrignon *add. F.*

Page 153 :

a. vide. Débarqué... Keller *F* : vide. Chesnel était le lendemain dans la nuit à Paris. CHAPITRE V. CHESNEL AU SECOURS DES D'ESGRIGNON. A neuf heures du matin, le notaire était chez les Keller *ant. (pas d'indication d'un nouveau chapitre dans C, ce sous-titre étant déjà intervenu plus haut, p. 140).*

b. appartenait à *F* : était entre les mains de *S.*

Page 154 :

a. — Oui, dit-elle. Que signifie... — *add. S.*

b. et que nous avons fait... irréparable! *add. S.*

c. du Roi *S* : du Roi si les choses tournent mal *C.*

Page 155 :

a. Elle [car elle] devait être un ange pour tout le monde *add. S. (les parenthèses sont ajoutées dans F).*

b. cher monsieur Chesnel *add. S.*

c. A nous deux *add. S.*

d. trois jours *F* : soixante heures *S* : quarante-huit heures *C.*

Page 156 :

a. Quoiqu'il fût onze heures avant minuit... porte *F* : quelque temps avant minuit. Hélas ! il aperçut des gendarmes à sa porte, il était trop tard *ant.*

b. avant que l'acte d'accusation ne soit dressé *add. S.*

c. comptez sur moi, lui dit Chesnel *S* : comptez sur moi. Je vous pendrai de mes mains, lui dit Chesnel *C.*

d. Il resta, malgré la douleur : *Le passage qui commence par ces mots et qui s'achève p.* 165 *par « qui demandent de la promptitude » est ajouté dans S. L'enchaînement se faisait ainsi dans C :* en lui serrant la main.
Chesnel courut à l'hôtel du Croisier dans le Val-Noble. Dans cette soirée, les parties avaient fini fort tard, l'arrestation du jeune comte avait longuement occupé les intimes de du Croisier. En entrant, le pauvre notaire se heurta avec un juge d'instruction, qui allait sans doute instruire l'affaire.
— Ah ! monsieur Sauvageot, s'écria le bonhomme, nous allons avoir bien besoin de vous... Je ne veux vous dire qu'un mot.
Il l'entraîna dans un coin sombre, le long du mur, et s'approcha de son oreille. — Le crédit de la duchesse de Maufrigneuse, celui des ducs de Navarreins, de Lenoncourt, le garde des sceaux, le chancelier, le Roi, tout vous est acquis si vous êtes pour nous ! J'arrive de Paris, je sais tout, je compte sur vous et je vous garderai le secret.

Chesnel, qui aurait fait intervenir le Père Éternel s'il en avait eu le pouvoir, laissa le juge stupéfait, et, sans attendre la réponse, il s'élança comme un faon dans la cour de du Croisier. — Ouvrez de par le Roi, cria-t-il au domestique (etc.).

e. le fils de son cœur *F* : son fils de cœur *S.*

Page 157 :

a. devenus fatalement célèbres... séduite *add. F.*

b. monsieur du Ronceret, monsieur Sauvager *F* : monsieur du Ronceret, un jeune homme nommé Camusot, juge d'instruction, monsieur Sauvager *S. On a vu plus haut que ce dernier personnage s'appelait, dans C,* Sauvageot.

Page 159 :

a. et bordés en dessous... bistrées *F* : à bordure brune et ridée *add. F.*

Page 161 :

a. dit-il en s'adressant à du Croisier... Substitut *add. F.*

b. griffes *F* : griffes nette et pure *S.*

c. madame *add. F.*

d. la jeune femme *F* : le juge d'instruction *S.*

Page 165 :

a. — Ouvrez de par le Roi : *à partir de ces mots jusqu'à* la maison d'Esgrignon, *p. 175, le premier état du texte est de nouveau celui de C.*

b. hier *S* : ce matin *C.*

Page 166 :

a. nos biens, notre château... ne nous laissez *F* : *nos* biens, *notre* château... ne *nous* laissez *ant.*

Page 167 :

a. serviteurs des ducs d'Alençon *S* : Cormon *C.*

b. — Hé! de quoi s'agit-il donc?... fit Chesnel étonné
add. F.

Page 168 :

a. sans que ces faits ne grossissent... On se dira que
add. S.

b. Je suis ici le défenseur du peuple, l'ami des lois
add. S.

c. Vous m'avez jeté vous-même... semé *add. F.*

d. Ce début effraya *F* : Après ce début, il entama
l'horrible énumération des vengeances gauloises contre
les Francs abattus, et ce discours effraya *S* : Ce fut l'horrible énumération des vengeances contre les Francs
abattus, et qui effraya *C.*

e. paraissait *S* : était *C.*

f. mais Chesnel ne recula point devant l'impossible
add. F.

g. en apparence du moins *add. S.*

Page 169 :

a. Nous consentons, dit Chesnel... lui *F* : Nous consentons encore, dit Chesnel *ant.*

b. Duval *S* : Morel, la fille d'un maître de Forges *C.*

c. femme, vous *S* : femme, et enfin la famille de son
père l'avantagera, j'en réponds, vous *C.*

d. — Imbécile que je suis... homme! *add. S.*

Page 170 :

a. écus *S* : écus objet du faux *C.*

b. madame du Croisier. *A la suite de ces mots se lisait
dans C le sous-titre* LA MÉSALLIANCE.

c. froissés. Cette *F* : Mais elle hésitait entre deux religions, entre les commandements que l'Église a tracés
aux épouses et ses devoirs envers le Trône et l'Autel.
Elle trouvait son mari blâmable et n'osait le blâmer, elle
aurait voulu pouvoir sauver les d'Esgrignon et ne voulait rien faire contre les intérêts de son mari. Cette *ant.*

Page 171 :

a. et qui eût frappé jusqu'à briser ce cœur pour sauver Victurnien *add. S.*

b. Voulez-vous assassiner... meurtre? *add. S.*

c. répondit-elle en achevant... réussir *F* : répondit-elle ; mais elle acheva sa pensée en hochant la tête d'une façon désespérée *S* : répondit-elle ; mais... Elle hocha la tête d'une façon désespérée *C*.

Page 172 :

a. les mânes de votre oncle *S* : les Cormon *C*.

b. vos ancêtres, les intendants des ducs d'Alençon *add. S.*

c. notre cher abbé qui... genoux? *S* : l'abbé de Sponde dans son cercueil *C*.

Page 173 :

a. demanda-t-elle en regardant Chesnel *add. S.*

b. Madame du Croisier... mari : *cette phrase a été déplacée ; dans S, elle venait plus haut (cf. note critique de la p.* 289*).*

Page 174 :

a. tressaille de joie *S* : sera réjouie *C*.

Page 175 :

a. à pas lents. L'affaire devient maintenant une lutte judiciaire : *Le très long passage qui commence par ces mots et qui s'achève p.* 227 *par « que vous avancerez d'une demi-heure » est ajouté dans S. L'enchaînement se faisait ainsi dans C :*

— Mon Dieu! sauve donc la maison d'Esgrignon, s'écria Chesnel en revenant chez lui. Il se coucha quasi mort sous le poids de tant d'émotions et de tant de fatigues. Il fut bientôt réveillé par sa vieille gouvernante : elle lui présenta le plus adorable jeune homme du monde, un tigre coquet qui n'était rien moins que madame de

Maufrigneuse. La duchesse avait pris le vêtement neuf d'un de ses grooms, un enfant de dix ans, elle était venue en calèche, et seule!

— Me voici, lui dit-elle, j'arrive pour le sauver ou pour périr avec lui. J'ai cent mille francs que le roi m'a donnés sur sa cassette pour acheter l'innocence de Victurnien, si l'adversaire est corruptible. J'ai des lettres pour éclairer la religion des juges, des lettres que je dois rapporter à ceux qui les ont écrites; elles doivent être lues, mais supprimées... Et si nous échouons, j'ai du poison pour le soustraire à tout, même à l'accusation.

Chesnel rendit scène pour scène à la duchesse : il s'élança de son lit, en chemise, il tomba à ses pieds, les baisa, et courut à sa robe de chambre en demandant pardon pour l'oubli que la joie lui faisait commettre. Il s'habilla, donna le bras à la duchesse, car il se hâta d'aller chez le juge d'instruction avant que celui-ci eût rien commencé. De sept heures du matin à dix heures, pendant que l'abbé Couturier prêchait madame du Croisier, avant l'heure du Palais, Chesnel avait démontré au juge d'instruction combien l'accusation portée contre M. le comte d'Esgrignon était calomnieuse, en lui produisant le reçu des cent mille écus remis par lui-même, Chesnel, à madame du Croisier, en l'absence de son mari. Madame du Croisier, ignorante en ces sortes d'affaires, avait serré la somme sans en rien dire à son mari. Cette affaire avait fait tout le mal. M. du Croisier avait trop ardemment saisi l'occasion de perdre une famille qu'il haïssait. L'instruction, conduite dans ce sens, amenait la mise en liberté sous caution du jeune comte.

Le juge d'instruction ne promit rien; cette affaire regardait le tribunal et non lui; M. du Ronceret y était puissant, il fallait être sûr de l'opinion de deux autres juges qui, avec la sienne, emporteraient la majorité. Le groom s'avança, dit au juge qui *elle* était, sortit de sa poche une lettre qu'elle déplia, la lui fit lire en la gardant serrée entre ses doigts mignons. Après lecture, le juge fut disposé à faire tout ce qui ne serait pas contre sa conscience. Mais il ne pouvait rien sans l'aide de deux autres juges. Il fallut remettre au soir les démarches décisives. A midi, Monseigneur et mademoiselle Armande étaient à l'hôtel d'Esgrignon, où le charmant tigre couché par les soins de Chesnel se reposait de ses fatigues à l'insu du marquis.

Du Croisier, appelé entre une heure et deux chez le juge d'instruction, fut interrogé sur trois points. L'effet argué de faux ne portait-il pas sa signature? Avait-il eu, avant cet effet, des affaires avec M. le comte d'Esgrignon? M. le comte d'Esgrignon n'avait-il pas tiré sur lui des lettres de change avec ou sans avis? Puis Chesnel n'avait-il pas plusieurs fois déjà soldé ces comptes? Enfin, du Croisier n'avait-il pas été absent à telle époque? Toutes ces questions furent résolues affirmativement par du Croisier. Quand elles furent consignées au procès-verbal, le juge termina par cette foudroyante interrogation : savait-il que l'argent de l'effet argué de faux avait été déposé chez lui cinq jours avant la date de l'effet? Cette dernière question mit du Croisier en défiance contre le juge, auquel il demanda ce que signifiait un pareil interrogatoire, en faisant observer que, si les fonds avaient été chez lui, il n'eût pas rendu de plainte. Ce juge le renvoya sans répondre : la justice s'éclairait, voilà tout. Chesnel avait déjà comparu pour expliquer l'affaire. La véracité de ses assertions fut corroborée par la déposition de madame du Croisier. Le juge fit comparaître le comte d'Esgrignon, qui produisit la première lettre par laquelle du Croisier lui avait écrit de tirer sur lui, sans lui faire l'injure de déposer les fonds chez lui. Puis, soufflé par Chesnel, il produisit une lettre que Chesnel lui aurait écrite en le prévenant du versement des cent mille écus chez M. du Croisier. Avec de pareils éléments, l'innocence du jeune comte devait triompher devant le tribunal.

Dans la soirée, tous les salons (etc.).

Page 176 :

a. En donnant une forme succincte... Chesnel *F* : Le long examen des consciences que fit Chesnel veut être abrégé, mais, tout en lui donnant une forme succincte *S*.

b. en *F* : de *S*.

Page 177 :

a. Les juges et les gens du Roi... voient *F* : La province est le séminaire des ambitions judiciaires. Les juges et les gens du Roi forcés de commencer là leur carrière voient *S*.

b. se traitent *FC* : s'élèvent *ant*.

c. se caser pour toujours en province *F* : s'y caser pour toujours *S*.

d. ou que la soif de parvenir aiguillonne sans cesse *add. F*.

e. Le moindre Substitut *F* : Chacun d'eux *S*.

Page 178 :

a. les Parquets *F* : eux *S*.

Page 179 :

a. monsieur Michu, nommé Juge-Suppléant... devait à *F* : monsieur de Grandville, le fils cadet d'un magistrat de Paris, nommé juge-suppléant, envoyé là pour apprendre le métier, en attendant *S*.

Page 180 :

a. qui offusque *F* : qui, plus tard, devait offrir plus d'une épreuve de ce type, et qui offusque *S*.

b. n'accorde pas *F* : refuse *S*.

c. pouvait exister *F* : existait *S*.

Page 181 :

a. s'étendait *F* : il y avait *S*.

Page 182 :

a. on entrait dans *F* : se trouvait *S*.

b. s'harmoniaient à *F* : étaient en harmonie avec *S*.
c. ces *F* : deux de ces *S*.

Page 185 :

a. et sa favorite était le Pelargonium *F* : Comme tous les fleuristes, il avait sa prédilection pour une plante choisie entre toutes. Sa favorite était le *Pélargonium S*.
b. innocentes *add. F*.

Page 186 :

a. Émile *F* : Alfred *S*. *On ne relèvera plus cette variante, qui se retrouve chaque fois que figure dans F ce prénom* Émile.

Page 188 :

a. sont décorées d'une *F* : offrent une *S*.
b. cet enclos *F* : ces enclos *S*.

Page 191 :

a. et la Botanique *add. FC*.
b. formuler *FC* : prononcer *ant*.

Page 192 :

a. pas un grain de sel de trop, où pas un profit n'était oublié *F* : ni un grain de sel de trop ni un profit de moins *S*.

Page 194 :

a. Michu *F* : monsieur de Grandville *S*.
b. les recommandations de la famille de Cinq-Cygne l'avaient *F* : son nom l'avait *S*.
c. douze *FC* : dix *F*.
d. Riche d'environ dix mille livres de rente *F* : Promis à une haute fortune *S*.
e. l'esprit supérieur d'un homme... président *F* : un esprit supérieur. Dans une occasion importante, en dehors des affaires secondaires, il eût déployé les grandes facultés qui, plus tard, le firent remarquer sur un théâtre

digne de lui. Son esprit parisien, habitué à traiter largement les idées, lui permettait de faire rapidement ce qui
occupait longtemps le vieux Blondet et le président *S*.

f. Protégé par *F* : Aimé de *S*.

g. Indispensable à *FC* : Il était de *ant*.

Page 199 :

a. de la première femme d'un *F* : aîné d'un riche *S*.

b. illustre *add*. *FC*.

c. son père *F* : sa famille *S*.

d. destiné *F* : destiné par elle *S*.

e. Son père ne lui avait donné... époux *FC* : Il n'avait
pas eu plus de mille écus de rente constitués par ses
père et mère à son contrat *ant*.

f. ce ménage connaissait les malheurs d'une pauvreté
cachée *FC* : c'était donc un pauvre ménage que le sien
ant.

Page 200 :

a. monsieur Camusot le père *F* : monsieur et madame
Camusot *S*.

b. aux enfants du négociant qui étaient quatre *F* : à
chacun des quatre héritiers *S*.

c. et de deux lits différents *add*. *FC*.

d. Thirion *F* : son père *ant*.

Page 201 :

a. dans le ressort de Paris, puis plus tard à Paris *FC* :
à Paris *ant*.

b. quand on le voit *FC* : en le voyant *F*.

c. n'est *F* : n'était *S*.

d. exerce *F* : exerçât *S*.

e. Michu *F* : de Grandville *S*. *On ne relèvera plus cette
variante*.

Page 202 :

a. de blanc-en-bourre *F* : en bourre *S*.

Page 204 :

a. est *FC* : était *ant.*

b. doivent *FC* : devaient *ant. Et ainsi de suite pour tout le paragraphe : des présents, dans FC, sont substitués à des imparfaits.*

c. par une certaine force... tard *add. F.*

d. alors *add. FC.*

e. la faisait redouter *FC* : la rendait redoutable *ant.*

Page 205 :

a. n'était-il pas *FC* : était *ant.*

b. lui avait-elle dit en rentrant *add. F.*

c. Madame Camusot savait pouvoir menacer à son tour le Président *F* : elle devait devenir dangereuse *S.*

Page 207 :

a. sa gouvernante l'éveilla... commettre : *ce passage figurait déjà avec quelques variantes dans C. Voir ci-dessus la note critique de la p. 290.*

b. Nous *F* : Sauvés ! nous *S.*

Page 208 :

a. sa cravache. — Ah ! madame la duchesse *F* : sa cravache. — Postillon, en avant, dit-elle en grossissant sa voix. Faut-il que je jure, que je sacre, que je fume ? Je fumerais, jurerais, sacrerais pour sauver ce malheureux enfant. — Ah ! madame la duchesse *S.*

b. Elle devait toujours être un ange, même en homme !, *add. F.*

Page 209 :

a. reine *FC* : la reine *ant.*

Page 210 :

a. elles mettent à les ignorer... au fait *F* : elles veulent les ignorer ; de même que la moitié de nos bourgeoises françaises veulent être au fait *S.*

b. les Françaises *F* : elles *ant.*

c. qui conseille, guide, éclaire *F* : elle conseille, elle prévoit, elle guide, elle éclaire *S.*

d. le prince de Cadignan *F* : le duc de Lenoncourt *S.*

Page 211 :

a. Allez porter cette carte... notaire : *addition manuscrite jointe par Balzac au texte corrigé de C.* notaire *F* : notaire en montant chez le juge *S.*

Page 213 :

a. ignore encore *F* : ignorait hier *S.*

Page 215 :

a. et tu connais son dévouement pour la noblesse. Bon chien chasse de race *F* : Il connaît la situation des affaires *S.*

Page 216 :

a. les semis au père Blondet *F* : ses semis *S.*

b. Cécile-Amélie *F* : elle *S.*

Page 221 :

a. cen-dessus-dessous *F* : sens dessus dessous *S.*

b. et arrête ainsi *FC* : pour arrêter *ant.*

c. Le successeur de Chesnel... secret.. : *phrase retouchée dans F.*

Page 222 :

a. les Keller. — Une imprudence! dit Camusot. — Mais *F* : les Keller. Une imprudence. — Mais *S.*

b. chez qui nulle passion ne pouvait obscurcir la clarté de la conscience judiciaire *add. FC.*

c. Camusot *F* : le jeune baron *S.*

d. l'avis que Chesnel lui a donné d'un versement opéré par lui Chesnel *F* : le versement dont Chesnel l'avisait *S.*

e. L'essence du faux... autrui *add. F.*
f. dit Camusot *add. F.*

Page 223 :

a. le législateur a voulu *F* : il faut *S.*
b. toujours en nous tenant dans le Civil... privée *add. F.*

Page 225 :

a. dudit Chesnel au *F* : notaire du *S.*
b. déposa *F* : produisit *S.*
c. l'effet argué de faux... Tribunal : *ce passage figurait déjà, avec des variantes, dans C. Voir ci-dessus la note critique de la p. 292.*

Page 227 :

a. dit-il à son valet de chambre *add. F.*
b. Dans la soirée, tous les salons : *à partir de ces mots jusqu'à* de laquelle il n'a nul souci, *p. 238, le premier état du texte est de nouveau celui de C.*

Page 228 :

a. Quand il fit nuit... duchesse *add. S.*

Page 229 :

a. Le loyal Franc *S* : Il *C.*
b. à la soudaine apparition de son neveu *add. S.*
c. Bah ! dit le marquis devant sa cheminée, s'il fait *S* : Je voudrais le voir ici ! dit le marquis devant sa cheminée... mais s'il *C.*
d. Le procès pouvait livrer... silence *add. S.*
e. vieille *add. S.*

Page 231 :

a. charmant jeune homme inconnu *S* : ravissant tigre *C.*

Page 232 :

a. A dix heures, un jugement de non-lieu... d'Esgrignon *S* : Le vieux Chesnel remontait, comme par hasard, la Grande Rue... d'Esgrignon. A dix heures, un jugement de non-lieu... calomnie. Pour éviter la colère de son mari, Madame du Croisier s'était enfuie au Prébaudet, suivie de l'abbé Couturier, qui lui assurait qu'elle était une sainte et que plus elle souffrirait pour cette cause, plus elle serait agréable à Dieu *C.*

b. cavalier *S* : groom *C.*

c. madame Camusot *S* : le procureur du Roi *C.*

d. au quinzième siècle *S* : en 1600 *C.*

e. au dix-neuvième *S* : en 1825 *C.*

f. Le Code civil de Napoléon a tué *F* : les guerres de Napoléon ont tué *ant.*

Page 233 :

a. dit mademoiselle Armande. — Si la comtesse d'Esgrignon *F* : dit mademoiselle Armande. — C'était une d'Aubigné, dit le chevalier [dit M. de Valois *C*]. Si la comtesse *ant.*

b. même l'honneur *add. S.*

Page 234 :

a. d'homme et de maîtresse *S* : de page *C.*

Page 235 :

a. Six mois après, Camusot... nièce *S* : Le juge d'instruction fut procureur général à deux ans de là. Des deux autres juges, l'un fut Président de Chambre et l'autre conseiller à la Cour. Tous furent décorés *C.*

b. stimulé par le Président du Ronceret *add. S.*

c. La lutte entre les deux partis... duel *add. S.*

d. la confirmation du jugement en *F* : l'arrêt de la *ant.*

Page 236 :

a. et le jeune homme dans la misère... consolation *add. S.*

Page 237 :

a. Bourgeois *S* : Pauvre *C.*

b. de splendeur parisienne et d'amour aristocratique *S* : de splendeur, d'éclat et d'amour *C.*

c. il végétait *S* : il végétait comme une plante *C.*

d. plus là. Le marquis *S* : plus là. Les revenus,diminués de moitié par le paiement des dettes, obligeaient à des économies. Le marquis *C.*

Page 238 :

a. Acte de courage... sublime! *add. F.*

b. — Les Gaulois triomphent! fut le dernier mot du marquis *S* : Les Gaulois ont vaincu *C.*

c. La victoire *F* : le triomphe *ant.*

d. trois *F* : deux *ant.*

e. de laquelle il n'a nul souci : *sur ces mots s'achève le feuilleton du* Constitutionnel. *Le dernier paragraphe est donc ajouté dans S.*

f. Émile Blondet *F* : Alfred Blondet *S.*

Page 239 :

a. où elle trône encore *F* : où elle trône encore, semblable à Marius sur les ruines de Carthage *S. Cette comparaison, dans F, a été reportée quelques lignes plus bas.*

b. Aux Jardies, juillet 1837 *add. F.*

II

INVENTAIRE
DES PARTIES MANUSCRITES

Compte *non tenu des béquets de quelques lignes, les feuillets manuscrits joints par Balzac au texte* corrigé du Constitutionnel *et conservés aujourd'hui à la collection Lovenjoul se répartissent en trois groupes. Les feuillets en provenance de la collection Souverain se rattachent au troisième groupe.*

A 8, FEUILLETS 35 à 38.

Le texte ainsi ajouté se raccorde aux mots suivants du Constitutionnel : « lui dit Chesnel en lui serrant la main » *et commence ainsi :* « Il resta, malgré la douleur que lui causait ce spectacle » *(p. 156 de notre édition). Ce texte correspond, avec des variantes de détail, à celui de la version définitive, jusqu'au début de phrase suivant :* « Du Croisier et le président du Ronceret regardèrent le juge d'instruction en proie à une même pensée » *(p. 161).*

Balzac enchaîne alors avec un développement qui, lors des remaniements postérieurs, subira un important décalage :

Du Croisier et le président du Ronceret regardèrent le juge d'instruction en proie à une même pensée *(p. 161)* et cette pensée, qui n'était encore qu'un soupçon, veut une explication sommaire.

En aucun tribunal, à cette époque, le parquet n'eût accueilli sans un long examen etc. *(voir p. 195).*

De nouveau, le texte correspond à celui de la version définitive, jusqu'à la phrase suivante : « En deux soirées, le premier Substitut avait été gagné » *(p. 197). On passe alors à un développement sur les intrigues de Mme Camusot, qui, profondément remanié, se retrouve dans notre édition p. 204. Mais après quelques lignes, on doit, pour suivre ce parallèle, revenir plus de trente pages en arrière, la transition s'effectuant de la façon suivante :*

« Que Sauvageot [1] épouse Mademoiselle Duval s'il veut, quoiqu'il sera la dupe de ceux auxquels il va sacrifier sa position *(p. 205)* ; mais toi, Camusot, fais ton chemin. Sers le pouvoir, sers le Roi, à qui cette malheureuse affaire va déplaire au dernier point ».

Influencé par les discours de sa femme, le juge d'instruction était bien aise de faire comprendre au Président qu'il allait être l'âme de cette conjuration, à du Croisier qu'il serait le principal instrument de

---

1. *Sauvageot,* tel était déjà le nom relevé dans *Le Constitutionnel* (voir p. 287) au cours du développement embryonnaire que Balzac développe si considérablement dès les parties manuscrites. On lira dans l'édition *Sauvager,* le romancier ayant voulu sans doute supprimer l'assonance avec *Camusot.*

sa vengeance, afin de savoir quel état on ferait de lui. Il croyait agir finement, il se compromit aux yeux de gens aussi astucieux. Les regards échangés entre le président, le conservateur des hypothèques et du Croisier furent peu favorables à Camusot. Sa femme, qui paraissait distraite, n'en perdit rien. Elle voulut donc éclaircir ses doutes.

— Dans tous les cas, dit-elle, si dans cette affaire etc. *(voir p. 162).*

Ce fragment manuscrit s'achève par la phrase suivante :

En ce moment, le couple fut heurté par Chesnel qui reconnut le juge d'instruction et qui, avec la lucidité des gens rompus aux affaires, comprit que la destinée de la Maison d'Esgrignon était entre les mains de ce jeune homme *voir p. (163).*

Balzac reprend alors le texte du Constitutionnel : « Ouvrez de par le Roi » *(voir p. 165).*

A 8, FEUILLETS 43 à 49.

Le texte ajouté est substitué à un développement qui occupait vingt-deux lignes dans Le Constitutionnel *et qui a été rayé sur le journal par le romancier. Ce développement figure dans la partie du texte préoriginal rapportée ci-dessus, p. 291. Il commence par les mots :* « Il s'habilla, donna le bras à la duchesse » *et s'achève*

par les mots : « Il fallut remettre au soir les démarches décisives ».

Voici le début du texte manuscrit ainsi substitué :

« — Sauvés ! nous sommes sauvés ! criait-il »
(voir p. 207).

*La suite correspond, avec des variantes, au texte de la
version définitive, jusqu'à la phrase suivante :*

« Combinez tout avec le mari pendant que je vais
parler à la femme » *(voir p. 210).*

*Après cette phrase, on doit, pour suivre le parallèle,
revenir une dizaine de pages en arrière, la transition
s'effectuant de la façon suivante :*

« ... pendant que je vais parler à la femme. »
Madame Camusot, qui se considérait comme de
passage *(voir p. 201).*

*Vient alors un nouveau développement sur Madame
Camusot, fort différent du texte primitif et dont l'essentiel est incorporé p. 200 et 201, l'ordre des détails fournis
ayant d'ailleurs été bouleversé du manuscrit aux éditions.
On passe ensuite directement du texte de notre page 201
à celui de notre page 210 :*

... fût-ce un valet que l'on voit tous les jours
(p. 201).

La femme de chambre, qui lavait, débarbouillait
etc. *(voir p. 210).*

Le développement correspond alors, avec des variantes,
à celui du texte définitif, jusqu'aux mots « les disposi-
tions de Monsieur le Président » *(p. 215). Ce second*
fragment manuscrit s'achève de la façon suivante :

... » les dispositions de Monsieur le Président.

— J'ai déjà éclairé Monsieur le Vicomte, répondit
Madame Camusot, sur la composition du tribunal.
Nous avons ici comme juge suppléant le fils de
M. de Grandville, un jeune homme élevé à Paris et
qui n'a pas l'esprit étroit, enfin le vieux père Blondet
veut voir son fils nommé à la place de M. de Grandville, pour lequel il donnera sa démission. Je vais
moi-même ce matin chez eux. Tu pourrais instruire
aujourd'hui cette affaire, et présenter ton rapport
dans la Chambre du Conseil demain, afin que M.
d'Esgrignon fût libre *(sic)*. Ne serez-vous pas trois
contre un? Le président sera seul de son bord.

Elle était habillée, elle sortit sans attendre la
réponse de son mari.

— Je serais enchanté de faire quelque chose qui
vous soit agréable, Monsieur, dit le juge à la duchesse, mais au cas où le jugement du tribunal serait
rendu dans un sens favorable, il peut y avoir appel.

— L'affaire ne dépend plus de du Croisier, dit
vivement Chesnel, elle appartient au Ministère public, au réquisitoire de qui vous obtempérez, et ni
le Procureur du Roi qui sera instruit de cette affaire,
ni le procureur général n'appelleront de votre
jugement.

— Un jugement qui consacrerait l'instruction me déterminerait, répondit M. Camusot, mais M. le Président fait de M. Blondet ce qu'il veut.

Quelques moments après, madame Camusot revint.

— Le président vient de partir, il a déjà vu M. Blondet, qu'il a prié de présider le tribunal, il va demander ta révocation au procureur général et faire nommer M. de Grandville juge d'instruction. Vous êtes, à vous trois, maîtres au Tribunal pendant deux jours. J'ai suffisamment édifié le bonhomme : M. de Grandville aura certes ta place comme le jeune Blondet prendra la sienne. Vous causerez de l'affaire au Palais ce matin.

— Ah ! le président est parti...

— Ce que tu as dit hier chez M. du Croisier était assez clair, lui répondit sa femme en rendant une lettre à la duchesse de Maufrigneuse.

— Monsieur Chesnel, dit la belle Diane, je resterai jusqu'à la nuit ici : ma voiture est restée à l'auberge où je n'ai pas donné le moindre renseignement, faites-la conduire chez M. le marquis d'Esgrignon où je viendrai ce soir demander l'hospitalité à Mademoiselle Armande.

Chesnel salua le juge et sortit suivi de la duchesse et de madame Camusot.

— Tâchez, dit-elle à celle-ci, de faire venir ici avant l'audience Monsieur de Grandville et obtenez pour moi une entrevue avec le jeune homme au palais où je ne puis venir, en vertu d'un mandat de comparution.

— Je réponds de tout, répondit madame Camusot ».

L'apport manuscrit prenant fin sur cette réplique,
Balzac reprend ensuite le texte du Constitutionnel *aux*
mots suivants (voir texte préoriginal rapporté, p. 292) :
« A midi, Monseigneur et mademoiselle Armande... »

A 8, FEUILLETS 56 à 60
ET DOCUMENTS DU FONDS SOUVERAIN

Balzac note en haut du feuillet 56 *:* « ajouté qui va
en tête du VIe chapitre, page 10 des placards ».
Nous reproduisons ci-dessous le texte intégral de cette
dernière addition, qui correspond au développement con-
cernant la magistrature en général, puis le président du
Ronceret, le juge Blondet et le jeune juge suppléant Grand-
ville, qui deviendra Michu (voir p. 177 à 195 du texte
définitif).

La province est le séminaire des ambitions de
la magistrature. Les juges et les gens du Roi forcés
d'y commencer leur carrière voient tous Paris à
leur début, tous aspirent à briller sur ce vaste
théâtre où sont les grandes causes politiques, où la
magistrature est intimement liée aux intérêts palpitants de la société; mais ce paradis des gens de justice
admet peu d'élus, et tôt ou tard les neuf dixièmes
des magistrats de province doivent se résigner à y
rester. Ainsi tout tribunal, comme toute Cour
royale de province, offre deux partis bien tranchés :

celui des ambitions mortes et casées, celui des jeunes gens auxquels l'envie de parvenir, active, turbulente, pleine d'irritation, donne une sorte de fanatisme pour le sacerdoce que nulle déception n'a tempérée. A cette époque surtout, le royalisme animait les jeunes magistrats contre les ennemis des Bourbons. Chacun d'eux rêvait réquisitoires et appelait de tous ses vœux un de ces procès politiques qui mettaient le zèle en relief, qui attiraient l'attention du Ministère et faisaient avancer les gens du Roi. Qui, parmi eux, ne portait envie à la Cour dans le ressort de laquelle éclatait une conspiration bonapartiste? Qui ne souhaitait trouver un Caron, un Berton, une levée de boucliers? Ces ardentes ambitions, soutenues par l'esprit belliqueux de cette grande lutte de doctrines opposées, appuyées sur la raison d'État, sur la nécessité de monarchiser la France, étaient lucides, prévoyantes, perspicaces, elles faisaient avec rigueur la police des idées, elles espionnaient les populations. La justice était alors animée par la foi monarchique et réparait les torts des anciens Parlements. Elle marchait d'accord avec la Religion, trop ostensiblement peut-être. Elle fut plus zélée qu'habile, elle pécha moins par machiavélisme que par la sincérité de ses vues, elle paraissait hostile aux intérêts généraux du pays que l'opposition sut mettre de son côté. Ces deux sortes de physionomies judiciaires qui se trouvent au fond de toutes les provinces étaient représentées par M. du Ronceret et par un vieux juge nommé Blondet, le parti jeune et ambitieux comptait Monsieur

Camusot, le juge d'instruction et M. de Grandville, le fils cadet d'un magistrat de Paris, nommé juge suppléant et envoyé là pour apprendre le métier en attendant la première occasion qui se présenterait d'entrer dans le ressort de la Cour Royale de Paris.

Mis à l'abri de toute destitution par l'inamovibilité judiciaire et sachant que ses opinions, qualifiées d'indépendance, le condamnaient à rester président toute sa vie, M. du Ronceret, établi dans ce pays qui d'ailleurs était le sien, avait mis son espérance d'avancement dans le triomphe de du Croisier et du Centre Gauche. Il ne plaisait pas plus à la ville qu'à la Préfecture ou à la Cour. Sa conduite était suspecte à tous les partis, car il gardait des ménagements qui lui ôtaient toute franchise. Forcé de laisser la candidature électorale à du Croisier, il se voyait sans influence, jouant un rôle secondaire, et était aigre et mécontent en se sentant dans une fausse position, et il venait de prendre une couleur décidée dans cette affaire.

Le vieux juge Blondet était une bonne figure de province, un vieil avocat riche d'environ quatre mille livres de rente, veuf, père de deux enfants et qui datait de l'institution des tribunaux. Il était le doyen du Tribunal et le vice-président naturel. Il avait été l'accusateur public le plus doux de la Révolution, il avait laissé les têtes à leur place, il jouissait d'une grande estime et vivotait en paix dans une maison à lui, n'ayant d'autre ambition que de faire nommer son fils juge suppléant à la place de M. de Grandville, auquel il offrait de donner sa démission en sa faveur et sous cette condition. Son fils cadet, Alfred Blondet, avait su se faire une position à Paris assez distinguée pour que le vidame de Pamiers l'eût invité au dîner donné à Victurnien, et il la devait à l'amitié d'une femme du pays, de Mademoiselle de Troisville, mariée au comte de Montcornet, qu'il avait connue avant son mariage. Le vieux Blondet regardait son cadet comme un homme perdu, il réservait toutes ses économies pour faire faire à son aîné, le plus grand sot de la ville, un riche mariage, le jour où il serait installé comme juge. Selon la chronique scandaleuse, ce fils était bien le sien, tandis que l'autre, le jeune homme plein d'esprit, était celui de feu Madame Blondet. Toute la ville était dans le secret des avantages que le vieux juge réservait à son aîné; il comptait lui donner, outre son argent comptant et sa place, tout ce que le Code permet à un père de donner légalement à un fils au détriment de ses autres enfants.

M. de Grandville était un jeune homme de vingt-trois ans, qui se savait protégé par son père, il s'occupait beaucoup plus de plaire aux femmes de la société la plus élevée où son nom l'avait fait admettre d'emblée, il devait avoir un jour une belle fortune, il était courtisé par les mères, il menait une vie de plaisirs et il ne faisait son tribunal que par acquit de conscience et comme on fait ses devoirs au collège. Il apportait peu d'intérêt aux causes et il opinait du bonnet en disant à tout : — Oui, cher président. Mais, sous cet apparent laisser-aller, il cachait un esprit supérieur, et dans une occasion importante, en dehors des affaires secondaires, il eût déployé les grandes facultés qui le firent remarquer sur un théâtre plus digne de lui. Son esprit parisien habitué à traiter largement les idées lui permettait de faire rapidement ce qui occupait longtemps le vieux Blondet et le président, il leur résumait souvent les questions et souvent, dans les conjonctures délicates, il les conseillait. Ainsi nécessaire au Tribunal, aimé de la haute société, jeune et riche, le juge suppléant était en dehors des intrigues et des petitesses départementales. On s'efforçait de lui rendre supportable le temps de son exil. Le vieux Blondet lui faisait la cour en espérant opérer par le crédit du comte de Grandville la permutation, objet de ses espérances.

L'homme de talent était le Procureur du Roi, nommé député. Il maintenait la dignité du Tribunal et imposait au Président. Sans son absence, l'affaire de Victurnien n'eût pas eu lieu. Sa dextérité, son habitude des affaires auraient tout prévenu. Voici comment du Croisier avait manœuvré...

Comme on le voit, ce texte originel, au moins en ce qui concerne du Ronceret et Blondet, n'est que le squelette du texte définitif. Ici viennent s'ajouter aux documents de la collection Lovenjoul ceux du fonds Souverain. L'éditeur a conservé, en effet, les épreuves corrigées des feuillets ci-dessus reproduits : or Balzac y avait ajouté d'autres additions manuscrites dans lesquelles il complétait les portraits des deux magistrats.

Voici le texte des feuillets manuscrits complémentaires relatifs au président du Ronceret :

Ce Président était un grand homme sec et mince, à front fuyant, à cheveux grêles et châtains, aux yeux vairons, à teint couperosé, aux lèvres serrées. Sa voix éteinte faisait entendre le sifflement gras de l'asthme. Il avait pour femme une grande créature solennelle et dégingandée qui s'affublait des modes les plus ridicules et se parait excessivement. La Présidente se donnait des airs de reine, elle portait des couleurs vives, et n'allait jamais au bal sans orner sa tête de ces turbans si chers aux Anglaises, et que la province cultive avec amour. Riches tous deux de quatre ou cinq mille livres de rente, ils réunissaient, avec le traitement de la présidence, une douzaine de mille livres de rente. Aussi étaient-ils malgré leur pente à l'avarice obligés de recevoir, et ils recevaient dans un grand salon à grands rideaux de calicot rouge, orné d'un meuble en acajou garni de ce même calicot rouge, où sur la cheminée brillaient une pendule du temps de Louis XV, des girandoles extravagantes dont les bougies ne s'allumaient qu'aux grands bals, et alors on dépouillait le lustre de son enveloppe verte. Quatre tables de jeu à tapis vert râpé, un trictrac suffisaient aux joies de leurs hôtes, auxquels Madame du Ronceret accordait du cidre, des échaudés, des marrons, des verres d'eau sucrée et de l'orgeat fait chez elle. Depuis 1814, elle avait adopté tous les quinze jours un thé orné de pâtisseries. Par chaque trimestre, il se donnait un grand dîner à trois services, tambouriné dans la ville, servi dans une détestable vaisselle, mais confectionné avec la science qui distingue les cuisinières de province. Ce repas gargantuesque durait six heures et la présidente essayait de lutter par une abondance d'avare avec l'élégance de Madame du Croisier.

Voici d'autre part, pour le début (la suite ressemblant davantage au texte définitif), le texte des feuillets manuscrits complémentaires relatifs au juge Blondet :

Ce bonhomme de haute taille de soixante-sept ans avait une figure percée par les mille trous de la petite vérole qui, de plus, lui avait déformé le nez en le lui tournant en vrille. Toute sa physionomie était dans de petits yeux vifs habituellement sardoniques et dans un certain mouvement satirique de ses lèvres violacées. Sa science profonde en jurisprudence et son talent réel dans l'ancien droit et plus tard dans la nouvelle législation l'eût mené fort loin; mais, comme quelques grands esprits, il méprisait prodigieusement ses connaissances de jurisconsulte et de juge; il aimait passionnément l'horticulture, il adorait les fleurs, il était en correspondance avec les plus célèbres amateurs. Il habitait une jolie petite maison à jardin où, de son cabinet, il allait dans une longue et vaste serre. Comme tous les fleuristes, il avait une prédilection et sa plante favorite était le genre pelargonium. Au bout de sa serre, il avait établi un vaste amphithéâtre où, sur des gradins, siégeaient cinq ou six mille plantes de ce genre, toutes diverses, magnifique assemblée que la ville venait voir à sa floraison. Le tribunal et ses procès étaient donc peu de chose, la vie réelle n'était donc rien auprès de cette vie fantastique et capricieuse auprès de ces belles créatures. Les soins à donner à son jardin de deux arpents environ, les douces habitudes de l'horticulteur firent donc rester Monsieur Blondet dans cette ville. Il ne se remua jamais pour avancer. Il eût été nommé sans contestation député sous l'Empire et il eût brillé dans le Corps Législatif. Son mariage fut également une raison de sa vie obscure. A l'âge de quarante ans, en 1799, il avait fait la folie d'épouser une jeune fille de dix-huit ans (etc.)

Les conclusions qui résultent de cet examen des parties manuscrites sont de plusieurs sortes.

1º Pour les deux premiers fragments.

Du texte primitif à celui des éditions, l'économie est bouleversée. Le tableau ci-dessous résume les concordances qu'on peut établir entre les numéros des feuillets et les pages de notre texte :

Feuillets manuscrits	*Édition Garnier*
35 recto et verso. 36 recto. 37 recto. 38 recto et verso.	*156 à 161, puis 195 à 197, puis 204-205, puis 162.*
43 recto et verso. 44, 45, 46, 47, 48, 49 recto.	*207 à 210, puis 201-200-201, puis 210 à 215.*

2° *Pour le dernier fragment.*

L'économie n'est pas modifiée, mais le second apport manuscrit enrichit considérablement le texte primitif. Le romancier a réuni en plusieurs phases les éléments des deux portraits.

3° *Pour les trois fragments.*

Le texte est profondément différent de celui qu'on peut lire dès l'édition Souverain. Du manuscrit à l'édition, plusieurs épreuves ont été nécessaires. Cette partie complémentaire du roman (épisodes judiciaires) n'a donc été élaborée qu'au prix d'un travail considérable, effectué alors que Le Cabinet des Antiques *se trouvait déjà publié en texte préoriginal. Pour suivre ce travail jusqu'au bout, il faudrait posséder la totalité des jeux successifs d'épreuves : celles qui ont été conservées par le vicomte de Lovenjoul et par l'éditeur Souverain ne fournissent, à cet égard, que des renseignements fragmentaires.*

LISTE DES PERSONNAGES
QUI REPARAISSENT
DANS D'AUTRES ROMANS

INDICATIONS
BIBLIOGRAPHIQUES
ET ICONOGRAPHIQUES

LISTE DES PERSONNAGES
QUI REPARAISSENT
DANS D'AUTRES ROMANS [1]

BLONDET (Émile) entre à vingt ans au *Journal des Débats* (*Illusions perdues*). C'est un bohème mâtiné de dandy qui, grâce à son esprit et à ses relations, parvient à s'imposer dans les salons à la mode (*Les Secrets de la Princesse de Cadignan; Une Fille d'Ève; Autre Étude de Femme*). Dans *La Maison Nucingen* surtout, il se révèle un observateur aigu des mœurs parisiennes. Il épousera finalement, lorsqu'elle sera devenue veuve, sa vieille amie la Comtesse de Montcornet, née Virginie de Troisville (*Les Paysans*). Apparitions et mentions dans *La Muse du Département, Modeste Mignon, Splendeurs et Misères des Courtisanes, Les Petits Bourgeois.*

---

1. On se reportera pour plus de détail au *Dictionnaire biographique des personnages fictifs de La Comédie humaine,* par Fernand Lotte (librairie José Corti, 1952). Nous n'avons pas rappelé les biographies des personnages mentionnés fugitivement dans *Le Cabinet des Antiques.*

CAMUSOT DE MARVILLE, nommé juge d'instruction à Paris, instruira, à la place de l'intègre Popinot, la scandaleuse demande d'interdiction introduite contre son mari par la marquise d'Espard *(L'Interdiction)*, puis l'affaire Rubempré *(Splendeurs et Misères des Courtisanes)*. Magistrat souple et servile, il deviendra président du tribunal de Mantes, puis président de la Cour royale de Paris et sera élu député *(Le Cousin Pons)*.

CAMUSOT DE MARVILLE (Mme) fréquentait en 1815 l'atelier du peintre Servin, où elle dirigeait la faction aristocratique *(La Vendetta)*. Conduite par l'ambition et par l'esprit d'intrigue, elle donne à son mari, tout au long de sa carrière, des conseils intéressés *(L'Interdiction, Splendeurs et Misères des Courtisanes)* et pousse au désespoir le cousin Pons, dont elle recueillera la succession *(Le Cousin Pons)*.

CARDOT (Maître) sera le notaire du banquier Taillefer *(La Peau de Chagrin)*, du baron de Nucingen *(Splendeurs et Misères des Courtisanes)*, de Pierre Grassou *(Pierre Grassou)*, des Thuillier *(Les Petits Bourgeois)*. Sa liaison avec l'écuyère Malaga est évoquée dans *La Muse du Département* et dans *Un Homme d'Affaires*.

CHESNEL, déjà désigné dans *La Vieille Fille* comme ancien intendant de la maison d'Esgrignon, a été le notaire de Mme de la Chanterie *(L'Envers de l'Histoire contemporaine)*.

DU CROISIER, sous le nom de du Bousquier, a vraisemblablement eu jadis, d'une danseuse de l'Opéra, une fille naturelle, Flavie Minoret *(Les Petits Bourgeois)*.

Candidat heureux à la main de Mlle Cormon *(La Vieille Fille)*, il est désigné dans *Béatrix* comme un des rois d'Alençon.

Du Croisier (Mme), sous le nom de Rose Cormon, est convoitée dans *La Vieille Fille* par trois prétendants : du Bousquier, le chevalier de Valois et le jeune Athanase Granson.

D'Esgrignon (Le marquis Carol) fut en 1799 le correspondant des Chouans dans l'Orne *(Les Chouans)* et paraît fugitivement, comme sa sœur, dans *La Vieille Fille*.

D'Esgrignon (Le comte, puis marquis Victurnien), après son mariage avec Mlle Duval, continue à mener joyeuse vie *(Un Homme d'Affaires, La Cousine Bette)*. Dans *Les Secrets de la princesse de Cadignan*, il accable lâchement la duchesse de Maufrigneuse, qu'il rend responsable de « l'infamie » de son mariage.

Keller (François), banquier israélite, a épousé, sous l'Empire, une fille du sénateur Malin de Gondreville *(La Paix du Ménage)*. Nommé député d'Arcis dès 1816, il siège sans discontinuer pendant vingt ans parmi les libéraux *(César Birotteau, Le Député d'Arcis)*. Sa puissance est mise en lumière dans *César Birotteau, Eugénie Grandet, Illusions perdues, La Maison Nucingen, Splendeurs et Misères des Courtisanes*. Il sera nommé comte et pair de France *(Le Député d'Arcis)*.

Marsay (Henri de) apparaît dans plus de vingt romans. Il mène sous la Restauration, jusqu'en 1827, une existence de dandy et d'homme à bonnes fortunes :

après son aventure avec Paquita Valdès *La (Fille aux yeux d'or)*, il devient l'amant de la princesse Charlotte *(Autre Étude de Femme)* ; puis de Delphine de Nucingen, de la princesse Galathionne *(Le Père Goriot)* ; de Coralie *(Illusions perdues)* ; de Diane de Maufrigneuse ; de lady Dudley, sa belle-mère *(Le Lys dans la Vallée)*. Il épouse en 1827 miss Doriah Stevens *(Ursule Mirouët)* et commence une carrière politique : lié à d'autres ambitieux comme Ronquerolles, il s'oppose aux légitimistes et devient, sous la Monarchie de Juillet, président du Conseil *(La Fausse Maîtresse)* ; mais il meurt dès 1834 *(Une Fille d'Ève)*.

MAUFRIGNEUSE (La duchesse de), après de nouvelles aventures, notamment avec Lucien de Rubempré *(Splendeurs et Misères des Courtisanes)*, doit vendre son domaine d'Anzy *(La Muse du Département)*, devient, sous la Monarchie de Juillet, princesse de Cadignan et parvient à s'attacher Daniel d'Arthez, qui sera son dernier amour. Allusions plus ou moins détaillées à son éclat mondain et à sa vie galante dans *Le Bal de Sceaux, Le Père Goriot, Le Lys dans la Vallée, L'Interdiction,* etc...

MICHU (François), toujours protégé par la famille de Cinq-Cygne *(Une Ténébreuse Affaire)*, deviendra procureur du Roi, puis président du Tribunal à Arcis *(Le Député d'Arcis)*.

PAMIERS (Le vidame de), l'un des oracles du Faubourg Saint-Germain *(La Duchesse de Langeais)*. Dans *Splendeurs et Misères des Courtisanes*, on le voit fréquenter le salon aristocratique des Grandlieu.

RASTIGNAC (Eugène de), l'un des personnages les plus importants de *La Comédie Humaine*, fait ses débuts à Paris dans *Le Père Goriot*. On le retrouve, plus ou moins lancé déjà, dans *La Peau de Chagrin*, dans *Illusions perdues*, dans *Splendeurs et Misères des Courtisanes*. Sa liaison avec Mme de Nucingen dure, malgré divers orages *(L'Interdiction)* ; il épousera sa fille Augusta *(Le Député d'Arcis)*. Sous la Monarchie de Juillet, il s'est enrichi considérablement et il est devenu sous-secrétaire d'État *(Les Secrets de la Princesse de Cadignan)*, ministre *(Béatrix, Le Député d'Arcis)* et pair de France.

RONCERET (Le président du) appartient en 1809 à la Cour spéciale criminelle chargée du procès des Chauffeurs de Mortagne et tente en vain de sauver Mme de la Chanterie *(L'Envers de l'Histoire contemporaine)*. Il est le familier du salon Cormon, puis du salon du Bousquier *(La Vieille Fille)*. Il mourra président de Chambre à Caen *(Béatrix)*.

RONCERET (Félicien ou Fabien du) abandonne en 1838 ses fonctions de juge à Alençon pour faire sa fortune à Paris, où il mène grand train et finit par épouser Mme Schontz *(Béatrix)*.

VALOIS (Le chevalier de) a été en 1799 le correspondant des Chouans dans l'Orne et compta parmi les affidés du marquis de Montauran *(Les Chouans)*. Il subit, à Alençon, une cruelle déconvenue auprès de Mlle Cormon *(La Vieille Fille)*.

INDICATIONS
BIBLIOGRAPHIQUES
ET ICONOGRAPHIQUES

Parmi les éditions modernes du *Cabinet des Antiques*, on signalera, pour l'intérêt des notes, celle qu'ont publiée MM. Bouteron et Longnon (*Œuvres complètes de Balzac,* illustrées par Charles Huard, librairie Conard, tome XI).

Des photographies, dans la brochure *L'Année Balzac,* publiée à Alençon par les soins de J.-J. Launay pour le centenaire de Balzac en 1949, montrent les sites balzaciens d'Alençon.

On se reportera enfin aux diverses références que nous avons données, sur des points de détail, au fil de l'introduction et des notes de la présente édition.

TABLE DES MATIÈRES